中國近代期刊彙刊·第二輯

新民叢報

十一（陸拾玖—柒拾伍號）

中華書局

明治三十一年十二月廿七日（第三種郵便物認可）

新民叢報

第參年第貳拾壹號

（原第六十九號）

本號要目

光緒三十一年四月十五日　明治三十八年五月十八日

每月二回望朔日發行

新民叢報第參年第貳拾壹號目錄（原第六十九號）

目錄

報資及郵費價目表

報資及郵費價目表	全年二十四冊	半年十二冊	零售
報資	五元	二元六角	二角五分
上海郵費	二角四分	一角二分	一分
上海轉寄內地郵費	一元二角	六角	五分
各外埠郵費	一元四角四分	七角二分	六分
四川、雲南、陝西、貴州、山西、甘肅等省郵費	二元八角八分	一元四角四分	一角二分
日本各地及已通郵之中國各口岸每冊一仙			

廣告價目表

洋裝一頁	洋裝半頁
十元	六元

惠登廣告至少以半頁起算刊資先惠論前加倍欲登長年半年者價當面議從減

編輯者　馮紫珊

發行者　

印刷者　陳侶笙

發行所　橫濱山下町百六十番　新民叢報社

上海發行所　四馬路老巡捕房對面　新民叢報支店

印刷所　橫濱山下町百六十番　新民叢報活版部

倫敦惡斯佛全景

養心用心論

觀雲

吾人之得一新理想也每多在初日方與曉鐘乍動一清晨之時期中孟子稱平旦之氣。近世大哲學家笛卡兒。其哲學之思索多在朝床中搆成。世以愉惰不思振作之人爲暮氣。暮氣者朝氣之反對。然則朝時之與吾人心理必有特別相關之處而其相關之理果何在乎近時學者攷朝時空氣中。以一種化合之作用。出新阿巽此新阿巽。能爽健人之精神。是固然。然此猶僅據外境言之而於心理上之內境尙必別有其故在是無他吾人腦中之愛耐盧尼積一日之動作以漸消耗而以夜間休養而恢復之至於朝則正愛耐盧尼充實滿足而思逞其活動之時而所謂新理想者即此愛耐盧尼逞其活動之時之一產物

按心理學有曰自動性自動性者不受外來何等之激刺而原子自行運動是即成

形元固有之本性而所謂活力者是也篇中所謂活動蓋即心理學所謂自動性耳。而此活動之一時期未易猝遘必於一日作爲之後經一夜之寧息與天地日夜運行之一大法相準而當靜極欲動之際乃能湧現此一靈敏之境則其理無他心之用則必養養則能用而以此爲交互間最適當之時期焉而已

又試進攷此新理想之發生其本原果何自而來乎則必於心理上有兩個以上之觀念聯合而搆成一新觀念而後所謂新理想者生

按言必有兩個以上之觀念者蓋吾人若僅有一個之觀念則新理想無從發生故其數不能不限以兩個以上例若今時言新學者若僅有君之一觀念則君以外無何等思想之可得若既有一君之觀念而又有一民權之觀念又有一民智之觀念於是三者聯合而即可得一新理想如云民智未開則當用君權民智已開則當用民權是也然此不過舉其槩略言之其實心象上觀念之配合其奇妙殆不可思議故夫吾人心理上之觀念無窮觀念與觀念聯結之因緣無窮從而吾人人類所產出之理想亦無窮猶之進化論者謂兩異種合并則一新種發生凡天地間事物之

所以繁多而理想之所以複賾者其故蓋皆由於此也

雖然觀念與觀念之聯合也必先有一觀念之動而後其餘之觀念以連鎖而相繼而起而此動之之法則有二種一新觀念之入來而動者一舊觀念之復起而動者新觀念之入來而動者以一新有之觀念喚起其舊有之觀念由是而產出新觀念者如見梧桐一葉落而知天下之秋。又若古人有謀於野則獲。蓋以野則多有外景之感觸而易於收得新觀念故也所謂詩思午灞橋風雪驢子背上者亦即此理舊觀念之復起而動者不待外來何等之感觸而從舊日所有之觀念中以此觀念喚起彼之觀念由是而產出新觀念者如吾人知有性善之說。又知有進化論之說。而以進化論之理言性善。則所謂性善者不得謂之天賦之固有性而當謂之進化之遺傳性是也此二種前者外動的受動的而後者內動的自動的而吾人理想之構成尤以後一種爲多而此二種觀念之發起也又必有二個之條件一生理之協助如疾病疲倦。則一切之觀念皆難發現。是也。一意識之空虛蓋吾人意識之區域若有一種之觀念占領則他觀念無發生之機若吾人有一憂慮之事。不能解釋。其時意識之區域。皆爲此憂慮所充滿。而他觀念均在所擯拒之列此二種中從心理之一方以言則意識之空虛尤重關於意識區域之占領又有二種一單一之占領一雜多之占領。單一之占領者如吾人若有愛慕之一物念念皆不能捨是也。雜多之占領者馳騖紛擾散亂集沓之心是也。而吾人之欲空虛其意識也則必先淸淨其心無逐於外緣無紛於內擾使意識之區域洞洞然不儲一物而後理境上之觀念鳶飛魚躍自呈其活潑之機而觀念與觀念之融合不自知而一新理想發生要其故固由於養心用心之得其道矣。

賀渾氏之近世哲學。（日本有賀長雄譯）剖明心與物兩者之不同。其言以爲物質經使用而必壞損凡種種器具無不皆然。而心獨反是愈用則愈赴於銳敏。若廢止而不用則反歸於衰滅。以是爲心與物分界之所在。其言固含有一理。顧余於此說則尙有不能贊同者。夫心與物當以若何爲確當之區別乎。玆以非題限不及陳。而以關於使用者言之則余以爲心與物其理相同今夫謂心愈用而愈赴於銳敏者物亦然若刀以用之之故則日顯其銳利是也然其間自有一限極之境若過乎此限則其物以銷耗而漸失其用吾人之用心也亦然若過乎其適當之程則疲倦來而於事理之分際不能深入又若謂心以不用之故而反歸于衰滅者物亦然今夫一刀也久不用則銹生而失其銛利如心不用之人積久必益昏愚者同又如今時一般人所想像以物爲有礙體心爲無礙體余亦未敢謂然以余所見心固明明有礙者也試略舉之如吾人之心注於一物則一物存在於吾心中而此物以外同時種種之物其存在皆在若有若無之間必待吾心之拋此一物復注於彼之一物而後彼物乃能顯其存在之狀然既注於彼物則其餘一切諸物又不能不在拋棄之列總之吾人之心思一物則同時不能復思他物亦若物之有一定之容量然有一物也已滿其容量則他物不能不擯之容量以外是也又若吾人於未知一理未聞一說之前則以何理何說投之而無不能受然若有一先入爲主之說已固執於心中則凡繼此所聞之理與說有與其先說相違異者於心理上必顯其反抗性奉前說而拒新說而成衝突之象此即守舊根原之所自來蓋衆生本無自性其若有自性而不能相通則以心之爲物習於此則必執此習於彼則必執彼亦若物體之置於此則着此置於彼則着彼此非明明心之有礙而何乎佛教之言心也余最服訶梨跋摩之論以爲遠出大乘唯心唯識論之上訶梨跋摩

盖分天地萬有之境爲三。曰第一義諦。曰世諦亦曰眞諦。曰俗諦。曰第一義諦者。最上之實在。涅槃與眞如是也。曰世諦又曰眞諦者。心也。曰俗諦者物也。佛敎通例立眞妄二諦。或區之爲有爲無爲。以訶梨跋摩之三諦分屬之。則第一義諦爲眞而世諦又曰眞諦與俗諦皆妄。第一義諦屬無爲。而世諦又曰眞諦與俗諦屬有爲。即以物與心相較則物爲假而心爲眞。然以心與物與眞如相較。則心與物皆假而惟眞如爲眞。爲混心於眞如者立一界限而以心爲極微所成。極微與分子同義。分子析之至盡有有質無質兩說。要之既有分子之名。究不能斷爲眞無。惟析之至盡而近於無。而實即爲有質之始。若以心爲極微所成之說而成立乎。

按心爲極微所成。必不可得而見。今但從其已成形後攷之。心理學家論神經纖維。謂舌之動神經以五千纖維成。眼之動神經以一萬五千纖維成。視神經以十萬纖維成。又倍因氏謂掩大腦半球之灰白質。通計含有十二億萬細胞。纖維之數四倍。當有四十八億萬纖維。又有論纖維之小者。直徑一因吉之千二百分一乃至三千分。而無髓纖維。比之更小。一因吉之六千分一乃至八千分一。脊髓及腦髓灰白質中之纖維。一因吉之七千分一乃至一萬四千分一。其極者。僅不過一因吉之十萬分一。又西爾載氏細分種種之纖維。其極細微者。須五百倍乃至八百倍之顯微鏡。僅得見之。而其內部之構造。終不能識別。西爾載氏名之爲神經原始纖維。又與篤留氏孜劇烈之苦痛。由識維之最微部分繼續中絕。又心象之發生。由於覺性。而司覺性者。屬神經纖維。據此則心爲極微所成略可推見其端倪矣

是物固有質而心亦有質惟眞如則無質之可言（佛家亦謂之空但雖空而其物實有故亦謂之中）故眞如無礙之說得以成立而心與物無礙之說皆不得成立蓋從其迹象言之則心爲物之精者而物爲心之粗者（於物之中又自有精粗之別如爪等則比於血肉爲粗故并無痛癢之知覺性也）而從其本原言之實同一體不得謂心有一元而物又自有一元故唯心論之與唯物論其究不能不歸於一（於佛教之密宗已心物歸一）而心物固有一共同之性吾人知其有一共同之性則可爲心與物立一公例曰不用則儆過用則亦儆而吾人即可本此以定治心之法者也

附識（按佛教所謂眞如以今時學術語言之可謂之元素之元素元素之元素其說能成立與否今尚未有定論惟欲以一元論說明萬有之本體則此說最爲可取

故屬爲古今學者所唱古代希臘海雷阿學派（前歷五六世紀時代）以宇宙惟有一實在爲眞一切萬象差別皆爲妄境。其所謂實在。則無始無終。不生滅。不可割。惟一不二。不變不動。平等一如。與佛教所說同一。又海雷阿學派。以爲思想即實在。關於此語。學者有二種解釋之不同。一以爲思想即實在者。物爲妄。心爲眞。故吾人之心。即天地之本原。所謂衆生有如來藏心者。而或學者更進一解。以爲吾人之感官。不能知天地之眞。惟吾人之思想。知有眞之一境。換言之。即天地之眞。爲吾人所不得而見。惟吾人之心得而思想之而已。然吾人之心。尚不得直接謂爲即天地之本原（但心與物不論皆從此一本原）（來未曾否拒）於佛教各派中。亦含有此二義。所謂眞如緣起屬前者。所謂賴耶緣起業感緣起屬後者。余則取後者之說者。又莊子大宗師篇云。（前略）朝徹而後能見獨。見獨而後能無古今。無古今而後能入於不死不生。殺生者不死。生生者不生。（殺生生生之說稍與佛教不同）（佛教以萬有爲衆緣所生無殺生者亦無生生者）其爲物無不將也。無不迎也。無不毀也。無不成也。其名爲攖寧。又列子天瑞篇云。有生不生。有化不化。不生者能生生。不化者能化化。不生者疑獨。不化者往復。其際不可終。疑獨。其道不可窮。又曰。有生者。有生生者。有形者。有形形者有聲者有聲聲者。有色者有色色者。有味者。有味味者。生之所生者死矣。而生生者未嘗終。形之所形者實矣。而形形者未嘗有。聲之所聲者聞矣。而聲聲者未嘗發。色之所色者彰矣。而色色者未嘗顯。味之所味者嘗矣。而味味者未嘗呈。皆無爲之職也。無知也。無能也。而無不知也。無不能也。又引黃帝書曰。谷神不死。是謂玄牝。玄牝之門。是謂天地根。其曰攖寧曰谷神曰玄牝曰無爲曰殺生者曰生生者雖與佛教所謂眞如略異皆以此爲對於萬有界之一眞體其意同曰獨即所謂惟一不變曰無古今曰不可終不可窮即所謂無始無終無際限曰不生曰不死曰不化即所謂無生滅以此可略徵希臘印度中國古代學者探索萬有之本原其思想所到達點尙有相同者在也（海雷阿學派之開祖巴門尼士大約與釋迦莊列之時代無甚先後惟巴門尼士在希臘學派中甚不顯蓋希臘學說極盛爲梭格拉底柏拉圖阿里士多得諸大家所掩故也）

雅賓胥爾云吾人之智慧不能一時間包括萬有必待先後而後能認識之是吾人智慧之一失也又吾人智慧必待時間之經過而後能認識其物故其認識也不能不零碎的是吾人智慧之二失也又吾人之智識因時間之經過其勢不能無遺忘、

苟一時間記憶一物同時不能不遺忘他物是吾人智慧之三失也故吾人之智慧非精神之本原也云云。今心理學實驗意識所能容。同時能至四個以上至十五個。又觸覺之印象。同時能至五個六個。然意識與他種心象若思想等事不同意識之。界限稍寬如吾人與數人相對能同時俱上於意識之間而他種之心象若思想等則甚有質礙然雖實驗意識能容數個而心有限量之義仍在故吾人之心理當謂之有限的非無限的辨別此理有與一大問題相交涉即哲學中謂天地之本原不能不謂之無限的而吾人之心屬有限的則吾人之心與天地之本原其間尚隔一層不得直接謂心即天地之本原雅賓哲爾亦注意及此以爲非精神之本原此事爲哲學之一大爭點於佛教主賴耶緣起者即心與天地之本原隔離之說主眞如緣起者則以心爲直接即天地之本原之說也

（未完）

日俄戰爭之終局

主父

本社案本文承作者於一月前見寄。雖其所論。在今日情勢。稍有變遷。然其大體終可爲我國鑑。讀者幸勿以明日黃花見誚幸甚。

十九世紀下半期。科學進步。器械發明。而世界之大勢一變。昔之以大西洋爲競爭之中心者。今則一變而爲太平洋。昔之以與國爲競爭之敵體者。今則一變而爲人種之衝突。昔之以殺敵致果爲取勝之資者。今則以減其戰鬥力爲制敵之本。雖然西伯利亞鐵道通矣。中央亞細亞交通成矣。歐亞兩大陸聯絡貫通矣。太平洋大西洋海底電線魚貫環卸。靈通敏捷矣。聚兩種於一室。合兩洲爲一國。宗教異。歷史殊。民情歧。利害反軋轢齟齬。其不相見於軍戎者。其何可得。猗歟哉。二十世紀劈頭之大戰爭也。無烟火藥之發明。輕氣球之飛揚。無線電信之應用。吾人自旁觀之。有不禁眉飛色舞。拍掌喝采讚賞不置者。壯觀哉。二十世紀日俄之大戰爭也。

日俄戰爭自何而始。曰自滿洲問題而始也。滿洲問題自何而始。曰自俄羅斯之南下侵畧而始也。有侵畧則必有敵禦之者。則滿洲問題之決也。不於日俄之戰爭。而於清俄之戰爭。毋如我國苟安懦柔。自棄其敵禦之責。生殺予奪。一聽於敵。而敵復不能獨決之。乃有第三國之干涉起。則滿洲問題之決也。不於清俄之戰爭。而於日俄之戰爭。

今勝負決矣。媾和定矣。日俄兩國之全權出矣。是時也。我國民其如何懸想。如何虞測。如何驚心動魄。憂懼徬徨。以推定此滿洲問題最終之一日。雖然。欲知滿洲問題最終之一日。則不可不知日俄兩黨所以開戰之宗旨。甲勝則甲之主義行。乙勝則乙之勢力張。甲乙必居一於此者。傷心哉。我國領土。乃在兩國股掌之中也。

今就兩國戰爭之宗旨言之。日本所以戰俄之名。曰保全支那。擁護韓國也。夫滿亡則韓亡。清亡則日危。以俄羅斯世界統一之暴慾。得隴望蜀。侵畧不已。勢不至席卷八荒囊括宇宙不止。歐洲之所以得免此禍者。以英國創之耳。苟俄國於亞細亞南下之策既遂。我國既亡。何有於日。輔車相依。唇亡齒寒。古訓在邇。不其信哉。雖然。進求其所以戰俄之實則又異是。夫日本之人。歲有所益。其面積不足以容之。欲求移殖而澳洲等處復遭排斥。乃忽有一水盈盈曾不容刀之滿韓。而又地利天產天然授以取弱攻昧之機者。於是擴張領土之計。不得不起。庸詎知遼東半島得而復失。韓國勢力分而不全。爲之敵者皆屬强俄。爲日本計。殆默爾而息乎。抑致命以爭乎。則是役也。日人生存之戰也。今溯之去來一世紀間。俄國之所以侮日者。幾於無所不至。無時或息。如當日本幕府之頃。乘其多事。而强取樺太之領土。乘其力弱。而藉守禦爲名。占領對馬之海峽。其尤爲日本痛心疾首吞聲喞骨引爲不共戴天者。無如三國干涉。還附遼東之舉。況乎口血未乾。前言在邇。昔之以日本割據遼東攪亂東洋之和平而脅使還之者今乃泰然不忌而自取之。爲日本計。其殆飲恨而終乎。抑捐軀以戰乎。則是役也。日人復仇之戰也。夫考之於公也既如此。徵之於私也又如彼。於是而遠因而近果而公而私而怨而慾而保全支那擁護韓國之義戰以始。

夫俄國者。據有天然之地勢。世界之雄國也。以攻畧爲國是。以急烈爲宗旨。世界之公敵也。其計於世界攻畧之策有二。一自其弱處而攻之。一乘其多亂而取之。自其弱處而攻之者何。俄羅斯之欲展腕伸臂大逞於天下也久矣。無如限於天事而挫沮於人力。而挫進愈急。挫愈甚而方向愈變。以彼始也欲經營東方而乏天然之良港。乃一變而欲出白海。復沮於堅冰之北冰洋。其謀頓蹶。乃徬徨回顧。計惟自黑海牽艨艟振海軍遊弋地中海。其可又爲天然之强敵英吉利所吮制。鬱鬱而不得伸。遲之又久。乃眷東顧。遂得一勢力發展之地焉。南下政畧所由來也。乘其多亂而取之者何。諺所謂乘風放火乘火行刼盜賊之行也。彼於日本多事之時。而竊取樺太。於我國與英法聯軍戰爭時。而侵畧西伯利亞。於中東戰爭時。而覬覦遼東。於日韓軋轢時。而樹北韓之勢力。於義和團事變時。而據有滿洲。其待東亞諸國。蓋無一而非虎狼其心盜賊其行者。吁世界何不幸而有此大盜哉。

俄國之經營東方也。活潑敏捷。縱橫自如。久爲各國所不及。其主政者可分爲二。一爲外務部。一爲大藏省。今以其外部之成績言之。俄羅斯古以善外交名。事事皆有我國戰國策之風概。昔之行於歐羅巴者。甘餂反間。詭詐權術。固無論矣。其於我國之敗於英法聯軍也。利用調停。而得西伯利亞之報酬。其於我國甲午之役也。利其仇日之心。

而與李鴻章訂立密約。立南下之基。其於日韓軋轢也。利其排日之心。而煽惑韓廷。樹北韓之幟。其於庚子之役也。暗許我國以調停。復欲訂立密約。旋爲英美所干涉。觀於日俄戰爭交涉。始心欲戰而貌欲和。陰欲戰而陽欲和。遷延玩弄。鬼蜮莫測。卒之得以從容布置。固軍事之根據。定戰守之基礎。凡如此類。不可枚舉。謂非外交之巧。其孰而可。雖然。豈特此哉。世有不費一兵不發一彈。樽俎談笑而取安爾署沿海州。蠶食至浦鹽斯德之近處。坐收三百萬方里之領土於我國者。世復有指無爲有強人爲己。而坐收樺太領土於日本者。一爲思之。不其悸夫。不其悸夫。

次乎此者。其爲大藏省之政略矣。夫西伯利亞鐵道。既爲大藏省之雄圖。而得隴望蜀。貪慾未已。更進而建設東清鐵道。揣其初意。如阿羅哭達阿爾韓格斯齊衣鐵道。如帕米爾可德辣斯鐵道等。特爲地方之謀利計耳。迨經營既成。利無所得。而東清鐵道之宗旨猝然一變。昔之欲以短線路。聯絡浦鹽斯德與俄羅斯內地者。今乃以西伯利亞鐵道國家之義。變爲國際之義。使西歐東亞。聯屬貫通。更進而求不冰港於太平洋。於是而關東半島租借之交涉始。於是而軍港立。於是而海軍之根據地成。於是而南下之志如瀉大海如燎大原轟烈膨脝不可嚮邇雖然大藏省之計畫豈僅是哉其欲擴充商業勢力於遠東也以浦鹽斯德未足展其鴻猷乃集全力建達爾市欲爲遠東之一大市塲復爲貨物運輸計於上海芝罘購置船舶往來東亞各港而東清鐵道會社幾爲極東經營之全權關東半島租借之交涉隸之東清鐵道守備之責亦隸之雖外債內帑蕩盡無遺其所成就亦偉矣哉

雖然美服患人指高明遏神惡尤物之爲造物忌也久矣俄國之敗亦其宜也何以言之自西伯利亞之鐵道成而亞細亞之全局皆震其勢不獨於滿韓亦並波及於印度不獨求敵於亞日亦並求敵於歐英今舉其大概言之呵連布爾古在烏辣爾沿岸初不過歐亞兩洲商務之集散地而已耳迨達修耿奪之鐵道開通俄國利用之以伸勢力於中亞細亞乃成軍事之要衝一旦有事由高加索經卡士皮安輸送軍隊甚便而土耳其斯坦阿弗監適爲權力展揚之地自是以後印度之防禦重矣夫英俄兩國利害之相反也如此則巴爾幹阿弗加尼士坦哈密爾印度西藏諸地之衝突時所難免而其成敗利鈍一不得不決之於中亞細亞一更不得不決之於巴爾幹及地中海貿而

言之英國於印度新嘉坡香港威海衛與本國之聯絡安則蘇彝士運河與埃及安危於極東之勢力一旦爲俄國所傾敗則英領諸地在在堪危英人知之稔也故於俄國遠東之政畧猜忌傾軋務必思所以遏之如俄國欲得不氷港於太平洋也乃租借威海衛以爲抵制之舉俄國之擴滿洲也乃畧取西藏以爲平衡之計其顯然露敵愾示排擊針鋒相對毫無假貸者則日英聯盟是

雖然爲俄敵者豈獨英日爲然哉回憶俄國占領牛莊之時而有赫然震怒請我國開放奉天大東溝者矣憤暴俄之猖獗而有派遣威士孔新辣列新西辣基及阿爾巴尼諸艦於極東作示威運動者矣日俄戰釁將開而有四十九隻軍艦分配亞細亞海面之說者矣是國也非握東亞商業之霸權抱們羅主義之雄圖之美利堅耶非以我國北滿爲遠東絕大市場而歲輸出品至三分之一耶非以滿洲入於强俄而必重徵苛稅排斥外商必將有大不利於彼者耶吾可一言以斷之曰今日之戰非日俄之戰也英俄之戰非英俄之戰也而英俄兩黨之戰譬如宴饗焉英黨勝則必主賓遜揖讓就座擧觴互壽相埒共食俄黨勝則必爲虎噬爲牛飲杯籍狼狽一掃而盡自兩黨相

時局

持雌雄未決而遠東天地戰雲始橫
夫日之有英猶俄之有法也英日之有美猶俄法之有德也在昔法蘭西之敗於德於歐羅巴大陸竟成孤立不得已乃與俄國同盟爲三國同盟之對峙然其所謂攻守同盟特就歐洲言之耳迨遠東事出而俄法同盟竟如犬猿一利用之於三國干涉再利用之於日俄戰爭而德意志之所謂三國同盟者遲之又久徒存皮毛亦不得不乘對外之際訂誼於俄法蓋德意志尙武力喜破壞性與俄類彼於山東省一宣教師之禍而遂藉口要挾竊我之膠州灣爲東亞殖民之基礎更進而蠶食漁奪擴張勢力山東全省已屬範圍或謂俄德兩國訂有密約戰時外交之機密雖不得而知之然其言之來非無故也

（未完）

老子之面影

觀雲

老子之像世不傳傳者亦非眞雖然老子之面影固躍躍在吾之心目中老子者尚柔貴愚意其爲人必刓圭角去崖岸渾渾然儕俗同衆若無意氣者然此人人所想像之老子也顧以余所見之老子則不然

老子者實視己甚高視人甚下其亢傲之狀態擧當世之賢豪若皆不足當其一盼者試徵之莊子天運篇云孔子行年五十有一而不聞道乃南之沛見老聃老聃曰子來乎吾聞子北方之賢者也子亦得道乎孔子曰未得也云云曰子來乎一若憾其來之不早者曰子亦聞道乎則知其尙不聞道之反辭也又天道篇云孔子西藏書於周室子路謀曰由聞周之徵藏史有老聃者免而歸居夫子欲藏書則試往因焉孔子曰善

往見老聃。而老聃不許。於是繙十二經以說。老聃中其說曰。大謾。願聞其要。孔子曰。要在仁義。老聃曰。請問何謂仁義。（中略）又曰。不亦迂乎。又何偈偈乎揭仁義若擊鼓而求亡子焉。意夫子亂人之性也云云。古者以藏書爲壽書。今者以出版爲壽書。藏書於天府不能無介紹。老子向爲守藏史（史記老聃周守藏室之史也索隱藏室史乃周藏書室之史也老子爲柱下史即藏室之柱下因以爲官名）時雖免官家居。然以老子之碩望。於藏書許可與否之權。當尙有之。故孔子欲往因焉。而老子不許。蓋直爲其所覆絕者。意其時老子既不允孔子之藏書。而孔子之書亦屏而不覽。故孔子繙十二經以說。而老子中其說曰。大謾。願聞其要。蓋不待孔子之畢其說。而老子已嫌其煩而不耐聽。及孔子舉其要。而老子又斥之曰。不亦迂乎。是亂人之性也。則觀孔子之書。固一無價値者。孔子之書。爲後世所崇拜。而爲知老聃若是其蔑視之也。又史記老子傳。孔子適周。問禮於老子。老子曰。（略）去子之驕氣與多欲。態色與淫志。是皆無益於子之身。何其言之切直也。又莊子天運篇云。孔子見老聃。歸三日不談。曰吾乃今於是乎見龍。子貢曰。賜亦可得而觀乎。遂以孔子聲見老聃。老聃方將倨堂。子貢曰。夫三王五帝之治天下不同。其係聲名一也。而先生獨以爲非聖人如何哉。老聃曰。小子少進。子何以謂不同。對曰。（中略）老聃曰。小子少進。余語女三王五帝之治天下。云云。子貢稱老子曰先生。而老子呼之。一則曰小子。再則曰小子。曰余語女。夫子貢之賢。固不及孔子。又爲孔子之弟子。其年齒稍後。然老子之尊嚴。亦已甚矣。又莊子寓言篇云。陽子居南之沛。老聃西遊於秦。邀於郊。至於梁而遇老子。老子中道仰天而歎曰。始以汝爲可教。今不可也。陽子居不答。至舍。進盥漱巾櫛。脫屨戶外。膝行而前曰。向者弟子欲請夫子。夫子行不閒。是以不敢。今閒矣。請問其故。老子曰。而睢睢盱盱。（注跋扈之貌人將畏難而疏遠）而誰與居。大白若辱。盛德若不足。陽子居蹴然變容曰。敬聞命矣。其反也。舍者與之爭席。云云。列子黃帝篇。亦載此事。詞句略同。而陽子居作楊朱。按陽子居自稱弟子。而稱老子爲夫子。是固師弟也。然老子之爲師。又何其峻嚴乎。以吾輩今日觀之。睢睢盱盱之象。寧屬諸老子。而非陽子。又莊子天道篇云。士成綺見老子。（前略）老子漠然不應。士成綺明日復見。（中略）士成綺雁行（猶今日官場之側行）避影履行。遂進而問修身若何。老子曰。而容崖然。而目衝然。而顙頯然。而口闞然。而狀義然。云云。士成綺固非老子弟子。而老子或不應。或直言切責之。至於雁行避影履行而請教。老子之尊貴固何如也。是數人之中。惟士成綺今不可致而若孔子若子貢若陽子居（從列子當楊朱）固當世佼佼之學者而老子毫不假以辭色雖曰老子之年德聞望在數子之上倘無所用其謙退顧以余所見此決非以年德聞望較尊之故而然而欲徵此爲老子之眞性行流露於擧動詞氣之間而諸書攟其痕影今取以當二千餘年前一老子之照像可也

顧於此有不可解者。蘇東坡詩云人情貴往返不報生禍根吾輩入世之最苦者無入世之氣骨而於交際往來之間不識不知已隱招他人之嫉忌若行老子之態度擧國之人不必約而皆以爲可殺然觀老子之待孔子諸人非特諸人之不存蒂芥於其心也且莫不致其尊敬之誠雖曰若孔子諸人斷不類世俗之徒於應接之禮貌稍有未周即大抱不快反顏而肆其訕諆蓋以道德之砥礪爲重則待遇皆屬外貌而非其所計及然世俗之儀文賢者可以度外置之而感情之慽否亦爲賢者之所不能免如哲學大學斐伊臺之初見康德也以康氏待遇之冷淡與其平日想望康氏之熱誠得一反應性之戟刺遂不免生失望之意夫康德于竝世之斐伊臺氏亦猶老子於竝世之孔子諸人等而人之對於康德尚有失望之事而老子絕不聞有是也是則老子猶龍

眞非吾人所能測雖然。必幸而施諸賢者則可耳

斐伊臺氏之哲學。初研求斯秘挪莎之說。後讀康德之書。大喜。於思想上全受其感化。平日敬重康德甚至。然因未曾謀面也及初次得見康德方以爲握手傾心必有彼此相見恨晚之概其交好有不知達於若何之熱度者然康德待之殊落寞大與斐伊臺之初意相反遂不免有失望之意蓋康德爲人冷淡嚴正專傾心于學問旣不倘世俗應酬之文亦不解英雄牢籠之術率行其故我之眞而斐伊臺氏飢渴太甚以熱性過高遂至遭冷性而生反感此其失望之所由來也然斐伊臺氏不以此失敬禮康德之心仍結親交而以學問相質康德亦漸敬斐伊臺氏學問造詣之深往復切磋兩人卒爲莫逆之交云

或曰。老子之待孔子諸人。知其爲賢者也。故率行其本性。若其對於世俗。其狀態必一變而應用其大智若愚大巧若拙之情。此其所以能免世禍也。顧如此必以老子爲兩面人而極嫺於世故也者以余所見則斷爲人之氣質實具有一種之固定性苟非其性之所固有雖學之亦不能似彼老子者或亦以其性狀之不能改而遭當世之讎惡

者必多顧老子者見解至高之人也彼知其如此而足以攖世禍故處於避世離俗之地凡名譽富貴一切不與人爭既與世俗絕緣則世俗之禍害亦自無因而至所謂尸居淵默老子蓋亦幾經閱歷乃擇此一境以自處也且老子學說貴柔尙愚此必身親遇夫剛之足以遭忌智之足以蒙謗而然者蓋人之學說不能無所藉而發生必內之本於其身之性行與外之遭夫當世之境遇而于兩者關係之間發見其種種事故之理由而後乃能發舒其一家之說換言之學說者即我與世相感受相衝突從而得一種經練之產出物也老子雖聖其見識之所由來必不能免此例故余竊欲斷老子實爲極智而不能下人極剛而不能容物之人而貴柔尙愚實由於其剛智之反響而來（恐老子雖言貴柔尙愚而實未嘗行故不得已出關而逃去）蓋即老子入世所得之哲學也（哥遷氏謂哲學必由於觀察事實事實者供給哲學家思辨之材料也可取其言而參觀之）竊欲與論老子者共參之也

（完）

祖國大航海家鄭和傳

中國之新民

西紀一千五六百年之交。全歐沿岸諸民族。各以航海業相競。時則有葡之王子亨利。Don Henry 獻身海事。既發見大西洋附近砵仙圖羣島、Port Santo 埃莎士羣島。azores 加拿里羣島、Canary（一三九四至一四六三年）未幾哥侖布遂航大西洋。發見西印度羣島。前後四度、遂啓亞美利加大陸。（一四四〇至一五〇六年）同時葡人維哥達嘉馬。Vasco Da Gama 沿亞非利加南岸。逾好望角。達印度。迴航以歸歐洲。（一四八六至一四九七年）越十餘年。而葡人麥折倫。Magellan 橫渡太平洋。啓菲律賓羣島。繞世界一周。（一五一九至一五二二年）自是新舊兩陸。東西兩洋。交通大開、全球比鄰。備哉燦爛。有史以來最光燄之時代也。而我泰東大帝國與彼並時而興者

有一海上之巨人鄭和在

我國大陸國也又其地廣漠足以養徒殖人民無取騁於域外故海運業自昔不甚發達顧沿海諸省二千年前既往往有涉海自殖者史稱會稽海外有東鯷。又有夷州及澶州。秦始皇時方士徐福將童男女數千人止焉。其地即今日本之長崎一帶是也。辰韓舊國。亦名秦韓蓋秦時人民苦苛法者遷焉其地則今朝鮮之慶尙道。（釜山浦所在）與日本相望者也。凡此陳跡皆爲吾航業發達已古之證其後兩漢六朝南海航路漸闢我商船有達亞丁灣及米梭必達迷亞者蓋與波斯人阿剌伯人代興云（詳見拙著世界史上廣東之位置）唐宋以還遠略漸替。我航業不振者垂數百年。及明代而國民膨脹力別向於一方面。

亞洲東南一大部分即所謂印度支那及南洋羣島者實今日我中國民族唯一之尾閭也又將來我中國民族唯一之勢力圈也以今日論其政治上之實力白種人尸之其生計上之實力未或能與吾競也今畧取吾民自殖於彼地者表其人數及其比較如下。

地名		人口總數	中國人	參考
暹羅		六、三二〇、〇〇〇	一、三〇〇、〇〇〇	純粹中國人百三十萬尚有與土民雜婚者約八十萬
法屬越南		一七、八〇〇、〇〇〇	二六〇、〇〇〇	
英屬	海峽殖民地　新加坡	二二八、五五五	一二〇、〇〇〇	現在每年渡航者約四五萬人進步正未有艾
	海峽殖民地　檳榔嶼	二四八、二〇七	?一〇〇、〇〇〇	
	海峽殖民地　滿剌加及其他	九五、四八七	?九〇、〇〇〇	
	馬來保護國	六七八、五九五	?一一〇、〇〇〇	
	緬甸	一〇、四九〇、〇〇〇	?一四〇、〇〇〇	
美屬菲律賓羣島		七、〇〇〇、〇〇〇	四三〇、〇〇〇	與土人雜婚者尚多不在此數
荷屬	瓜哇及馬德拉島	二八、七四六、六三八	七六〇、〇〇〇	與土人雜婚者甚多不在此數
	蘇門苔剌	三、一六八、三一二	?九〇〇、〇〇〇	
	其他諸島	一一、〇〇〇、〇〇〇	?五〇〇、〇〇〇	

右表所列。雖未可稱確實之統計。然大端固不甚謬。即吾民自殖於彼者當不下五百

四五十萬人加以與土人種雜婚者當及七百萬人其間若羣島之礦業暹羅越南緬甸之農業羣島及暹羅之森林業乃至全部之商業工業其在我國人手者十而八九故此諸地於實際上蓋吾外府也吾國以何因緣而能致此推原功首吾思鄭和

鄭和雲南人世所稱三保太監者也。初事明成祖於燕邸。從起兵。有功累擢太監。成祖之在位。當西紀千四百三年至千四百二十四年正葡萄牙王子亨利獎勵航海時代亨利生一三九四年卒一四六三年 而西史上所稱新紀元之過渡也成祖以雄才大略。承高帝之後。天下初定。國力大充乃思揚威德於域外。此其與漢孝武唐太宗之時代正相類成祖既北定韃靼。耀兵於烏梁海以西、西闢烏斯藏。以法號覊縻其酋。南戡越南。夷爲郡縣。陸運之盛幾追漢唐乃更進而樹威於海國鄭和之業其主動者實絕世英主明成祖其人也。

舊史稱成祖疑惠帝亡海外。欲蹤跡之。且欲耀兵異域。示中國富强。於是有命和航海之舉。但其動機安屬。勿具論。吾徵諸史文。於鄭君首塗之前。有深當注意者二事。一曰其目的在通歐西也。本傳云。命和及其儕王景弘等通使西洋。又云。俗傳三保太監下西洋爲明初盛事據此則此行本志非南渡而西征也蓋自馬可波羅入什以來歐人讀其書而知中國有文明始汲汲謀東航此印度新航路之所由發見也華人亦見其人而知泰西有文明始汲汲思西暨此南洋羣島之所由發見也彼此皆未克達最終之目的地而今日東西通道之鍵鑰實胎孕於是

二曰航海利器之發達也　本傳云。造大舶修四十四丈廣十八丈者六十二容士卒二萬七千八百餘人吾讀此文而歎我大國民之氣魄洵非他族所能幾也考現在世界最大商船。稱美國大北公司之「彌奈梭達」。今年始開航日本議和全權小村氏。乘之以赴美者也。長六百三十英尺。廣七十三英尺。全世界色然驚之。謂大莫與京矣英尺當我工部尺九寸八五七七明尺當今工部尺尺有一寸一二然則鄭和所乘船其袤殆與彌奈梭達等其幅則倍彼有餘以今日之美國僅能造如彌奈梭達者二以當時之中國既能造如彌奈梭達者六十二雖曰專制君主有萬能力而國民氣象之偉大亦眞不可思議矣其時蒸氣機關未經發明乃能運用如此厖碩之艨艟凌越萬里則駕駛術亦必有過人者

哥侖布航海凡四次。伋頓廓航海凡五次。而鄭和航海則七次。今表其年代。

	（首塗時）	（迴航時）	（西紀）	（所歷地）
第一次	永樂三年六月	永樂五年九月	一四〇五……七年	起蘇州經福建逾占城達三佛齊
第二次	〃六年九月	〃九年六月	一四〇八……一一年	至印度錫蘭島
第三次	〃十年十一月	〃十三年七月	一四一二……一五年	歷蘇門答臘滿剌加等十九國
第四次	〃十四年冬	〃十七年七月	一四一三……一九年	
第五次	〃十九年春	〃二十年八月	一四二一……二二年	
第六次	〃廿二年正月	〃同年…月	一四二四………年	
第七次	宣德五年六月	宣德八年七月	一四三〇……三三年	忽魯謨斯等十七國

據右表所示。則鄭和爲海上生活者垂三十年。殆無歲不在驚濤駭浪之中。其間稍自息肩者。則成祖崩殂後六年間耳。迨宣宗中葉復舉壯圖。關地最遠而和亦既老矣。其經略海外之事實。史文闕如。不能具詳但紀其俘三佛齊王錫蘭王定蘇門答剌之亂。其武功之偉。可見一斑。又史言自和死後。凡將命海表者。莫不盛稱和以夸外番。此則張博望之在西域何以加諸。

其時紀行之作有二書。

(一)瀛涯勝覽　馬歡著　永樂十四年出版　紀載十九國

(二)星槎勝覽　費信著　正統元年出版　紀載四十國

馬費二氏。皆回教徒。以能解亞剌伯語言被命爲通譯故紀行文皆成於其手。馬著出版先。故國名少而紀載較詳。費著出版後。故國名多而紀載簡。今參考兩書。釋以今地。以稽當時聲威之所被焉。

(一)馬來半島以東諸國　凡十五

(二)滿剌加諸國　凡四

(三)蘇門答剌諸國　凡七

(四)印度諸國　凡六

(五)亞剌伯諸國　凡五

(六)亞非利加諸國　凡三

(一)馬來半島以東諸國

(1)占城(Chamba or Champa)　漢林邑地唐時或稱占不勞。或稱占婆。今越[illegible]下次趾部西貢市所在之地。其時爲一獨立國不屬交趾。

(2)靈山 星槎所記云與占城山地連接其地今難確指西人腓立氏謂今之伽南港。(Can-nanh)格蘭尼威氏謂爲今之那的里加山。(Nuitracan)未知孰是要之在下交趾也。

(3)眞臘(Camboja) 今之柬埔寨爲法蘭西保護國者也。當時其國領有暹羅之一部分西與我雲南接壤。

(4)崑崙(Pulo Condore) 下交趾極南端之一島。如我國之有瓊州島然。至今越南人仍呼爲崑崙山。西人則稱蒲盧康得羅。盖馬可波羅紀行之舊名云。馬來語之蒲盧，即 island(島)之義也。今法人往往竄越之國事犯於此。

(5)賓童龍國(Cape Padaran) 今柬埔寨海岸之一岬角也。

(6)暹羅國(Siam) 自明。

(7)彭坑(Pahang) 星槎云。在暹羅之西。即今馬來半島之南端。瀕東海岸與新加坡接壤者也。

(8)東西竺 (Singapore) 明史外國傳。柔佛條下云。「柔佛近彭亨。永樂中鄭和遍歷西洋。無柔佛名。或言和曾經東西竺山。今此山正在其地疑即東西竺」今案柔佛即今之新加坡。在馬來半島之極南端。當時名以東西竺者殆猶哥侖布命北美新地爲西印度羣島歟。

(9)龍牙門 (Strait of Lingga) 馬來半島與蘇門答剌島中間之一小島。在海峽間。今大學堂審定地圖所稱龍加島者是也

(10)交欄山 (Billiton Island) 大學堂地圖所稱比利敦島者也。在瓜哇海中。位蘇門答剌島與婆羅洲之交。元時史弼征瓜哇。曾駐兵焉。

(11)假馬里丁 (Carimata Islands) 大學堂地圖所稱卡里馬塔羣島是也。在婆羅洲之西南。與蘇門答剌相對。元史史弼傳有假里馬答。其位置正如星槎所記。星槎之馬里。可決爲里馬之譌。

(12)麻逸凍 (Pulo Bintang) 星槎記在交欄山之西南洋海中。其地今難確指。格蘭尼威氏以異他羣島中之邊丹當之。今從焉。

(13)瓜哇 (Jave) 自明。

(14)重迦羅(Madura) 大學堂地圖所稱馬都拉島者是也。在瓜哇海中。與蘇拉巴雅港相對。

(15)吉里地悶 其地今難確指。星槎云在重迦羅之東。產檀香。案佛理嶼一名檀香嶼(Sandal-wood)或當屬此地。其地在瓜哇海與班達海之間也。

(二)滿剌加諸國

(1)滿剌加國(Malacca) 今官書或稱麻六甲。爲英屬地。在馬來半島南端西岸。

(2)亞魯(Aru Islands) 大學堂地圖譯爲亞羅、在蘇門答剌島北岸臨滿剌加海峽。

(3)九州山(Pulo Sambilon) 滿剌加海峽中之九島嶼。九州之名。乃譯義而非譯音。馬來語之Pulo。此云島也。其Sambilon。此云九也。

(三)蘇門答剌諸國

(1)舊港亦名浡淋邦(Paleambang)。明史稱 佛齊。六朝時稱干陀利。今荷屬蘇門答剌島之東北部一大都會。大學堂地圖所譯爲巴鄰旁者是也。

(2)蘇門答剌國(Sumatra) 今以爲全島總名。但據瀛涯星槎所記。則僅爲其島西部之專名。即今之亞齊（Achin）一隅之地也。

（3）南浡里（Lambri.） 其地今難確指。馬可波羅紀行有厤浡里國者。當即其地。蓋蘇門答剌島之西北部亞齊之西鄰也。Lam. 譯南蓋廈門音。

（4）那孤兒一名花面王國 其地今難確指。殆亞齊之一部。

（5）黎代 其地今難確指。殆亞齊之一部。

（6）龍涎嶼（Pulo Way） 距亞齊東北十三里一小島也。

（7）翠藍嶼（Andaman Islands） 大學堂地圖所稱安達曼羣島是也。由馬來半島航印度。此其中站。今爲印度屬地。隸英版。瀛涯記其地在大海中。山有三四。星槎記在龍涎嶼西北五晝夜程。其必爲安達曼無疑。翠藍者。狀風景以命名。非譯音也。

（四）印度諸國

（1）榜葛剌（Bengal） 即通行官書所譯之孟加拉。今印度首府加拉吉大所在地也。

（2）柯枝（Cochin） 大學堂地圖作可陳。此譯柯者。廈門音也。其地在印度半島之西南端臨亞剌伯海。

(3)大小葛蘭(Quilon) 大學堂地圖作固蘭。星槎記其地與都欄樵相近。都欄樵即(Torivanderum)。亦印度第二等大都會也。

(4)古里國(Calicut) 瀛涯記其位置云西瀕海。南距柯枝國。北距狠奴兒國。遠東七百里許距坎巴夷。案柯枝即可陳。坎巴夷即Cambay。大學堂地圖譯康木拜 然則其地必今之哥里卡德。孟買省瀕海一小都會也。

(5)錫蘭(Ceylon) 印度南端之大島。古稱師子國。今西航必經之地。

(6)溜山洋國(Maldive Islands) 大學堂地圖譯為麻代父羣島。錫蘭島西偏南之名數珊瑚島也。瀛涯言有八大溜。星槎言有三萬八千小溜。其為無數小嶼甚明。與馬可波羅紀行麻代父條下記事正同。

(五)阿剌伯諸國

(1)佐香兒(星槎)祖法兒(瀛涯)(Djeffar) 阿剌伯海南岸一市。

(2)阿丹國(Aden) 舊譯雅典。亦譯亞丁。阿剌伯最南端一半島。西航必經之要津也。今爲英屬地屬印度孟買省行政區域。

(3)忽魯謨斯 (Hormuz or Ormuz) 波斯灣內三大島之一。今爲波斯領土。

(4)天方 (Arabia or mecca) 即阿剌伯。亦名麥加。

(5)剌撒 其地今難確指。蓋在米棱必達迷亞附近。

(六)阿非利加沿岸諸國

(1)木骨都束 (Magedexa or Magadoxo) 大學堂地圖所譯馬加多朔者是也。在阿非利加東海岸臨印度洋。

(2)卜剌哇 (Brawa) 大學堂地圖譯巴拉瓦。在木骨都束迤南。

(3)竹步 (Juba) 大學堂地圖譯周巴。在卜剌哇迤南。

以上所列凡四十國。皆見於瀛涯勝覽星槎勝覽者。今略推定其航路線如下。

(一)航中國南海至印度支那半島之南端(西貢)

(二)航暹羅灣(即曼谷灣)之東岸至曼谷(今暹京)

(三)航暹羅灣西岸循馬來半島南下至新嘉坡

(四)繞航蘇門答剌島一周

(五)繞航爪哇羣島一周

(六)航孟加拉灣經安達曼羣島至東印度(加拉吉大)

(七)循孟加拉灣東岸南航至錫蘭繞錫蘭島一周

(八)循阿剌伯海東岸北航至西印度(孟買)

(九)出孟買循波斯灣東岸北航至泰格里士河河口(今德屬小亞細亞)

(十)循波斯灣西岸南航復沿阿剌伯海西岸一周至亞丁

(十一)越亞丁灣循紅海東岸北航至麥加

(十二)循紅海西岸南航出亞丁灣復循亞非利加東部海岸南航經麼森比克海峽(亦作莫三鼻給海峽)掠馬達加斯加島之南端迴航

此鄭和航路之大畧也。據上所列。似詳於西而畧於東。其足跡未及馬來西亞羣島之半。而瓜哇海以東。未嘗至焉。然考明史外國傳雞籠條下言鄭和惡其人家貽一銅鈴。是臺灣島和所曾履也。又文萊條下言鄭和往使。有閩人從焉。因留居。後人因據其國而王之。是婆羅洲和所曾履也。西洋朝貢典錄稱呂宋於永樂八年。隨中官鄭和來朝。是菲律賓羣島亦和所曾履也。瀛涯星槎皆不記載者。殆馬費二氏皆以能操阿剌伯語從事通譯。其在馬來半島以西。爲阿剌伯語通行地。故二氏能紀之。其以東則無取於二子之載筆歟。準此以談。則亞細亞之海岸線和所經行者十而八九矣。噫、盛哉。

新史氏曰。班定遠既定西域。使甘英航海求大秦。而安息人（波斯）遮之。不得達。謬言海上之奇辛殊險。英遂氣沮。於是東西文明相接觸之一機會坐失。讀史者有無窮之憾焉。謂大陸人民不習海事。性或然也。及觀鄭君。則全世界歷史上所號稱航海偉人。能與並肩者何其寡也。鄭君之初航海。當哥侖布發見亞美利加以前六十餘年。當維哥達嘉馬發見印度新航路以前七十餘年。顧何以哥氏維氏之績。能使全世界劃然開一新紀元。而鄭君之烈。隨鄭君之沒以俱逝。我國民雖稍食其賜。亦幾希焉。則哥侖布以後。有無量數之哥侖布。維哥達嘉馬以後。有無量數之維哥達嘉馬。而我則鄭和以後。竟無第二之鄭和。噫嘻、是豈鄭君之罪也。

新史氏又曰。天下事失敗者不必論。其成功者亦必與其所希望之性質相緣。或過或不及而總不離本希望之性質近是此佛說所謂造業也哥氏之航海爲覓印度也印度不得達而開新大陸是過其希望者也維氏之航海爲覓支那也支那不得達而僅通印度是不及其希望者也要之其希望之性質咸以母國人滿欲求新地以自殖故其所希望之定點雖不達而其最初最大之目的固已達若我國之馳域外觀者其希望之性質安在則雄主之野心欲博懷柔遠人萬國來同等虛譽聊以自娛耳故其所成就者亦適應於此希望而止何也。其性質則然也故鄭和之所成就在明成祖既已躊躇滿志者然則後此雖有無量數之鄭和亦若是則已耳嗚呼。此我族之所以久爲人下也吾昔爲張博望班定遠傳既言之有餘慨矣

新史氏又曰。論人不可有階級之見存刑餘界中前有司馬遷後有鄭和皆國史之光也

論托辣斯之利害

咀雪

是篇專以法理立論與梁子所作固有出入且亦較詳故復述之

托辣斯者起于自由放任主義之極弊發現自然獨占的及大企業的企業組織者也故欲明托辣斯之利害必先由經濟上政治上根本主義之一般的傾向而評論件于獨占 Monopol 及大企業 Grossbetrieb. 之利害然後可以知之

第一章 根本主義（放任主義及干涉主義）上利害論之概綱

托辣斯者生于人類社會原有利害之二面然批評者因其所奉主義各異遂生其境遇不同之結果其利害之判斷亦因之不能出于一途故今先略說根本主義之變遷以明關于托辣斯之各種評論之基因次叙種各評論之綱領

第一節 根本主義之變遷

一時自然法之觀念在法律壓制之時代則保護干涉之重商主義或商業政略說 Mercantile system. 時代之後則自由放任主義即 Principle of Laissez faire. 風靡于經濟界矣。

自由放任主義爲人類之經濟的活動之動機潛于人之利已心內爲前提各個人者自由而平等者也又以自然法之觀念爲基礎而演繹之 Le monde va la lui meme. (The world goes itself) 爲斷定者也此主義一時充滿歐美之天地各國之政治法律經濟皆採其基礎觀念故自然法之學者以自然法爲萬世不易萬國普通之大法不辨其時與其地也輕視民族歷史國家自由放任主義之經濟學者得彼等演繹之經濟法則通古今亙東西而行之亦輕視歷史民族國家只知世界經濟而不知國民經濟故曰。「經濟上無國境也」只知遠世界而不悟近國家鼓吹 Cosmopolitan idea. 說明經濟爲宇宙之大法爲人事之實際以爲當時之經濟政策皆最良之經濟政策

雖然社會進步一日不息運輸交通之便益發達則國民經濟 (Nationaloekonomie.) 之

完全亦可期至矣故以一國民經濟當他國民經濟之必要起意大利之統一德意志之聯合以上之政治上之帝國主義一轉而爲經濟上之帝國主義制限幾分自由放任之主義再必要保護干涉則爲新重商主義 New mercantilism. 之時代經濟學說上對于英之正統學派而德國之歷史派經濟學起在法律學上基于稽波之國民的思想作法律統一論之導火而爲查比尼主唱之歷史法學勃興時代（法學博士穗積陳重先生著法典論第一編第二章第八頁以下）政治經濟海之大潮流漸已一轉矣故伴于中世社會之團體組織各種之組合及其獨占的特權等一時爲自由放任主義所掃政治上之四民平等主義爲各國憲法所認者也經濟上之自由 Gewerbefreiheit. 自亞丹氏于各種之 Guild Corporation 絕叫 Encroachment on natural liberty 以來亦多爲諸國所認如英國買占獨占爲法律所不許敢害公益 public policy. 作不法之行爲判例實爲確當然一方于事實上經濟活動不僅爲自由競爭所規律而他方經濟上之競爭仍爲放任競爭者兩面俱害以致陷于自殺的競爭 Self—destructive Competition 終局戰成思中途妥協之途遂至講合縱連衡之策而國民企業心之旺盛好

規模之大之新興北美合衆國于千八百六十年代之自由競爭之結果由過剩生產而起蓋因恐慌而有所深顧者也各種之企業家各于其產業之部門或先作 Syndicate. 或先作 Pool. 或先作 Coalition. 遂組織「托辣斯」各講自衛之策托辣斯之所以起于自由放任主義之極弊而發現于自然者蓋不外以上所略陳之沿革的事實也

社會之實際既如此根本主義之傾向復如彼然猶主張自由放任主義之萬能而非議托辣斯則學理與實際更相河漢矣抑學理云者實不過空理實際家嘗曰 "Unbeschränkter Konkurrenz für gewisse Gewerbezweige, wenn nicht unmöglich, so au falle Fälle unökonomisch sei." Stephenson 曰 "Where combinatian is possible Competition becomes impossible" 蓋至言也

既如上之變遷故學者因各所奉之主義對于托辣斯之態度遂異

第二節　各種利害之綱領

(甲)　經濟學者之利害論

經濟學者之對于托辣斯之態度大別有三。

（一）深惡奉自由放任之主義者獨占而輕視個人害公益以大資本而掠奪人民為公敵故大聲疾呼托辣斯之害

（二）研究實際重視事實有歷史的思想之少壯經濟學者應時勢之進步而目托辣斯于社會之有機的發達上不免有階梯故其見害亦稍自寬緩

（三）極端之社會主義極力攻擊托辣斯然于嘉耳馬苦士之論證相近自其觀察點寧現今之社會制度上是認

（乙）政治家之利害論

政治家之對于托辣斯之態度依其根本之主義綱領大別為二

（一）民主黨 Democrats 者標榜自由主義自由貿易主義非中央集權者也惡托辣斯直接侵害個人之自由平等不羈獨立之國民的思想其于立法司法行政之上痛擊不正之影響而為金力政治 Plutcracy

（二）共和黨 Republicans. 者採帝國主義保護貿易主義之結果個人能力不足處以中央之權力保護干涉之採助長哺育之主義托辣斯所有弊害亦認之于近世之經濟

界作爲自然之發達物觀

(丙) 法律家之利害論

亦如前者大別爲二

(一)法律家之內以自由主義個人主義爲基礎法律慣習爲金科玉律法與社會有日與月離遠之傾向固着于古之思想宣告托辣斯爲 Illegal and void, 者有之

(二)古英法之主義加幾分之制限爲不應于時勢者有之(以上 Halle Trusts chp. VII Public opinion and the Combinations. P. 113—126參照)

以上之類別由根本主義之差異而區別之勿論各自間劃然有區別與否然實爲政治問題美國于此問題以之代從來之銀問題實際就大統領選擧運動等而言二大黨派均各揭非托辣斯主義之政綱以阿世俗故由表面之事實觀不能得事之眞相要之于大體之是認者非認利之點重而害之點輕而顧利誇大害也然既有以上之評論復進求孰採孰棄容易適從若躊躇于利害之判斷深足給也

第三章　伴于獨占的大企業托辣斯之利害

知多少現時之經濟事情聞托辣斯而即先浮于腦裏者獨占大企業之二觀念也故Walker托辣斯之定義曰。Trust is a gigantic mopolistic corporation. 故茲就一般的傾向序說先明托辣斯之獨占的企業所生之利害。次說大企業所起利害。

第一節　獨占的企業所生之利害

經濟上獨占云者產于產業其生產販賣購賣等排斥他人而獨專之然托辣斯必絕對的獨占可以司配大勢

獨占之分類

(一)分公私 Public monopolies. Private monopolies

(二)分自然人爲 Natural monopolies. Social monopolies.

(三)分絕對、完全、不完全 Absolute monopolies. Complete monopolies. Incomplete monopolies.

(四)分不得增加供給、得增加供給 Monopolies which admit of no increase in the supply of the monopolized articles. Monopolies which admit of an increase supply of the monopolized articles.

(五)分地方的國家的國際的 Local monopolies, National monopolies, International monopolies.

(六)分販賣購賣 Seller's monopolies. Buyer's monopolies.

(七)分原料獨占勤勞獨占 monopolies of material goods. monopolies of service. (Ely, Monopolies and Trusts. chp. II.P —39—95)

右所採各標準之分類元互相交叉者也而托辣斯除右之(一)公獨占(四)貨物不得增加供給獨占外其孰得成立耶由來獨占者于自由主義個人主義之下殊以蛇蝎視之今人由獨占所生托辣斯之弊害論中所述者其根底猶有此思想宜注意之

(甲)獨占所生之弊害

(一)獨占者限縮他人經濟的活動之範圍反于產業自由之主義絕滅競爭以涸渴文明進步之源

(二)關于原料品之購入者爲購買獨占者以自己之欲爲値段而買入之然徵于實際之統計則不然若然則一時留之且獨占者因圖企業之擴張與消費之增加而原料之需用增加原料生產者以總收益之增加補償價格之低下

(三)販賣獨占者以自己之欲而要求價

凡因感情上而惡獨占之人盖獨占物價者爲獨占者之欲是從也今察需用與物價之關係金銀貨幣者其需用與價格正比而增減生活之必要品價高則其需用急減少然奢侈品反之其價騰貴則其需用著減少故農產物不能容獨占的大企業獨占者苟以收益爲目的則不法高物價其結果需用遂減然純益減少不敢也故獨占物價因需用之減少總在于不純益減少之範圍內獨占者僅得而高之其想像不廣企業家者顧慮將來之需用恐社會之輿論必不命隨意之高價故獨占之害在于其命隨意之高價之點或者對于提供隨意之廉價即依不公平之均分或鐵道左右于他企業家之運命如 Doad, Gunton 兩氏生產費之節約自其他之點獨占物價反于自由競爭之下而低廉雖然于大體自由競爭之下一般稍高人多所認也然事實上由成功之托辣斯其物價漸次低廉矣

(四)高物價之結果制限消費減少消費者減殺人類之幸福

(五)減少消費減少之結果生產

(六)減少生產減少之結果勞働之需用其結果勞働者失職求食于途

社會之少數爲雇主而多數之資本的勞働者處一時變亂之際其社會之堪抗力少況失職而迷于路頭乎經濟社會之變動人之所大嫌而在共和主義之國殊見其然也經濟社會善則多數之獨立自營之人基礎安地盤廣此必不僅爲社會政策學者之理想而已

(七)唯一之雇主因自己之欲低落勞働者之賃銀

此弊可以勞働組合之制與勞働者之自治協同之精神發達而減少之

(八)獨占者僅顧私利不顧公益之結果不計生產技術生產物之改良發達

然于托辣斯雇特別專門之技師計機械及生產技術之改良進步常見之自由競爭之下粗製濫造之弊亦屢屢耳

(九)計生產之增加否則毀滅既成貨物計物價之騰貴

如 Standard Oil Trust。嘗精製石油棄于太平洋此人之所知也

(乙)獨占所生之利益

(一)避無謀之競爭節約社會之資本勞力

Jencks僅就廣告料而計之美國有數之煙草會社四五費六十萬磅合同得節約其三十分之二

(二)第一流之熟練家之手其事業經營監督之人從經濟主義可伸其驥足

若僅就國民經濟上觀之因多數劣等之企業家各種之企業之管理甚不利如 Jencks "Distinct evil" 云云。

(三)從以上之結果爲消費者而廉物價

(四)且于自由競爭之下少有物價之變動

于自由競爭之下優勝劣敗甚易物價之變動屢相出入于獨占之下其間大隔而不易來雖然若其來也則甚激烈有急轉直下之勢

(五)計需用而增減伸縮生產額由自由競爭之所極現出之過剩生產無惹起一般經濟界之恐慌事

第二節　大企業所生之利害

大企業者對于小企業之語也由其企業所投資本之多少而區別兩者之適當然其

于其國與其時代之比較的語元有一定明瞭限界存而托辣斯者關于要多高價之機械多數之勞働之產業而起特大資本之下裝置精巧之機械由使役多數之勞働者所生利害而陳述之

(甲) 大企業家所生之弊害

(一)以大資本之力委徵國權之作用立法司法行政之上有不正之影響是爲金力政治之世

或不利自己妨立法而作有利之法律或動判決或企又脫稅或怠又相當之設備不勝枚舉故跨于數國之大托辣斯 International Trust. 起幾多之國家全受其命令不動以致實業界之羅馬法皇現出彼之嘉耳馬耳克士見資本集注之速斷產業之各部門皆爲一完全之獨占的大企業寧于今早優于國家之獨占若云各種之產業悉然或誤耶則或種之產業正此傾向之顯著也然依此則前述之弊害因個人之大富豪而起 Jencks 以之進而攻擊托辣斯寧退而計社會道德之發達愼議員之選舉圖司法官及行政官之改善可也

(二)大企業者勢欲併吞小企業或疲弊之于一方多數之企業家勞働者失從來之職業或採其從來不利益條件下之職而他方則固定巨額之資本而全不用或至强爲不利之使用此等事業之不活潑其害實大

(三)各種有利之產業歸于少數者之手彼爲其子弟親戚私于各種之地位所謂作Nepotism,是也他人活動之餘地遂狹勞働者之地位全無矣

安格魯撒克遜人種今日之優秀由其自主獨立之精神而來然大企業之托辣斯縮減此精神之活動範圍

(四)大企業多依分類之方法分業之弊害勞働無變化之結果害于勞働者之精神身體勞働者之從事偏于一方全依賴雇主社會之變動更爲他職有不利益者

(五)大企業者對于企業家之勞働者有絕大之權力惹起勞働時間之延長賃銀之低減職業之不安種種之社會問題

此實社會政策學者苦心之所存也或以工場法或以職工組合或以各種之勞働保險之制度等方法全除前述之弊害或減少之

(六)大企業乘有收益增加之法則 Law of Increasing Return 之適用無空株之發行 Over-capitalization, Stock watering 欺不知實情之資本家波及害金融界之一般信用無理之配當其生產物之價格遂高因其會社株式之投機賣買件于投機各種之弊害傳播于社會

(乙)大企業所生之利益

(一)大企業散在各地合小額之資本而利用之此利益實現于各種組合及會社之經濟社會之一大原因托辣斯更活用此利益

(二)大企業統一生產分布財產活用不得從事企業之人其結果利益分配

(三)大企業其基礎確立之時而勞働及職業因之安固

(四)大企業多始以分業方法而漸達于完全

一、業務之熟達

二、見習徒弟時間之短縮

三、時間之節約

四、改良發明之機會

五、資本之節約

六、職業之增加

等分業均件有利益

（五）大企業進而敢行有利之事業應用最新之機械減少人類之勞働增加社會之富庶

（六）起副業而利用廢物

如 Stand Oil Trust 者實有三百種以上之副產物他之產業供給原料

（七）收益增加之法則行即大企業之繁榮者也如土地建物機械器具等固定資本原料其他流動資本上理事監事由高等勞働者下至普通勞働者之勞力及資金之融通至小企業遙相比較占有利之地位

（八）大企業以上之結果其生產物之價格低廉利益一般消費者

〔〕托辣斯之利害

（九）大企業在野之人物振手腕登舞臺自最高等之勞動者以下順次有相當之報酬且殆與立于獨立之企業家之地位同各自發揮個人的才能充分有獨斷專行之地位。

此實英美等大企業之盛處以大學之俊才而投身于實業如德法政府之權力盛處大學卒業生悉于文官試驗之門前進而從講義之飜飲與著書之 Gramming 爲大學之學風所以 Demolins 有 A Nglo-Saxon Superiodity 之說也。

第三章　結論

產業之歷史產業合同之記錄也 Industrial history is the record of industrial conbinatisn 個人 Individual 之企業組合 Partnership 之企業也組合之企業會社 Corporation 之企業也而今一轉會社之企業爲托辣斯 Prust 之企業實經濟界大潮之傾向也見古測今由往可以推來矣而萬事好大故美國今有「大之時代」The day of great things 足爲絕對之自由平等絕對之個人主義或國民的理想實大目的大野心 great aims and great ambition 大動力大機械 great forces and great mechanisms 大機會大成功 great opportunities and great achievements 大人數大組織 great mena nd great organization 之時代也故論托辣斯之利害了解前述之主義上之變遷外猶必知美國現今之大勢世之談政治經濟者必用大勢而觀察之歐洲之政治家中既唱 Transatlantic Conetition·欲以全歐洲之經濟合同當美國之競爭而美國 President Andrews 嘗云 "The day of old time competition has set, law or not law Capital will henceforth march mostly in phalanxes" 大勢之所向可知矣昔時彼 Macedonion phalanx 之進動有名 Demosthenes 之 philic speech 亦不得妨之不知妨止今日之 Capital phalanx 者果何耶

由社會之大勢而觀之徵其實際托辣斯者實發達物而非創製物也非企業家之創造實產業歷史之成果而現時經濟狀態之所產出者也然以立法之專斷抑壓之則必知法爲社會力之一種進而反抗社會進化之大勢在美國其始會社法與實際甚離遠各種之大企業以托辣斯之名勃興于各地其後就中如 New Jersy 州會社法之改正行最寬大各種之托辣斯皆隱于會社之名下 New Jersy 州遂至呼 "The home of the called 'Trust formation" Cook 見之遂云 a great moral victory of public opinion. 余謂此

實由法律之改正適合于社會之實際托辣斯于法律上得其所也已

對于異常之物新規之事人必恐之攻擊之此世俗之常也然智者恐則利用賢者知害則謀處置托辣斯之害亦多已而托辣斯之固有部分則罕其大多數實基于社會道德所謂實業道德政治道德一般之教育之普及勞働者消費者之自主的之團體及各種之社會政策主義由于法制之完備始可以得也若是則百利興而一害去矣苟必以消極的重視托辣斯之害較利更大則社會進步之大勢反爲撲滅固識者之所不爲即余亦竊爲不取焉

警察學演說

警察學生湘潭朱德裳述

此篇乃湖南警察學生聽之於講堂者也。近年以來。中國士夫好言辦警察。然視之太高者。謂爲西人所獨能。視之太卑者。薄爲巡查所爲事。二者均失。非警察之眞象。玆特揭此篇以明告邦人。

再湖南警察講義。經已出版。其中有警察講話。即此演說。惟此篇之筆述者。與講義筆述者異。既出兩人之手。文采判然不同。故無重複之嫌。

第一次　警察之概略　官房主事警視川上親晴

今者初與諸君相見於講堂。實余所欣榮。第所言者。不能盡如諸君意。願諸君其諒之。中國與日本。爲最有關係之兩國。今諸君翩然東來求學此邦。則其所能知者。亦孰不欲爲諸君言之。日本當明治以前。爲封建時代。如長崎。如鎌倉。以及薩摩等地。各奉幕府。各行政治。四分五裂。不相統一。其時無警察之名。而其行政與警察類似者。亦有之

政法

矣。但區域既分。無整齊畫一之道耳。維新而後。幕府既傾覆。政出自朝廷。而權集于中央。至明治七年。始有警視廳之設。自有此廳。而警察署警察分署。由東京推及各府縣。以次遍于全國。其編制亦歸于一矣。夫政治與社會移易。而警察之行政。尤必視社會爲進退。故社會進步無已。警察改良亦無已。此不獨日本也。歐美亦然。日本警察之編制。雖原本于泰西法德。而其法制。則參酌日本之風俗習慣。故其法令半爲歐化主義。半爲國粹主義。然以之實施于人民。亦多有視爲不便利者。則始事之難固如是也。自此以後。逐漸改革。至於今日。粲然大備。人民既皆稱便利。而社會之進步。亦賴有警察益增其速力。立于今日以視當時。其間航海調查。參酌國度。經之緯之。蓋不知其幾經變遷而後。乃克臻此。然自此以往。倘率由而不改。則不獨無進步。且將退化。蓋警察者。乃精神的非形式的。形式雖成立。而精神腐敗。舍改革莫由。第改革之事。非僅在學問也。實際尤重。夫警察煩矣。自其性質言。則有高等普通國家地方之分。自其職務言。則有行政司法之別。然屈五指而振重裘。總之不離乎消極行政。豫防人民防害者近是。倘專專于學問。則所謂豫防者。幾何不爲紙上之空談耶。雖然。吾烏敢薄學問。彼警察之行動皆法律之行動也。昧於法律。則動輒得咎矣。且衛生者警察之一重要部分也。苟非精物理。通醫學。又安知其所從事耶。吾烏敢薄學問。蓋必能研究學問而又練習于實地。則綱目張舉。飭然其不可亂矣。斯則警察之要素也。

第二次　警察之進步　第二部長松井茂

夫警察者以何者爲第一要義乎。則性質是已。無論居於何地。對于何人。謗議所不避。頌禱所不祈。一以一定之方法行之。不能稍有出入。此其以精果之心力運堅忍之手段者。則警察之性質之最高尚者也。夫日本明治以前。未有警察也。而警察之事。則有之矣。中國以前未有警察也。而警察之事。則有之矣。且警察者因其風俗習慣而制爲行爲規則也。英吉利之警察。不能行於法蘭西。德意志之警察。不能行于意大利。苟以日本之警察。章櫛句比。而推行于中國。則所謂削趾就屨者也。亦事之所必不行者也。然則諸君亦何必爲此煩難。不辭萬里。來學于日本乎。是不然。蓋天下之事。有事實焉。有理想焉。事實有異同。理想無差別。二者相因。不可缺一者也。故無論何國、何時、何人。其事實不能出理想範圍之外。不獨政治。即如師範。如軍事。如實業。皆據于理想而應

政法

用于事實者也。學者求之於支節，而不通其理想之範圍。且無當于事。安論進步。夫人之初生也。不能知其孰爲父孰爲母也。自醫家發明以後。而後能確認男者爲父。女者爲母。警察亦然。方其未行也。不能知警察之爲何物也。及政治家發明以後。而後能確認何者爲警察。何者爲警察之所有事。故警察無定程。亦在人之進步何如耳。且自古昔至於今日。進步之陳迹多矣。滅族之刑也。用人之祭也。古人有爲之者。而今無矣。何以故。進步耳。投石以紀年也。結繩以記事也。古人有爲之者。而今無矣。何以故。進步耳。夫警察者、亦猶是已。吾試以婚姻譬之。夫婚姻有五期焉。當太古之時。無所謂婚姻也。其爲夫妻也。由刧掠來也。是爲第一期。于是時也。無婚姻之法律也。及于第二期。婚姻之法律，尚未成立。其爲夫妻也。由無意識之結合來也。若此者比于第一期。已進步矣。及于第三期。則有一可駭可怪者。其爲夫妻也。由金錢來也。夫之于妻也。棄之可也。贈與之可也。抵押之可也。若爲一種動產也者。以此比于今日法律之時代。其相去何如。現在時代。由父母之命者也。彼夫與妻也。其學問其智識。或相等或不相等。不能校也。惟父母之命是從而已。夫學問智識之不相等。則夫婦之道苦矣。是爲第四期。至第五期。則爲自由結婚。夫自由結婚者。以夫婦而兼朋友。事之至當者也。文明國之所公認也。然以行之文明程度不高之國民。則其弊也必至於破壞公安。寡廉鮮恥。入于禽獸。而不自知矣。由此以談。則所謂循進步之程度爲一定之秩序者。其關係顧不重哉。諸君來此間學警察。其見于日本今日之警察已如此。然自明治七年以來。此三十年中。其層累曲折不知幾進步矣。中國之警察。余不知何如。然欲幾及日本。遲至三十年。速亦二十年耳。蓋民間之習俗國家之程度法律之範圍。其進步之定率。固如是也。若不問程度之如何。而驟施以文明高尙之法令。非徒無益。且又害之。此最要之一言。諸君其聽之。諸君其聽之。

第三次　警察官之强制權　第一部長丸山重俊

豫防人民之危害而制限其自由者。警察之目的哉。夫人民之自由權。對法已許之矣。一旦于其身體生命財產發見其危害。則不能不制限其自由。此亦理勢之所趨。無可如何者也。今有人焉。踴躍而奔。將蹈海而死。則爲警察者其聽之耶。抑趨而救之耶。救之則侵其自由。聽之則坐視其死。夫安有坐視人死而不救者哉。故警察之定義云者。

因豫防危害而制限人民之自由者也。自由無制限。則法律外之自由耳。烏足貴哉。此謂强制權。此謂警察獨有之强制權。

第四五次　衛生警察　第三部長栗本

凡含生負氣之倫。孰不思自衛其生而謀其健康哉。禽獸且然。而况人乎。艸者馬之食素也。然有毒則避之。鳥食毒物。則能採藥草而啄之。其病也則浴于温泉以愈之。此本能也。不待教而知之者也。人者物之最靈者也。其自謀生活與其自謀健康之能力。不俟外求者也。擴充其本能已耳。其效力之所在。小者足以使家庭圓滿。大者可使國富兵强。蓋國民身體之發達。與國度之發達。其關係至密切也。苟不能自衛其生。則由小學而中學而大學。中經數學校十數學年。及于卒業。則其人已病矣。其甚者死矣。又如軍人。其學問至複雜。其筋力至勞苦。倘聚數千萬殘弱之人。而欲其如火如荼。克敵致果。爲國光榮。豈可得哉。由是言之。則衛生之關係大矣。衛生之學。至十九世紀。比于往昔。實爲進步。其學問亦成獨立科學矣。然其定義。則學者之說紛然。或曰衛生者延年術也。或曰衛生者預防之醫學也。之二說者皆是也。然謂其足以爲衛生之定義。則猶未也。蓋衛生可分爲兩種。

一公衆衛生

一個人衛生

衛生之範圍。大抵不出此二者之外。而公衆之衛生。比于個人之衛生。尤爲切要。以此之。故而衛生遂爲警察之一大部分矣。今更分析言之。

一營養　營養之大宗爲牛肉。故警察之對于屠牛者。命其呈出醫生證書以檢查之。若病者則絕對禁止。其次爲牛乳。牛乳者兼有含水炭素脂肪蛋白質乳糖礦物質者也。其於人身滋養最爲適宜。然牛乳或陳腐或有雜質。則足以害身體。故警察之對于牛乳店。比于屠牛店。其檢查尤爲細密。其次爲酒。酒家之爲保護酒計也。常用夫那魯馬里、查里、取潛昇禾、三者以攙入之酒。誠得保護矣。而飲之者或中風至死。危哉酒乎。其害我國民至于如此。故警察之對于酒肆。比于牛乳尤細密焉。必以化學試驗之。而後許其賣買。其次爲阿片。聞阿片之毒。流于支那。深根固蔕。牢不可破。窮年累月。自暮達朝。上至官吏。有將軍提督而嗜此者矣。自餘可推。下逮草野。有縉紳秀士而嗜此者矣。自餘可推。以阿片之故。而支那之人。强半瘦如猴。枯槁如蝸螻。本爲黃種。乃如黑奴。且其筋力則不如黑奴遠甚。何以故。非洲之黑奴天然界之黑奴也。支那之黑奴人爲界之黑奴也。其次爲瑪琲。瑪琲之害等于阿片。苟舍阿片而嗜瑪琲。所謂逐虎進狼者也。凡此皆營養之害。警察官之最宜注意者。若者檢查之。若者制限之。若者禁絕之。三者並行。則足以謀人民之公益。除社會之危害。可謂能盡警察之責任矣。

夫營養之至善者。莫如空氣。空氣之於人。關緊重矣。一日不得空氣。則可以至死。一時不得空氣。則足以致病。故以空氣療病。以空氣衛生。皆法之至善者也。天之將雨也。雲氣積鬱。而人不歡。夜不滅燈。則炭素入腦。而神經昏眩。當此之時。遇新鮮之空氣。流通而交煥之。則神志清明矣。故人者生活于空氣。而不可須臾離者也。雖天氣之自然。不能無寒暑燥濕之不同。而所貴乎人類者。貴乎能避寒暑燥濕之害。以自衛其身體也。以衣服言之。衣服者。非所以釋囘增美也。所以衛生也。支那之禮服。煩瑣累贅。宜改用西制。不待言矣。然私服則胸前不暴露。腋下無縫隙。腰束不緊。其于保存溫度。最爲適宜。日本之衣服。與支那適成一反比例。此當亟宜改革者也。又日本女人。以帶橫束于胸前。其礙于肺臟呼吸之紳縮。受害至大。何以故肺臟之呼吸其入爲酸素其出爲炭素。酸素入腹中而生燃燒之力燃燒所餘即成炭素此謂瓦斯交換。日本女人以纏胸之故。致氣體不能自由交換。華族女人。最注意於纏胸而其病每多於勞働社會者。職此之由蓋日本之纏胸。西洋之纏腰。支那之纏足。皆爲女子裝飾之品。既成裝飾品。則爲一國之風俗習慣。盤踞於人間社會。牢固而不可拔矣。警察之有衛生責任者。其謂之何。三者并立。如是地球女人無完膚矣。而支那女人其害尤大。何以故。人身之血液。五官百骸。自頂至踵。其流通皆有平均之比例。支那女人以纏足之故。遂使血液不能流通於足部。故雖謂之半截死人可也。以半截死人。而生育子女。其不柔且弱者。幾希矣。此其害在人種。而遂中于國家。諸君乎。諸君乎。其忍不思所以改革之乎。

一土地　山居之人多病燥。水居之人多病濕。此其大較也。瘧者傳染病也。此土地之關繫也。如支那然。南人之病瘧者。雖重不死。北人則多有死于此者矣。脚氣者。亦土地之關繫也。微獨日本有之。支那亦有之。特支那人不知耳。醫脚氣之法。莫如旅行。在東京而病脚氣也。至西京則重者輕。輕者愈矣。在長崎而病脚氣也。達上海則重者輕。

輕者愈矣。病之關繫于土地者。此非尤大彰明較著者耶。何以故。有甲乙兩井于此。其離距一上一下也。病者遺毒于上井。則其流質必入于下井矣。而飲者病焉。又如溪流。其旁納之水有黴毒。則飲者亦病。且不潔之地多蚊。蚊之食最爲不潔物。而又喜嗜人。以其毒和入血中。則傳染於人身矣。因此之故。而病之關于土地者。遂畫若鴻溝。幾如各地方之風俗習慣。各不相侔矣。

一市街　市街之警察。警察之最要者也。人之生也。飲之食之。呼之吸之。有其入焉者。必有其出焉者。出之云者。因排泄而出之謂也。故排泄之物而入人口焉。則爲疾病之一大媒介。故警察上有除穢方法（清潔方法）一曰渠水一曰便所

渠水者。納汚藏垢之地也。當街而溺。非獨有礙衛生。而且大傷風致。如朝鮮。如支那。全國皆然。毫不爲怪。朝鮮本不知清潔爲何物。支那則知而不爲。朝鮮者。吾無責焉矣。若支那。吾不知其是何心也。西人有言。當街而溺者。東洋之出產也。雖然。立於今日。以視吾國。吾知其免矣。故便所者。市街中最不可少之物也。雖然。施清潔方法于便所。其事爲至難。如一地。然有一井。又有一便所。其便所之下流。多浸入于井。于便所之中。以顧

徵鏡視之。其微生物不知其幾千萬也。微生物之入人身。最易發達。發達之後。即爲傳染病之媒介。而害在人生命。便所雖微。其害可勝言耶。由是言之。渠水便所。顧不重哉。夫欲渠水便所。皆至于清潔。則必人人有清潔之觀念。常有一不清潔之危懼。懸於心目間。而後能達此目的。以此關於清潔方法。必一一屬於國家。則經費不貲。不足以給。且市街之地。欲施清潔方法。必先講求建築衛生。然非國民程度發達。經濟發達。則建築衛生之目的。豈易達哉。故瞻國之貧富强弱。於其清潔與否瞻之可矣。比于一家。其人口寡弱。其父母癃老。其家貲落薄。而欲求其衣履之整齊。門庭之修潔。不可得矣。惟國亦然。入其疆而道路交通。田野修治。入其都而衡宇相望。壯麗輝煌。其爲强國也。奚俟智者而後知之。入其疆而熇穢蕪蕞。蔡莽蟄刺。入其都而水土卑惡。塵薶沮洳。其爲弱國也。亦奚俟智者而後知之哉。

次于渠水便所者。爲墓地。血肉之類。化而爲水。流入土內。四通八達。人飲此水。即成惡疾。墓地之不能在都會。即此故也。然全軀而葬。與火化而葬。二者不同。而火化者最優。西國火葬者鮮。中國尤以爲厲禁也。火葬之不發達。實宗教與學說有以致之。然剖解學既發明。則人人知人身除腦筋外。實無精神附麗之地。且人身之組織。礦物質亦爲一成分。人死以後。存者惟此礦質。乃欲保之於既死以後。歷百年而不變。何哉。且厚葬之風。中國最甚。附櫬之物。奢侈無度。馬鬣崇封。橫斜百畝。以有用之森林財產。付之于陳死人。誠哉可惜。而且惑風水之說。阻礦山之利。其爲害中于人國矣。但以衛生言之。若因循不改。吾恐千百年後。墓地遍全國。無一乾淨土可以鑿而飲之也。

以上種種。皆衛生之關于外界者。至關于內界之衛生者。莫如去早婚之害。古者三十而娶。二十而嫁。日本已不能守此古法矣。故法律之所規定。則男子十七、女子十五、也。以未及期之男女。結爲夫婦。童年未冠。亦既抱子。充此之弊。可使全國無完人。蓋早婚生子。是父母之遺傳。必有一部不完全者。而夭折聾啞白痴愚鈍諸害。皆早婚之爲之也。人人如此。則其人既無自强獨立之精神。而其國亦無自强獨立之資格。其不能立于生存競爭之世也。亦固其所。吾國古人身體偉大。今則短小矣。論者謂爲早婚之弊。殆其然歟。

（未完）

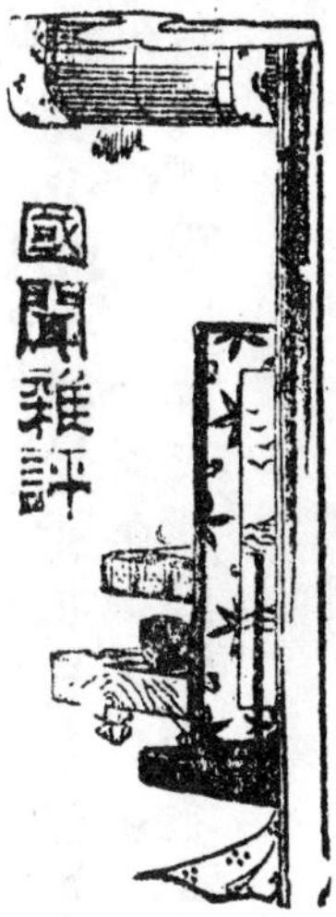

一鬨之時代研究之時代（觀雲）

中國自言新學新法以來。顯出一國民性之弱點而有礙於進步者。則思想力之浮淺而不能緻密是也。

余嘗爲赴演說。擬言義務與權利。因先檢查學者各說。融以己意。製爲腹稿。及期。當開塲之際。不先不敘述一冒頭。因畧言有義務則有權利。有權利則有義務。兩者相連而不能離。如物之有表必有裏。有裏必有表。衆大喝采。私心竊喜。以爲淺處尙如此。以下精深之處。必大博衆人之賞讚矣。乃更進一層而說明其理。因言古來學者於此事、學理上之解說。各有不同。而欲審定兩者主從之所在。有言義務盡而後有權利者。有言權利備而後有義務者。有言權利義務無先後之分。於兩者之外有一根底者存而後所者乃從而發生焉剖條析理苦爲分明以爲是必足動衆人之注意而驚爲凡一學說其內容固有若是其深宏者然一堂默然徐而察之則衆皆欠伸欲睡矣不覺大駭興味盡掃不及發明已見復說向淺處以終其局夫以余之心難耐細常恨以爲不宜於研求學理而不謂衆人之中乃有比余而更不能耐細者雖未可以此概全體之民然固可畧推我國人頭腦簡單之一斑也

今夫以小兒之心理言之。予以紙花。與予以黃金。彼必取紙花而捨黃金。蓋紙花能引動其新奇之心而黃金之作用複雜爲小兒所不解以爲是固毫無趣味之物也若成人之心則不然如購一物。好看。耐用。適體。省費必經智識上之選擇。而後取捨之權衡始定而以觀我數年來所謂維新之程度實不過眩異驚怪僅有一種感官上之衝動而於理之原委事之異同實際上之智識毫無進步之可言夫以此在數年前猶之可也以爲維新之初境不能不如是能如是亦已足矣然歲月日進而心思不隨之而俱進則有大可懼者何懼乎爾懼夫所謂新學者卒與我國人之頭腦不相近而將無以收其成功也如數年前有能言民權自由者。不能不許其人爲異才。然在今日能言此者。曾何足重。如言自由必進而求其泰西於近世紀言自由而能收其效者其原因何在。而其說果宜於中國乎。不宜於中國乎。行之中國而其利何乎。其害何乎。從其所觀察所解剖而其言之價值可定若仍如數年前言囫圇之自由則其智識上之無進步可知已矣。

我國人思想力之不能進步也。其故尙不能深知。大都其弊由於八股八股者置重於詞句格調之間以此爲評品優劣惟一之標準而於義理之高下初非其所過問試觀中國之八股史以義理言非獨後人不能勝夫前人實則前人反勝後人而於詞句格調之間則日日翻新一新花樣出而衆人之耳目爲之一聳相與激而賞之曰此奇文也美作也昔以此論八股今以此言新學吾觀泰西近世紀之所以進化者學者競勝於義理而思想日進一日故也中國近世紀之所以退化者學者捨棄其義理而思想日退一日故也此其原因上之一大區別也

夫然而其影響乃見於今維新之時。試觀數年以來。我國之維新界。果有一何事之成

就否乎。無有也。蓋一切新學新法。其條理皆極繁密。其原委皆極複賾。而非貫通其條理洞達其原委。遂無一事之可以告成。而此固爲頭腦簡單之人之所不能入也。則遂欲厭而棄之矣。昔葉公好龍。及見夫眞龍之至也而逃。今之言新說者。其能不如葉公之見眞龍而逃者。果有幾乎。是固可以斷新黨大半之性質也。

或問變思想之粗淺。當以何法。吾不能答。無已。其必先治論理學乎。

夫維新數年。既不能成一事。然則其致誤之道何乎。改良之法又何乎。不能不求近數年史之一批評。而時勢神則批評於其後曰。

宜自一閧之時代入於研究之時代

凡學理之應用。必先審察其事情狀態與其種種相關係之故。定一適用之方針。而後良好之結果生。若失其用之之宜。則學說之高下不問。未有不利之不能得。而反因以致害者。此學者所公認之理。而常喚人之注意者也。故眞欲維新。不徒貴知有何種何種之新學說而已。尤必講學理應用之術。是則非入於研究之範圍中。固不可也。夫不經研究學說之不可應用。此則可擧自由之說而畧推其一端矣。盖有聞自由之說而狂喜者。凡事無不以自由爲標準。於是行路。亦存一自由之心。而不讓人。至於險道。此不讓彼亦不讓。兩皆不得通過。其結果兩人之爭端起。此誤用學說之害之適徵也。由是言之。但抒口頭之新說。不能更進一層而有研究之功者。其學皆可謂之無用。不過多一種新奇之談助而已。是非學說之負吾人。而吾人之負學說也。

夫我國人果能嗣後知一鬨之不可而興起研究之思潮乎。於一鬨感興味易。一方面而於研究亦能感興味否乎。是可以卜中國前途消長之機矣。

對外之擧動對內之擧動（觀雲）

從一方觀之。但有一鬨之風潮。而無研究之精神者。必致無一事之可以告成。而大不能滿足吾人之心。然從一方觀之。以昏沈痲痺若死若生若醒若睡一癯石性之老大帝國。則又不能不崇拜有一鬨之性質者爲當代之英雄。

余友鄧孝可曰。數年前打電之事。雖無其效。然今日幷打電之事而無之。則國人又

沈沈睡去更無可爲矣是其言固有一理

故以數年來經過之時日而論。若無義和團。若無爭廢俄約。若無收回鐵路。若無抵制美約等諸事之舉動。則維新之事前途益沈於渺茫若泛大海而幷無孤島之影此蕭瑟寂寥之歲月吾人更何以堪幸哉吾國人之猶有一閧

是數事者以時勢進步而研究之性質亦漸加多如義和團以蠻動之排外而後數事改而爲合理之排外固可謂舉動上之一進步而可稱爲入於研究之一端然以大體言之於所爲各事果能洞悉其原委審明其利害而有確鑿之見識否乎是固未敢遽許也故雖漸入於研究之途而尙不能全脫出於一閧之舉動

如近日築路之事。拒絕外人歸于自辦。此其事之合理與夫首事者之熱心勇氣。固吾之所表贊成。而一無異辭。否則亦不能有異辭者也。然所謂挽回路權者。非謂自立公司。招股份。估經費。勘工程而遂已也。如招股一事。能知中國之財力否乎。全招中國之股於財政界連起之影響何乎。路之性質何乎。爲運貨乎。通人乎。抑帶軍用之意味乎。其路所經過與其終始點之形勢與出產何乎。能養路否乎。與他路

相關係之利害何乎。管理法何乎。與國家相交涉之事何乎。用人法何乎。養應用之人材法何乎。與路並起之事何乎。而一全局之目的何乎。是固僅舉其最粗畧者。然果能有確實之解答乎。不能解答。或解答而惝恍模糊。無高出一時之見識。則於其事。殆無何等之把握。謂之非研究之舉動。而尚屬一鬨之舉動可也。夫有此舉動。固爲吾人之所敬。然因其有此舉動。更進一步而入於研究之範圍。是又吾人所切望也。

夫舉動既不可以已。而舉動之性質。又不可不分。以判斷其本末要緩之所在。吾則定爲兩大區別。曰對內之舉動。對外之舉動。

對內者。根本之治療。一治而無不治。若對外者不然。今若外人欲謀我鐵路也。則我起而自築鐵路。外人欲謀我航路也。則我起而自通航路。外人欲謀我鑛產也。則我起而自開鑛產。浸假而外人欲何。欲何。我又不能不爲何。爲何。外人之所求無藝。而我應之之力早窮。有應有不應。則幷其所以應之者。而將歸於無用。（例若我自築某省之路而外人曰某省之鑛產歸我其將奈何假而我又自開鑛產而外人劃其地爲勢力圈中又將奈何故若無根本之治療則頭痛救頭脚痛救脚皆不足恃也）然則知對外而不知對內。直謂其人於時勢之見解尙無本末緩急分別之智識可也。

故夫各國當變法之時無不注重於對內而其收功亦未有不在於對內者多不具舉。試徵之日本。日本變法之萌芽也發動於攘夷然及其事之起也一變攘夷之風雲而爲尊王覆幕之風雲使日本當日之舉動但知對外而不知對內則日本必不成維新之功其事固可決也又試徵之俄國。俄國文豪古尼奇之言曰。「余甚希望日本之大敗俄國俄國挫敗之程度深一層則俄民自由之程度伸一層」云云其輕於對外而重於對內可知而是語實可爲俄國革新人全體之代表者以是之故俄國於國政革新之機會亦自速於中國觀日俄之戰未終而俄皇已不能不布立憲之詔敕以靖國人之心而俄國人民已得多少參預政治之權利若中國則大敗之後又大敗又又大敗而國人尙未有注重於內政者若人民參預國政之權直爲中國人夢中思想之所不至何其民智之遠不及俄人也

故可立一言於此曰

若無對內之舉動但有對外之舉動則前途必無其效。

由是而我數年來經經史之總評曰『研究精神之缺乏之對內思想之薄弱』夫全地球優等生物之所以強盛者無不由於進化然則吾民曷不更求一進境乎願進一觥為我民請曰進進

對外舉動之必有賴於對內者。如此次抵抗美約。即可見矣。夫抵抗美約之舉。以事實上言。我之用美貨若干。抵抗後而美之損失若何。我之損失若何。此一部分之討究。余於商界之事。不能明答。別為一題。不及論。以理論上言。我之旅美苦矣若無一番震奮之舉動則以後吾民可絕足於美國今當萬國交通至足不能入人國是自斃也其害之大為何如故此次舉動實為應有的合理的雖然其中含有一至要之問題在即抵約無非為訂約作一張本而吾民之抗約者何以能於訂約有交涉是也以吾之一方論不能由抗約之團體中公舉一人以與美國辦訂約之事從美國之一方論亦不認吾抗約之團體中有與彼訂約之一資格然則抗約之與訂約其間不能有對待之打通而中間必經過間隔之一關即鑼鼓開場而至演劇仍不能不退居於場後而其事一委諸政府之手夫使政府果能為吾民盡力何待吾民之抗約爲政府旣無能至吾民不能不起而自抵美約然而訂約之權仍不能不盲目而聽命於政府則試還問諸抗約者果能收何等之效也夫各國國人皆與其國家爲有機體之關聯而我則人民不能與政府之機關政府非代表人民之意志盖人民之與國家尙不備有機體之性能故夫抗約者國人也訂約者政府也其事顯分爲兩橛而抗約之與訂約遂無何等之聯合性而於其間之關係甚大無以溝通之而必不能收終局之效是固吾之所不能解而綦欲當局者以論理的貫通性而解釋之以相示也

日俄和議紀事本末（飲冰）

美國大統領作調人　日俄戰局破裂於彼明治三十七年二月十日越十有六月即彼明治三十八年六月九日美國大統領盧斯福發議勸媾和其日以正式公文貽兩國政府翌十日兩國皆諾和議自兹發端。

談判地　俄人初提議欲以法都巴黎爲談判地日本不可卒乃定美都華盛頓爲會

埠。既又主秘密。以華盛頓太屬耳目。乃改其附近之坡的馬士島焉。

兩全權　日本初議以侯爵伊藤博文爲全權。既而中變。改派現任外務大臣男爵小村壽太郎氏。以駐美公使高平氏副焉。或曰。伊藤取巧。自辭也。俄國初派駐法公使尼里德夫氏。既而改派駐羅馬公使伯爵謨拉比夫氏。旋以謨氏遘疾。卒派內務大臣域提氏。亦以駐美公使羅善氏副焉。

日本軍占領樺太　兩全權方在途。日軍忽突進占領樺太島。樺太者。我國官書所稱庫頁。俄國所稱薩哈連。日本當三十年前割諸俄國。以交換千島者也。當交戰伊始。日人恢復樺太之論。久囂然於國中。今玆占領。凡以爲和議時正式割讓預占地步。實外交上一要著也。

兩全權抵美及俄全權之大言　日本全權以七月二十八日至華盛頓。俄全權以八月二日至焉。有質意見於域提者。域曰。今玆之戰。我國苦不能覺日本有何等之大勝利。蓋吾俄國民皆視此役爲羈縻遠地之擾亂。於國家之安危。曾不足以動其毫末。日本當知我之言和。非有不得已者存。彼提出之條件。苟有損於吾俄自尊之面目者。

吾知其無能圖成也。蓋戰敗國全權之氣燄既有俯視餘子之概矣

第一次會合　八月八日。兩全權同抵談判地。翌九日。遂爲第一次會合。互換全權文據。及議定英法語並用以法語爲主等項。

第二次會合及日本要求條件　翌十日。遂爲第二次會合。正式之交涉自玆始。日本首提出要求條件十二事。

(一)賠償戰費(但其額未明言)

(二)割讓樺太

(三)承襲旅順大連灣之租借權

(四)(五)俄日各撤退滿洲軍

(六)保全支那領土且開放其門戶。

(七)韓國之宗主權

(八)割讓哈爾賓以南之鐵路

(九)烏港幹線之非軍事鐵路仍歸俄國。

(十)俄國軍艦竄入於中立港者悉歸日本

(十一)制限俄國東方海軍力

(十二)烏港以北之漁業權歸日本。

第三次會合　則八月十二日也。俄全權於割地償金兩問題。一意峻拒。其他條件。亦多反對。辨爭歷數小時。幾有破裂之勢。於是乃將其條件之次第。變更先其易者而後其難者。於是議第一款。爲韓國主權問題。俄全權雖認日本在韓國有優越權。然於俄韓境上日人築壘防守之事。大加反對。其於日全權所提出對韓之諸條項。亦多不肯贊諾。是日無議決之事。而俄全權又提議欲將和議記事公之於世。蓋欲示諸國以日本要求之過大。和議苟有破裂。其責任則歸諸日本也。日全權不允。是以中止。其日俄都輿論沸騰。咸責日本不情之請。主戰論復占勢力。

第四第五次會合　翌十三日。爲來復日。停議。十四日。第四次會合。韓國主權問題。遂決定。次及第二第三款。言日俄兩國各撤退滿洲兵。十五日。第五次會合。議第四款。言保全中國領土。開放中國門戶。以上之條欵。兩全權皆無異議。遂決定。次及第五欵。則由烏港至白令海峽間西伯利亞沿岸一帶漁業權讓與日本之事辨爭不相下僅記其議事錄。以俟次日之決定。次則第六款即旅順大連及其附近地之租借權讓與日本當下定議。

第六第七次會合　十六日。第六次會合。討議及於第七款則哈爾賓以南鐵路之讓與是也俄全權初以此鐵路爲私人所有權。以反對日本之要求旋亦遂互讓決定。次及第八款則言烏港幹線鐵路不得充軍用亦小有爭論。旋歸妥協翌十七日。爲第七次會合。始議及第九第十第十一三款第九款即戰費賠償問題第十款即竄逃艦隊問題第十一款即限制海軍力問題此三款即會合以來彼此相持不下辨爭最劇者也。故俟他款決定最後乃提議焉是日彼此仍堅持不讓一步談判殆復破裂。

第八次會合乃談判中止　翌十八日。爲第八次會合。提議第十二款即樺太割讓問題終不決。而前此所議第五款。即西伯利海岸漁業權問題。以是日決定其餘最重要之四款。終不相下乃定延期至二十二日再議。屆日兩全權會合俄全權又請延期至二十六日。屆日又請延期至二十九日。二十九日爲最後之談判和約遂定和議之成立及條約之內容　一年有半之戰雲。至是遂解其媾和條約草案。今已成立。不日署印。據各報館電達內容如下。

第一條　日俄兩國之主權者及兩國之臣民。自今以往。再締親交。

第二條　俄國承認日本在朝鮮境內一切政治上經濟上軍事上皆占優越之利益凡日本對於朝鮮所有施設保護監督之手段俄國概不反對惟俄國臣民在朝鮮者。應與他國臣民之在朝鮮者。一體優待

第三條　日俄兩國軍隊在滿洲境內者同時撤退惟私人及私立會社(公司)原得之利益。依然存在。

第四條　旅順口靑泥窪一帶俄國所有之權利及其附近之土地海面皆轉爲日本所有但俄國臣民之財產及權利。仍尊重保護之。

第五條　日俄兩國政府在滿洲地方所有經營工商業之手段(但其手段限於與各國同樣者)彼此不相妨障

第六條　滿洲鐵道以寬城子(即長春)驛站爲界其北屬俄其南屬日俄國於

其所有之部分凡前此與清國所結條約應得之權利一切保存之惟鐵路只許供商工業之用。

長春以南鐵路枝線附近之煤礦悉歸日本

日俄兩國於其鐵路所通行之地一切施設有完全之自由

第七條　日俄兩國鐵路相接續以寬城子爲連絡點。

第八條　此兩枝線以保障兩國商業運輸爲目的。彼此車輛來往。互不相妨障。

第九條　俄國將樺太島南部正北緯五十度止及其附近之島嶼讓與日本

宗谷海峽及韃靼灣。彼此有自由通航權。

第十條　居於樺太南部之俄國臣民。其變更國籍與否。聽其自由。其不變更者。仍一體優待。又俄國罪囚在此地者。應交還。

第十一條　日本海阿哥士克海白令海一帶。凡俄國領海內之漁業權讓與日本

第十二條　日俄兩國戰前之通商條約。自今復認爲有効。彼此皆照最優待之國相待。

第十三條　俘虜互相交換。彼此各將其給養費實額開列清算互償。

第十四條　條約用英法文各一本。或解釋時生異議。以法文本爲正。

第十五條　本條約署印後五十日內。經兩國主權者批准實行。

日本國民之憤激及其暴動　日本國民方日顒顒焉企踵以望平和。及和約之內容一播。全國失望舉三島悉爲悲慘之氣所充塞。今略紀之。

憤激之原因　日本人自以戰勝國。凡日本所提議。俄國悉當屈服。今見讓步太甚。失望之極。殆至發狂。其所最不滿者。

(一)初時有償金之提議。其額雖未明言。民間盛傳有五十億或二十億之說。其後雖經俄國拒絕。猶有改換名目。作爲補償給養捕虜費若干億之說。及見其結果。一文俱無。人民大怨。且生出經濟界之恐慌。

(二)樺太島本日本地。今次復以兵力占領。舉國皆謂從此恢復。其後聞日俄中分之議。咸已不快。猶風傳俄人許以若干億贖回該島北部。及最後發布約文。並無贖金。而割還其半。人民更觸起歷史上舊怨。滋益激昂。

(三)朝鮮主權一欵。初時各報館電告約文。甚爲簡略。只言俄人在朝鮮得有最惠國條欵。日人因疑上國之權不確實

(四)滿洲地方兩國同時撤兵。日人謂如此則日本在滿洲不能占優越之地位。此次戰爭之目的遂不得達。而撤兵之後。俄人在界外仍駐兵與滿洲比鄰。易生再次之騷擾。日本於形勢上反不能及俄國

(五)宗谷海峽初時傳兩國艦隊皆禁止通行。人民以爲損國家之光榮。深爲感慨。其後知約文實爲兩國艦隊皆許通航。仍不能銷其惡感。

(六)其他諸欵。如竄逃艦隊問題。限制海軍問題等。凡日本要求條件之重要者。悉皆放棄。咸以爲大損戰勝國之面目。故憤心隨恥心而生。

(七)總以上諸原因。復有政黨之與現政府反對者。欲利用此時機。煽一國輿論以倒政府。故其燄益張。

暴動之情狀及政府彈壓之手段　憤激之情。如風如電。橫掃直閃。倏忽徧於全國。而東京首善之區。尤爲其燒點。旬日之間。全都騷然。演出三十年來未有之慘劇。今

略紀其實。

國民大會　九月五日。東京市民倡所謂國民大會者於日比谷公園。露地演說。反對和欵政府命警察彈壓之。守公園門。禁止來者。卒由其代表人匆匆登高阜演說數語。宣讀提議。(一)伏闕上書請天皇勿批准條約(二)發電滿洲軍令其勿停戰羣衆鼓掌如雷咸表同情既而來者愈衆。警察干涉愈嚴。拔刀相嚇。致傷多人。民衆與警察奮鬥。互有死傷。

火內務大臣官舍　其夕。民衆愈集愈多。警察之力不足鎮之。乃命憲兵相助憲兵傷人民數十人。衆益激昂。內務大臣官舍與日比谷公園毗鄰。而內務大臣者又警吏之所屬也衆乃以此遷怒火其邸。

破壞半官報　和議之成也。全國報館皆攻擊政府不遺餘力。惟國民新聞。獨爲政府辯護。國民新聞者。前此專提倡平民主義與藩閥爲敵者也。兩年來見賣於政府爲之喉舌。故有半官報之目。爲人民怨毒之甚。乃相率闖入毀其機器及其廛屋。以警兵嚴護。損傷不多。

仇警察　其後官民之衝突愈益劇烈。人民皆與警察爲仇。六日七日八日凡三日間。全東京市之警察署被燬者三十餘所。市內之警察出張所（街中小屋警察休憩之地）悉爲灰燼。無一存者。警吏蟄伏不敢出。全市殆如無政府然。

鬧教案　連日俄國教堂在東京者被燬。又以美國爲調人。故遷怒及之。美教會數所亦燬焉。其餘他國教會被害者尚不少。又有以禍端之起。由我中國者。欲火我留學生會館以洩憤。公使請彼政府保護。僅乃無事。

各地之舉動　東京以外。全國各地皆如沸如狂。舉動亦略相等。今不備記。

戒嚴令之發布　九月七日。政府乃施行戒嚴令於東京市及其附近。又增調憲兵以資防壓。令警視總監及東京郵便局皆歸衞戍總督轄下。每一警察出執役。以四憲兵夾持之。人心皇皇。如臨大敵。

言論自由之抑壓　同日頒行新聞紙雜誌取締規則（取締者管理之意）。翌日都新聞、二六新聞、萬朝報、報知新聞被命停止發行。其他日本新聞、朝日新聞、人民新聞等。陸續停止。或科罰金。

政府之辯明　政府一面施鎮壓手段一面欲宣導民氣乃於九月八日開宴會於首相邸。徧請上下兩議院議員之有力者（兩大政黨首領等）及報館主筆。集爲首相桂太郎氏宣告此次議和之不得已。其大意(一)經濟力不能持久(二)兵力今後益薄弱戰員恐不充(三)此後續戰勝負未可必以此理由。不能不稍遷以求平和云云。衆人未能心折也。

政黨之決議　九月九日。憲政本黨開會議於本部。宣布決議案兩條。(一)講和條件乖戾宣戰之本意消失戰捷之權利違背國民之意思爲千載之大屈辱政府不能辭其責(二)言論自由集會自由憲法之所保障也政府濫用警察權殺傷無辜之人民致帝都陷於無政府之狀態遂布戒嚴令爲憲政創始以來第一大失政政府不能辭其責云云。

內務大臣警視總監之辭職　九月十二日內務大臣芳川顯正氏警視總監安立綱之氏。引責辭職。民氣稍平將來結局。恐非至內閣更迭而不止也。

和約平議　此次日本之外交。總不能不謂之失敗。蓋其所獲者如韓國宗主權滿洲鐵路等皆戰爭中已獲之結果此次外交惟有所損絕無所加也其所以失敗之由。(一)或言美大統領之調停出於日本政府之授意。果爾則日先立於乞和之地位其過大之要求自難如意此其信否、今未可斷。(二)聞英美兩國皆有挾迫日本速就平和之意。其所挾者則外債也日本如不讓步則將失與國之同情、(三)當第三次會合時域提忽提議變更條款之次第。將最難決之四問題移諸最後實爲制勝之一原因。蓋十二款中衙日請者既有八焉餘四而日本猶堅持不相讓則和議之破裂其責任將不在俄而在日俄人有詞矣而彼八則兩造之所輕而此四乃兩造之所重也爲日本計宜先其所重而後其所輕毋使俄人得先發以博世界之同情此之不圖則小村手段非域提敵也和款一播、各國皆驚日本之寬仁。且云此次爲道德上之大勝利云。(俱見東京各新聞之電報)言外務含嘲諷焉而域提電奏俄皇。謂日本政府已全應我皇之所要求。宛如戰勝國口吻日本人認此役爲大屈辱誠非無故雖然。以日本現在實力論之其所徵發已及國民第二軍戰員漸告缺乏而戰爭之起一年有半日本支出軍事費既十七億元有奇若再繼續其財力實有所不堪現在全國經濟界窘迫之情狀章章不可掩也此就日本一方面言之也。若夫俄國。誠有如域提所云羈縻屬地之戰爭於其本國曾不足以損毫末。俄國者。非積極的戰敗而消極的戰敗也。既非城下盟而欲得償金在旁觀者固知其不能。故償金問題實日本人虛榮之夢想而已。至於樺太之中分。誠難慊然。然國際法上戰時占領地本非可稱權利之占領。雖還其半。而於日本之面目尚非大損抑樺太非此次交戰之目的也。此次之目的在朝鮮問題滿洲問題。若樺太則其附屬之枝葉而已。此役既已定朝鮮之宗主權。又俄國在滿洲及遼東半島之力既已殺。則其最高之目的實已達其七八。此亦不可掩之事實也。顧所憾者。此皆戰爭上之所獲而非外交上之所獲。更質言之。則皆軍人之賜。而非政治家之賜。彼政治家實未嘗有絲毫之力能為軍人之後援也。此其國民所以深憾而不可解也。或曰、彼將於甲方面有所讓而於乙方面取償焉。所謂以屈為申也。吾見彼半官報國民新聞評大隈氏之演說有云。『外交之成功不徒在區區和約。更有他途焉。請大隈徐以觀其後。』果爾則此言信矣。所謂他途者安在。舍中國其有他哉。先以極讓步之和欵博世界列強之矜憐後此與中國之交涉無論要求若何。而第三國將諒之而不輕容喙也。此亦一妙用也。

國聞雜評

嗚呼、我國嘗有如域提其人者哉。

日俄和約與中國　和約第六條云『日俄兩國於其鐵路所通行之地一切施設有完全之自由』此係據電報譯文簡略未知其內容實際如何。九月九日時事新報解釋之云。鐵路問題。最初俄國欲以現在占領區域爲界。日本欲以松花江爲界。其後協議交讓。卒定以長春爲界長春以南之鐵路及其附屬撫順烟臺之煤礦。昔屬俄國權利者悉讓與日本。又長春吉林間之鐵路敷設權歸日本俄國不阻撓之其結果則長春吉林線以南之滿洲爲日本勢力範圍其北則俄國勢力範圍也云云。由此言之則日俄實瓜分滿洲也約文中所謂一切施設者其範圍不知何如。大約不離委任統治者近是。嗚呼當局者其愼毋以兩國撤兵遽爾自安也。

美人手

紅葉閣鳳仙女史譯述

第廿九回 說來歷故主認原贓 露眞情狂生受奚落

却說瑪琪拖亞攜了那美人。出了院門。一直跑過對面那間小小的酒樓。踱上樓來。揀了後頭一所僻靜的小廳子。進去認了座。是時那美人。覺得很安心的模樣也不客氣。兀自拉了一張椅子坐着一面解手套一面說道這個地方很淸靜在此坐坐人也舒服點兒那邊鬧烘烘的坐得人怪煩呢說着。那手套已經除了下來摺疊起來向衣袋裏一塞又跑到前面照身鏡裡一照提手把花冠整了一整重復坐下瑪琪拖亞。正想設法哄他脫脫手套不意他大大方方先自脫了下來正是心從所欲瑪琪拖亞便借意攏近來拉着他這雙玉手湊到唇邊親了兩嘴兒他又纖又白又溫又軟恰像一排當春的筍尖兒不特人工萬萬做不到就是天工也怕不輕容易再揀得一對兒心裡暗暗稱巽想道橡皮那裡做得恁般肖。兩隻明明都是眞的。這也就奇怪了。莫非嘉嘉夫人的話不實在麼。再又想道。倘無蹤影。嘉喜夫人未必混說。難道俗諺說做賊三隻手。果眞是那帶鐲子的。又另外有一隻手麼。自覺錯疑了人。臉上倒有點不好意思。搭赸着向枱上把叫鐘按了按。傳了跑堂的來。吩咐端上茶點。把門閉了。兩家用着瑪琪拖亞道。今早我到上布街訪你不着。以爲你有意瞞拒我。再也不許相見了。不料今夜竟能彀伴着姑娘一塊兒。眞是夢想不到。此時我心裏纔有點安慰呢。那美人道。你眞有這點心麼。我何嘗不是這般心事。但我自從那天會着面。心裡總以爲你定過聘。心裡上已經有了人。雖然。我縱是不能攀附。同你做個朋友也是好的。我若不願意。還同你到這裡來麼。但只恐我雖願意同你做朋友。怕也是做不得久長的呢。瑪琪拖亞道。這話怎解。美人道。就是你那位定婚的心上人見了我同你來往。不要疑心起來麼。那時倒令你受了爲難。那怎能彀長久呢。瑪琪拖亞道。你那裡見我定過婚。我定婚的在那裡。美人道。你也不要瞞我了。不定過婚。你隻鐲子那裡來的。瑪琪拖亞道。我老實告訴你。這鐲子不是人家給我的。美人道。不是人家給的。難道是拾來的麼。瑪琪拖亞道倒被你猜着。我眞眞是拾來的啊。此時那物的原主。還不知到是那個呢。美人佯驚道。啊咳既是無主遺物怎麼你不報警察呀。瑪琪拖亞道。這裡有個緣故。我正在要留着做個憑據呢。美人道。有甚麼緣故不過見物思人要想丟又捨不得丟罷咧。瑪琪拖亞着急道。講不上兩句你心裡又繞到那邊去真是要急煞人呢我告訴你罷這裡的緣故實在爲的是說至此忽然把話頭截住囁嚅着想了想道也罷。你還不曾見着這隻鐲子我先給把你瞧瞧罷。美人道。不錯。那天夜裡我觸是觸着還沒有賞鑒過且借把我開開眼界也好於是瑪琪拖亞。伸手從腕上把手釧脫下來遞給那美人那美人接過手來瑪琪拖亞便暗裡留神窺探那美人的神色只見那美人拿在手上。攏近燈光之下細細辨認了一回。很露出疑詫之色隨說道。哎喲。怪出奇呢這不是明明是我的鐲子麼瑪琪拖亞不意他老老實實自己倒認起來不禁愣了一愣答道。這物果是你的麼。美人道。是的呀這件東西是從前那外國人送把我的我帶了時候也不少當時嘉喜夫人也曾見過諒他還記得起因爲我那天同嘉喜夫人會着他很賞識這副鐲子還拿着看了好一會兒那時這鐲子上有一顆鑽石丟掉了我還問他那裡有好工作的店子想着配還一顆他還告訴我好幾家首飾店你看這顆鑽石就是在後鑲過的呢後來那外國人回國去我也帶厭煩了留着沒用因此我就把他賣掉呢瑪琪拖亞道。你賣了給那個呢美人道。我也不知到當時交了一家夜冷店托他同我拍賣出去他拿去了一個禮拜就拿回二百銀子來說是拍得這個價我胡亂便把銀子收了完事後來落在那個手我也沒追究了你的來歷呢又從那裡來的呀瑪琪拖亞含糊答道。如此說你當日轉手之時也沒追究如今還跟究他做甚別管他罷美人道你分明是情虛沒得說又來抵賴罷咧那裡好端端一件東西人家會丟到路邊請你拾的我不是三歲小孩子你哄誰不直說嗎我總是不相信的瑪琪拖亞道。你定要我說麼我要道一句給你聽。這手鈪是一個女強盜遺落的呢美人道甚麼女強盜怎的又不往下說沒頭沒尾聽得人怪不耐煩你爲甚麼不演翻幾句把個甚麼一丈青孫二娘揑進去呢瑪琪拖亞道。我眞眞不是說謊哄你。眞眞是一個非常的女强盜啊美人忽轉念道哦！我明白了。你拿着這個手鈪想查探那女强盜的蹤跡麼。你眞是閒得沒寧耐了偏要找那這人作對怪險的看不出你倒恁般好事呢瑪琪拖亞道。一個人的性質各有不同我平生最愛是探偵一門外間有甚麼祕密事情我都喜歡打聽呢瑪琪拖亞說還未了那美人忽若有所覺悟突然挺起腰來拍着手笑道我明白你的心事了你當我就是那個女强盜想要來試試我呢哈哈。我知道了可笑可笑哈哈。可笑可笑瑪琪拖亞漲紅了臉。說道。那有此事。你不要蠻猜瞎說罷、美人道。你不用强嘴了我曉得的適纔戲院子裡見你同嘉喜夫人咕咕噥噥坐在一處一定是嘉喜夫人告訴你說這件東西是澤瀨樨的你就以爲查得證據急急跑過我這裡來又設法要哄我到館子裡慢慢試我的口供可是嗎哈哈。可笑。適纔你把手釧給我瞧我知道你也有意思的你想借着這件東西覷覷我的風頭想兜尋我的岔子呢你這個人啊哈哈。着實的有趣哈哈。着實的有趣說着覷了瑪琪拖亞一眼不覺捧腹大笑起來是時瑪琪拖亞句句被他道着心事。自然昧不過本心。不禁慚愧起來。一時臉脖上火辣辣的翻動了血潮紅一陣白一陣坐也不是立也不是心裡不迭的盤算想着找幾句話來支吾一時又找不出正在急得沒法恰好那美人咽着笑。開口說道。噯唷。笑得我腸也痛了。匀身都熱起來。請你替我把那個窗兒打開涼涼罷瑪琪拖亞急忙答應。跑過來把窗推開。趁勢又開開門。傳呼跑堂的。再要了幾樣茶點。復關上門。然後歸座。是時美人已歎了笑。仍舊拿起那隻手釧翻來覆去的看瑪琪拖亞歎歎的守着還未想得出說話來兜搭忽聽門外鬧喧喧的跟着索索的脚步聲一到了門前便聽得鼕鼕鼕搥門聲隨有人厲聲喝叫道開門開門不知那人是誰。欲知其詳且聽下回分解。

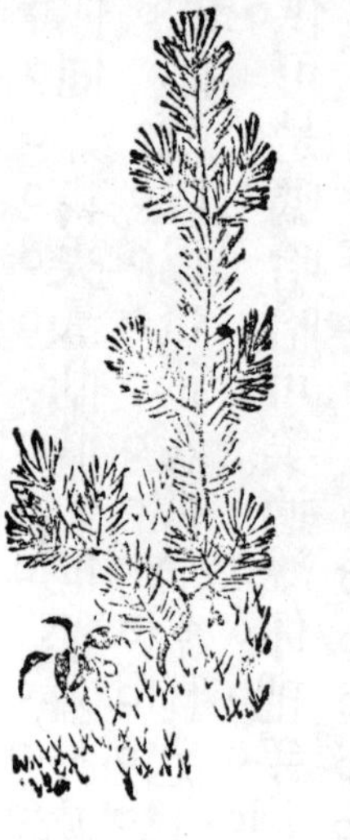

飲冰室詩話

月來得海內外貽書以詩挽公度先生者頗多。其最佳爲何翽高外部六絕句情文沈鬱。風格遒絕。詩云。「一塲恩怨惺南錄。半世功名薏苡車。（丙申將使英赫德以星加坡領事職汚事隳之）身後未除鉤黨籍。獄中寧有自陳書。（戊戌上海逮捕鞫獄未成遂廢棄終身）」「他年倘爲蒼生起。今日益傷吾道孤。地下若逢楊侍讀。除書曾到九京無。（四川楊叔僑侍讀死後。余屢夢見之。相持痛哭而醒。）」「入都五日三訪予。（叶仄）自言介紹梁任甫。（丙申四月公奉召入都爲余識公之始甫卸裝即携人境廬集來訪頗怪公何勲懃如此既自言任甫所介紹也）北海。風流今寂寥。死抱幽蘭淚如雨。（庚子後余服闋再入都當道諸公求以虛聲收士於孤寂中者亦無人矣翁常熟張樵野亦不可再見每下愈況矣）」「潸焉出涕踡同舟。橐筆東瀛抱隱憂。（日本國志已見及今日東亞大勢）漢志十篇誰纂續。（明治十五年後史尚闕然）可憐無命作譙周。」「牖下尋思亦國恩。逋臣況有未招魂。飄零海外無歸日。贏得中原七尺墳。」「汰弱難逃天演理。涅槃未了衆生緣。靈魂不死轉輪去。又作人間新少年。

翩高篤行熱誠士也。故其詩肖其爲人。余記其送江孝通戶部出都一首云。忍淚吞聲立片時。斯人寧有出山期。過江風雨夜來疾。蠹憤龍愁亂我思。其風格直逼杜集也。孝通名逢辰。吾鄉畸士。今既死矣。

觀雲輓黃公度京卿一首云。公才不世出。潦倒以詩名。往往作奇語。孤海斬長鯨。寂寥風騷國。陡令時人驚。公志豈在此。未足盡神明。屈原思張楚。不幸以騷鳴。使公宰一國。小鮮眞可烹。才大世不用。此意誰能平。而公獨蕭散。心與泉石淸。惟於歌嘯間。志未忘蒼生。與公未識面。公與南海余至今皆未識面煙波隔瀛溟。公云有書至。竟未遺瑤瓊。公致飲冰主人書云有書致余然書竟不至俄聞鵩鳥賦。悲淚滿衿纓。正爲天下痛。非關交際情」才大世不用以下六語。眞能寫出先生之人格。可當一小傳矣。觀雲復有一挽聯云。『如此乾坤。待臥龍而不起。正當風雨。失鳴雞其奈何』雖寥寥數語。而所以謳思偉大人物者盡之矣。

觀雲復有弔鄒慰丹容死上海獄中一首云。蜀水泠泠寫君心。蜀山巉巉壯君魂。冏冏夜雨春鐙腥魑魅。珅琰羅剎瞋揮手。君曰叩帝閽。帝醉豺虎當其門。君怒謂天亦昏昏。革命今當入上行。雨師風伯砥不嘗。耿耿孤衷合青冥。下界何有有孤墳荒土三尺黃。

浦濱有人伐石為之銘曰革命志士鄒容容有書曰革命軍讀者使人長沾衿慰丹吾未獲見觀雲此詩當益令慰丹不死。

觀雲復有挽羅孝通一詩幷序。序曰。羅君孝通。余未識其人。知其在日本第一劍術家日比野處學磁氣催眠術。技甚精。又知其學爆葯業成而歸。忽聞於六月十三日為廣東大吏所殺。詩以紀之。詩曰。「精絕催眠術。兼研彈葯新。十年曾蓄志百歲此歸神天上靈猶俠中原氣不春蒼蒼雲海外。痛哭又何人」羅君實行家其前此秘密詭異之歷史不能盡宣之與余交十年去歲同舍居又十閱月噩耗忽傳欲哭無淚佛塵以後此為第三次洗痛矣觀雲一詩。讀者可彷彿其為人耳。痛哉。

挽公度詩頗多。不能悉錄。擇錄佳句一二詩有萬言公不死緣無一面我非私右皖人蔡笠雲作倘肯再來應大覺欲成九辨已無詞同上招魂嶺嶠春潮隔行哭江湖暮雨冥右南昆侖生作儒林爭拜靈光殿詩界新開人境廬右嶺西倚劍生作民間私定陶潛謚海上龕迎白傅歸舊日冠巾成紀念故山猿鶴尚哀飛同上人天撒手歸真早留下仔肩付與誰同上公度於丙申春間。曾為一金縷曲贈鄒人及吳鐵樵陳師曾者。記其開端三句云。『世界無窮事付後來

文苑

「三豪俊吾今倦矣」讀倚劍生詩張觸及此哀與慙衆矣。

寄書

于君右任寄本社書

本社頃奉此書於本報十八號論文中失檢處有所匡正本社不敢辭責敬謹登錄並以本社之意爲錢君謝于君我國今日禦侮之不暇誠不能於本國中再分畛界于君所言字字敬佩且其論吾國人現在相呴以沫之實情尤足令全體同胞惕然猛醒惟在錢君亦不過偶爾失言非好爲挑撥同族之惡感情而本社未及與錢君商榷率爾紀載其咎實本社任之今從原書中一二過激之語刪去免緣此更生第二之惡感情當亦于君所許也

本社識

大報十八號所載金匱錢氏中國地理大勢論中。有籌就長江流域民族(下省曰南人)處置大河流域民族(下省曰北人)之二法。不佞閱之。始而驚。繼而怒。終亦不知夫涕之何從也。以爲吾人日日喚同胞。不料同胞刻刻謀處置我。視我如異種而賤我若奴隸也。(中略)凡文明國之大報紙、莫不操一國最上之權。爲民黨之機關。作政界之方針。故其造論。無不審愼。不造則已。造一因必有一果、僨事者容或有之。斷未有操同室之戈。欺侮同種。蹂躪同種者。亦未有挾他人待異種之策。恐嚇同種、誣衊同種。不以人道待同種者。蓋心理上如是。學理上如是。故言論上無不如是也。吾國報界之發達。大報蔚然祭酒。年來聲價物望。儼有操縱言論之資格。故立言紀事。全國人尤屬耳目焉。不圖錢氏之論出現于地理欄中。(中略)大報謂可代爲傳播。正恐怨毒之積于人心。報復之見于實事。來日方長而未有已也。既傷同種親

寄書

愛相維之感情。復解同國艱危共濟之團體。轉失大報天下爲公之名譽。不得不進一言以闢其說。處置者强權派用之以待異種之名詞也。其方法有三。有瓜分而處置者。有保護而處置者。有奴虜而處置者。奴虜而處置。則剝削其人權。保護而處置。則乾沒其國權。瓜分而處置。則人權國權。一齊掃地。蓋使略家之野心。無所不施其毒手也。但平等者對于平等者。則斷斷不敢出此。即梟雄之徒。未有敢與公論抗與公理戰者。若就吾國習慣上觀之。所謂處置云云者。亦無一不施之于下等。(如處置囚徒)未有用之于上等者。(中略)但有出外遊歷者。見盜賊之持刀刼人而暴富焉。於是歸而欲用之于鄰里鄉黨。又欲歸而轉用之于伯叔昆弟。獨不悟盜賊之所對待。非骨肉也。倘仿其術而用之于骨肉。是盜賊之所不忍爲也。人而敢爲盜賊之所不忍爲者乎。不佞無論有南北之成見與否。就華理而論。應與不共戴天者也。然此字何之間。姑不深論。請言其處置之法。一曰現在者。一曰將來者。

二

現在處置之法。引泰西强權派以優等民族待劣等民族之成案。投資本于北方。以指揮監督之。闢其礦山農業等以供人類之用。夫天下惟實力足乎內而後事業澎漲于外。西人之殖民遍五洲者。因母國地小不足以迴旋。加以國力財力。在在充溢。故踏遍五洲。謀人路礦。苟有可以投其資本之地。無不萬馬奔馳而來。南人(指長江流域民族言)果具有見于此。欲闢世界之礦山農業以供人類之用。則非洲澳洲。西伯利亞之一片荒涼。較大河流域千倍萬倍焉。何以不引强權派之言。而一着手。曰不敢施于人也。然西人之所謂强權者。非强之于同洲同國同種。而强之于異洲異國異種者也。然其謹愼如此分別如此。倘有以盜賊派目之者，反是烏足語于人類哉。吾今茲倘有兩事欲質問焉。（一）南人之資本。果否足擔任北人之實業也。海通以來。沿江海各省。生計界非常活潑，自今東西各國。及南洋群島民族之以富聞于其間者，莫可僂指，然望其經營祖國事業。勢難兼顧。亦鞭長莫及。故今茲之所比較。國中之資本而已。自今境內商業財政上，北人所占之位置，亦未嘗遠遜于南人，曩之礦山[illegible]人過問者。不過一阨于官吏。二限于土法，想南人亦同聲一慨，故民辦之礦。亦麟角鳳毛。知自辦事業之有益者。近一二年間事也。安見北人不應時而起。坐視同胞執强權而攙夷我哉。（二）南人之公德。果否足擔任北人之實業也。江浙為賣路礦人物出產之地。（如某某等屢見于各報他省無如此之多）于其生長釣游，祖宗墳墓所託之故鄉。不惜百計鑽營以自鬻。報章屬之而不知

于君右任寄本社書

羞鄉人逐之而不知恥日惟狗苟蠅營為金錢所奔走。即北人有心託之南人。無奈奪之同胞之手而貢獻于異族何。又無奈借異族之欵以愚騙于同胞何。加以大河流域失權利之路礦，無一非經南人之手而拍賣者。慘記念。痛心事。至今觸目而髮指，世界上有此優等民族乎。

若夫優等劣等之分。未知作者從事業乎。從文化乎。從歷史乎，若從歷史而論，南人之寸地尺土。無一非北人奮手足之烈所經營者。其篳路藍縷以啓山林。斷髮文身。以就習俗。戰瘴癘驅異族以奠厥居。備歷風霜，備嘗艱苦。始有此山明水秀之一日。他勿具論。予秦人也，錢氏吳人也。請述秦吳交涉之歷史。秦伯開吳，經史如詔，吾秦人亦大有造于江蘇。今日吾愛屑愛處矣，祖功宗德，視等弁髦則亦已耳。若反挾外人侍異種之策而來蹂躪，則吾北人不得不有一氣。

英者美之母國也聞美因虐政而反對母國矣。未聞無故而欲以虐政施諸母國者。天良不泯也希臘羅馬者。歐洲文化之先進也西人之宗教家政治家文學家。莫不表敬慕之情。即下流社會。亦飲水思源。無敢狎侮。蓋遺澤在人也國度不同。尚且如此何況國度同。語言同。文字同。種族同。更有非常之關係者乎。狐向窟嘷不祥。作者其知之否。抑吾之岌岌所謂同者。非攀附以眩奇也。不過數典。如此耳。日本維新時。有倡議與歐洲不同種者。世人多非笑之。作者既指北人爲劣等。何不更倡不同種族之說乎。

若就文化而論。南老北孔。作者判斷天然。但事實則不盡然。按太史公謂老子爲楚苦縣人者。係從後以定之。其寔苦本屬陳。地勢當南北兩界之間。老子之非長江流域之生產物。可斷言也。其學術得之于西方者尤多。(爲柱下史)然老子之厭世。與孔子之救世。二者孰有益于社會。平心論之。養成數千年不痛不癢之世界者。其學說大有力焉。痛恨之不暇。圖粗而比附之。豈有當也。若夫創亞十年之文物。發明絕世之哲理。周秦時明道之聖人。兩漢時傳經之鉅子。以及國文作手。佛典譯才。無一非北人千辛萬苦。擲多少心血。以爭此神洲文物之名譽。國民精神上飲之食之者何限。今日者有一知半解矣。即轉而欲罵罵我乎。往年日本唱中國版權同盟。吾國之反對者。至謂其國數千年一滴一點之文明。皆從中國輸入。今日不當援歐人之例以加諸我。夫公理自在人心。日本尚不當援歐人之例以加諸中國。豈南人固可援歐人之例以加諸北人乎。王孫一飯。他年猶戀戀之不暇。識者于此可以覘人心矣。

若從事業而論。世界上文明之物質。如羅盤等物。皆係中國所發明。無一不成自北人之手。北人之榮。國民之榮也。至若箕子入朝鮮。徐福入日本。元奘入印度。張騫入西域。轟天震地之歷史。無一不出自北人之手。北人之榮。亦國民之榮也。故上世中世之事業。必讓北人爲獨步。惟入近世紀。始相形見絀耳。但西力東漸。不過數十載。長江流域交通如是之便。西學輸入者無幾年。大夢初醒者無幾日。其進步也不過文十湯九之間。憐我憐卿。則有之矣。所謂此優彼劣者。未知將來眞正燦爛之歷史。果屬之何人。高譚大睨無當也。

如謂大河流域。地有餘利。民有餘力。則極目東南。彌望皆是。故外人處處垂涎。近來鐵道之爭。航路之爭。礦山之爭。無一日報章不發見。南人尙岌岌自保之不暇。舍其田而芸人之田。前頭固足以憑陵他人矣。後顧得無愳他人憑陵乎。正恐今日之瘁心壹志。謀指揮監督于同胞者。他人乘隙而入。又依樣葫蘆矣。倘有如是之一日。吾北人必不忍坐視。曰兄弟顚連。宜被髮救之。不忍乘其危而用其手段也。此非吾一人誇大之私言。人情于已所親近者。莫不有利害切身之慮。不敢因無知之一言。而使膜視同胞。亦不敢因無知之一言。而即背棄公理也。

將來處置之法。謂『將來新中國成立。而行參政代議士之制。惟長江流域民族。得享有參與政治之權利。大河流域民族。則不得有參預政治之權利。引泰西政治家言。不能多担任國家納稅之義務者。決不得有參預政治之權利。今大河流域民族。多待哺于長江流域。安能多担任國家納稅之義務。既不能担任國家納稅之義務。安能享參預政治之權利。而長江流域民族則不爾。即以現在而言。江浙漕白。爲二十一省冠。而近日擬派洋債。又負天下之最多數云云。』未知將來新中國。成立于北人乎。抑成立于南

寄書

人乎。現尙未知鹿死誰手。使南人捷足先得。則北人有呼天搶地之一日。一日奪其生計。使無噍類。二日剝其人權。使無生機。此非予周納之言。奈作者建議之策。其結果必如是也。如是北人何望有新中國。其政府較今之滿洲、尤苛虐矣。即較英之待印度。俄之待波蘭。法之待越南。日本之待台灣。美之待非律賓。有過之而無不及。世有此新政府乎。魯仲連甯蹈海而死耳。使北人捷足先得。即用南人制北人之策。施之南人。尙且不爲已甚。僅如英之待印度。俄之待波蘭、法之待越南、日之待台灣。美之待非律賓而止。南人肯甘心受之乎。且作者倡言不能多擔任國家納稅之義務者。不能出代議士。抑知不出代議士。不納租稅乎。盖有權利而無義務者。謂之盜賊。有義務而無權利者。謂之奴隸、必也盡絲毫之義務。即享絲毫之權利。二者相當。其理乃公。使南人能舉洋債而全擔任焉。且凡北人所納之租稅。未來者新中國政府免之。已出者新中國政府還之。如此則北人方肯棄其議事權以自圖。反是則不甘心也、更有一說、洋債之派。南北直省。不盡停均。南方各省非無少者。北方各省非無多者。然則兩相比較。其少者出代議士時。亦應淘汰可也、再析論之。省所派。亦參差不齊。即以江蘇論。遠省各州縣非無少者。附省各州縣非無多者。然則兩相比較。其少者出代議士時。亦應淘汰可也。（果爾則蘇松之民必亦不許僉曆出代議士作法自斃錢氏可謂能敬恭桑梓矣）何也。有作者所引泰西政治家之言足據也。豈不悖哉。夫租稅多則出代議士多。租稅少則出代議士少。其論理通。大河流域之出租稅少者出代議士少、長江流域之出租稅多者出代議士多。其論理亦通。長江流域無論租稅多少之省分皆出代議士。大河流域無論租稅多少之省分皆不得出代議士。則其論理不能通矣。天下有悖謬絕倫如此者乎。

若謂江浙漕白、爲二十一省冠、則江浙以外之省分。出代議士時。均應淘汰。何以獨擯大河流域而不得與也。且所謂天庾正供者。都西京時則運西京。都北京時則運北京。爲京師非爲士民也。其所食者不過京師一小部分。非大河流域各省也。蓋强北人食麥者食米之不願。亦猶强南人之食米者食麥之不願。理正相同。否則西京運道可以常存。何以至今廢然兩崖莽莽黃蘆也。若現供北京者。不過供南人之食于官。與滿人之食于漢人者而已。試問南人有隱痛乎。無隱痛乎。誰食其毛。誰踐其土。誰待哺于東南。乃反而遷怒于同胞。欲奪大河流域一帶之議事權也。攷漕運之興。本爲養軍人起見。蓋患在陸用北人防之。其勢最便。以此之故。老弱轉糧餉。丁壯疲軍旅。碧血潤野草。白骨暴荒原。其健兒前仆後繼。擲身首爲國捐軀者。無有窮期。讀李華古戰場之文。誦杜甫石壕村之詩。專制時代所以毆民于疆場者。曾視之不雞犬若。天山月長城雪。生人淚。死人血。至今猶慘不忍聞。蓋彼時稍一挫衂。則胡兒鐵騎遍中原矣。故北人力竭之日。即神洲陸沉之日。歷史不少成例。即不挫衂。而征調遍天下。其風土瘠癘之摧殘農工事業之荒廢。所失亦莫可計算。少陵詩云。君不見漢家山東二百州。千村萬落生荊棘。縱有健婦把鋤犁。禾生隴畝無東西。（兵車行）荒落之象。有如此者。戶口之少。生計之困。數千年來。所以不如東南。其原因正在此。王船山謂因運粟而農功廢。實不知因農功廢而始運粟以供京師也。至如後來之遺患東南。蓋如弊金。然今日之流毒遍天下。豈始事者所及料。倘原其初意。北人捨性命以衛南人。南人竭筋力以報北人。

寄書

公義上本應爾爾。船山祇知農夫織婦之苦。獨不念征夫思婦之苦。更有甚于此者乎。（查江浙糧賦之重。由宋元之季。羣雄割據。搜括增加。元明因之變本加厲。其事由南人自取。日知錄論之甚詳、姑不具引）總之斯二策者。皆世界殖民政策中最狠最兇之斬根伐芽主義。列强新得屬地。近日所不敢輕用者也。有賀長雄氏之策滿洲也。除其文化主義、而行其澎漲主義。說者謂此策果行。滿洲無再見天日之日。使錢氏此策將來而無力于中國則已。將來而有于中國。北人其有見天日之日乎、北人北人。空穴中。颳入之。虛室中。盜發之。使長此而不求進步。謀我者豈僅在異族哉、勉力爲之。甯使天下笑南人之失言。毋使天下笑北人之心死也。夫同處一國度中。則無人非主人翁。長江流域者。即大河流域人之長江流域也。大河流域者。即長江流域人之大河流域也。

凡屬中國之實業。人人開辦之。挽回之。俱有責任。北人之營業于南也何妨。南人之營業于北也何害。均之楚弓楚得。猶愈于落之外人之手。所最痛恨不已者。不解外人造論之原。妄引之以憑陵我者耳。夫天下事當以實力爭。不當以虛論爭。區區之愚、所以辯論不已者。正恐種族之爭之外。又添以省分之爭。省分之爭之外、又生以南北之爭。今日見之于學界者、一筆一舌、他日見之于政界者。一鐵一血。又豈祖國之幸福而前途之佳徵哉、使此事一筆一舌而可了也。小子雖爲反對者。亦馨香而祝之。使此事一筆一舌而不得了也。小子願作旗下卒。衰經而從之。然吾草此書時。先禱神佛祈上帝者三日。使吾同種無與南北之戰。否則無使東家笑而西家哭。否則兄弟鬩于牆、外禦其侮、無使漁翁得利也。執事素持公道于天下。請佈之報端、質諸天下之明公理者。有以教我幸甚。

于右任謹上

中國大事月表

乙巳五月（補錄）

●一日　有俄兵一旅闌侵入伊犁臨塔爾巴哈台嶺自科布多迂迴烏里雅蘇台之東北直抵扎薩克圖地方測量險要遍立標杜再沿色楞格河從買賣城東南而至恰克圖與俄步兵　師團之從貝加爾侵入者相會再溯色楞格河之上流犯我札薩克地方現政府以此事命胡惟德卽向俄政府交涉

●二日　廣州士商會議抵制美約

湖州士商集議抵制美約

考試出洋留學畢業生

俄驅逐艦一艘戰敗逃來吳淞

俄將列內維樞現在伯都納西面蒙古一帶搜括糧食

浙江虞生虞輝祖創辦科學儀器館奉旨賞加國子監學正銜

●三日　江西與閩粤接壤之會昌定南長寧等州縣現有匪徒聚衆起事己由贛閩粤三省督撫相約會剿

直督袁世凱禁止南省銅元裝運進口

俄國請我政府要求日軍撤去新民府駐兵日本以俄國曾利用此地以抵抗日軍不允撤去

紀事

●四日 日本滿洲總司令部不准中國官員征收由通江子至營口沿遼河各處釐稅」

俄人私購庫倫土地數處

日本魚雷艇東雲號駛入黃浦江於二十四點鐘限內出口

四川總督錫良奏開設成都官立銀行一摺奉 硃批財政處戶部知道

●五日 蘇州士商會議抵制美約

有法教士携華人數名洋槍隊二百名至惠安縣教堂接事教堂亦鳴砲相迎現由外務部照會法使嚴行查究此事

●六日 商部釐明商標章程以漢文為準

湖南長沙設立鐵路總公司奏派張祖同席匯湘為總辦

政務處議覆黃昌年片奏各省創改章程及議定事件其業經奉 旨允准者應由政務處刊布一摺奉 旨依議

伊犁將軍馬亮奏自行招股在伊犁創辦皮毛公司一摺奉 旨該部議奏

●七日 去月廿六日黃昌年奏參江督周馥摺中有殺兵滅口媚外失權各欵奉 旨交張之洞查覆

飭令各省將軍督撫並各關道酌量籌解京師習藝所經費

俄國代理公使向外務部聲言中國築京張鐵路如有借用他國資本俄國必出而反對

俄國駐在庫倫之使臣運動該處喇嘛到俄國境內傳教許以每日供給一百羅卜

俄國代理公使向外務部聲言若中國拒絕俄國之所提議不能將蒙古一帶之中立地界允爲擴張則俄國當令兵隊直進蒙古中國不得再責以違犯中立

●八日

戶部造幣廠開工

外務部仿照米穀辦法酌定運煤出口章程除照會各國公使外並由總稅務司轉飭各關一律照辦

●九日

新疆巡撫潘效蘇奏哈薩克民人常率衆入境游牧並有搶掠盜竊情事現已遵 旨設立卡倫十七處駐兵查禁

盧漢鐵路黃河橋工告竣

福建士商倡立保工會以抵制美約

政府飭各省無論路政礦務不得借用外欵或附搭外股及由外人包工等事一

駐日公使楊樞請定派遣留東學生學額

刑部咨請理藩院酌改札薩克各部落及蒙古各旗刑律

福州天津士商均會議抵制美約

●十一日

政務處會議擬裁九卿衙門

政府命直督袁世凱咨覆俄國北京以北之鐵路當以中國資本自行築造

兩廣總督岑春煊電部請挽回九廣鐵路利權

安徽巡撫在署中添設督練公所

裁撤廣西柳州轉運局

●十二日

德國聲明膠州總督可得在其管下便宜施用其行政權

紀事

俄國病院船克斯圖魯馬號駛來上海

商部奏訂江西鐵路章程奉旨依議

外務部電令出使各國大臣探聽各國政府對待日俄和局主見如何隨即電聞

●十三日 議派專使參預日俄和議

外務部致電山東巡撫詢問德國請在濟南設總領事事

華商與日商訂約合創織綢公司於上海

●十四日 派員前往日本調查宮內省制度

練兵處不准廣東移建製造局於清遠

奉旨交片命各衙門會議六部增設丞參事

●十五日 學務處通飭各省提倡蒙小學堂

四

四月初十日四川富順縣民變毀署毆官罷市一日

營口士商會議抵制美約

俄國照會新疆巡撫擬欲租借綏來庫爾喀等處煤油礦地

●十六日 政務處咨催各衙門嗣後凡有具奏摺件務於奉旨後即行抄送以便刊布

閩省紳商有電入京不認張振勳為商務大臣

北洋督練處議定租用草場牧放戰馬

新加坡天津汕頭南京杭州潮州各地士商均會議抵制美約

●十七日 取回粵漢鐵路需款七百萬兩

政府已飭派重兵駐守庫倫

●十八日 上海租界巡捕房不遵向章凡押解各

堂訊斷之犯無論定案與復訊均欲帶回捕房現由上海道與領袖領事交涉

戶部尙書張百熙飭各司員條陳戶部利弊

四川五屯各地礦產統歸官辦

●十九日 上海商務總會首董曾鑄聲言美國不依期改定工約當照前議專設總會聯絡各埠實行抵制各法

外務部會議擬定各國駐京公使除呈遞國書　覲見外所有該公使及參隨並公使夫人例應　覲見者以分後爲兩季進內　覲見

戶部庫欵所存不滿三百萬

廣東裁缺糧道事務決定歸併藩司辦理

●二十日 四川新創吸水機器

四川萬縣創設商會

●廿一日 在南非洲脫國之華工八百名被逐出境

江蘇巡撫陸元鼎奏設實業學堂

學務處批准僧人覺先請設佛教學務總公所於京師

●廿二日 駐滬英商致函外部責中國不守馬凱條約詳細情形

奉天將軍趙爾巽請由各省共籌欵一百萬以爲東三省善後之用

俄紅十字船一艘駛來上海

杭州士商會議抵制美約

●廿三日 有回民三萬七千名闖入俄國南部伊立文省之阿米尼亞村落肆行擾亂

紀事

●廿四日 美政府答覆中國不宜派專使干預和議且當注意兩戰國之舉動以爲進退

徽州太平府添設官電局

長江提督移駐鎮江

揚州士商會議抵制美約

●廿五日 電諭各省督撫條陳中國對待和局辦法及東三省善後事宜並命各衙門籌議密奏

德使不允撤退山東高密縣之德兵

德國聲言並無先自撤退中國戍兵之意

英使以英人凱約翰承辦銅官山煤礦合同並非逾期尚未開辦不允作廢

湖南洋務局詳請照會英國謂在英注冊之長沙礦務公司不合條約章程請即停辦以免糾葛

●廿六日 練兵處電催各省咨送編改陸軍營制情形

●廿七日 出使大臣胡惟德請派專使參預和局

外部尚書已允日僧人內地傳教

袁世凱請外部阻止日軍由新民屯築行軍鐵路至法庫門

美使請許中美合辦陝西榆林延安屬內煤礦

河南巡撫陳夔龍奏請改撫民廳爲直隸廳

山東巡撫楊士驤奏併欽命武衛右軍先鋒隊

湖北火藥局新庫成

鐵良調補戶部右侍郎增崇調補兵部

左侍郎

●廿八日 王文韶開去軍機大臣差使

上諭徐世昌著在軍機大臣上學習行走

江督設江北學務處

江西辦茶商不照納盈餘茶稅

●廿九日 徐世昌派充政務處大臣

鐵良徐世昌均著會辦練兵事宜

●三十日 袁世凱周馥張之洞聯銜奏請自今十二年後實行立憲政體

安徽紳商電爭銅官山礦權以凱約翰逾期不辦擬請廢約自辦

明治三十一年十二月廿七日(第三種郵便物認可)

新民叢報

第參年第貳拾貳號

(原第七十號)

本號要目

光緒三十一年十一月十五日　明治三十八年十二月十一日

每月二回朔望日發行

康南海先生新著

歐洲十一國遊記

(第一編)

洋裝精本 定價一圓

康南海先生近年著述甚少海內外人士識與不識莫不欲一接其言論以爲快此書乃先生去年游歷歐洲所至者凡意大利、瑞士、澳地利、匈牙利、德意志、法蘭西、丹麥、瑞典、比利時、荷蘭、英吉利、十一國隨筆感記於**各國政治教學之本原**精細觀察而以**卓絕之識想評騭之**又以**祖國過去現在之情狀**比較辨晰**而取定法之方針**實救時第一良藥也**其價值**尙遠在**飲冰主人新大陸游記**之上至於與前此尋常紀行之作有若霄壤更無待言本局幸承將原稿見貽速付梓人以公諸世今第一編已印成幷插圖畫六十餘幅有志之士度無不先覩爲快也

新民叢報第參年第貳拾貳號目錄（原第七十號）

目錄

報資及郵費價目表

報資及郵費價目表	全年廿四冊	半年十二冊	零售
報資	五元	二元六角	二角五分
上海郵費	二角四分	一角二分	一分
上海轉寄內地郵費	一元二角	六角	五分
各外埠郵費	一元四角四分	七角二分	六分
四川、雲南、陝西、貴州、山西、甘肅等省郵費	二元八角八分	一元四角四分	一角二分

日本各地及日郵已通之中國各口岸每冊一仙

編輯兼發行者　馮紫珊
印刷者　陳侶笙
發行所　横濱山下町百六十番　新民叢報社
上海發行所　四馬路老巡捕房對面　新民叢報支店
印刷所　横濱山下町百六十番　新民叢報活版部

中國留學日本之海軍學生

養心用心論 續第六十九號（附中國古代之定學攷畧）

觀雲

唯然。吾人而欲用心。則養心其最要矣。養心之事。有從生理上以養之者。有從心理上以養之者。阿里士多得分人與動物植物之界。以爲植物之精神。唯司營養。動物之精神。司營養兼司知覺。獨至人類之精神。則營養知覺思慮三者兼備。從營養之一方以言。即所謂從生理以養之者。亦謂之養生。近時若衛生之學。是衛生之事。爲人類之至要。今文明各國。衛生之事日益發達。其事理別爲一部分。茲不及具論。而但取其從心理以養心者言之。即直接心自設養心之法。而心自受其益者。今心理家謂情意兩部分之心理。與生理相關涉者多。如情怒則面色皆變。情喜則寬舒其顏部之筋而笑。意動則百體亦隨之而動。而發爲行爲。惟智一部分之心理。與生理相關涉者較少。吾人探索事理大都聯結個個之觀念純以心理上自相運用故以心理上之養心為尤切於古代已以此為重要之一學科今亦多沿用古法而其最著者為佛教之禪定（印度古代尚有種種之法茲以繁不及陳）今夫佛教之在今日當改革者蓋多。然其全體吾人尚認其為有有益於人之事。如養心亦其教中有益於人之一大部分也當夫吾人憧憧往來朋從爾思之際欲於方寸中覓一寧靜之天地而不可得殆亦可謂人類中一大苦之事而試一披佛教之書陡令心清神凝而俗慮塵念頓為之一掃於吾心上實獲無量之受用此不能不頌佛教之功者也然佛教之輸入中國也大都自西漢以後（周穆王時之說未得確據秦始皇時之說亦尚在存疑之列）而攷我中國古代之文明亦早發明其理而可詡為我國所固有之學如道家其最著者。太史公談論六家要旨各有取捨。而獨歸本於道家之精神專一。為能据各家之上。

按太史公談論六家要旨。其見解甚高洞澈諸家之利害固中國有數之言也其於論儒家曰。儒者博而寡要。勞而少功。然其序君臣父子之禮。列夫婦長幼之別。不可易也。即認儒家綱常倫理之說為有益而於繁文縟禮頗抱不滿餘於各家。亦抑揚參半。而獨推重道家。以為能兼諸家之長。其言曰。道家使人精神專一。動合無形。贍足萬物。其爲術也。因陰陽之大順。采儒墨之善。撮名法之要。與時遷移。應物變化。立俗施事。無所不宜。指約而易操。事少而功多。又曰夫神太用則竭。形太勞則敝。形神騷動。欲與天地長久。非所聞也。又曰凡人所生者神也。所託者形也。形神離則死。死者不可復生。離者不可復反。故聖人重之。不先定其神。而曰我有以治天下。何由哉。蓋太史談爲道家之人。故其言若是。實然有所見。不得謂其偏於一家之論也

顧道家之於養心尚矣。又從而攷之。非僅道家。儒家蓋亦重之。大學言定靜安慮誠意正心。而孔門最大弟子爲顏子。顏子有齋心之學。至孟子於養心之事。言之尤多。是儒家固有養心之學在。又試進攷此學。其發源固始自何人乎。則首當推黃帝。列子湯問篇稱黃帝與容成子居空峒之上。同齋三月。心死形廢。是實中國定學之始。傳黃帝之學統者爲道家。而儒家亦用其法。顧儒家之與道家。其所持之理。蓋有別。其區別之代表詞。一則可謂主敬。一則可謂主靜。主敬主靜。宋儒蓋斷斷致辨。觀孔子告顏子以四勿。而告仲弓以見賓承祭。則孔教確係主敬。至孟子發明養氣之理。爲儒教增一特色。蓋儒教主現世主義。故以治國平天下爲究竟。吾人而果欲治國平天下。先不可不正其

身欲正其身先不可不正其心心正則氣盛孟子所謂至大至剛文文山所謂天地有正氣者是也果如此則天地敬之鬼神畏之尙何生死患難之有此實儒敎之精誼而今日尙可昌明其說以爲世用者也

孟子養氣之理。可發明者甚多。昌黎稍有窺見。而其所言極爲粗淺。果能發皇其說則養成剛正偉大之人物能撼山嶽而貫金石以之扶翊正義擔任危局當有過於日本之言武士道而大有影響於我國前途之風氣者也近日維新之士但知孟子能言民權能言革命余以爲孟子之功第一在發明養氣王陽明首取孟子之言良知（孟子良知之說余尙有駁詞）余則首取孟子之言養氣孔子僅言求誠而孟子獨言養氣故言養氣之功自當首推孟子惟孟子固儒敎中人則謂養氣爲儒敎之一敎義可也儒敎之在今日當改革者甚多若養氣之說則其中之至可寶存者世固有眞能言國粹主義之士乎必首能發見及此治其說而益光大之也

故若從儒家言之則凡佛家道家流入於淸淨寂滅者直可目爲異端而排斥所必不能寬雖然若從佛敎言之則世界固認爲虛妄既認爲虛妄則必先除妄而後能見眞

寂滅何害（四諦中滅諦之後乃有道諦）彼儒教所排之一分子正爲佛教所取之一分子從其立說之方面不同故其立說之趣向亦不同而各自有其特長之處故儒教不能兼并佛教佛教不能兼并儒教

凡宗教各從其所見之一方面立說故皆有獨立性失其獨立性是即失其教義之根本也援佛入儒固非援儒入佛亦非近日中國言華嚴派佛教者。硬派孔子爲人乘教。又硬派孔子爲某某菩薩。謂孔子亦神通顯現。非人身。恐起孔子而問之孔子必不受也又謂菩薩可以生死自由。故無生死。顏子亦菩薩。曰子在。回何敢死。即顏子生死可以自由之證。果如此則孔子必知顏子爲不死者何以有吾以汝爲死矣之問然則顏子不失答孔子必失問矣其說之荒唐支離。亦可謂極。於學界眞無一哂之價值者也。（又主張此派佛教所者說謂釋迦非父母生釋迦之子羅睺羅非釋迦生皆佛菩薩所化現而以孔子爲菩薩則孔子亦非父母生伯魚非孔子生而孔子之倫理學說直從根本上覆亡以文化進步若今日而尚有信是等蠻野頑固之說者眞非夷所思而中國學者之研究佛教比之歐美及日本之研究佛教其幼稚亦已甚矣）

道家亦然大抵儒佛道三教玆行於中國（於近時道教不及儒佛兩教但古代則不然於漢時可見）而人物亦多出於其中其教義固各自有別而其中人物之著者出於何家不問而皆知有養心之理畧舉

之諸葛武侯云淡泊以明志。寧靜以致遠。諸葛武侯道家中人也宋儒性理之學實爲道儒佛三家和合所產出固無一人不注重於心理者明之王陽明亦然近時若曾文正亦主靜坐之說曾儒家中人也其佛教中人以禪定爲專修之學科者勿論是固三家皆重養心之證也若夫養心之事畧可分爲二部一理論一方法道家之理論過於儒家顧儒家不傳方法而道家之方法亦多爲世人所不知惟佛教之關於養心也理論既富其方法亦易可得而攷。畧舉其書。有若摩訶止觀（圓頓止觀）六妙門（不定止觀）釋禪波羅密（漸次止觀）小止觀（支那撰述）坐禪用心記不能語。（日本撰述以上均漢文）又日本文有坐禪講義數種。其方法畧已具矣。而觀朱子與黃子耕書云伽趺靜坐目視鼻端。心注臍下。則朱子盖取用佛教之法者又王龍谿集中言調息之法。是王學派亦取用佛教之法者惟佛教之方法雖具然若坐禪等事尚不能不擇地而於人事輻湊之中亦多有不便者在是又不能不於坐禪之外損益改變更立一簡便之法而用之夫以今日世愈文明則吾人所接之事愈多所接之事愈多則吾人之用心也愈甚用心愈甚則養心之事愈不可不重盖無以養之則將無以爲用之之地也所謂簡便之養心法者。余嘗歷試道家之服氣。佛家之調息。及密宗之三密手印。密宗以此爲有淨心定身之功能其法有圖說但余試之殆無效等而更立一法。取其易行而受益多者。畧如下。半趺坐。或全不趺坐。但整齊其肢體。用心理中所謂腦之制定力。斷絕思慮。壓抑一切觀念。使銷沈於意識之閾之下。意識之閾本心理學大家赫拔特之名赫拔特言心分爲心之靜學心之動學凡吾人之觀念不能全滅抑壓銷沈不上於吾人之意識者名爲在意識之閾之下觀念以得機會運動生起現實於吾人意識之間名爲在意識之閾之上然其時雖無思慮。而把住不思慮之痕迹。仍在一境。漸入深際。令把住不思慮之心亦俱滅去。而入於哲學家所謂愛古達希斯之一境或義譯爲消魂大悅一切感覺皆無全脫出物質界而入於天人合一之境哲學家多以此爲最高之幸福物我皆空。一無所有。而感一種之快味。一境是一簡便法也。又若歐美所行之注視時辰錶數分時。是亦一簡便法之可取者

心理學言腦有一種制止力。亦謂之腦力。消極的作用。即遇一外來之刺激。腦出其力而制止之。使失其刺激是也。例若今有受人之辱。不堪憤激之情。然其人或勢力甚强。自知必不能敵。於是熟攷利害。自抑制其憤激之情而不發。而此抑止之事。須用幾多之腦力。故亦以此爲腦一種之作用。大抵腦力優者其制止力愈强而劣等者反之。試以一小蛙。取去其腦。而不令與外物接觸。則蛙已絕無運動。若以外物刺

激之。其肢體突然躍動，以同此刺激。試於有腦之蛙。其躍動反不如無腦之蛙之甚。又若吾人當睡眠而不用其腦髓之時。或脊髓之一部痲痺。試以外物刺激。直變動而起痙攣者。事所屢見。若不睡眠。不痲痺而當腦髓活潑之時。則雖有外物刺激。不甚顯其反動之性。有時其刺激或全從腦中消失。彼若神經過敏症。（見影而生恐怖聞聲而起驚悸其病甚者惹起種種之幻覺若疑有鬼疑人之將殺己是也）癲狂症。皆腦失其制止力之本性故也。觀心理學家云云。則知古來所謂喜怒不形。寵辱不驚。當倉惶急遽之時。不動聲色。又若報大讎守大節者。無論何等之苦痛。皆能忍受。又若貧困患難人所難堪。而君子獨能不怨不尤。又若聖賢所謂懲忿窒慾之功。凡人格上之美德。本於腦有制止之力者。蓋多。而吾人之於心緣延憧擾欲斷絕思慮之羣。其難如斷藕絲。亦非藉此腦之制止力不爲功。然其始也。以腦之制止力治心而習用。既久則又能增長腦之制止力。而制止力且因此而養成。是又一循環受益之事也。

附中國古代之定學攷畧　自佛教入中國。譯其書始有禪定之詞。禪者梵名禪那，正言馱延那。意譯靜慮。靜寂思慮之義。而定爲中國之固有字。故禪定之名實合梵漢二字而成夫定既爲中國之固有字然則中國古代亦有定學之可攷乎曰有之於儒家之書大學云。知止而後有定。定而後能靜。靜而後能安。安而後能慮。慮而後能得。顧於其間有可疑者儒家不言靜漢時道家盛行此非漢人糅合道儒兩家之言而爲之者乎此姑不具論。要取以證我古人之知有定學而已。又孔子弟子中以顏子爲最。昔人嘗怪顏子在聖門。無他可稱述。而孔子譽之特甚。求其故而不得。余謂孔子稱顏子三月不違仁其餘則日月至焉而已矣三月不違仁是即顏子之定力爲門弟之所不能及也又道家亦稱顏子。莊子人間世篇云。顏回曰。吾無以進矣。敢問其方。仲尼曰。齋。顏回曰。回之家貧。唯不飲酒不茹葷者數月矣。若此則可以爲齋乎。曰。是祭祀之齋。非心齋也。回曰。敢問心齋。仲尼曰。若一志。無聽之以耳而聽之心。無聽之以心而聽之以氣。聽止於耳。心止於符。氣也者虛而待物者也。唯道集虛。虛者心齋也。顏回曰。回之未始得使。實自回也。得使之也。未始有回也。可謂虛乎。夫子曰。盡矣。若能入游其樊而無感其名。入則鳴。不入則止。一宅而寓於不得已。則幾矣。中略聞以有翼飛者矣。未聞以無翼飛者也。聞以有知知者矣。未聞以無知知者也。

瞻彼闋者。虛室生白。夫徇耳目內通而外於心知。鬼神將來舍。而況人乎。中畧又大宗師篇云。顏回曰。回益矣。仲尼曰。何謂也。曰回忘仁義矣。曰可矣。猶未也。他日復見。曰回益矣。曰何謂也。曰回忘禮樂矣。曰可矣。猶未也。他日復見。曰回益矣。曰何謂也。曰回坐忘矣。仲尼蹴然曰。何謂坐忘。顏回曰。墮枝體。黜聰明。離形去知。同於大通。此謂坐忘。由是觀之。孔門弟子三千。有學倫理者。有學政治者。而能知心性天道。則惟顏氏之子而已。此儒家之定學也。而道家之於定學。其言尤詳。玆省其關於理論。而舉其有事迹之可攷者。莊子應帝王篇列子黃帝篇畧同云。鄭有神巫曰季咸。列子與之見壺子。出而謂列子曰。嘻。子之先生死矣。弗活矣。不以旬數矣。吾見怪焉。見溼灰焉。列子入泣涕沾襟以告壺子。壺子曰。鄉吾示之以地文。萌乎不震不正。是殆見吾杜德機也。嘗又與來。明日又與之見壺子。出而謂列子曰。幸矣。子之先生遇我也。有瘳矣。全然有生矣。吾見其杜權矣。列子入以告壺子。壺子曰。鄉吾示之以天壤。名實不入。而機發於踵。是殆見吾善者機也、嘗又與來。明日又與之見壺子。出而謂列子曰。子之先生不齋。吾無得而相焉。試齋、且復相之。列子入以告壺子。壺子曰、鄉吾示之以太冲莫勝。是殆見吾衡氣機也。鯢桓之審爲淵。止水之審爲淵。流水之審爲淵。淵有九名。此處三焉。嘗又與來。明日又與之見壺子。立未定。自失而走。壺子曰。追之。列子追之不及。壺子曰。鄉吾示之以未始出吾宗。吾與之虛而委蛇。不知其誰何。因以爲弟靡。因以爲波流。故逃也。以上云云。從道家言之。當謂之胎息術。與佛家之坐禪不同。此姑不具論。要之。以古代鍊習精神之學。而概稱之爲定學。殆無不可。此道家之定學也。而進而攷之。則此學實始自黃帝。列子湯問篇。黃帝與容成子居空峒之上。同齋三月。心死形廢。又黃帝篇。朕閒居三月。齋心服形云云。是也。黃帝誠中國文明開始之祖也。中國古有是學。而無專名。鄉吾欲名之爲齋心學。顧立一新名語。未馴熟。而禪定之詞。已慣用。定爲中國之固有字。故即欲名其學爲定學。嗚呼。中國古多絕學。定學其一也。今其學雖廢棄久矣。然亦數我國學術者所不可不知也。因畧攷而識之。

（未完）

平等說與中國舊倫理之衝突

觀雲

自海蓋爾（亦作黑智兒比圭黎 Hegel）之言倫理也本於其哲學所定形而上之理以世界爲一大精神之發現而個人者不過此一大精神中之小部分個人精神之發達無非爲一大精神發達之階段故凡所謂國家社會歷史等均非以發達個人爲目的而惟合以發達世界之一大精神云爾從海蓋爾氏之說則世界萬有實爲平等一如視有差別實則竝無差別猶之一樹有根有幹有枝有葉實則非根自爲根幹自爲幹枝自爲枝葉自爲葉而總爲樹之一合體而已蓋自近世紀以來歐洲之倫理學說皆有自部分進於全體之勢然以形而上學爲根柢以爲凡世界之現象無非宇宙之理性而以個個之進化爲一大理性全體之進化者則海蓋爾氏之說實居其最凡社會主義世界主義

以平等爲道德之根據者皆可由海蓋爾之說繽繹而出者也（俄國虛無黨多受海蓋爾哲學之影響又最近大學家翁特之社會進化倫理說其理亦同）平等平等者今全世界人類砰砰訇訇之一大叫聲也國愈文明其要求平等之心愈切而蠻野之國反是蓋約束馴擾於階級制度之下既久已埋沒其平等之思想故也夫世界果能達到平等之一境否乎此別問題要之欲謀人類之進步不能不懸一平等說以爲標準今夫人類之所以有爭亂者何即起于富貴貧賤之不平等而已富貴貧賤之不平等古今人所以處之之道約有二焉一以消極之道處之者謂貧不可不自安於貧賤不可不自安於賤能自安於貧賤者德至高道至上之人也中國古代之道德說及歐洲古代教會之道德說則皆取是義者也一以積極之道處之者謂彼人也此亦人也彼何以當富當貴此何以當貧當賤其中若無理論乎則天地間之大不平也吾人即爲天地間之大不平開戰而來者也此則歐洲近世紀之新說自宗教改革以來則多取是義者也（從歐洲舊教僧侶之言以爲貧優于富而高尙之隱遁勝於塵世之生活然自路臺改新教以爲貧非吾人之目的又依僧院禁欲主義非能除人之惡吾人人類當有作爲於人世間方可謂實行其道德云云又一方功利倫理說昌亦排困守主義歐洲之風氣於是爲之一變）今試取二說而批評之前之說於理甚高然可以獨爲君子不能使人皆爲君子其結果我雖不以貧賤之故而

與富貴爭然人類間富貴貧賤之爭仍不絕迹且就令貧賤者人人不爭亦徒使富貴者恣橫於天地間而已故是道也於中國於歐洲行之已數千年僅能收其效於一部之人而於人類全體固無甚進步者也後之說者若爲一已之私慾計是以暴易暴而已若爲人類之公平計則正救世主之所爲也世上之福音也故爲之者必先視其人格爲何如若夫其效必待之後此之歷史而非今日所能豫斷然歐洲近數百年來之進步則固受是說之影響者其先鋒隊固已唱凱歌矣於是吾欲爲究極之斷案曰吾人果欲有此人類之世界乎。不欲有此人類之世界乎。不欲有此人類之世界則一切可付之絕滅而當於人類外別有一涅槃之境（佛教所主張者）而富貴貧賤固在不足爭之列若欲有此人類之世界乎則聽其富自富貴自貴貧自貧賤自賤永包藏一爭奪擾攘之禍根而不爲之所則人類可謂無能而所謂世界一大精神之發達亦終無現實之期故爲人類存在謀終極之目的則舍平等說固別無其道也

顧曰平等平等人人之口所能道而試一踏入此問題之中其條理之錯綜繁密雖有極明晰之頭腦而亦苦於不能理故日日言平等而平等之一境終與此世界遠距而

不能到即第一所欲問者果求平等則所謂平等下手之一方法果若何乎今夫謂富貴貧賤必平等是也然果能舉世界之富貴而一一均分之乎此問事之所不能就令號之曰能而今日平等明日又不平等何則平等不可能之第一之根原則人類間智愚勤惰之先不平等是也夫如今日以愚與惰之人而得富貴以智與勤之人而得貧賤此固全顛倒之不平等然但曰平等則將無智愚勤惰而一一以富貴均分之乎則愚者惰者以不能保其富貴而又以自然之勢至於不平等至是而果欲平等勢不能不奪智者勤者之所有而以與之愚者惰者其結果反能使人人安於愚惰而世界且因而退化於是言平等者不能不分爲兩個之階級一智愚勤惰富貴貧賤均一之平等此則必待教育之大進步其期限甚遠可別爲一問題一智愚勤惰與富貴貧賤相準之平等即社會不能無富貴貧賤而以富貴予智與勤者之人以貧賤予愚與惰者之人所謂非事實上之平等而理由上之平等即有貧賤之人起而問何以不平等而能據一理由以解釋之曰愚與惰故得貧賤智與勤故得富貴是也是道行則人人爭爲智者勤者恥爲愚者惰者而人類間之能力發揮無餘世界於是乎一大進步是實

一暫定適宜之平等法大抵國家之興盛必多少合乎是理國家之亂亡必多少反乎是理者也顧聽其治世而多少合乎是理亂世而多少反乎是理常在搖撼不定之中而人類殆不能握一何等之把握是固學術進步所不容有此也故必立有一何等之法則使可爲根據而遵守之則平等之基礎於是乎稍定是無他則說之最可採者今學者多所唱道之人類出發點齊一是也。

按今時論學說所以不能進步之理由。以僅得主要之法則而尙不能得第二段特殊之法則。故例若潮流之學。關於太陽與月牽引之理。其主要之法則既明。而又有關於風與海水之理。爲第二段特殊之法則。不得第二段特殊法則之理。則學科每難進步。今平等說亦然。人類皆須平等。其理既明。而梗以智愚勤惰之不齊。爲第二段特殊之理。若不能發見第二段特殊之法則。則平等說終不能進步。出發點齊一。是即欲發見平等說第二段特殊之法則也。

出發點齊一。學者之言甚多。不及具引。茲畧陳大學家頡德氏論泰西所以進步之理。於其所著之社會之進化一書有云。泰西之文明。一見極複雜之觀。而探其原理即在人民有社會平等之運命而各能從事於生存競爭而已所謂社會平等之運命者即人人出發點齊一之一平等之理是也夫生存競爭者進化之理之所不能缺而以先天障壁之存在能奪人競爭之心是實大有害於社會之發達者也然則欲謀社會之發達者必先排去貴族平民資本勞働家一生不能超越先天之障壁使歸於平等而後個人乃能發揮其社會心有所貢獻於社會得於社會上占有何等之價値而生存競爭之心益熱社會乃見長足之進步是實歐洲近日所以致文明之原因也　又余論社會進化之法則以爲必須栽植與淘汰兩者並行栽植者教育等事是也淘汰者立一何等之法制使優勝劣敗是也頡氏之言蓋從淘汰之一方面立說者也

今夫置一彩標於此。而曰捷足先到者得之。則凡奪彩之人。先不能不較其出發點之齊一。若對於彩標之地點。甲距百步。乙距十步。則甲雖強健而有力。乙雖孱弱而無能。而彩標必落於乙之手。是即不平等之一大原而人類出發點之不齊一即是也若古代各國。印度分人爲四種。而希臘有奴隸等類。自世益文明。此等階級。亦漸芟除。然在不平等限內之事何限如生於貴者之家雖其人碌碌無所短長而亦得藉祖父之餘蔭居上位膺顯秩至若草茅賤士雖抱管樂之才具董賈之學而無介於王無援於朝有掩沒其抑塞磊落之奇材已矣又如生於富者之家以庸暗鄙俗之躬而曳錦繡饜粱肉不知世間有貧困事而修道之士勵節之儒或至哀號而無援手之人處涸轍之中而不能自活夫以品格言之則彼固昏焉庸焉居于天演中劣敗之列者也而此固賢焉才焉居於天演中優勝之列者也然而淘汰法反是吾聞今學者攷人種退化之理其一爲淘汰失宜即社會間以或種制度之故而劣者反勝優者反敗其結果則劣者之子孫日昌優者之子孫日亡遂至人種間不改良而變惡是即人種退化之一大原因也我中國之所以退化其理由甚多而出發點不平等實爲重因原之一以是之故而人類於未出世以前一則早有先天富貴之帶來一則早有先天貧賤之帶來是固明明非天之命而人爲之制度爲之也夫人爲之制度不適用則必改而爲之求其適用而後已然則出發點不平等之事固欲謀人類進步之宜亟改者也

按泰西今日伏有不平等之禍機一貧富是也自民權立憲之事昌而貴賤稍稍平

等即不平等而罔已有維持之道此後之導火線惟勞働人之對於貲本家而已中國今日伏有貴賤貧富兩個不平等之禍機賢者以賤之故而於國事不能有分毫之權以貧之故雖欲動作而無一事之可爲而貴者但知竊位以自高富者但知閉門而自樂則大洪水必至其後者也

雖然謂凡有人類皆當平等此理之至當而無以易者也謂平等則出發點必先齊一此又理之至當而無以易者也顧進化之道程每不能如吾人之理論而循一直線以進必紆徐委屈而經幾多形勢沿革之彎曲線猶道路然無一非蜿蜒式者蓋新說之與舊說以有衝突點之故而兩力相持則一彎曲線之式從而形成如出發點齊一說與夫中國舊日之倫理則大有不能相容者在蓋中國舊日之倫理所謂親親之倫理血統之倫理也以此爲不拔之基礎而社會萬端之事乃由此以展布者今舉其不相容者之大者而言若從出發點齊一之義則第一所當破壞者君主世及之制凡一國之人自出世以後無一不有可爲國君之資格此資格即從平等之一大根原而來人人皆可爲君而君祇一人於是立一理由平等之制度所謂公舉是也由是而甲得爲君

乙或不得爲君而於可爲國君之資格毫未嘗有所虧損苟爲國人之所公舉則甲可爲君乙亦可爲君而甲乙固立於同等之地位不然而以君位爲一人所專有之物子以傳子孫以傳孫一若其人有特別之資格者是所謂出發點之不齊一而爲持平等說者所不許也然從血統之倫理言之則君位世及爲其學說之所許於世及之中而又有爭論則有以長以德以卜之別然卜者不得已而用之而德與不德亦苦於無一定之鑑別惟以長之法有一天然之界劃故天子諸侯皆立嫡而井田亦有大宗小宗之分長幼於是乎分尊卑於是乎定爭競於是乎絕禮文於是乎始凡我數千年來實享此親親倫理之福謂其無功於我種人不可也雖然時勢進步至今日而舊日之倫理說已嫌其範圍之狹小而不適於用而補舊倫理說之所不足不能不進以新倫理說

近日有唱中國一切學問皆當學於西洋。惟倫理爲中國所固有。不必用新說者。是言也其爲投中國人之時好而言歟抑以爲眞當如此也若以爲眞當如此則直可斷其言爲非是夫今日中國之待新倫理說實與他種學科其需用有同等之急顧於此有當辨者非謂新倫理說一輸入而即可直捷蹈用也又非謂有新倫理說而舊倫理說即可委而棄之也內顧國情外度時勢兼採新舊倫理說之長而定一方案使舊倫理說之效用存在而更加以新倫理說之效用則倫理說斯完全耳

顧於此有難也者新學說之與舊學說既於理有衝突之點於此不能不出於下之數法(一)其將守舊學說而排新學說乎(二)其將用新學說而棄舊學說乎(三)其將調和兩說而用之乎第一第二兩說行之必皆有害余之所不主者最可取者爲第三說於茲尤當進一步而言之曰所謂調和說者果將以何道而能調和之乎若曰兩說兼用則其中所含之矛盾點未嘗消除而其論不免爲糢糊的混合派之言若曰擇舊說之可存者存之擇新說之可取者取之是其言固較前爲明白然所謂若者當存若者當取仍未揭舉否則直恐其勢限於不能盡舉則其言仍不免空洞而無着落是二說余尙未以爲然以余所見所謂調和說者非牽合兩家之謂獨立一家之學說而消納新舊之學說於其中例若康德之學說出而理性與經驗之兩派於此調和然康德固自有一家之學說在非謂徒牽合兩家之學說也要之我有自主之學說則調和之事可成若無自主之學說而欲執調停兩家之勢固未有能告成功者也故雖曰調和而調和者之

學識不可不出於被調和者之上此則必有待於大學家出余之淺陋固非其人故是篇但舉其衝突點之所在。而未立一解答之方案。抑新舊學說。其伏有衝突點而有待於調和者何限。余於各說。亦粗有所思索。顧以條理尚未完密。不能不有所待而後發布。而尤有望於當世之學者先能解釋新舊學說之奧結是以每逢難題輒令人感風雨懷人之思於無已也

調和之法。例若君權說與民權說衝突。民權既不能不用。而君主又以有歷史上之根柢。不能驟去。則立憲法。制定種種之權限。而君權與民權之說兩得通行是一調和法也又若本篇所謂平等與不平等衝突。平等爲理之所不可易而又爲事之所能行。則以人民智愚勤惰之區別爲貴賤貧富之區別本此學理立爲法制而於不平等之中含有一平等之理論。是亦一調和法也其調和有高下之不同即視乎其學說高下之不同要之於調和之中即有一學說發生若不能成立一學說則必不能調和兩家之說也

今日非能言新學之難。言新學則輸入外國之學說。不過一歐化主義而已。又非能

言舊學之難言舊學則搬出中國之學說不過一國粹主義而已今日之所望者一能發見新舊兩學說之難點例若今人人言憲法然行憲法之扞格點何在弊害點何在至今尚未有人道出是即無發見難點之學力者也一更進一層能解釋新舊兩學說之難點以發見難點爲不足而能立解釋之法例若發見憲法之扞格與夫弊害之所在則當以何等之法制消釋之我能明白立一解答之案是也是今日中國之所急需然非有大學問家大思想家不辦其難固可知也　（完）

本篇要畧

一以今日爲當用積極之道德（但作者之意尚有一層未說以爲完全之人格則治己當用消極之道德而爲人當用積極之道德即自己安貧守賤而爲世人爭富貴貧賤之不平等是也附識）

一以平等爲不能驟行當先用理由平等說

一以社會進化當兼用栽植淘汰兩法

一認中國處置貴賤貧富之道犯淘汰失宜之弊人種因以退化

一以中國伏有兩個不平等之禍機

一斥中國自有倫理不必用新倫理說

一認舊倫理之有功然不能不待新倫理說之補助

一戒偏新戒偏舊取新舊兩家之調和說然調和說必先自有一家之學問

一以歐化主義國粹主義皆不能副今日之要用

一以發見難點解釋難點爲今日學界至要之事

日俄戰爭之終局（續第六十九號）

主父

快哉日本乃有此東亞第二之義功也壯哉日本乃有此東亞第二之義旗也前乎此者俄羅斯之南下既有我國懲之矣今乎此者非我同種同文好俠尙義之東鄰其何能堪也吾更轉而弔俄國曰今而後可以已矣爾之所謂英武雄略者非大彼得帝耶大彼得帝之率師南下也非我大淸帝國康熙帝以十萬健兒敗之耶其媾和也非勒爾緊斯古條約尊我國爲上國耶乃不度德不量力一之不已以至於再今又非我堂堂東鄰膺之懲之撻之伐之一洗其虛威恫喝紙虎之面目耶敝國與貴國非所謂世界一等之大國耶爾我之政體之腐敗非所謂東西並美並駕齊驅者耶今而後可以已矣日本者掃大國體面之專家者也今而後可以和矣敝國者貴國之先覺也語曰

德不孤。必有隣。惟我與爾有是夫。

吾敢合全局一言以斷之曰。日俄之戰。勢力平均之戰而已。夫天下事不平則欹。欹則亂。其弱者鑒禍於未萌。不得不致力以匡之。匡之不能。乃出於戰。處此時際。此事有一絕大外交精髓。可以左右全局者。則曰同盟。非利奪利西太王。普魯士德國之外交家也。其言曰。有强者出。其勢足以席捲四海。囊括八荒。則各國不得不以公利公害之心同盟以抗之。歐洲之所以勢力平均。武裝和平者。職是之故。如羅馬盛時。懷統一之謬想。勢不至吞併各國不止。乃有埃及西利阿馬奢德尼亞同盟以禦之。侵畧天性之拿破崙。乃有各國之聯軍以困之。凡如此類。不可勝數。卒之小國賴之以存。弱國賴之以寧。戰爭賴之以消患於未燃。皆其始也不平。其終也平。所謂各國並立。有平等之武力平等之權勢。平等之範圍。相牽相制。而毋相犯。歐羅巴大陸之形勢。有如此者。雖然。是何可言。是何可言。吾恐景齊斯坎席卷之策既窮。而阿非利加分割之術又起。

吾敢合全局一言以斷之曰。過玆以往。爲柔和黨主政之時代。其處我國之法。有一大變者。夫統一之野慾。何國無之。如英國之帝國主義。法國之刱威尼士特（Chcwvinist）

德意志之世界政策美國之們羅主義俄國之斯辣布統一主義異名同實先後崛起然其所以行之之術則有巧有拙有敗有成如俄國之擴張領土爲世界所排斥欲北不能欲西不可轉向於南乃逢大敵更進而東而大敗塗地終焉喪沮雖然如俄羅斯者可謂拙乎特强暴急烈遭天下之公忌耳老子以柔道勝如美國者殆有之矣如英國者殆近之矣今英俄兩黨勝負之數既決則東亞之勢力自已深入其掌握吁嗟噫嘻危乎殆哉有虎噬人人必遠之有狐媚人人必親之終至吮其精枯其靈憔悴瘦瘠神盡而死吁嗟噫嘻危乎殆哉過此以往柔和黨主政之時代也

吾敢合全局一言以斷之曰過此以往爲日人勢力外擴之時代日俄之戰既決則俄羅斯之所失者即爲日本之所得韓國之膏壤已登几俎滿洲之天府已屬範圍更進而據樺太取沿海洲逼西伯利亞乘屢勝之氣鼓舞而前吾知俄國海軍已滅陸軍已敗必不能守不能守則日人取之如探囊耳吾知以蕞爾島國而驟增如此之面積如此之財力必成一東方之英吉利無疑甚或乘俄國多亂之際横領西伯利亞之富源而俄領之所謂波斯所謂阿富汗乃至素服俄國之西哇布嘎辣土耳其斯坦無

難抗威信墜地之老俄起而獨立如是則俄國必土崩必瓦解我東鄰新英無難幸災樂禍而計圖而力取向俄領一伸其勢力漪歟哉。吾爲我東鄰馨香而拜祝之也。

夫徵之兩國之利害既如此。考之各國之大勢又如彼。則滿洲最後之終局有可想像而知者。今爲下一判決曰。今後之滿洲。還附則不能占領則不可何以言之。俄國以占領滿洲壟斷公利賈天下之怒日本以英美之同情而懲伐之懲之既已而自占領之是暴俄之繼也其何以對各國則還附之說是矣滿洲雖爲我國之領土實則已自棄其主權而委於暴俄者也既屬暴俄則非中立而爲敵地自敵手而取敵地有何不可則占領之說是矣。雖然。是二者。皆不利於日。吾知日本。必有一最新最奇最適宜之術以待我者。則曰名土耳其而實韓國名還附而實占領名土耳其則必主開放以饜各國之望實韓國則必收實權以遂慾望之心名還附則地方官必由我國簡放實占領則財政警察必歸日人治理此二者皆勢所必至理所固然。毋足怪者我當道而猶作還附之癡想也觀於此言當亦廢然也夫

日人之所以待我者有二派。即隱然英俄兩黨之小觀。其一曰。我國以俄國攪破東洋

之和平以始則萬不可自攪之以終且自今以後。我日本萬不可不以東亞之先覺自任提倡清國使躋列强是言也其見高其識遠深知今後之世界必有一天然人種之界存萬不可軋轢同種弱其根本者也保全之論。即基於是其一則曰我國自今以後。萬不可跼蹐東亞之一隅。幸有老大帝國。待人而食。何不可據而有之。其說倡於中村博士而盛於戶水博士。即所謂瓜分論之面目。雖然吾爲日本計。則有大不利者不可不辨不可不辨

夫彼以日本今日宜割據大陸。與支那接壤。駐軍滿洲。乘機蹂躪支那。其說似矣。然吾謂三尺童子。稍諳大勢者。猶不爲此欺人之言。何意日本堂堂之博士。一旦有此抑知世界各國虎視眈眈具有日本之雄謀者車載斗量何可勝數其不敢先發首難者徒以勢力平均相制相抑爲之耳毋論日本力不能及即使及之吾知起而爲敵者不於日本之敵國俄德法即於日本同盟同情之英美今日之俄羅斯。既以土地之慾。犯天下之不韙而有日本以懲之矣異日之日本。蹈暴俄之覆轍安知不有日本之日本以創之說者動引甲午之役爲例。庸詎知甲午之役。特與我國北淸之一部戰非全國也故

我輩居南淸者爲勝爲負皆不得與聞其畧苟一旦舉全國而戰吾知不携一鎗不發一彈徒手而戰白搏而前亦非日本之所能盡而謂能據有之耶說者又謂日本爲文明支那爲野蠻以文明滅野蠻於勢能於理可夫天下事有驟視之爲能而終不能驟視之爲可而終不可者否則三十年前之日本何以不被滅於英俄其人種猶是也其體力猶是也其腦力猶是也豈以日本爲可强而世界之睡獅竟不可强乎殆亦未之思耳

說者又動引阿非利加爲例謂支那早晚不免於瓜分我若不取人將共食故日本前此有與我國訂福建不讓他國條約之舉庸詎知阿非利加爲主權所無人跡所稀之荒土故各國得以外交官置地圖於前何處屬英何處屬法何處屬德以鉛筆畫分之而已足若我大淸帝國東亞神州有四千餘年之歷史四百餘州之土地四萬萬以上之民族事何易行談何容易吁爲是言者不徒無益而又害之不徒有碍日本之前程徒傷兩國人民之感情而已夫我國今日以日本爲同種爲同文爲文明先覺方且依之賴之信之任之如教育如軍事皆不憚推心置腹進席而謀或延爲師保或派遣來學

吾知而今而後雖不能融兩國爲一國而彼此人民享受之權利可保其必無分別即國際上種種特別之權利自必駕各國而上之若不此之謀而徒癡心妄想甘繼强俄是啓我國人民以防俄之心防日也抑豈知今日日俄之戰爭乃由俄國於日本維新時下井投石之所致耶如之何其弗思也

況乎後起者勝物極則反昔之霸主强國既已烟銷火滅悄然無迹矣今之英國且老大矣今之俄國且敗衄矣而新造之美方執牛耳新進之日且列强國而今而後其我大清帝國之時代哉誠如是也則二十世紀爲歐力東漸之時二十一世紀當爲亞力西漸之時異日者相携相挈逐鹿歐美亦在必然之勢是時也黃禍之重望我與若何妨共任之盖我黃種之眞價已具見於古昔今取史册而觀之如昔之波斯如土耳其如景齊斯坎皆先後輝揚武力大振雄畧其小者奪城攻邑墟社滅國其大者席捲歐土鞭箠白族我與若祖功宗烈典籍煌煌口碑在人餘威猶凛繼其後者宜如何光大而纘述之昔者義和之役我國以數萬婦孺與世界宣戰而我黃種之價再見今者日俄之役日本以蕞爾島國與世界之最大國宣戰而我黃種之價再見雖有敗有勝有

巧有拙但我神冑天傳之武性終不可掩者也

日俄戰爭之結局。世界輕重之勢。將一變。其變也有幾希之幸。可為我國預期者。曰世界之目無時或息。世界之心無時或止。必有一競爭之中心焉以繫之。故昔時競爭之中心也在地中海。中古競爭之中心也在大西洋。二十世紀競爭之中心也。在太平洋。而太平洋沿岸。惟我國實蒙其禍。既以我國為競爭之中心。則蹂躪糾纏無時或息。外應不暇。內治不遑。內外交訌。迫於眉睫。雖欲強盛不可得也。今俄國國威既墮。兵備不張。而領地甚廣。人種複雜。革命之徒。乘機而動。獨立之幟。待時而興。吾知俄國必土崩瓦解。不可收拾者。今英墺兩國。因黑海艦隊之叛。有欲干涉之說矣。果爾則必愈趨愈下。愈渙愈弱。世界各國。又必將以肥大圓滿之俄國。為逐鹿之場。以繼於我國。吾之言非無所謂也。二三十年來。日本之所以強。及歐洲之所以免多少戰爭者。以我國為之代也。今後我國之強。其在俄國乎。語云。因禍為福。轉敗為功。言念至此。浮三大白。

（完）

政法

警察學演說（續第六十九號）

警察學生湘潭朱德裳述

第六次　警察之性質　第二部長松井茂

警察者因時與地而異者也。故昔日之警察。不能行於今日。日本之警察。不能行于中國。然苟因時因地。變通盡利。則無古今中外之異。盖警察之學。可分爲二類。

一警察法

一警察學

警察法者凡關於司法行政之事隨事而立法法立而事行提其綱而理其目者也警察法既立則欲研究其法之所以然與其所終極而警察學尚矣警察學有事實與學問之不同於其不同之點而切實考求之則非僅記憶其條文而已同一五官也中國

人有之。日本人亦有之。西洋人亦有之。而身體之長短大小。各不同焉。此事實也。非學問也。又如日之普照地球。容光無間。而光之所附麗。則反正直斜。各不同焉。此事實也。非學問也。所謂學問者。例如民法所謂所有權。謂對于是物而有此權。即有處分此物之權利。而研究其何以有是權利。則關繫于學問已。故警察之學問。麗於事實上之學問也。警察無論東西洋。大概分行政司法二類。而視爲專門學問。切實研究者。實爲不多。當古之野蠻時代。無論何國。警察權全屬於宗教。其後稍稍改革。警察權復屬於軍隊。然軍隊者。所以對于外國。以保持國家之安寧者也。警察者。對于國內人民。而保持其安寧也。其性質同。而職務不同。及其後各國相持于軍爭。而警察與軍隊。遂不相屬矣。然其時雖離于軍隊。尙合於裁判。夫國之憲法如首。其他民法商法刑法如手足。行政機關如血液之循環貫輸也。今有物焉。認其有危害之虞。而命之整理修改者。警察之行政也。必較量其尺寸。規定其位置。使之無敢踰其制限者。裁判之行政也。此其區別之點。雖稍知學問者。猶能知之。故其後也。警察亦遂與裁判分離矣。然於視爲內務行政也。夫內務行政。爲助長行政。凡事物之幼穉者。助其成立者是也。警察行政。則就其已成之事物豫防其危害而已。故警察行政者爲間接增進人民之幸福。內務行政者爲直接增進人民之幸福。此其異焉者也。但日本他府縣知事亦兼有警察行政。則警察行政與助長行政同掌於一人之手。又如造一大工塲。警察亦須其干涉其建築。而建築實爲助長行政。亦其同焉者耳。此研究警察者不可不知也。

第七次　警察之沿革　第一部長丸山重俊

欲將日本警察之沿革條分縷晰而詳言之。更僕不能終其詞也。請言其畧。日本之文物制度皆自中國來也。古之時代然也。雖各省官廳累有變遷。而其所從來實爲中國。警察亦然。當聖武天皇之時。始設按察使、巡警使、凡關於警察之行政。皆爲所指揮監督。距今三百年前德川幕府時代。警察制度漸漸變更。而目付役町奉行與力同心諸名目起矣。且維新以前。警察之權甚大。無論行政上司法上民事上刑事上。悉在其掌握之中。無區別亦無權限。當是時警察權既重大。而國家之法律規則。亦無一定之秩序。乃警察官吏。竟無有以公濟其私。以僞行其職者。則道德之發達然也。維新之初。改良警察。然亦不過於前者畧加更改而已。至明治七年。始于內務省設警保寮。今之警保寮爲行政上事。無與于司法。與初時異也。且其名亦易爲警保局矣。未幾于東京設警視廳。於各府縣設警務部。於是警部巡查諸官。相繼而起。最後而有警察署警察分署之設。日新月異而歲不同。遂布滿于全國矣。其時警察制度。悉採用法蘭西法。其與今不同者。不可勝數。即以巡查言之。亦無所謂管區也。惟羣集于警察署。日日分巡于所認定地段耳。其後日本之遊學歐洲者。悉稱德意志警察。爲歐洲之冠。即以巡查言之。亦優於法蘭西。何者。法蘭西之法爲集合法。德意志之法則爲散在法。散在法者。凡巡查在派出所或駐在所。分別管區。不相羼雜。巡查又常居此管區之中。故于其人民身分性行貧富之程度。靡不耳熟目習焉。彼警察署與分署之對于巡查。亦監督之已耳。于其所管區內。則附以全權。不相侵害也。日本至明治十九年後。乃用德意志法。改集合法爲散在法。然其時研究此問題者。其說夥矣。其甚者乃謂集合之法。易於查察。散在之法。難于監督。散在法殆不如集合法。然此乃對于巡查之問題耳。夫警察之目的。在豫防人民之危害。而其直接于人民者。莫若巡查。不令其耳熟目習。欲其于人民之身分性行貧富之程度若數米鹽。而辨黑白。其道無由。由斯以談。則散在法。實優于集合法。故亦終改集合法而爲散在法。當試行散在法時。巡查之散在町村者。亦無有敢爲不法行爲。陷于罪冐。因其直接於人民。亦陰受人民之監督也。且其用巡查時。其養成之法。及其選擇之法。亦極愼重。故能收熟悉情僞之效。而其通同作弊之嫌。惟此法稍不適用於東京市。蓋東京市人煙稠密。度支不貲。巡查俸薄。無力供此。故畧爲變更。一派出所設六巡查。少或四巡查。多或八巡查。循環當番。不眠不休。其効力亦較集合之法爲多。諸君欲改良警務。竊以爲必用散在法。

第八次　警察之精神　第二部長

警察者。非形式的也。精神的也。精神之所附麗。何在。曰在憲法。憲法者。許人民以自由者也。地球上無論何國。無不有警察。警察者。限制人民自由者也。二者相防。莫之或畸。然自歷史上觀之。凡有憲法之國。自立憲以來。警察之强制自由權。實不逮于前矣。在古昔時代。無論何國之官吏。皆有蔑視人民之意。其對于人民權利也。非惟不保護之。且蹂躪之。其屬于警察者之權力。尤爲重大。此等警察。即謂之專制警察可矣。人民之有權利也。自近世始也。其發生之根據地。即在憲法。而其所以能發生者。由人民自求之而自得之耳夫當人民未有權利之時警察最能自由也人民既有權利之後警察不能自由也何以故以人民有權利則官吏不能濫用其權力以本非法制之中國人民最爲無權利其爲警察也正如吾百年前之警察俟之數十年後人民之權利稍伸國家之法制亦定然後施以詳密之法必能從應曲當釐然有當于人心矣如今日者則雖疏節濶目可也夫以日本之法規章摩句擬行之中國其不能也無俟言矣若其誠難實行也甯闕無濫寧少無多闕與少則可俟之將來多而濫則已不行于今日雖數千百條如無一條中國之不治未嘗不以此也以余言之不若以日本未發布憲法之警察推而及于中國爲一範圍最大之警察其于國民之程度庶乎合也諸君聞余言得毋怪余爲荒誕乎。然余非欲諸君捨文明而野蠻。捨法制而專制也。蓋國無憲法不得不然也且無憲法之國警察之視人民也如草芥人民之視警察也如寇讐中國之官吏與人民大率有兩方面之觀念若其辦警察也吾知此弊必最易發生者也由此之獘則愚者死非法黠者脫網羅賄賂風行戾民實甚且文明之國有行政裁判所人民誠受其損害也尚可訟訴以求救濟野蠻國則無此故人民受警察之壓制無可控訴如其戾民竟戾之矣。夫警察之活動如此。而其弊也又如彼。諸君諸君。其知所取法矣。且警察上尤有一要義焉。則養成人材是已。夫以養成人材屬之警察。則諸君之責任更重且大。且人材不必其多也。一人材出其範圍之所及。可至數十萬人。其勢力之所及。可遍全國。雖以中國之廣博。以數十人强之而有餘。顧法制之普及。社會之改良。養成完全之國民。其權皆在警察。魯無君子。斯焉取斯。一般之人民皆有相等之程度。則必有出類拔萃者出乎其中矣。警察之對于人民。于何養之。亦養其廉恥而已。人無廉恥。雖以博士之學。技師之藝。謂爲下等動物可也。且警察之對于國家也。與軍人等。軍人對于外。警察對于內。其條理不同。其目的則同。故其効力亦同。其精神亦同。警察而無精神也。則害國家者。吾烏知其非即警察哉。日本三十年來。警察之因公死事者。百八十五人。設祠以祭之。與軍人之死事者同重。故今日一般人民。養成一牢不可破之性質。亦大異事也。其性質云何。曰敬軍人而畏警察。

第九次　僞造紙幣　第一部長

紙幣與金貨銀貨。皆爲通商之樞機。人生必須之物也。紙幣有一種强制的融通力。非若金銀之本來有融通力也。假設僞造而害于信用。不能流通。妨害經濟界矣。故日本刑法。定僞造者爲無期徒刑。然有變其原形與不變其原形之別。無期徒刑者。適用於不變其原形者也。若稍變原形者。其意在出人不意以騙金錢耳。犯此者處以欺詐刑可矣。烏能與僞造者同科哉。防僞造之弊。莫如精美其製造。地球上紙幣製造之精美者。莫美國若。然此亦防弊之一法耳。謂其能防盡僞造之弊。則不可也。今試以日本言之。當封建時代。各藩皆造紙幣。流通於各區域內。其形式種種不齊。一有僞造者。處以極刑。余幼時尙親見因僞造紙幣而梟首者。維新以後。太政官因經濟困難。造一種紙幣。流行全國。今之太政官札是也。其時僞造紛紛。難于取締。至明治十年。在德國訂造紙幣。極爲精美。而其幣則紙樣合一。無論五元十元。無有差別。頗便于僞造。而尤易於塗改。其弊有防不勝防者。至明治十七年。始聘一西洋人。購機器。設印刷局。漸漸推行矣。至二十四年。始不用西洋人。而吾國人能自造矣。不惟自造。亦嘗代中國造之。然僞造之幣。終不能盡防也。盖防僞造之程度日進步。而僞造者之程度亦日進步。欲專於技藝上防之。豈可得哉。彼僞造之法。多用寫眞。寫眞後。再以銅版印之。雖極精美。皆能妙肖。欲辨別之。雖智者亦束手矣。技藝既不可恃。則惟恃警察之力。警察之力在能使僞造者即時可以發見而著手搜查其犯罪之人。故于紙幣也一見而知其眞僞。此警察所應有之眼光也。雖然亦非可僅以理想得之者。其目光依據之地。仍在紙幣。故方其印刷之時。其最宜注意者。爲紙與印泥。紙與印泥。皆非人民所能賣買者也。蓋政府所造之紙中。有細紋。非人民所能仿彿。若使人人知之。則僞造之弊。不禁自滅矣。英國英蘭銀行所造紙幣。皆沿古式。最易于僞造。而終無僞造之者。以英蘭銀行所出之紙幣。無論婦孺。皆一見而能辨別其眞僞也。

第十次　警察之執行　第二部長

今日擇警察中之最要者言之。則執行警察是也。警察之似軍人。前既言之矣。然其最相似者。則巡查與兵。兵與外國人戰。殺敵致果。保持國威者。兵之所有事也。與國內人戰除暴安良。擴張國力者。巡查之所有事也。譬之醫生。兵如外科醫。用刀針以療外面之傷。巡查如內科醫。用藥石以除心腹之疾。故當交鋒時。則全恃兵力。當執行時。則全恃巡查之力。且軍人貴服從。警察亦貴服從。軍人之對于大將。猶巡查之對于上官。上官發一命令巡查遵而行之雖赴湯蹈火所不敢辭不啻身之使臂臂之使指而後可以收靈敏活動之効故德國警察官制與軍制大同、不過加警察于大將大佐大尉之上。謂之曰警察大將大佐大尉而已。執行警察之事。第一部長總理之。凡發施號令。皆有獨立之權。不須請命于總監。蓋執行貴迅捷、亦猶兵之貴神速也。若必禀命而後行。則展轉遲迴、坐失事機矣。警視廳凡三部。部有長。其地位相同。而職務則異。凡屬於行政之事。隸於第二部長。凡屬於衛生之事。隸于第三部長。之二部者。皆貴愼重、凡事必請而後行。惟第一部。則見可而進。予以全權者。亦以執行警察之所關重要也。故外勤巡查其執行法令之事。皆隸于第一部長。且法令。死物。賴有執行之者。而後法令非具文故執行者。即以法令適用于事實者也。自餘第二部第三部皆內勤之事。非外勤之事。外勤之事。則專屬於第一部也。此不獨巡查然也、警部亦然、警視屬與警部職位相同。而名稱不同者。何以故、以警部爲外勤、警視屬爲內勤故。此亦猶軍制中之海軍屬陸軍屬也。執行警察。較內勤尤要。故以第一部第二課專掌之。諸君諸君。尚其法意哉。次于執行者爲司法。司法警察。亦云刑事警察。專爲司法之補助機關。警察之一重要部分也。故與執行警察。同隷于第一部。爲司法警察者。必知刑事訴訟法、裁判所搆成法。優于學問者而後可。且嘗有法學士爲刑事巡查。藉以研究學問者。凡刑事巡查。不着制服。專偵探社會情形。而從事於搜查犯罪。此地球各國通例也。凡刑事巡查必先聚而敎之社會之情形盜賊之技倆至纖至悉使之洞悉無餘而後已故其敎法。爲專科。不與他巡查同。又聞法人新發明一義。謂觀其人即知其人品行之良否。英之倫敦已用之矣。吾尚不知其法果何如。要之足以補益刑事偵探。可斷言也。（完）

政法

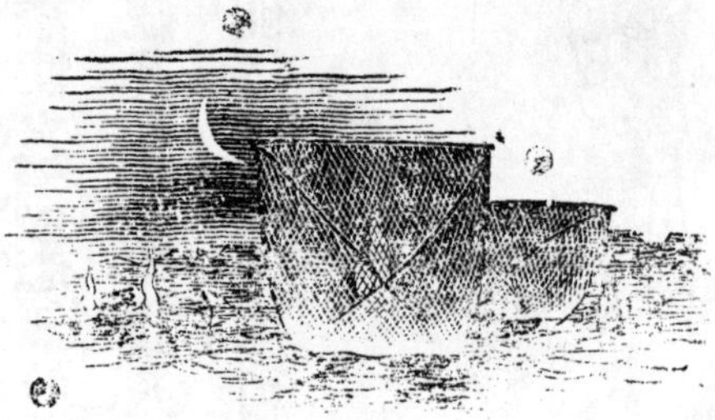

維朗氏詩學論

觀雲

是論本法國 Everon 氏所著 Esthetigue. 書中之一篇。Esthetigue, 者美學之義。日本中江篤介氏譯其書為維氏美學。茲取其關於詩學者譯述之。以供我國文藝界之參觀。其間稍有已意。則以次格或附注以別識之云。

西語所謂波威齊者。稱文藝之才之名。是非必獨指詩學而言。蓋凡屬文藝之物。若詩畫建築音樂等。莫不賴作者有一種所得於天之才。所謂波威齊者。蓋即指此一種才性而言者也。

然則所謂此種之天才者。果何指乎。曰一種精神上有力之感動性是也。作者惟有此一種之感動性而後其觀物也常有所深感於心不能自禁而必欲有所作以寫其所有之感動性而後始平由此言之所謂文藝之才者一種能感動人心之性是也

則請即詩學而言之。詩人之觀物也。與庸人觀物之情異。故其觀物之點。亦自與庸人異其所以異者則詩人之觀物其所見有大於庸人之處此詩人感慨之所以亦大也

譬之猶物理學家。以顯微鏡視物。物之大小。初非有異。而自吾之目見之。則物之形。皆從而大。詩人之觀物也亦然。顧其間亦自有異者。物理學家之觀物而能見其大者。則鏡之力爲之。而詩人之觀物也能見其大則本於神經之作用故物理學家之觀物而能見其大者外也詩人之觀物而能見其大者內也

又有異者。物理學家之於物也。苟用其顯微鏡。則所見之物。無不增大。而詩人則不然。其所恃者既不在外來之器具而在一己所自具之神經故有時見物爲大而亦有時不然其見爲大者即其有感於心者也其不見爲大者即未嘗有感於其心者也感於心者則取爲題目以寫其一己之感慨此其所以有作也若夫其所不感則亦與庸人之觀物無異雖有詩人不能取以爲題目也

雖然，詩才者。人人有之。非獨詩人也。然詩才亦與其他之才能同各因其人智愚之性質而有大小之別故庸人者詩才之小者也詩人者詩才之大者也

是故天下之人。除生而癡騃者以外。莫不各有其詩興發動之時。何則，詩興者非他。觀於物而有感於心即沖騰其精神而有異於尋常時之程度者是也是故人苟有感於物而當其感慨之猶存在之間其心胸畧與詩人無異是雖呼之爲詩人無不可也

果如是。則天下之人。將有時而無一不可列入詩人乎曰所謂眞詩人者。僅如是而尙有所不足。蓋其所有之感慨雖大而不能發之於外或雖欲發之於外而所以發之之技能或失之拙劣而不能使人人共知之是尙未能眞稱爲詩人也

大凡吾人之於物也。其物雖美。若吾人見之而不以爲美。則終不覺其美。詩人之於詩也亦然。彼雖具有若何之感慨而不能使人知之則人終無由知其感慨爲如何者是故欲爲詩人者既觀于物而有感動之性尤不可無所以自寫此感動之性而使人知之之技能也

夫感慨屬於已而欲陶寫其所有而使人人皆知之者其事甚爲不易此詩之所以難

爲也。

夫寫一己之感慨而欲使人知之之道如何。曰第一其感慨之情不可不深厚。第二其感慨之狀不可不明瞭。蓋無深厚之情者。則寫之若無意味者然。（三百篇古詩十九首及杜甫白居易等之詩其所以能動人者即由其感情之深厚故若後代之詩雖有若干之感情而不能深厚此其所以淡薄而無意味也）而不明瞭者。則至寫之之時。且不能自記憶而想像之也。

蓋方人之有感激之時。其精神以極激動之故。雖欲寫之於言語文字而不可得。或不過以手足之容。及眼之運動。顏面之筋肉等。以發之於外而已。或雖能用言語。而以急促之際。亦多致前後不相連續。當是時也。多不能自寫之以示人。然則詩人之作。非發於其方有感激之時。而發於其既有感激之後者也。由是觀之。所謂詩者。非眞寫其感激。而寫其感激後之一影像也。

夫所謂詩人之作。既爲寫其感激後之一影像。是故其感情不深厚者。則不能蓄積。而感情不明瞭者。則欲著之文字。而已不可得其詳也。

按作詩必須具有二種感慨之情。一平日之感慨。一臨時之感慨。臨時之感慨。所謂觸興是也詩之題目或往往得之於此但僅有臨時觸發之感激而無平日蓄積之感慨則其詩必不能工必於平日蓄積其感慨至極深厚而後以臨時之感慨觸其機而發之而自有傾吐其肺肝而不能自已之勢故與維氏所謂詩成於感激之後。而非成於感激之時。稍有不盡同意者在。蓋由追憶往日之感情而作詩者固多以觸發一時之感情而作詩者尤不少也惟二者之異同不問而必歸本於有平日固有之感激此則維氏蓄積感情說正可謂能發見詩學之本源者也

抑人之有感慨也或能蓄積之而不使消散而欲寫之於文字之間則至難。蓋人當有感於心。有時欲詳敘其感情以示人。而入於曖昧模糊者甚多。是知人無不有感物之情而欲寫一感慨之影像於文字之間則非有一種之才性者不能爲也且夫寫物之蓄影也非獨欲寫無形之物難欲寫有形之物亦甚難例若有日相往返之友朋其面貌耳目。固所稔知而一旦於不相見之際以胸中之想像而摸寫其狀貌欲毫無異於相見之時此亦人人所感其難者也

又若吾人偶或聽人談山水之清奇語美人之姿態其影像亦若浮出於心胸之間然

欲寫此影像而使人無不知之則非有畫家至巧之手腕與詩人至巧之筆墨固不可得而道也

由以上之所論觀之則知所謂詩者必先作者有感於心而其感情又必深厚而詳明然後著之文字使他人皆得而理會之是知詩者於凡百藝術之中由作者最多之自由性而成者也何則詩者由作者之耳有所聞目有所見及心有所思於其間得一感觸而後以己所有之感觸而形之於文字者也故其感情愈大者其體裁愈奇其文辭愈巧而其感人也亦愈深是故詩之善惡一視乎作者之感情何如文字何如而已故曰詩者於凡百藝術之中由作者最多之自由性而成者也

雖然於詩人中亦時有天姿過怪奇者其意想迥不與人同其觀於物之感慨亦迥不與人同而及其攄爲文字也往往爲讀者所不能解若是者其感情雖大其才思雖奇而終不得目爲大家無他入於奇僻而世人不能知之故也

夫人之相聚而爲一社會也於一代間必有其一代之議論意嚮嗜好等以爲其一代之性質而庸人者以其文辭之不巧往往敍述此等之議論意嚮嗜好或失之於鄙野

或失之於拙直或失之於不詳不備舉其粗而遺其精識其小而忘其大及至有才者出而敘述之以同一之議論意嚮嗜好而能結爲遒麗淵懿之文字又能調整其前後使有次序由是而一代之人讀之無不怦然而有所感動者何則彼其議論意嚮嗜好固與我同故也所謂人人意中所有人人筆下所無若其情景爲人人意中之所無有則其美惡終非吾人之所得而知之亦非吾人之所得而斷之也故曰詩人者其才思雖大其感慨雖深而其觀物之情若與當世相反而不同是則尚未可稱爲詩人也

按三代時有三代時之人心風俗故有三代時之文字推之漢自爲漢唐自爲唐宋自爲宋晚近亦自爲晚近凡論詩文當首辨明時代不知有時代之區別而混數千年之著作爲一體其品隲必不能當且尤易生摸擬古體之弊夫如漢時三都兩京之寫宮殿自是宏麗然建築之美亦各不同印度有印度之建築如梵宇之雄壯是也歐西有歐西之建築如今日亭亭墖影高聳青霄是也若仍襲用漢時之體裁文辭則與實事全不相符一種印板文字即列之漢賦中不辨楮葉果有何等之價值乎

又謂作者之思想必與時代相同固也實則無論何等作者其思想雖欲過超絕於

一代人心之外而常若有所不能此則徵諸古今作家概可知矣若夫好爲奇句僻字非其思想固能超絕乎一代人心之外也不過其技未工不能不假艱深以文淺陋試按其所有之思想實甚貧乏樊紹述之文其思想豈能過韓昌黎柳子厚李長吉之詩其思想又豈能過杜工部白香山乎

又謂作者之思想不可不與一代之人心同。其間亦稍有辨。蓋一時代之人往往有以風俗人心退化之故其思想有甚失之於卑近者若必强作者而與流俗同好其造詣不必能高余嘗論英雄之所以能成爲英雄者謂必與時代相合而又必稍稍有高出乎時代之處蓋過高則其理爲當世之人所不能解遂於人心之上不能占有何等之勢力而過卑則白茅黃葦亦不能嶄露頭角而爲千人之所皆見詩人亦然其思想不出時代之中而又不可不占時代思想中最高之一位置此其所以能爲一代之大家也

（未完）

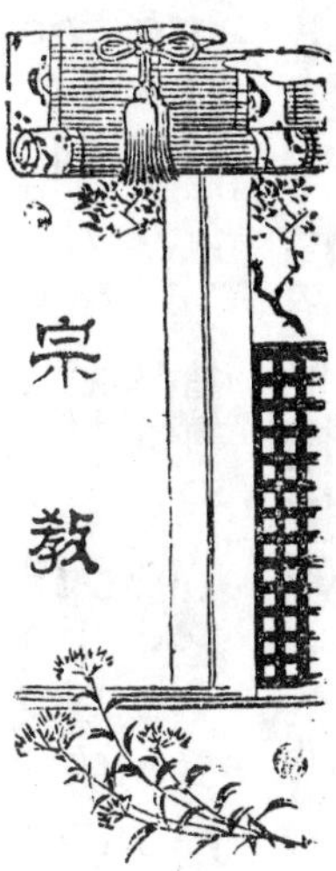

佛教之無我輪廻論（續第六十八號）（四）

觀雲

夫吾固不敢證輪迴爲必有。雖然。吾亦不能證輪迴爲必無。然則此有無無證之事。於學說上固有存立之理否乎。此爲學者應有之一問題。則敢答曰。是固宗教與哲學所無可如何者。夫其事既無可實證。而其理爲人類之所不能廢其理爲人類之所不能廢。即其說爲學界之所不能不存。若是者何也。曰吾人所欲知者宇宙萬有之一眞相不幸而吾人人類之智識竟不能達於能知宇宙萬有眞相之一境。當夫原人草昧之時。意識夢夢然。上戴天而不知其何以爲天。下履地而不知其何以爲地。見其生也而不知其生之何自來。見其死也。而不知其死之何自往。洎人智稍進。對於是等種種之疑問不得一理解焉而其心終有所不能安於是有智者出焉竭其思索之力以解明

宗教 二

天地萬物之原因其在最古則各民族神話之發生是也自文化演而日進而智識益高於是乎有宗教於是乎有哲學神話也宗教也哲學也三者之原一也皆所以應人類之要求以解明天地萬物之原因者也今夫宇宙萬物之理。廣矣大矣。殆無窮矣然而其中若生死者。尤切近於吾人。而爲吾人之所不能忘。則以人人必有生死之一關故也夫今日談笑明日山邱使處之漠然而無一毫有觸於吾人之情感者則吾以爲人類之與物類其相去固幾何矣蓋人類之所以高於物類者從心理上之界釋物類之對於事物其意識不明瞭而人類之對於事物其意識明瞭故也（孩童之與成人野蠻之與文明其分別亦在此）夫以意識明瞭之人類其視生死之一大事則其處之之道必有二焉一可解則必求其解釋之一不可解則必立種種之希卜梯西（學問上一種假定之名）以解釋之必得一解釋焉而後此心方能即安者也且吾尤謂吾人入世於生死觀實不可不有一種之解釋以抱爲生平之信念。何則凡人之情當夫平居安樂固易置生死之事於度外然至夫一大事之來前則生死一念其搖撼吾心之力爲最鉅昔王陽明之謫居龍場也。自謂經此患難。於得失榮辱。皆已超脫。惟生死一念。尚不能忘。（觀王陽明之瘞旅文云噫吾與爾猶彼也其有感於生死者深矣）余謂吾人生平若於生死之事已得安頓則前途實坦坦然雖經若何之驚風駭雨亦毫無惶恐震懼之來豈不天上地下惟我獨尊也哉以余觀古之聖賢英雄則多於此事有確定之見解者在孟子曰生亦我所欲所欲有甚於生者故不爲苟得也死亦我所惡所惡有甚於死者故患有所不辟也此孟子之生死觀余是以知孟子之不動心眞不動心矣禹曰生寄也死歸也張巡謂南霽雲曰南八男兒死耳不可爲不義屈王彥章曰人死留名豹死留皮此其所見之異同不論要皆各有其自得之死生觀故能夷然處於生死之間而不爲動者也（殺頭之痛不痛說爲近日研究之一問題余謂此題先當分兩方面論一生理上之痛不痛一心理上之痛不痛余皆主不痛說者也其義茲不及陳）然此不過僅舉數人言之其餘之見於載籍者甚多不能悉數要之欲爲聖賢英雄不可不於生死之上先有定見然則以學生死之學爲即學聖賢英雄之學可也或謂若釋迦若基督皆言生死而孔子獨不言生死噫是何知孔子之淺也夫謂孔子於生死茫茫然以無意識處之是亦失孔子之所以爲聖矣余蓋見孔子之於生死固自有其見解在子畏於匡曰天之將喪斯文也後死者不得與於斯文也天之未喪斯文也匡人其如予何桓魋欲殺孔子弟子曰可速矣孔子曰天生德於予桓魋其如予何公伯

寮愬子路於季孫子曰道之將行也歟命也道之將廢也歟命也公伯寮其如命何伯牛有疾子曰亡之命矣夫顏淵死子曰天喪予又弟子亦有述其言者子夏曰吾聞之死生有命（聞之者聞自孔子）孟子曰孔子進以禮退以義得之不得曰有命由是言之孔子以天與命爲其生死上之定見而於窮達亦以此義應之其知有天命之義於歲月猶確鑿可攷孔子之自言曰五十而知天命是也夫以天與命言生死其理之短長別論要以孔子爲無生死觀者其亦可以息喙矣夫生死一大事也既爲吾人之所不能不言然而欲取實際的經驗說以解釋之而不可得則不能不取合理的想像說且必以合理的想像說爲於學界上無存立之價值者此亦非也若地圜論今則爲實際的經驗說然其初亦合理的想像說也釋迦之立輪迴說也在釋迦固所謂具宿住通者（宿住通者能知過去爲六神通之一）是悟道後之實際說非想像說然以吾人未至此境不能不視爲想像說孔子之言天與命也吾人亦不能斷孔子之爲眞知與否而亦當爲視爲一種之想像說然以吾人日處此宇宙一大神秘之裏於終極點之原理卒不能不立想像說僅能於想像說中較其合理與不合理之多寡點而已此誠吾人人類之求學所謂處於無可如何之境

者也。

按有生必有死者。吾人之所同認。雖然。所謂死者其一解釋何乎吾人所能知者不過見耳目手足等失其一種生活之作用而個體軀殼之消滅而已然吾人之個體雖死而吾人所有子孫成立身體之細胞仍自父母之體中來則軀殼有時滅而軀殼以內之細胞以有一種傳承之法而不滅若細胞無一種傳承之法則是細胞滅而生物皆滅矣生物之不滅即謂出細胞之不滅可也於一千八百卅八年植物學者修拉頓氏始發見植物體以一種微細之部分即所謂細胞者成立翌卅九年秀簧氏發見動物亦皆從細胞成立生物學上於是一大進步然當秀簧氏細胞說初出之時尚以爲生物體內其細胞自然生出及後細胞之研究細密遂不認自然生出說而以斐維西雅氏所謂細胞皆從細胞生來之言爲定論細胞以細胞膜原形質及核之三部分成核中有一小核猶果中之仁細胞爲生命之所宿有生命必有細胞細胞存則生命亦存霍斯來氏名爲生命之本源而細胞核尤爲細胞生命之原無核即無細胞之生命今學者定爲細胞核皆從細胞核來所謂還傳質者皆從細胞核來之事確鑿是則生物無一非傳承而來而生物之傳承即由細胞之一系統相傳承而來者也雖細胞亦不能不死如身體細胞生殖細胞不能不隨軀殼之壞而俱腐然軀殼不能傳承而生殖細胞中有一種傳承之法。而致不死此其所以與軀殼異也而人見軀殼之死遂謂軀殼亡而其外必無何物之能存此誤也實則天下之可死者惟有耳目手足成形之軀殼耳若無耳目手足成形之軀殼則謂天下無可死之物可也不觀生物最下等之從單一細胞成立之原生物乎從學者所實驗不認其有個體軀殼自然生死之事直自地球之始生存以至今日惠思孟氏所唱爲單細胞生物不死者也由細胞分業從單細胞生物進而爲異細胞生物而後有生死之事故生死之名實從細胞分業始即死之一根原由生物之細胞分業而來者也若夫單細胞生物雖至地球燬滅或寒熱達於極度則單細胞生物亦自不能成立而死亡然其生死固無期限故謂之不死可也夫有期限生死之異細胞生物從無期限生死之單細胞生物來而單細胞生物之原所謂最初生命發生之物何乎學者以無可實驗。不能明答。大都以爲最初之生物從無機物來而奴葛利氏以爲最初之生物甚微非顯微鏡之所得而窺然則過此以往遂出於吾人經驗界以外之事要之生死之說畧可分爲三種曰異細胞生物以一種細胞相傳承而個體之軀殼則必死吾人之所見爲死者此是也單細胞生物無個體軀殼之生死或至地球之變易而死實無期限之生死也若夫生命之原其果爲心乎靈魂乎吾人不得而知要之生死之名不得加於其上蓋生死者形質上之事而生命之原無形質之可言故亦無生死之可言不得不以實在常存爲假定。雖然是固非吾人之實際說，一種合理上之想像說。而實爲言原理者之所不得已也。

又凡所謂信仰者，其中實多含有想像之理。何則。事可實驗，雖欲不信而不可得，固無所謂信仰。若名之爲信仰，則其理在想像之中，而爲吾想像之所定，畧可知也。但信仰與迷信有異。迷信者於不合理之事而亦信之，信仰者求其合理而信之。迷信爲吾人之所不可有，而信仰又爲吾人之所不可無也。

且夫立說之理。固當以有證於事實。爲第一之標準。然至於爲事之所無而爲理之可有，其說之固屬合理勿論，而但以事實無可證，則又將取何者以爲說之當立不當立之一標準乎。是亦有一也。曰驗之人心是也。即於人心有益之說則立之，於人心有害之說則去之是也。或曰。若是。亦取人心爲唯一之標準可矣。何必先立一事實之標準爲。曰不可也。蓋人心之一標準，有時或與事實之一標準相衝突，則不能不取事實之一標準而捨人心之一標準。即其說雖或有益於人心，驗之於事實而確已發見其謬誤，則其說不能不棄而不用。例若適見於天則日食。（日食爲孔敎一大主義）作惡則雷殛之。是二說也於人心未嘗無益然驗之事實則日食雷擊屬物質上自然之法則（於一般則謂法爾）決不爲人事之善惡而發如是而從人心之一標準則當立從事實之一標準則當黜然事實既已確鑿則其理不能置重於人心之間而於人心上已失其效力則不能不從事實之一標準而廢去之是也若死生說則與此例異夫言生死說而欲取驗於事實則不能不從彼之持斷見說者雖然此斷見說果足以盡生死之眞相乎實則不過若人智初開時代之所謂一種素朴實在論 Naiue Realism 是固從哲學上見之以其說爲幼穉即從物理學上見之亦不免以其說爲膚淺也然則生死一大神秘之事直爲吾人之所不能窺夫如是則事實上之一標準其勢已不能用而不能不取第二之標準即驗之於人心是也（於人心之一標準同而再欲辨別其說以定取去則不能不以合理與不合理之高下爲標準）夫言生死而果持斷見說乎吾以爲於事實既無可證蓋其所可證者不過事實之一表面而事實之閫奧尚在糢糊惝恍之列而其說之有害於人心者且莫大焉何則果以斷見言生死則一瞑之後天地已非吾之天地日月已非吾之日月而爲吾之所能有者惟此短短百年或尚不滿百年歲月耳既不過此短短之光陰而以後則前有千古後有萬年皆隔絕而不復

相關則吾人對此景況其於心理上將現若何之狀態乎恐人人不免陷於失望悲哀之境雖然此失望悲哀之境爲人心之所必不能堪而從失望悲哀之餘更轉出一境必爲縱慾極樂（此二境看若絕異而實常如環之相映若今之新黨爲國家社會所棄窮極無聊至不能顧衣食而前途之希望幾斷則流而爲逸蕩固心理上所必至之境也）且前後際既已斷絕則爲善固無所報亦爲惡更誰蒙罰而但以圖取現在之快樂爲最得計誠有如飲冰子所謂「死既終不能免一死之後我與君將澌然以俱盡耶果爾爾則我將惟楊朱之言是宗曰死則一矣毋寧樂生」吾以爲果持斷見以爲天下唱其結果有必至於是者

凡人於時間多有兩種心理一行樂說一感慨說漢人詩云不如飲美酒被服紈與素李義山詩云簾外辛夷已盡開開時莫放豔陽回流年若到經風雨便是胡僧話刼灰如花美貌似水流年此行樂說也黃山谷詩云紅藥梢頭初繭栗揚州風物鬢成絲蘇東坡詩云浮雲身世改孤月此心明此感慨說也二者皆同出於心理上（心理學分知情意爲三部）情之一部分而感慨說能長道德行樂說能動人欲若以斷見爲宗則及時行樂之言其及於人心之勢有若洪水之不可掩矣

佛以斷見爲邪見爲外道吾人亦不能不認斷見爲有害於人心之論也

按希臘之詭辨學派以爲天地間萬事萬物皆屬遷流轉變無一眞者從而吾人除於瞬時間所受感覺上之認識及快樂外別無眞實美善之境此即由斷見而生現世主義之思想者也

按大哲學家康德之言倫理也以爲但有現世必難望道德行爲之完全蓋行善而陷於不幸行惡而愉快送日者何限而此事實實與吾人道德之意識不相容故現世雖有時盡而人類精神不滅之元則不能不假定孔子之言倫理也亦以子孫爲吾人現世之續而善惡從而受報若果持斷見但有現世則倫理道德幾多之困難點不能解釋有直從根本上覆亡而已矣是豈人世所能安耶（未完）

地理學劄記

咀雪

予自東歸癸甲之間乃講學于長沙課暇輒喜作短篇文然多爲繽繹地理之眞理雖些少之文字然地理學之要素皆備矣較閱數十本之地理講義可省腦力故都錄之錫以今名而布之

古之學者事事多用意揣故創造天圓地方等之說其後不知經幾何天文士之腦力幾何天文士之測定而始知地爲一圓球何以知其然也曰、有六大證據(一)登高山遠眺所見之天際綫較平地爲大(二)立海岸視水面之行船初見全船漸遠則漸歸于無(三)月食時月中地影爲圓形(四)麥哲倫環遊地一周(五)人向北行見南方星漸低北方

星漸高向南者反是(六)地隔東西日出沒有遲速是也然其形亦非渾圓南北兩極稍平赤道較凸故成扁圓扁圓地之眞態也（地之形狀）

吸力者乃一無質無形無色無聲無机體之物其爲物也在于四周恒動不息能令動物靜靜物動世界賴以成宇宙賴以造誠爲世界上萬物中最不可乏之分子也是故當世界未闢以前諸星球錯亂如散沙然惟吸力能使之相結地球周繞太陽而太陽中之吸力能使之不墜人及萬物立于旋轉之地上而地中之吸力亦能使之不墜不但此也即推至于微小之物未有不賴是物而生存者也由是觀之有吸力斯有世界斯有萬物無吸力無世界無萬物矣（吸力）

地軸者自南極至北極通貫地球中心之一直綫也地軸曷爲者乎曰自轉者也先有地軸而後有自轉乎曰因其自轉而知有地軸耳苟其無之則地球運動必止息而沈淪于闇黑世界矣且地軸之兩端能別南北兩極故地軸之功用大矣哉（地軸）

四時何以生生于地球之公轉向日有南北故日光之燭照有斜正春分秋分之日地球之軌道與赤道平而南北兩半球受日光均勻也地之北極傾向日則北半球受日

光之正射而熱盛爲夏南半球反之爲冬地之南極傾向日則北半球受日光之斜射而寒盛者爲冬南半球反之爲夏（吾人皆居北半球而南半球陸地少故皆以北半球爲主而南半球附之）質而言之實地球之運動力使然也

四時

地体扁圓也欲定其位置段落故設縱横綫以明之横綫則準于赤道推至兩極各九十度而止是爲緯度綫或曰距等圈其在赤道南則名南緯度北則名北緯度縱綫則不若緯度綫之一定可任測定一處之子午綫爲中綫而準之名曰經度綫又曰子午圈綫東爲東經西爲西經共三百六十度各國不同而震旦則以京師觀象台爲目的

經緯

大地之上氣候不齊受日光之正照者則其地熱受其斜照者則其地寒得其中和者則其地溫于是地理學家區劃之爲五帶一曰熱帶以赤道爲中心日光直射有熱無寒晝夜相若一年之間惟分雨燥二季故其地豐饒其民野蠻植物盛而動物肥二曰溫帶介于熱帶兩側故分南北兩溫帶氣候得中一年分四季有用之物優勝之國以此帶爲多三曰寒帶以兩極爲中心受日光極少氣候寒苦僅分冬夏二季夏則永晝

冬則永夜南北相反故其地物產少而人口稀是故五帶之名由氣候而別者也（五帶）

地震者果如我國陰陽家災異之說乎曰不然蓋地中熱汁自火山噴出地中遂成一穴而地面距穴最近壓力最大之處遂陷落而震動他地當火山爆潰之時他處亦爲所震動則不及地陷之甚其他輕微震動亦地熱之所爲也（地震）

海岸綫者何陸與水相接之界綫也其地多港灣島半島岬角者則其海岸綫長五大洲中以歐羅巴之港灣等爲最多故其海岸綫亦最長海岸綫長則便于交通益于智識歐洲各國爲文明之重點宜矣非洲之海岸綫最短故其人智不開交通不便而世界各國公稱其地爲暗黑大陸稱其民爲黑奴由是而言海岸綫固一國文明之要素也雖然祖國之海岸綫非不長也口灣非不多也開化非不早也而至今猶不能進化且更積弱焉是海岸綫雖長曾何益于國家哉而况割島租港者之相連續也（海岸綫之利益）

大地之肇起也本爲溶液體地軸斜傾二十三度半常自西轉東久而久之遂凝固成今日陸地之狀態故陸地多自西向東及向日轉速力最大之中央部南方也取六大洲地文圖觀之始知其言之不謬耳（東南海岸多半島及岬角）

地球之中心本爲液體因地殼隔斷故其內之熱汁不能得出入呼吸之自由權然地殼之壓力雖大而熱汁之抵力亦因之而愈大苟遇地殼上有罅隙即向地表噴出堆積既久遂成一山是山也地學家顏之曰火山火山之形態多爲圓錐形其種類有三一曰活火山是現時噴火汁者也二曰死火山係往時噴火汁之山而現息者也三曰睡火山是現時或噴或息者也 火山

水之云者在地表之凹點而與陸爲對代之一種液體也其種類有三一曰陸水二曰海水三曰洋水陸水玆弗論矣陸水之外其互相連續環流地球之大部分者爲洋洋又因地勢而區別爲太平大西印度北氷南氷五洋洋之外其餘皆爲海海也者較洋稍小之鹹水而爲陸地所限制者也故其名隨地而異是即海水與洋水之區別也 洋與

海之區別

世界之水有鹹有淡然皆因其流行與不流行而區分河者繞行大陸內地之淡水也以有洩口流行雖水中未必不含有鹽質然無有停蓄終必歸注于海內故其味淡海者衆水匯聚之藪也其收入雜穢之質皆沈淪于海底故其味鹹或云海水初造之時

已具有此性質其或然歟河淡海鹹之原因夫水之所以附于地表者何以故因地心有吸力之故乃地有吸力而日月亦有吸力故水一遇日月即又上漲而爲潮汐潮汐之關係不僅在海面直及最深之海底其正對日月之部分固上漲爲潮汐其反對之部分亦上漲爲潮汐則以日月正對水之故地亦爲引進而澎出其反對之水也每日漲落二次朝潮夕汐潮汐之漲落相反之二處必同時潮汐之原因

浩浩乎洋流之爲用也大矣美矣考其性質則不過爲大洋中定向之流動亦猶海底之河也核其種類則因流動之方向而區分爲三曰兩極洋流北者取西南之向南者反是曰赤道洋流是自東向西而流于兩回歸綫之間亦有南北之別曰回歸洋流是自赤道向兩極流動在北半球者取東北之向南半球者反是回歸洋流則暖而熱兩極洋流則寒而冷暖流較冷流其重率小且經過之地雖在寒苦處能化冷爲溫故北太平洋之回歸洋流能使我國東海濱暖于同度之內地日本之太平洋海岸暖于日本海岸又能使庫頁島經年不凍而北極洋流能使海參崴終年不解凍者數月朝鮮

之東及我國之天津亦因之而冷是其明證也

洋流改變氣候

太空之中大塊之上有一種物質謂之空氣其爲物也理化家賴之政治家賴之即凡生物亦莫不賴之何人而不知其爲無色無味無臭之質也然其性質有異在下層者最溫暖在上層者最寒冷溫者漲而稀其壓力輕故浮游上昇寒者縮而密其壓力重故流向稀疏處以補其隙此往彼來循環無息遂成一種之運動而令其名曰風

風之原因

輕氣球已發明之後西人乘之浮游于空中以研究風之眞理而無風或有風之段落畢現無風之地謂之無風帶然無風帶之起有二因一因南北貿易風會于赤道附近而其地最熱又多水蒸氣故空氣至此無不輕而上昇是爲赤道無風帶二因赤道熱風吹向二極二極冷風吹向赤道寒暖交際之時二風各殺其勢故氣流亦平穩是爲南北回歸無風帶

無風帶

大矣哉天地造物之奇也地球萬物莫不由氣體而變爲液體由液體而變爲固體變至固體又或變爲液體變爲氣體往來變化如環無端皆熱爲之也水爲液體較固體爲易受影響遇熱則化爲氣游而上昇是爲水蒸氣遇冷則又化水其成露霜成雲霧

成雨雪成雹霰則由高低多少及冷度以區別之水蒸氣

可愛哉水蒸氣也可愛哉水蒸氣也往來于空氣之中至空氣限之冷處或遇冷物則凝結細微水點浮游飄忽而成雲雲之積也既厚上以冷空氣壓之下以地心力攝之即合成雨雨也者無數恒河沙之小水點組織而成者也爲植物生育不可缺之要物熱帶地方最多溫帶次之寒帶最少沙漠地方無雨故永爲荒地雨量最多之處其土地必肥物產必豐觀此然後知水蒸氣之誠可愛也嗚呼水蒸氣之關係顧不重歟顧不重歟雨

雲過厚即成雨雨過厚即成雪雪相連即謂之雪線雪綫也者達于四時氷雪不融之高處相連以成此綫者也自赤道地方高于海面三英里處向南北次第低下至兩極傍近遂下接地表矣雪線

予嘗就東西地理教科書而攷之又歎其繁而難記憶也于是擇其中眞理尤難解及有趣味者而詳說之遂得右之十九節固皆地學家之陳言也雖然以言乎陳言則天下之公理皆古人之陳言惟其爲陳言也必有公理在焉述而不作予亦竊取之欲與

地學家一商榷也且欲以之供其採擇云爾
君子曰中國之地理學不過攷歷代之沿革實歷史之附庸耳而地理學之眞理固未夢見之然苟欲斯學之進步則是篇未嘗無小補人皆輕視地理學故罕有輸入其眞理今爲人不爲吾知天下必哂雖然淺學者談專門之科學必有乏點安能令不哂哂則吾中國地學中必有人矣然則吾之所以冀人哂而不喜人不哂有以也夫有以也夫

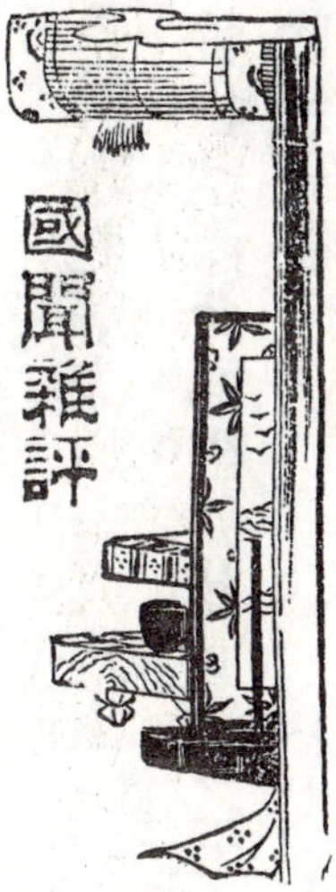

客觀之國（觀雲）

不見中國之所謂游亭驛館無一不荒廢者人人以爲客觀之物故也中國之官之對於其地方之政治也亦然。官者。今日楚而明日燕與其居官之地方本無絲毫之關係人情之於無關係之物又豈有爲之謀久遠哉非特此也即欲有所措置於其間而今日甲一業焉與一事焉明日而代之者至矣無論代之者之未必賢就令代之而爲賢者而彼此各有意見之不同天下固未有甲所規畫之事移乙爲政而仍能如甲之意志而告事之成功者蓋甲所爲之事非發於乙之心乙視之猶之客也乙所爲之事而丙視之亦爲客於客境之中客與客相繼而中國之地方乃無一而非游亭驛館等矣

雖然。中國之官。固未嘗無所事事也。或亦雷厲風行。布文告。發條教。視其氣象。未嘗不

振厲也。視其規模。未嘗不閎遠也。是何也。其果賢乎。曰否否。未敢信以爲然也。其故一則爲名何爲乎必欲爲名爲名者將以博輿論邀上眷而得超陞其官堦也陞官其主觀而作事其客觀也一則爲利立一局興一廠藉此以揮霍國帑多一分事業即多一分來源昔日興辦電報招商等之故某大名臣。起家至千萬。盍亦一詢其來歷乎。得財其主觀而作事又其客觀也於二者之外。客亦有一二人發於眞心者。然而數亦僅矣。其大概則所謂爲民間作事者其目的實專爲己之名利夫既以名利爲主則事之果有實際與否固非所問是故絢爛矞皇其事業可以光史冊載碑銘而於地方上所及之精神仍與游亭驛館等也

夫官之於地方既視之爲客境矣。然此固曰彼官者。初非生長於是地者也、而試起而觀生長於是地之民。今世言心理學者多注重於民族心理而考吾中國民族之心理則全與未成人之心理相等夫以吾人幼穉時代之心理言之以爲萬事皆有父兄我不必出而過問而但當聽命而坐於其庇蔭之下中國民族之心理以爲國家之事自有官府主之何與於吾儕小民見其有利也則歌頌之猶小兒之親暱其父兄也兄其

有害也亦嘗起而哀求抵抗猶小兒之啼號倔強於父兄之前也（近時所爲諸事均未脫此限）而未嘗一變心計曰吾何爲長勞父兄吾曷起而自爲政乎并未嘗計較於父兄之爲子弟謀無不盡力故子弟可以安心而無事而政府之爲百姓謀則暴君汚吏時時間出以削奪吾民之利爲事其心術全未可恃終不如吾民之起而自謀否則其勢實處於不能不自爲謀而中國民族其心理上全未知有此凡文明國人所謂參預國政權監督政府鞭策官吏及地方自治之制均爲中國民族夢境之所未見是故官之視地方也以爲客而民則以爲地方之事固官府爲之自視其地方亦以爲客也

或曰。紳士爲政其可乎。曰烏乎可。夫自數年以來紳士之權漸長。凡地方新政上之事。或多有紳士與官府參爲之者。然其間固有實心任事之人。而大半其腐敗無異於官吏蓋官猶是紳紳猶是官本不能以一人之身謂一易地而心術懸殊其出而爲官爲豺虎處而爲紳亦蛇蝎也而較之官而其弊尤甚者則既欲牢固其根株又欲擴張其羽翼而相爭奪相傾軋各顧其一己之利害敗壞公事而不恤是則今後數年大可寒心之一局面也蓋彼固以其權利爲主觀而於其事固客觀也又曷怪於地方之事仍

與游亭驛館等也

夫一國必有主權而主權之所在不可不置於國人公共之處而人人視爲同有之一物如是則對於國事人人有一主觀之心理而後國事乃可得而爲矣

然而我國人之程度固未足以知此。於是一國之事官以爲客也。紳以爲客也。民亦以爲客也。而中國無主中國無主而後外人乃入而爲中國之主其原固由國人自放棄其主權始

君不君者爾汝而已矣（觀雲）

日本朝日日報載俄國莫斯科議會。致建議書於俄皇。要求召集國會。決定和戰。廢貴族政治。又使俄皇自認其責任。其語調激烈。非獨不用向例忠義愛國等之慣用字。幷對俄皇不稱爲陛下。直指爲爾汝云云。異哉以神自居之俄皇而俄人亦以神視其君者今乃輕賤至於若是

或曰。此西方之民情則然。若夫以東方之理言之。上下有定分。君雖不君。上也。爾汝之

稱其爲非禮也乎。曰嗚乎然是未讀東方之古書也。書湯誓曰。時日曷喪。予及汝皆亡。是即稱爲爾汝者非乎。又試徵之孟子。齊宣王問湯放桀武王伐紂之事。以爲臣弑其君可乎。孟子曰。聞誅一夫紂矣。未聞弑君也。夫紂固明明天子也孟子貶之爲一夫而爲之正其名曰是弑一夫非弑君也既已降爲一夫而許國人之殺之矣何稱爾汝之責之有。又曰。君之視臣如犬馬。則臣視君如國人。君之視臣如土芥。則臣視君如寇讎。夫曰國人則固可爾汝之矣曰寇讎則更甚於爾汝而并爾汝之不屑稱之矣書泰誓引古人之言曰。撫我則后。虐我則讎。后與讎聽民之自認又豈有一上下天然不可破除之界限乎左傳襄十四年。師曠侍晉侯。晉侯曰。衛人出其君不亦甚乎。對曰或者其君實甚。(中略)夫君。神之主也。民之望也。若困民之主。匱神乏祀。百姓絕望。社稷無主。將安用之。弗去何爲。(中略)天之愛民甚矣。豈其使一人肆於民上。以從其淫。而棄天地之性。必不然矣。師曠不以衛人之出其君爲甚而反以衛君爲甚從師曠之言則君不君出之可也又豈有一上下天然不可破除之界限乎是皆中國之古義也以上下爲有一定之分者始漢之黃生漢書儒林傳。載轅固與黃生爭論於上前。轅固以湯武爲受命而

君不君者爾汝而已矣

非弒。黃生曰冠雖敝必加於首履雖新必貫於足何者上下之分也今桀紂雖失道然君上也湯武雖聖臣下也非殺而何黃生之言蓋謟其君者以爲君之聞是言也必喜而予之則已說勝矣轅固深知其心術之所在乃有以破之曰必若云是高皇帝代秦即天子之位非耶於是上欲從轅固言則自危其位從黃生言則高祖之得天下爲不正乃兩罷之實則黃生之言非也夫黃生以冠履喻君臣不知冠之不可爲履履之不可爲冠者以其搆造異也將謂君之與臣其搆造亦異乎如是則必反人類於蜂如蜂之有蜂王有蜂丁其體質之搆造天然殊異而後可而人類固不如是則所謂上下一天然不可破除之界限固何在也是後世之言非古人之言古人則殺君出君且以爲可而況爾汝其君乎以爲東方無是理抑何其盲於學說之甚也

凡物必有對治無對治則其惡將無所不至然則君將以何者爲對治乎或曰天者對治君者也君於他無所畏而獨不能不畏天畏天而後君乃不敢爲惡雖然此古代之對治法非今日之對治法也當古代民智未開之時不能不認一冥冥中有一權力無限者以管束人心（宗敎亦由是義成立）東方之天命政治蓋由是起然而天果何物乎非所謂不可

得而知者乎以明明治人之事而委諸不可知之天究非人智進步時代之人之所能安心收其付於不可知之權而歸於可知者之手於是對治君之事不以天而以人蓋百姓一天也以一國之百姓監督其君鞭策其君故文明國人人握有一天之權即由人起而代天而爲天之事者人而不知有是權是無智之民也知有是權而不能得是無勇之民也（中國民智之程度於第一級尚未到達即尚不自知有此權者）不知無勇之民不可以爲人不可以立國而古今政治上之一大變遷史曰非君治民而民治君

嘗分人類進化之事爲兩大端。一征服自然（天地間所有之現象非人力所造者）如古畏雷電。今以電供舟車郵便之用。古多爲海所限。今則輪船周行海面。是征服自然之進化也一代天行事如古以天治君。今以民治君。是代天行事之進化也自人智漸開代天之思想亦漸生書曰。天工人其代之是最初發生代天之思想者也

帝王之大敵非他即學者若古今無學者則帝王之禍必過於洪水猛獸學者所負之責任甚多而治帝王亦爲其責任中之一大事大抵一學者出必掃平地球上若干之帝王有一盧騷而歐洲各國帝王之根柢皆爲動搖今且其風潮波及於全地球矣以

學者與帝王敵帝王之權不過能殺學者於一時學者之權能殺帝王於萬世雖以若何雷霆萬鈞之力一當以學者之理論而無不披靡學者帝王最後之審判也操帝王最後生死之命者也其威權以爲君可殺則可殺可出則可出至於區區爾汝之說之可否亦可以古代學者之言爲斷

哈密爾頓曰宇宙以何爲大曰人爲大人間以何爲大曰心爲大世間萬事皆心所造若夫以國家社會爲一有機體則學者即國家社會之心而能造成國家社會者也

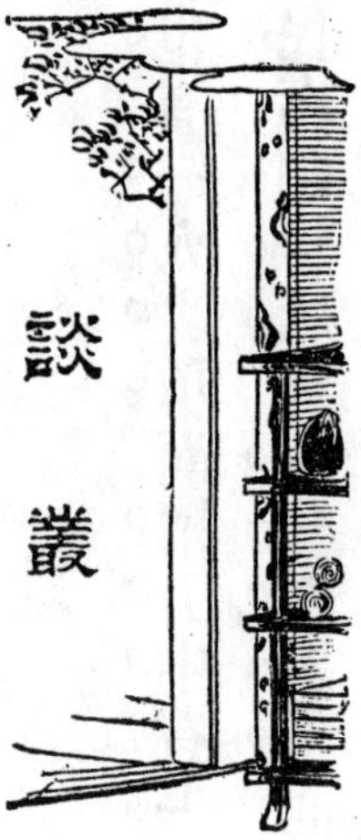

平說

夷白

平說者平平而無新奇之說也分爲內外二篇內篇言之涉於虛想者也外篇言之屬於實際者也固夫罄其一知半解之談或可爲千慮一得之助也嗚呼名山注述尚待他年擧世風波莫衷一是此其意惟可望之二三知我也甲辰孟夏晦日夷白生自序於遺園之書室

內篇

知仁勇所以造天下也公同通所以靜天下也

非知仁勇無以立天下之先非公同通無以盡天下之變

人惟立於高處。而後能見其遠者大者。水惟匯於總處。而後能納其散者分者。識惟造於極處而後能括其微者妙者。知者識之極也。淺則人世之是非利害。深則莊子佛氏之理想。以及歐美之哲學。皆可以知括之也。故知者一切理想之祖也。古聖人欲網羅後世一切之理想而特創無極之理想以統之。命其名曰知。

自物競天擇優勝劣敗之說出。而仁之義始窮。然而未也。蓋地之利也有涯。人之生也無涯。以無涯處有涯。漸積漸衆。漸衆漸滿。其不免於爭也必。而仁之義亦隨之而變焉。彼劣者且不能自仁。聖人烏能仁彼。必人而爲可仁之人。而後仁及之。否則非第勢不可。而理且亦不可也。世不足以徧仁。地不足以容仁。而人遂不得不擇仁。蓋至于今世。必有所不仁。而後仁始成矣。何者。以勢論。將仁于優者乎。亦仁于劣者乎。以理論。將仁于優者乎。亦仁于劣者乎。不待辨而知也。地不足人。則以生育之仁。仁之人不足地。則以競擇之仁。仁之於是而仁之義變。而仁之理全。而仁之體乃大。此固非講學家之小仁所得知也。

軍國民者。勇之基也。有一人之勇。而權力生。有一羣之勇。而平權生。有本族對外之勇。而強權生。以勇御民。專制勢成。是謂一人之勇。而勇始横。以勇遇勇。權力相配。而勇無所用是謂一羣之勇而勇乃平聚本族之羣勇以敵外各族亦聚其羣勇以相敵而強權之勢成以強權遇強權而強權亦無所用是謂世界之勇而勇始大于是世界盡化於勇矣而轉成無勇之世界無勇者非無勇也無不勇也而勇之義盡矣公同通之義。□氏已發明無遺蘊矣。然而未來之樂國。固無補于現今之苦域也。愚故無取于靜。天下之公同通。而深有望于造天下之知仁勇。

善讀書者能通其意。不善讀書者徒泥其迹。欲知聖人之意。固宜求之於經。然徒據經以求聖人。必不足以盡聖人也。形骸固所以爲人。然徒指形骸以爲人。必不足以盡其爲人也。六經之言。其作僞者十之二。雜亂者十之三。爲一時典制訓戒言者十之四五。其爲萬世言者不過十之一二。而儒者每據其一字一句而指曰。此聖人之道也法也理也義也。豈不厚誣哉。此舊學者之所以紛其塗。而新學者之所以隘其域也。皆不足以知聖人也。安得治經學而有得於經之外其人者。以與之商榷其義耶。噫、諸君之所讀者。皆古人之糟粕也。莊子不予欺矣。然愚爲此言。固已羣目之爲疑經非聖也。可慨已夫。

六經者權衡也。人者物也。權衡爲物用。非物爲權衡用。經爲人用。非人爲經用。物固不可不任權衡。必思所以任權衡。人固不可不治經。必思所以治經。心者經之鏡也。經者心之景也。以經爲心。以心爲經。陸象山云。六經皆我注脚。誠至言也。

人入世而爲人。凡一切經世之道。推之全世界。極之千萬年。皆可以孔子之道貫之。則愚所敢斷言也。孔子之道。有一定之理。而亦無一定之理。傳所謂仁者見爲仁。知者見爲知也。愚敢推而廣之曰。舊學者見爲舊。新學者見爲新也。凡世界之哲理實事。古者今者中者西者。已見者未來者。皆可以孔子之道括之也。蓋諸子之書。一再觀之。其義已盡。即深者而數數觀之。其義亦盡。愚不通西學。然觀譯書中各家學說之一二。亦覺爲易盡也。惟孔子之言。今日覺爲盡。明日又覺爲未盡也。彼意覺爲盡。此意仍覺爲未盡也。□氏論宗教。固所以尊孔子。非所以訾孔子。愚不敢非。然好舉孔子一時之言以相訾議。則過矣。古今賢哲論說。可議者實多。如孔子則姑置之可也。豈以孔子之言而有礙於新理哉。未免爲千慮之一失也。愚不敢摭拾孔子之言以坿于新學。願爲新學者靜觀之。締思之。以新學質之孔子。以孔子通于新學。有所會悟。必更有新於新學者矣。如以今日之事勢。昔日之所不見。爲孔子之所不及知。以此傲孔子。則千百年後。不可知者更多。亦必有以傲諸公之新學者矣。願新學者之少收其放。舊學者少解其拘也。愚爲此言。固新學者之所目爲古人之奴隸也。愚于古今人物。亦好妄生議論。于孔子則未知所言矣。噫、古人之奴隸不可爲也。公理之奴隸不可不爲也。固公理之所在。即不得不服從也。爲新學者不得不服從公理。即不得不謂爲公理之奴隸也。昔法皇路易第十四有朕即國家之語。爲世所詬詈。愚亦爲頑錮之言曰。孔子即公理也。

人惟立于世界外。而後能曠觀世界。而不爲世界所拘。莊子者創世界外之思想。立世界外之學說也。戰國學術思想。爲中學極盛。合而觀之。本極紛雜。分而觀之。各有精到處。惟入於各家中以求之。不過達於極處而止耳。立于諸家之外以觀之。則各家之說之長短可互見。各家之說之長短亦可各見。莊子者達人也。亦思想家也。其言洸洋自恣。淺者觀之。似無益於學術。然其立說。固爲吾人闢一新天地也。惟其思想出於諸子之外。故亦可以入於諸子之中。而不爲所拘也。蓋其自立者高。而其所見者盡也。或曰莊子虛想也。無益實學。愚則以爲虛之至。凡一切實學皆可以入之也。否則不流於泥。則底於偏。近日西儒哲學精詣各有獨到處。讀其說者固鮮不爲所駭。亦鮮不爲所奪。惜無莊子世界外之思想其人者以讀之。則西儒之哲學非吾之哲學也。果有莊子世界外之思想其人者以讀之。則西儒之哲學。無亦吾之哲學也。蓋入於西儒之哲學。而不出於西儒之哲學也。蓋有世界外之思想而後可以裹一世界之思想也。或曰莊子宗老子者也。然而莊子非老子也。莊子也。

君子以自彊不息。孔子之自修也。窮則變變則通。孔子之經世也。學而不厭。新學之新也。溫故而知新。舊學之新也。無可無不可。孔子之自知也。孔子聖之時。孟子之知孔子也。爲新學者。其以愚爲附益孔子之語。以求媚諸君耶。亦孔子之道有以生諸君之新學耶。蓋孔子之義理。當於精神上求之。不當於字句間求之也。某氏新學理想。已增極處。惜於孔子未免有微辭。亦思今日之理想。皆十餘年前讀孔子之書有以啓沃之也。否則西儒之新學。非□氏之新學也。且深乎孔學以求新學者。其新學必深。離乎孔學以求新學者。其新學必雜。精思有得。靜觀自悟。有不知其然而然者。並非奴隸性根之有以縛之也。□氏亦思其新學之深之故，果自何處生。而無有得魚忘筌之誚也。人必有高世之思想。而後富貴利達之謀，卑瑣局促之事。舉不足以攖其心。有斷然矣。惟其心既不爲塵俗所累。則天下之事，自無不可以洞達而無遺。此固非執一不化者之所得知。而亦非高談元妙者之所能假也。莊子者有高世思想之人也。愚愛莊子。慕莊子。愛其有鯤鵬萬里之概。非愛其有萍水一世之懷。慕其有陶鑄堯舜之風。非慕其有渾沌人民之識也。讀經則理明。讀史則事達。讀諸子百家之說。則學博。讀西儒各家之說。則義通。讀莊子則志高世之欲。讀盡各書者無不可以讀莊子矣。固有莊子之思想。則經史中西各家之說。所以供吾驅而給吾使也。無莊子之思想。則經史中西各家之說。卽所以縛吾才而困吾慮也。豈不然哉。豈不信哉。愚少不肖。然稍有知識。皆因讀書之力。而所以能讀書者。無非讀莊子之力也。愚非敢爲異論。而實心有所得於此也。每當深山獨立。明月初生。流水閒觀。白雲來往。而愚莊子之思想生矣。凡吾所讀之書。所得之理。無不畢集于前。以奉吾指揮。聽吾判斷。而塵鞿俗累。一例俱空。豈非孤士窮處之一豪舉哉。固凡人而有出而經世入而治身之志者。皆不可無高世之思想。而使之至于自卑自拘自困自小也。使果至于自卑自拘自困自小者。吾願以莊子之思想醫之也。噫古今豪傑之士。曾見其志量而有不超絕凡民者哉。或以爲魏晉之士。學宗莊老。清談之禍。流毒天下。子言無亦近此也。然愚謂宜有莊子之思想以治心。非謂推莊子之思想以經世也。謂宜有高世之思想。非謂宜有元虛之思想也。魏晉以元虛化天下。固未有不敗壞天下也。且當世之士。一則曰老莊。再則曰老莊。所謂莊子者莊子之老子也。非莊子之莊子也。

曰好學。曰力行。曰知恥。知仁勇之始基也。曰不惑。曰不憂。曰不懼。知仁勇之定品也。故知仁勇者。孔子之所以囊括天下萬世也。

凡人士有矯激之行。大抵皆出於僞者也。卑瑣者固可厭。假清高者亦可厭。貪濁者固可惡。市廉潔者亦可惡。何者。蔽廬一椽。薄田百畝。龐德公隱處之風也。桑八百株。田十五頃。諸葛武侯顯達之節也。蓋窮必家足自給。而後素履貞。達必家有餘饒。而後操守定。否則未有不隣于卑瑣貪濁。而特以掩飾爲術。不使人知爲計也。愚忝坿士林。見有一二君子。外觀亦自瀟灑。不屑屑于錢財。其襟懷若別有在者。而慳吝之意。時流露于不自覺、噫、吾輩固寒素、能知人事艱難。我行我素、亦用世之一佳思想。但期不至于卑瑣貪濁斯可耳。至于家計日用、分宜自盡。又何足諱。而必爲此進退兩難之意態于其間也哉。然愚言亦非爲卑瑣貪濁者解也。彼更何足道。惟深望夫慕清高愛廉潔者去其假之市之之態而進于任之性之之行也。百錢爲君平一日之用、不必借慷慨以自豪。困米爲子敬一歲之餘、亦不必有顧惜而自小。幾見有自污之豪傑與作僞之英俊也哉。噫、古來素風高節、代不乏人。雖未免流于偏僻、而能以眞誠出之、固自可敬。而今則渺不可見矣。即所謂假之市之者、亦不可多得。而愚反不得不變其厭之惡之之心、而爲愛之慕之之心也。噫、愚之所以厭之惡之者、正惟望其後之幾于可愛可慕也。其勿疑愚之相刻、而忘愚之相勉也。

智非智。不自智其智者爲智。徒不自智者亦非智。必能用其智者爲智。必能用其不智者爲智。噫、中國今處極弱之世、何其多智也。蓋西學有所謂智育者。以智教人。于是少年才士。羣起而趨之于智。其所謂智者、勿爲人愚也。勿爲人欺也。勿自失其利。而使人利之也。于是智與智鬥于羣智之中。而各競其智焉。甚至家庭友朋。無所往而不爲智是使而所謂眞性情眞道德無不爲智芟除之驅逐之而使至于盡也豈不悲哉。固凡近今人士之所謂智者皆其所宜愚者也惟能愚其小智而後眞智出而大智存是故諸葛輔政不容鱗甲之臣漆園隱居久謝桔槔之友雲山本深無有不見江海不測無有不容近今之智者其靜觀之締思之亦可以自反矣。雖然、世固有以權數而濟世變者願有志經世者其勿小用之也。小智不及大智。古人已先我言之矣。

忠以謀國。孝以事親。節以勵己。義以經世。此中國之四大防也。忠移於事君則忠偏。孝拘於養親則孝隘。立節以矜人則節飾。行義以賈名則義偸。固昔之所以立一世之防今則移爲罔一世之具也。噫、史傳記載。其所謂忠義孝義隱逸獨行列傳者。至不可勝數。豈果盡足矜尚者耶。是以忠君而不能大其忠。孝親而不能廣其孝。此□氏之所以有忠君忠國之分。而莊子所以過孝不及孝之辨也。節峻則好爲其難。義高則每傷于激。此欺世者之所以有不可言之恥。矯世者之所以無不忍爲之事也。不然、則諸葛祁山之泣。梁公白雲之想。淵明隱居之風。子房復讎之舉。皆愚之所深慕也。豈敢妄爲議論哉。苟舍其大而營其細。務其名而喪其眞。則必嵇紹郭巨鄧攸聶政之爲。而爲忠孝節義之玷也。

士君子以事父母爲孝。凡父母之心。必有望其子於奉養之外者。而彼則奉養之外。舉無足以應父母之望。且適足以傷父母之心也。婦人以事一夫爲節。士大夫之家。遂以再嫁爲恥。而其最可恥者。即生於恥再嫁之中也。故孝者節者中國最敬最重之大防。而即中國最有名無實之名目也。

孔子言知仁勇。孟子則言仁義。其意旨似未及孔子之周括。然戰國時學術政治。固亦具知勇之一分也。所最可憂者。特好殺嗜利。有以汨生民之本性。孟子故言仁義以救之矣。

具經世之才畧者。屬之言乎。亦屬之行乎。則曰兼言行而兩屬者也。以言經世乎。以行經世乎。則曰兩用之而次其先後也。先以言啓其可爲之時。後以行趨其可爲之勢也。蓋言者經世之議論也。行者經世之實迹也。言者雖未必能行。而可補行之所不及也。且行者即行其言也。古今豪傑。其謀畧施設。大抵皆借之于人。而特具一能行之資格。也故言爲行之景。行爲言之質。二者可相輔而成者也。豈可輕重哉。而世之相詆者。動曰經世事業。固不屬之汝輩口說者也。然特患夫大言欺世耳。虛言無實耳。否則未有不以言爲先導也。言者盡其義以待行之人。行者勤其職以收言之効。未有不兩益而俱收者也。近今歐美政治家之定旨。皆創自哲學者也。其所以克臻極盛。則言行合一。而靡所輕重也。固言者必因行者以就其功。行者必待言者以奏其績。有經世之志者。其亦審時度勢。而或言之。或行之。無有所阻。無有所惑。彼悠悠者之譏議。亦何足算也。或曰子亦好言者也。曰然。愚惟慮夫言之未可行也。使其或有一二足採。則固願世俗之以好言見誚也。

知慧生於極困之境。孟子所謂人之有德慧術知者。恒存乎疢疾是也。才識練於極難之事。虞詡所謂不遇槃根錯節。無以別利器是也。

人不可有一偏之見。有一偏之見存。則必於一偏之中。而大有所失也。此孔子之所以貴中庸也。人亦不可無一偏之見。無一偏之見存。則必於無偏之中。而好爲其僞也。此孔子所以惡鄉愿也。

中學主合。西學主分。中學主同。西學主異。惟其分之之至。自有合之者存。惟其異之之極。自有同之者出。蓋意以辨而愈明。義以推而愈盡。此主合主同之公理。終不敵主分而歸於合。主異而歸於同。之公理之通之達也。

邊沁氏利樂之學說。楊氏爲我之意旨。唯心唯物之哲理。仁內義外之思想。皆中西學理之有合者也。惜先哲舊說。無能推闡。此二千餘年至今而猶泯泯也。管子云。智乎智乎。投之海外無自奪。噫、今返不得不自海外求之矣。

考注之學。近於唯物。特考察其死物。而未研究其生物也。性理之學。近於唯心。第收束其心。而未能推擴其心也。噫、中國考注性理之才。即西國唯物唯心哲學之才也。惟誤用之矣。

中西學說之不同。亦發達與未發達之別也。然欲中國舊學之發達。反不得不借助於西學。西學之所以啓沃我中國者。今始萌芽焉。而中國之士民。抱其舊日之死說以敵之。而不勝。幾疑舊學之不可復存。然而未也。蓋舊學之錮於世也久矣。苟無新學以通之。則其義日益晦。故新學者。所以起舊學之痼疾。而生舊學之精神也。非謂新學之盡爲完善。而舊學之盡堪棄遺也。噫、派雖各別。理自相通。西梭東孔。陶鑄須入智海。思淵疏通有日勿謂我中國學說之終不及彼也。

有厭世思想有空世思想有忘世思想。皆經世思想之反動思想也。彼見夫世事無一不可痛可恨而不願有一我以與其間。必自戕其我而後已。此其意極可憐也。是謂極苦之思想。進而深之。則以汙濁之世安能浼我。世自世。我自我。彼於世則不屑屑也。而猶有我之見存。是謂極高之思想。更進而深之。則以世不可爲也。世不足論也。即有特別之我。亦無益於世。固不必尊我於世而直欲渾我於世也。惟自忘其我而後能忘世。是謂極盡極妙之思想。總之此類思想。皆不可爲之世之孕之也。皆不得意於世之人之造之也。噫、以不得意之人。遇不可爲之世。相摩相盪。遂竟有無敵之佳思想以相解。也豈不異哉。故曰皆經世思想之反動思想也。

閱世不深。不知交際之險阻。觀古不察。不知建設之艱難。

知難者事之君。畏難者事之賊。達變者治之紐。好變者亂之根。

理生於靜。不靜則慮不周。事成於密。不密則機不應。

士有經世之畧。其顯者大者不論。必有最微者以司其間。蓋不可以語人。而獨有所得者也。固凡進退取舍之機。緩急廢置之度。其權皆職於最微者爲。是故最微者所以操縱天下。維持世界也。上下千載。自有權衡。鑑覽半生。止憑方寸。此固非高談時務競爭哲學者之所能襲取也。

禮義之原始。必得夫無禮義之禮義。禮義之究竟。必歸於無禮義無非禮義之禮義。仁義桎梏。必且壞之以解其拘羈。禮法贅疣。必且削之以除其懸附。此世界之所以漸趨於公同通也。

談詩論書圍棋品畫。皆吾人之韻事也。然寄之爲業。則不可。借之自娛。則未始不可。詩以咏懷。書以習靜。棋則思妙。畫則意深。蓋人日營營於塵氛之中。而不能宅心於清淨之域。則必心日亂而志日頹。循至溺於濁世而不可拔。豈不惜哉。固移情養性之具。斷無妨進德修業之功也。愚於是數者。惟詩稍知一二。是故意思清遠者。必高逸之士。語句超拔者。必雄俊之才。即辭旨溫柔敦厚者。亦不失爲儒人學士也。至於所以啓吾志意。沃吾思想者。更不一而足也。信夫可以觀人可以樂己之莫詩若矣。噫、渺渺予懷。獨深寄托。悠悠塵世。誰與逍遙。此固非近今名士爭奇鬥巧於五七字句間者之所能道

其彷彿也。（未完）

美人手

紅葉閣鳳仙女史譯述

第三十回　鬧酒樓條脫歸烏有　托醫士會館訴因由

却說那人喝叫開門。把門搥得要裂。美人一聽。陡然嚇得面如土色。渾身發抖說道。不好了。同我聽戲的那人來了。他怎知道我們在這裡。如今被他找着怎麼好呢。說着急跑起來萬分張皇。要想找縫兒鑽着避。瑪琪拖亞被他一嚇。也亦受驚不少。惟事到其間不能不硬着腰子。遂挺身上前。正待喝問。霎時那門已打開了。只見那人氣憤憤撲進來。正正是適纔去了。鬥牌那個鬍臉漢。瑪琪拖亞挺着胸脯。翼着那美人。擋住問道你那厮狠大的胆子。人家佔着的座。何故亂闖進來。要想怎樣。那鬍臉漢道。我要找一個女人。隨向那美人喝道。你爲甚麼跟着野漢私逃到這裡來。瑪琪拖亞接口道。有甚麼憑據這女子是你的。你要同我作對狠容易。你認得我嗎。隨向袋裡拿出個名片來道有話明天同你說我把名片給你明天只管來找我看官。你道這是甚的意思呢。原來歐洲的風俗。凡有兩家不平之事。彼此約定日期。各找朋友做見證。立下生死狀。到期各持鎗劍。當場互相轟擊。拚個死活。失手丟命。各不反悔。謂之決鬥。瑪琪拖亞把名片遞給鬍臉漢。就是約他決鬥的意思。是時鬍臉漢。一把接着名片說道。使得。明天找齊見證人。我來領教。你只管留神候着。此刻光把名片給我。不答應快把那女人還我說着。便要向美人攫來。是時那美人躲在瑪琪拖亞背後。見勢頭來的不像。一翻身便奪門奔出去。麻鷹兒似的撲到梯口。連滾帶跌的跑了下樓。那鬍臉漢一見。撇了瑪琪拖亞喝道。你往那裡跑。跟蹤追着跨下樓來。此時廳上只剩得瑪琪拖亞一人。好像木鷄一樣。少頃回過神來。急跑到窗前探頭一望。見那鬍臉漢已把美人捉住。押上一乘馬車。飛也似的揚鞭去了。瑪琪拖亞癡癡的望着。發了一回獃。掉轉頭來。自沈吟道。一場美遇。竟落得個空。可恨可恨。沒情沒緒。正待回去。忽憶起那隻手釧不曾收拾。急跑到桌上一看。已不知落到爪哇國裡去。連蹤跡也不見點影兒。瑪琪拖亞愕然道。哎喲。那手釧呀。竟被美人帶去了哦！是了。他拿着左看右看。一定那惡漢來時。他一時心忙意亂忘却除下竟帶着手上去了呢沒要緊沒要緊他又不是別人既有心屬意於我待我明日與那廝決鬥之時好歹不留點情把他除却那美人一定感激我那時候還怕弄不得他到手人且到手何況此區區之物就是他不願還我既是自家人與自已帶着何異諒他亦沒有不肯還我的道理的默自點頭安慰本來瑪琪拖亞。一向極疑心這個美人。如今受他灌了一頓甘言竟被他絆住心情已墮在圈套裡還自安心樂意一點不疑起來俗語說得好。英雄難過美人關從古及今這個關頭也不知困盡幾多豪傑敗盡幾多國家如瑪琪拖亞等流也算不得甚麼了然而事無兩立那邊敗就是這邊成古來成大事業建大功勞巾幗的人才倒比男子容易怎麼解呢因爲女子在世間做事不大招人所忌且色情兩字對於社會上最爲利用之特質試推勘中外的史事巾幗英雄所成就的成數實比男子高了許多無奈女界中人才薄弱識見卑鄙沒有幾個能懷抱法國的羅蘭夫人美國的扶蘭女史的志氣白白辜負了這種天生利用的美質我們做書人實實不能不爲這一輩子同胞可惜如今閒話少敘。且說瑪琪拖亞。既自家安慰了自家一番。還默自盤算着道。我已約了那廝明日決鬥。須得預先找定一兩個見證人。方不至臨時吃虧。但一時找那個好呢。再又想道。在此站着也無用。不如且到俱樂部去。諒俱樂部的館友。此時還不曾散。且先找着烏拉醫生。同他商量商量。再作道理。想罷。會了賬。下了樓。坐了一乘街車。直向俱樂部而來。到了門前。卸了車。跑進俱樂部來。逐間廳堂張張。張到彈子房。恰好烏拉醫生。正把彈子打完。剛要回去的光景。瑪琪拖亞搶上前。隨意見了見禮。一把拉住。跑過對間客廳上。細細把事情敘述出來。求他做個決鬥時的見證。烏拉醫生。是個有經歷的人。聽了此言。不禁呵呵笑道。老兄你眞眞是個率直人。他既是個外國人。到這裡來。無非總爲尋歡取樂而起。那裡有這閒氣。同你鬧這些煩惱。離家千里。輕易捐生。你說有這麼蠢的人麼。你放心。我諒他不特明日不來。就是後日大後日。一月半月。他也未必來。若果他來。我就同你做個見證人就是了。瑪琪拖亞道。那麼我就一意靠着你。你可算答應我了。他不來便罷。他若來。我便找你。如今且把這事丟過。我再問你。今夜你可有見着丸田夫人嗎。烏拉醫生道。我正從他那裡過來。還沒多時候。夫人今天同你到過趠冰湖。回來面色很不好。我就恐怕他又是潮熱的影兆。不料到了晚間。果然上了一百零六度的熱。燒得人也迷懵起來。看這光景。只怕担擱兩三禮拜。還不得痊愈呢。瑪琪拖亞道。今日夫人。約我明天到他府上相訪。照此看來。只怕去也不得會面呢。烏拉醫生道。我已囑過他要靜養。不可會客勞神。又吩咐過他府中人。凡有來客。不要通傳進去。你且寧耐候着幾天。他好了些。我自然曉得通知你。今夜我還要到夫人那邊聽聽脉息。我也不陪你了。明天會罷。說着擧了擧手。便匆匆出去。拿了帽子。一直去了。向來瑪琪拖亞。到了俱樂部。興興頭頭。不是鬥牌。便是打彈子。如今爲着心中有事。也無心再弄這個鬱悶悶的。跟着便也回家不題。要知下文如何。再聽後回分解。

第三十一回　訪鄰居狂生悔失策　陸株主會計占東牀

却說次日瑪琪拖亞。沒精打彩的坐在家裡老等。心裡不住的盤算。無非思量着用甚麼劍法來對付他。又想到倘或僥倖取勝。將來這個美人到手。何等滿足。不覺心裡高興起來。又轉想到那鬍臉漢究竟不曾見過他手段。看他模樣似乎總有點來歷。萬一贏不過他。不特這條老命就從今日結算。連自已一生的身名也白遭在他手上了。不覺又像一盤冷水澆背心裡上的水吊子。不住的七上八落。瞧着那時辰鐘兒看看午牌已過。又看看移西日影。已漸入青蒙影界。不料渺然絕無消息。竟自被烏拉醫生猜着的模樣了。瑪琪拖亞心仍未釋。欲待到上布街打聽個明白。其時已經入夜。不得已候至次日一早。便僱了一輛馬車。跑到上布街來。發付了馬車。自己跑到前日訪澤瀨娘那家門前。把叫鈴按着。向內傳呼。幷不見人答應。側耳聽着。又幷不聞一點蹤影。心裡疑惑道。莫非那鬼判官此時還沒回家麼。不得已轉向前日給過一塊洋錢那間小客店裡。找着他的主人。查探消息。那主人道。這鬍臉漢已前後三日沒回來了。鄰右的人家。見他行蹤詭祕。恐妨弄出甚麼違禁的事物。擔不起干連。因此把他行爲報了警察。警署立即派人到他屋裡。把鎖頭扭開。進內搜查一過。見他幷無甚麼疑實形迹。確是出外的光景。惟有一事。甚是詫異。廚房裡便異常干淨。好像沒有舉過火的。一般屋內雖有許多用過的酒樽。但幷不見有甚麼食用的物品。難到燒酒米做的話果眞是一味飲酒。便能彀養得生命麼。抑或是東家食西家宿。幷不在一處的麼。祇有這一段事可疑。現時據警察所說。要等候原人歸來。查問過方得明白。這正正是前日的事呢。瑪琪拖亞見說。這點疑心早已明白一半。再又問道。他租屋時。應該有保証人。然則初時。是甚麼人引荐他租的呢。兼且他所立租字。總應該有姓名。他是姓甚麼名甚麼的呢。店主人道。他名字叫做牛田。是眞是假。那就沒能彀知到了。這個名字。是他一年前來此賃屋所署租摺的名字。他的來頭。并沒有人引荐。因爲他願意一次交納三年的租金。業主見他不怕欠租。所以就租了他住。此外別個原故。我就不知到了。瑪琪拖亞此時。纔像在夢中醒轉來。想道。我一向本來信不過這個澤瀨美人的行徑。原來果不出所料。但千不該萬不該我前晚遇着他。竟上了他的釣子。上了釣子倒還罷了。不應該墮人圈套。還自安心不知醒悟。原來這個美人共那惡漢。乃是通同一氣。特地來串騙那隻手釧的哪。雖然是那手釧如今被他騙去了。究竟我心裡還未釋。若說這手釧就是他的他分明兩隻手還在那斷然與入銀行做賊的又另是一個人無疑然則他顯然不是個釧主一定是受釧主所托來代他出手的了。此事越想越眞。諒他此時物已到手。必定同那個惡漢甚麼牛田狗田。跑向外國躲避了。不覺歎口氣道。咳、白費了一番心神。一時顛倒。竟把這件緊要東西。化作電光石火。眞眞不值。如今悔也遲了。我并不是愛惜這件東西。可恨失了此物。仍未查出原主。自己的手段。竟自輸過了那輩賊婆子。越想越覺不忿。垂頭喪氣的。糊亂舉了舉手。辭過店主人。循着大路。一直歸到寓所。因爲心裡煩悶。便思量設法找一件事來解解悶兒。瑪琪拖亞此人。平日幷沒有別件事。當心除了打探那美人手的事情。此外就祇有婦人交際一事。婦人之中。最上心的。除了氷上美人之外。惟有一個丸田伯爵夫人。如今他已領了那氷上美人的盛惠。祇剩有一個伯爵夫人。還是他記念着的。自從那天到過爵府。見過之後。再沒有機會親近。當日夫人雖囑他無事可常來府中談敘。但屢被烏拉醫生所阻。說夫人有病未癒。不宜驚擾。他心裡雖渴念。究竟不敢違拗醫生之命。惟有不時繞到烏拉醫生處。查問夫人的病體如何。如今打算又再去烏拉醫生處走一遭。此事暫且按過不題。再說圖理舍銀行。自從美治阿士去後。行內一切職務。大爲變更。近且幷美治阿士的行蹤消息也斷絶有一個多月了。行中人等也漸漸把美治阿士丟過腦後了。就是最鍾情的霞那。心裡上雖未必忘却。但自布倫公園失約。總帶着幾分惱怨。疑他懷了異志。又被瑪琪拖亞誡飭一頓。從此忍痛在心。絶口不題。圖理舍譽見他覺有轉機。自是歡喜。計算這兒女債。宜從速了却心願。又默計伊古那既爲我家嬌壻。須得把他檯高地位。不特將來可放心把事權交托。就於我的面子上也好看些。因此特地把自己名下的股份。撥讓了些與他。從此伊古那便爲銀行的資本家。又許令穿房入戶居然是至親一家。再說霞那小姐。配了這頭親事。雖然不是滿意的婚姻。然伊古那并非十分可厭的人物。也就祇得委曲順命。伊古那的幸運。已是千穩萬穩。祇不過聽候吉期而已。

話分兩頭。如今却說助摩祖那個小廝。自從那夜在墻上跌下來。把腦盖碰破。昏迷不省人事。後來被巡查的看見。救護起來。送回他家。他的婆婆。請了烏拉醫生。用盡方法。把他救了還陽。看看調治已有一個多月。初時昏昏沈沈。掛着一絲的氣。好容易纔向鬼門關替他奪回生命。如今稍稍能彀動彈。傷口也漸次可望痊癒。但有一件。自從那一跌。把神經的靈氣都丟掉了。大凡一個人的記憶力及感覺力。全在這兩個大小腦的功用。若腦髓傷壞了。就是甚麼極聰明的人物。立刻可以變成一個極鈍根的廢人。助摩祖因受了此病。所以傷口雖然平復。這點靈氣也就沒有了。要知後事何如。再聽下回分解。

飲冰室詩話

飲冰

頃在黃由甫扇頭見公度先生遺作日本四君詠四絕。蓋二十年前參輅時作也。草莽臣正芝。望闕輒哭謁。眼枯淚未枯。無數杜鵑血。（高山彥九郎）拍枕海潮來。勿再閉關眠。日本橋頭水。直接龍動天。（林子平）只一衣帶水。便隔十重霧。能知四國爲。獨君識時務。（佐久間啓）丈夫四方志。胡乃死檻車。倘遂七生願。祝君生支那。（吉田矩方）按四君皆日本維新前主動人物。高山彥九郎即高山正芝。每語君國。輒哭。卒以哭動全國。林子平佐久間啓。皆首唱開港論之人。啓即象山。吉田松陰之師也。屢欲航海覘人國。不能達其志。吉田矩方即松陰。日本維新後人物。皆其所造出者也。公度於二十年前。歌頌四君。其志可知矣。由甫名遵庚。公度介弟。今留學東京。

潘蘭史在山泉詩話。錄公度先生自撰聯語三則。其一云。『藥是當歸花宜旋復蟲還無恙鳥莫奈何』其二云。『萬象函歸方丈室四圍環列自家山』皆蘭史所書。置人境廬中云。又先生製一艇方成。顏曰安樂行窩。并題聯云。『尙欲乘長風破萬里浪不妨處南海弄明月珠』盖先生絕筆云。又余昔在湘。初交佛塵。佛塵贈以菊花研。壯飛爲之銘。建霞斲焉。銘曰。『空花了無眞實相用造莿偈起衆信任公之研佛塵贈兩君石交我作證』余寶此研甚。至戊戌之變。隨行篋羣籍同散佚。每念輒耿耿。壬寅冬。公度先生忽以書來。曰、吾已爲君作藺相如矣。且加滕一銘。銘曰。『殺汝亡璧況此片石銜石補天後死之責還君明珠爲汝淚滴石到磨穿花終得實』且以新銘搨本先寄。余狂喜幾忘寢餐。及研至。則一端研。先生所補贈者也。當時頗失望。今則此研亦一瓌寶矣。自是人間有兩菊花研

楊少姬女士。莊 哲子之弟也。哲子嘗與吾論當代詩家。言其學力不在黃公度之下。吾頗疑其豐於昵。頃女士東來游學。以哲子介紹。幸得一見。哲子出其近作二詩。風力在曹陸左阮之間。洵一鉅子也。得作者許可。以入詩話。微雨生新涼。孟夏如深秋。鳴蜩歛

夕音。熠燿迎風流。羣居情不孤。心迴境自幽。宵空起淸吹。離思方悠悠。豈伊川塗敻。念此躔運遒。頻年嬰憂瘵。憔悴忝嘉猷。翩然冀遐征。投袂涉長流。眞契始爾萌。外物迫相尤。洪川無蘋藻。何以別沈浮。高岑盡芬馨。何以別薰蕕。微生信有區。人理諒難侔。既瞽素絲泣。鮮復歧路憂。吾生自有涯。慷慨惜年徂。慕茲狙公術。慨彼漆室嘐。先民有遺規。道在復何求。右上海旅舍作 平生嬰憂患。意趣常蕭寥。偶有乘桴志。遂與江漢遼。汎茲滄溟闊。頓覺天昊高。淸霄靜娟娟。洪流駭滔滔。偃仰馭長風。浩蕩神襟超。信懷宗生願。詎有安期招。徘徊膽殊庭。悵恨悲逝濤。憑虛俯瀛寰。顧盼思鬱陶。進德智既薄。幽居夙匪要。仰高常更庳。冀長仍自消。撫已諒無極。慨世復憯忉。迍邅安可振。霾霧孰能昭。鷹隼自翼翼。鸞鳳徒翛翛。倚嘯竟何補。恤緯誠空謠。理感信無怡。慷慨寄長飈。右渡海作

十年前以狄平子之介紹。得交桂伯華。心儀其人。嗣聞其隱於金陵。就楊仁山居士學佛。不婚不宦。醰然有得。心益嚮往之。今春平子以書來。言伯華東渡。學梵文以弘法自任。亟思走謁。苦不知其所居地。客有自署公耐者。忽以伯華近作詩詞見寄。以綺語說

法感均頑豔。維摩詰耶。天女耶。文殊師利耶。舍利弗耶。吾烏從測之。惟喜誦不克割舍耳。乃錄入詩話。江城子一闋云。落盡紅英萬點愁扳綠樹千條雲英消息隔藍橋袖間今古淚心上往來潮　懊惱尋芳期誤。更番懷遠詩敲。靈風夢雨自朝朝酒醒春色暮歌罷客魂銷」菩薩蠻一闋云。才華已爲情消損那堪又被多情困珠玉女兒喉。新詞懶入眸。　清愁銷不得夢入蓮花國方信斷腸癡斷腸天不知」　月斜迷夢春城隔隔城春夢迷斜月寒燭畫樓殘殘樓畫燭寒　許時同密語語密同時許才盡費疑猜猜疑費盡才」和友人詩云。菩薩畏因衆生果果成方熟豈容僭越王自是愁嘗糞劉敬何曾願納繒空假中觀心內佛去來今叩定中僧迷將俗諦爲眞諦悟即三乘是一乘」病眼空花幻若眞。可憐攀戀苦勞神曠觀歐亞毗連處孰是羲皇以上人淚海屍林隨處舊心花意蕊逐時新聊將器界拋除去去向蓮邦消好春

公耐吾不識。但爲伯華摯友。其人可想矣。以自作數章見寄。意想風格俱超遠並錄之。冀結來日因緣。懷九銘四章云。漂流苦海北南東。獰惡風波處處同。人涉惟卬須我友不教心似舵隨風」文明界內應無我。黑闇鄉中幸有君。我自偸閒君自苦風吹雨打任

紛紛」無窮心事復無聊一樣憐君暮又朝醉後顛狂醒後淚天涯何處不魂銷」諸公袞袞盍斯集舉國昏昏魚貫眠無女高邱勞反顧知君徒喚奈何天」發心學佛四章云。殘葉風飄西復東風乘葉耶葉乘風此心流轉如殘葉欲覓菩提叩定中」無端事事爲乾忙。憔悴塵寰孰聖狂。不悟爾身非爾有遂窮人智護皮囊」利鎖名韁纔解脫。情魔病鬼又交侵。何時撒手人間事。石火光中保此心。」聲聲口口說參禪話到修行盡枉然窠臼深時藤葛盛重重愛網轉相纏

公耐復寄自傷一首。及伯華次韻一首。皆名作也。錄之。飽嘗世味知甘苦。苦海隨流誰謂甘。入世獨憐身孑孑懸河空笑口喃喃驀頭風雨驚人慣滿眼枯榮細意參久夢西歸遊物外醒留天北與天南（右原作）」俗情氷炭原知苦。禪悅珍羞殊自甘。閒共海鷗浮浩蕩或和梁燕語呢喃善根阿越基難到消息闍浮提易參早叩中峯辨行迹牛頭自北馬頭南（右次韻）

文苑

世界各地發明家年表

咀雪

發見年代	人名	生地	發見地方
紀元前千年	不詳	腓西尼亞	甘哇耳、英克倫
同五百年	喜米耳可	加塞基	愛耳蘭
同五百年	不詳	腓西尼亞	波斯及印度
同三百三十年	喜基司	希臘	諾威海岸
同二百五十年	不詳	帕西亞	支那
紀元百五十年	不詳	埃及	製克洛地亞士、妥里米地圖
同八百六十年	烏耳夫士丹、及亞札	………	繞歐洲之諸士岬
同八百六十一年	同	……、	由花洛哀島至氷州
同八百九十年	甘比溫	諾威	格林蘭

同千年	李輔	氷州	拉布拉達、新芬蘭、洛巴士可士西亞
同自千二百七十一年至千二百九十五年	馬可波羅	威耳士	中亞西亞、蒙古、日本及後印度
同千二百九十年	不詳	塞洛亞	加拉利島及亞札耳士島
同千四百四十二年	盧洛、妥利司達	葡萄牙	克布、巴德等
同千四百七十一年	披德羅、德哀司可巴	同	初經過赤道
同千四百八十四年	地戈、加摩	同	孔戈河口
同千四百八十六年	巴索米、基亞	同	繞喜望峯
同千四百八十六年	披特地、可比哈摩	同	南非洲之索夫亞拉海岸
同自千四百九十二年至千四百九十八年	哥崙布	塞洛亞	西印度諸島及妥利尼達德島
同千四百九十七年	巴士可地、加馬	葡萄牙	經喜望峯至印度航路等
同千四百九十七年	基斑尼、加布特	安克羅烏尼士	再發見新芬蘭
同千四百九十九年	亞米利戈、比士甫西	佛羅林司	南美洲委內瑞拉
同千五百十三年	拉內芝、巴耳波	西班牙	經巴拿馬發見太平洋
同千五百十七年	塞巴士特、加波特	英吉利	哈德孫海峽
同千五百二十一年	馬志崙	西班牙	由馬志崙海峽横過太平洋至比律賓而死其船比苦妥利亞號經印度而返國是爲世界一週之始

同千五百十九年 三十四年	戈帖士	同	加利福尼亞半島及墨西哥
同千五百二十四年	披札亞洛	同	秘魯
同千五百三十四年	甲烏士、加基亞	法蘭西	聖羅林士灣
同千五百五十三年	沙哀基、委洛比	英吉利	洛哇亞、塞摩利亞
同千五百七十六年	弗洛比西亞	同	拉布拉達及巴芬蘭
同自千五百七十七年至千五百七十九年	沙、哀夫、德里克	同	第二世界一週
同千五百九十六年	達夫留、巴林司	和蘭	司帕芝比根
同千六百十年	哀基、哈德孫	同	哈德孫灣
同千六百十四年	司可典	同	克布、豐
同千六百十六年	達克、哈妥格	同	澳洲西海岸
同千六百四十二年	亞比耳、達士曼	同	達司馬尼亞及新西蘭等
同千六百四十八年	帖塞內布	俄羅斯	柏林海峽
同自千七百二十八年至千七百四十一年	委達士、柏林克	同	柏林海峽及亞拉斯加等
同自千七百六十八年至千七百七十九年	其亞布典、苦克	英吉利	澳洲東海岸、妥里士海峽、南氷洋
同千七百七十年	塞摩、士布耳士	蘇格蘭	比留、那耳水源

同千七百八十五年	拉、比洛士	法蘭西	日本及薩哈連島等
同千七百九十一年	斑苦巴	英吉利	溫古哇島等
同千七百六十六年	曼戈、帖克	蘇格蘭	那甲
同千八百十九年	沙、伊、比利	英吉利	比利群島
同千八百二十三年	丁及克拉帖妥	……	甲德湖
同千八百四十一年	沙、塞摩士、洛司	……	維多利亞
同自千八百四十一年至千八百七十三年	李賓格士登	蘇格蘭	中央南亞非利加
同自千八百四十九年至千八百五十五年	哀基、巴士德	意志	蘇丹及撒哈拉
同千八百五十年	沙、亞耳、摩克洛耳	……	西北航路通過
同千八百五十八年	巴登	蘇格蘭	丹甘伊加
同千八百五十八年	司比克	英吉利	維多利亞、尼央札
同千八百六十二年	哀摩地、司達特	蘇格蘭	橫過澳洲
同千八百七十二年	哇布里克妥	澳地利	佛蘭西士、基塞夫、蘭特
同自千八百七十六年至同千八百九十年	司丹里	美利堅	孔戈河流域及羅溫索里山脈
同千八百七十六年	馬卡摩	英吉利	至格蘭德及北緯八十三度二十分

同千八百七十六年	洛典士基耳德	瑞典	通過東北航路
同千八百七十八年	索摩孫	蘇格蘭	東部中央亞非利加
同千八百八十二年	格利里	合衆國	至格利里、弗德及北緯八十三度廿四分
同自千八百九十三年至千八百九十六年	南宣	諾威	達北緯八十六度十四分六秒

許子曰。吾嘗考之西史之上世。則腓西尼亞人喜航海。降及近世。西班牙葡萄牙和蘭人代之。至今日則海權又落于英人之手。故表中此數國人發見地居多也。雖然。將來代英人而繼起者。其惟美利堅乎。

許子又曰。吾支那歷史上能拓地者。則僅張班二人。能航海者。則僅鄭和一人。固由性質不好運動。而亦地勢不居海濱使然也。覽是表也。能無媿乎。今後好自爲之。

雜俎

小慧解頤錄

咀雪

乙巳夏五適各學校放暑假稍得休息遂聚數子一堂而縱論「大字」大之一字促視之固不足奇何人而不知其爲形容字也然就習慣上細察之頗行趣味習慣以大字爲美名詞故遇西洋人之物必多以大字冠其首亦媚外性使然歟甚至如西洋菜稱爲大菜西洋戲稱爲大戲苟由此例推之則尙得有趣味之三條如下

(一)凡招呼西洋人者可稱爲大人

君子曰大人者固支那官之尊稱也不出力于國民而效勞于異族西人至則遣兵勇以保護之教案出則殺士民以掩盖之此大人之所以爲大人歟烏足語以務民之義也

(二)凡說洋話者可稱爲說大話

君子曰自開放主義盛行而內地習西語者日衆除以之求學問而外則尙有一派其高尙者以之爲細崽之基礎作餬口之計雖起于謀利之觀念然損僅個人而害不及于社會若以之橫行社會不守法規强人所難爲或謀財而因之謀命苟暴跡發現遂以平日時習之一二西語以求西人以恐官吏此實最害于社會者也官吏不敢嚴究彼遂自詡于鄉閭慕之者則必曰大話之功用大矣哉

(三)凡出洋者可稱爲出大

君子曰士音讀大與袋通則出大猶言出袋也西人譏支那人爲活貨則支那國其必爲盛活

雜俎

貨之袋也無疑矣處袋內無新空氣故其人腐敗也亦宜

曩余與亡友悉公同講學于長沙日入之後輒喜作一夕話偶論及湘人之性質公遂云湘人每見物之善者皆歸之洋人必以洋字冠之故花生之大者呼為洋花生余曰若以日本人呼為南京豆者告彼輩必無以應也灰麪之白者呼為洋灰麪其實不過磨研之功夫稍多使然耳公言至此遂大聲曰然則今者學校林立生徒若散步于市上即呼為洋人宜矣君子曰由前之說是以洋人之物皆為善故皆冠以大字以尊崇之由後之說是以中國人之善者必出自洋人故皆冠以洋字以表明之雖然西人之物固較精于中國宜乎中人見之稱其為善若必以凡善者無不出自西人則又何崇拜西人如彼而輕視中人如此也抑吾嘗聞友某言遇朝鮮人問其國尚可有為乎則荅曰不能遇印度人問之則其對亦同自暴自棄以天下之惡皆自歸焉此亡國人之通例也嗚呼噫嘻此予之所以述覺而撫卷漣洏淚盡而繼以血也

二

新民叢報

第參年第貳拾參號

（原第七十一號）

本號要目

光緒三十一年十二月一日　明治三十八年十二月廿六日

每月二回朔望日發行

新民叢報第參年第貳拾參號目錄（原第七十一號）

附無名說實至名歸說父子有限說

報資及郵費價目表

報資及郵費價目表	全年廿四冊	半年十二冊	零售
報資	五元	二元六角	二角五分
上海郵費	二角四分	一角二分	一分
上海轉寄內地郵費	一元二角	六角	五分
各外埠郵費	一元四角四分	七角二分	六分
四川、雲南、陝西、貴州、山西、甘肅等省郵費	二元八角八分	一元四角四分	一角二分

日本各地及日郵已通之中國各口岸每冊一仙

廣告價目表

洋裝一頁	洋裝半頁
十元	六元

惠登廣告至少以半頁起算刊資先惠論前加倍欲登長年半年者價當面議從減

編輯兼發行者　馮紫珊
印刷者　陳侶笙
發行所　橫濱山下町百六十番　新民叢報社
上海發行所　四馬路老巡捕房對面　新民叢報支店
印刷所　橫濱山下町百六十番　新民叢報活版部

特別論說

記東京學界公憤事並述余之意見

中國之新民

最初之風說　初日本政府有發布清韓留學生取締規則之說。（取締者管理之意）其內容若何未能知也。而學界聞之。乃大悲惋。僉謂今韓國者日本之保護國也。儕我與韓伍。是日本蔑視我國權也。此規則若布。無論內容若何。我輩義不可更託足於日本。此六七月間之風說也。

規則之發布　迨陽歷十一月二日。日本文部省有「關於許清國留學生入學之公私立學校規程」發布。凡十五條。今錄其原文及譯文如下。（原文據明治三十八年十一月二日第六千七百五號官報）

文部省令第十九號

清國人ヲ入學セシムル公私立學校ニ關スル規程ヲ定ムルコト左ノ如シ

明治三十八年十一月二日　文部大臣　久保田讓

清國人ヲ入學セシムル公私立學校ニ關スル規程

第一條　公立又ハ私立ノ學校ニ於テ清國人ノ入學ヲ許可セントスルトキハ其ノ入學願書ニ本邦

特別論說

所在ハ清國公館ノ紹介書ヲ添付セシムヘシ

第二條　公立又ハ私立ノ學校ニ於テハ清國人生徒ニ對シ本人ノ志望ニ依リ其ノ學校所定ノ學科目中一科目若ハ數科目ヲ闕カシムルコトヲ得

第三條　清國人ヲ入學セシムル公立又ハ私立ノ學校ニ於テハ其ノ敎育ニ關係スル職員ノ名簿清國人生徒ノ學籍簿出席簿及往復書類綴ヲ備フヘシ

前項ノ學籍簿ニハ生徒ノ氏名原籍年齡居所入學前ノ經歷入學ヲ紹介シタル官廳ノ名稱官費私費ノ區別賞罰入學轉學退學ノ年月日又其ノ學年卒業ノ年月日轉學退學ノ事由等ヲ記載スヘシ

第四條　公立又ハ私立ノ學校ニ於テ清國人生徒ノ轉學又ハ退學ヲ許可セントスルトキハ其ノ願書ニ本邦所在ノ清國公館ノ承認書ヲ添付セシムヘシ

第五條　清國人ヲ入學セシムル公立又ハ私立ノ學校ニ於テハ每年一月及七月ノ二回ニ其前六箇月間ニ入學ヲ許可シタル清國人生徒ノ員數ヲ文部大臣ニ報告スヘシ

前項ノ規定ハ清國人生徒ノ轉學者退學者及卒業者ニ關シ之ヲ準用ス

第六條　公立又ハ私立ノ學校ニ於テ清國人生徒卒業シ又ハ之ニ退學ヲ命シタルトキハ一箇月以內ニ其ノ氏名及退學ヲ命シタル事由ヲ本人ノ入學ヲ紹介シタル清國公館ニ報告スヘシ

第七條　清國人ヲ入學セシムル公立又ハ私立ノ學校中文部大臣ニ於テ適當ト認ムルモノハ特ニ之ヲ選定シ清國政府ニ通告ス

第八條　公立又ハ私立ノ學校ニシテ前條ノ選定ヲ受ケントスルトキハ管理者又ハ設立者ニ於テ左ノ事項ヲ具シ文部文臣ニ申請スヘシ但シ特別ノ規定ニ依リ既ニ開申シ若ハ認可ヲ得タル事項ハ之ヲ省略スルコトヲ得
一　清國人敎育ニ關スル沿革
二　學則中清國人敎育ニ關スル規定
三　學校長若ハ學校代表者ノ履歷
四　敎員ノ氏名資格學業經歷及分擔學科目
五　清國人生徒定員及學年學級別現在員數
六　清國人生徒校外監督ノ方法
七　清國人卒業者ノ員數及卒業後ノ情況
八　清國人生徒ニ充ツル校地校舍及寄宿舍ノ圖面
九　經費及維持ノ方法
十　敎科書敎授用器具器械及標本ノ目錄
前項第二號及第八號ノ變更ハ文部大臣ノ認可ヲ受クヘシ
第九條　選定ヲ受ケタル公立又ハ私立ノ學校ニ於テハ清國人生徒ヲシテ寄宿舍又ハ學校ノ監督

ニ屬スル下宿等ニ宿泊セシメ校外ノ取締ヲナスヘシ

第十條　選定ヲ受ケタル公立又ハ私立ノ學校ハ他ノ學校ニ於テ性行不良ナルカ爲退學ヲ命セラレタル清國人ヲ入學セシムルコトヲ得ス

第十一條　文部大臣ハ必要ト認メタルトキハ吏員ヲシテ選定ヲ受ケタル公立又ハ私立ノ學校ノ試驗ニ立會ハシメ又ハ試驗問題及其ノ答案ヲ査閲セシムルコトアルヘシ

前項ノ場合ニ於テ試驗ノ問題又ハ方法中不適當ト認メタルモノアルトキハ當該吏員ハ其ノ變更ヲ命スルコトヲ得

試驗問題答案及成績表ハ少クトモ五箇年間之ヲ保存スヘシ

第十二條　選定ヲ受ケタル公立又ハ私立ノ學校ニ於テハ毎學年終了後一箇月以內ニ其ノ清國人生徒ノ敎育上ノ經過ヲ文部大臣ニ報告スヘシ

第十三條　選定ヲ受ケタル公立又ハ私立ノ學校ニシテ此規定ニ違背シ又ハ其ノ成績不良ナリト認メタルトキハ文部大臣ハ其ノ選定ヲ取消スコトアルヘシ

第十四條　本令ノ規定ニ依リ文部大臣ニ提出スヘキ書類ハ地方長官ヲ經由スヘシ

第十五條　本令ノ規定ハ小學校及小學校ニ類スル各種學校ニ關シ之ヲ適用セス

附　則

本令ハ明治三十九年一月一日ヨリ施行ス

譯　文（直譯）

關於令清國人入學之公私立學校規程

第一條　公立及私立學校將許可清國人入學之時。於其入學願書。必令附加一在本邦清國公館之紹介書。

第二條　公立及私立學校。對於清國學生。若有本人志望欲於該學校所定學科中闕習一科或數科者。聽之。

第三條　令清國人入學之公私立學校。其關係於教育之職員名簿。清國生徒學籍簿。出席簿。及往復書類綴。須保存之。

前項之學籍簿。須將生徒之姓名、原籍、年齡、住所、入學前之經歷、紹介入學之官廳名、官費私費之區別、賞罰、入學轉學退學之年月日及其學年卒業之年月日、轉學退學之事由等。記載之。

第四條　公立及私立學校。將許可清國學生轉學退學之時。於其願書。必令附加一本邦清國公館之承認書。

第五條　令清國人入學之公私立學校。每年須以一月七月兩次。將前此六箇月間入學之清國生徒人數。報告於文部大臣。

記東京學界公憤事並述余之意見

其清國生徒之轉學者退學者卒業者。報告亦如之。

第六條　公私立學校。若有清國學生卒業或被命退學。須於一箇月以內。將其姓名及被命退學之事由。報告於原紹介之清國公館。

第七條　令清國人入學之公私立學校中。經文部大臣認爲適當者。特選定之。而通告於清國政府。

第八條　公立及私立學校。欲受前條之選定之時。（案意言欲得受選定之權利也）其管理者及設立者須將左列之事項。具申於文部大臣。但依於特別之規定。前此既已申報者。既經認可者。得省略之。

一　關於清國人教育之沿革。

二　學則中關於清國人教育之規定。

三　學校長及學校代表者之履歷。

四　教育之姓名、資格、學業經歷、及分擔學科目。

五　清國學生定額。及某學年某學級現在人數。

六　清國學生校外監督之方法。

七　清國人卒業者之人數。及卒業後之情況。

八　供清國學生用之校地校舍及寄宿舍之圖。

九　經費及維持之方法。

十　教科書、教授用器具器械、及標本之目錄。

前列第二及第八兩項。若有變更時。須經文部大臣認可。

第九條　受選定之公私立學校。其令清國人宿泊之寄宿舍及屬於學校監督之旅館。要爲校外之取締。

第十條　受選定之公私立學校。遇有清國人曾在他學校以性行不良之故被命退學者。不得復令入學。

第十一條　受選定之公私立學校。當試驗時。文部大臣得隨意派吏員臨視。或查閱其試驗問題及答案。

當臨視時。該吏員於其試驗問題及方法。或有認爲不適當者。得命其變更。

試驗問題、答案及成績表。最少須於五年內保存之。

第十二條　受選定之公私立學校每一學年完結後。須於一箇月以內將該校清國生徒教育之經驗報告於文部大臣。

第十三條　受選定之公私立學校。或有違背此規則及成績不良者。文部大臣得取消其選定。（案謂剝奪其受選定之權利也）

第十四條　其遵依本令所規定而提出於文部大臣之案牘。須經由地方長官。

第十五條。本令所規定凡小學校及類於小學校之各種學校。皆適用之。

附則　本令自明治三十九年一月一日施行。

此規則對於我學界之利害如何　此規則之間接關係於我學生者。惟第一第四第九第十之四條其餘則皆彼文部省直接監督彼國人所設立之學校者也當其未發布時鄙人聞有特別取締之說心竊憤悶與留學諸君同及見此規則而反釋然誠以其利多而害少也請略舉之

(一)日本人近來爲中國學生特設之學校如弘文同文經緯東斌等日見繁夥雖非無稍臻完善者但其間亦多有託敎育之美名行營利之目的敎科混雜敎授非人講義則因陋就簡試驗則奉行故事我青年最可貴重之時日被其躭誤者不知凡幾此規則之大部分專在監督此等學校其第八條第十一條第十三條尤爲嚴重此規則既頒此等學校其前此混雜之常態必不能久存

(一)此等學校其於寄宿舍衛生上多不注意管理法亦不能與普通之日本學校盡同一之義務乃至有月徵收二十五元並校醫而不設者其他缺點不可枚舉此規則第九條使辦學校者任校外取締之責以後不能不趨於整肅

(一)中國人入日本原有之學校與日本人同學者其間學科多有爲我國人所不需要勉强學之徒費日力如彼之所謂國文（其國文中之高尚者如太平記竹取物語之屬中學校師範學校皆授之）及日本地理

日本歷史之類是也。我學生之入其中學及高等師範學校者。多以此爲苦。此規則之第二條。實爲我學生開一方便。

(一)規則之第一第四條。於我入學轉學之自由。稍加制限。此爲不便之點。然前此學界。實有以轉學退學太自由之故。甚有一月而所入之校更迭再三者。其於進學之道。所障殊多。加此限制。抑利害參半耳。

此鄙人最初對於此規則之意見也。故竊以爲此規則發布。其最感不便者。當爲日本人中專辦營利學校之輩。而我國學生。雖稍有不便。顧其利益。足以償其損害而有餘也。乃萬不料有今日之事。

留學生總會館之提議　規則布後逾旬日。留學生總會館經評議員之義決。有所提議。大略認第九條爲侵害我居住自由。第十條性行不良一語。意議漠然。失諸廣泛。慮生誣陷。啓爭論。請公使照會文部省改正。或加解釋。似此辦法。尚慎重而有秩序。鄙人所極表同情也。乃更不料交涉未了。而遽有今日之事。

學界大多數憤慨之原因　今次之決裂。其原因決非徒在此規則問題也。蓋蓄憤甚久。而借此一洩也。(一)以近今日本對韓政策。在在痛心怵目。學界稍有血性者。無不表哀憐於韓。及聞有清韓取締之風說。益挑撥其惡感。(二)日本戰勝後。其對於中國之政策。似有變動。與論多持威逼主義。而現在方在北京會議滿洲事件。相持未決。學界以愛國之故。對於日本多感不快。(三)在東習普通者。於其所入之學校。覺其教科之不完備。管理法之混亂。平昔已不勝感慨。特以求學之故。舍此無途。含辱忍垢。以就之。(四)日本報紙。對於我學生。常有嫚辱之批評。使我不堪。以此諸原因。故其惡感情。磅礴鬱積於胸中者。既久。如炸藥徧地。待熱度而爆發。此規則之發布。則無端而忽予之以導火線耳。

學界大多數對於此規則之批評　兩旬以來。學界中積熱成狂。其關於此規則之批評。繁多不可悉紀。以鄙人所聞者。

一　此規則之名。清國留學生取締規則也。故無論其內容若何。吾輩義不可忍受。何以故。以損辱我國權故。日本人留學於歐美各國者。寗乏人。何以不聞某國有取締日本學生之規則。即我國人留學他國者。寗止一日本。何以不聞某國開日

本之先例別爲規則以取締我也若是夫彼日本明蔑視我國權也

二　此規則之名原清韓留學生取締規則也不過恐我國不認姑爲朝三暮四之計去韓留清云爾夫其儕我使與受彼保護之韓爲伍是可忍孰不可忍

三　規則第一第四條言入學轉學必經公使之介紹承認明侵害我入學自由

四　規則中有侵害我書信秘密自由之件

五　規則中有學生卒業後將姓名通告於我國政府請其登用之語是日本人欲結好我政府愚弄我學生以握我教育權且漸干預我用人行政之權

六　規則第九條剝奪我居住自由權查日本惟待娼妓乃有勒令居住於指定地所之制是娼妓我也

七　規則第十條性行不良一語不知以何者爲良不良之標準廣義狹義之解釋界說漠然萬一我輩有持革命主義爲北京政府所忌者可以授意日本竟誣指爲性行不良絕我入學之路其設計之狠毒不可思議

以上皆鄙人日來所習聞一般之輿論也。其尙有他論與否。未及悉知。但大概所以煽動一般學生起爾許大風潮者皆此等議論激成之至其是否辨於下方。

全體休課及要求取消　此等議論既播一般之學生大受刺激於是路礦速成學堂。首倡休課之議翌日而弘文一部分繼之翌日而女學生全部繼之翌日而各學校全體之學生繼之其間有一二校反對者則或游說以大義或脅逼以威力不及三四日。而全體停課矣。

學生當停課前後並未嘗以正式提出意見書不知其所要求者如何然輿論大指所歸則曰非日本文部省取消此規則義不可復履日本之土也

日本報界之反撥　我學界公憤正熾之時而日本各報復冷笑熱罵以反撥之或曰。支那人放縱卑劣或曰支那人稱游學彼誠學而游者也或曰彼烏合之衆耳行見其鳥獸散也凡此種種虐謔皆予我以極不堪而其尤甚者爲朝日新聞所載青柳篤恒（其人爲早稻田教員）「對於清國學生意見」一篇誣詆我學界無所不至而謂經此次風潮後將淘汰其輕躁者而留其善良者又讀賣新聞載有「某政客與清國留學生問題」一篇言此事件之起原因日本政府受北京政府之囑託初張之洞在都已與日本公使內田康哉提此議。內田不允。後經再三諄囑。直至今日。磋磨數次。然後發表。凡此諸論。皆與我以絕大之刺戟。而使全學界增數倍之熱度者也。

聯合會之成立及自治制之發布　此次團體之大之堅實。中國前此所未嘗有也。初停課說之倡始。原因不滿於總會館幹事之所爲。故發起此議者。不經總會館並不經各同鄉會。其原動力則各校之同窓會也。課既停之第一日。人心洶洶。幾陷於無政府之狀態。於是有識者亟圖整齊之。乃組織一聯合會。頃刻而就。聯合會劈頭第一著手。曰發布自治規則。其大略則相戒不許上課以外。尚不許入飲食店。不許入公園。不許入勸工場等。置糾察員若干人。分布各區。以糾其違犯此規則者。大有整齊嚴肅之觀。雖日人亦爲之起敬。

陳天華之蹈海　問題尚未著落。忽有陳君天華自湛之慘耗。陳君。湖南新化縣人。血誠男子也。其志節。其行誼。其言論。久爲學界所崇拜。及此問題起。忽以身殉之。遺書萬餘言以貽學界。內所言者凡四大端。一曰關於此次問題者。二曰關於政治上革命排滿之必要者。三曰關於路礦等項利權收回者。四曰關於將來對待日本之方針者。自君之死。而全學界熱度復陡增數倍。蓋君深憤日本報紙上「放縱卑劣」之辱罵。乃以身殉之。而勸告後死者以團體之不可不堅也。顧所最奇者。君遺書中自言最初即爲反對停課之人。又有『取締問題可了則了。萬勿固執』之語（據學界用眞筆版所印遺書原本）而君之既死。乃反以增固執者之熱狂。是恐又非君之志已。

文部省之拒絕及全體歸國之決議　聯合會意見。由公使與日本政府交涉。公使自言交涉數次。不允取消。且有指定日期令即上課之語。於是人心益加激昂。舍相率歸國外。無他計矣。未幾總會館新職員之組織成。而所計畫者。皆屬於歸國以後之事。

以上略記此事始末大概情形也。其他不關大節目者。闕不記。今更以鄙見私評之。且及於善後問題。

取消規則之能否　大多數之意見。要求規則之取消。然此規則之取消。屬於可能的否乎。此最當研究也。此規則非他。彼之省令。而法家所稱獨立命令者也（日本憲法第九條云『天皇ハ法律ノ執行スル爲ニ必要ナル命令ヲ發シ又ハ發セシム』又明治十九年二月勅令第一號第四條云『各省大臣ハ法律勅令ノ範圍內ニ於テ其職權ニ依リ省令ヲ發スルコトヲ得』省令權力之淵源根於此）此種命令本有絕對的效力。而省令尤爲最高官廳所發。無論從何種方面不可得而取消之何以故以取消者高級官廳對於下級官廳所用之名詞故下級官廳所發命令其權力之淵源雖亦根於彼憲法之第九條但高級官廳本有監督下級官廳之權故對於所發之命令得以取消之廢止之停止之（取消者。使其命令最初之効力全然喪失也。廢止者。被廢止以後効力喪失也。停止者。中止之義。暫時効力喪失也。）若夫內閣之各省爲最高級官廳則監督之者惟有天皇及議會耳（議會之監督。只就政治的方面。而非就法律的方面而言。）此外無他種權力可以及之若欲撤回省令其道何由則彼之內閣官制第三條云『內閣總理大臣ハ須要ト認ムルトキハ行政各部處分又ハ命令ヲ中止セシメ勅裁ヲ待ツコトヲ得』今此規則既以省令布之苟欲撤回則非履行此手續（日語「手續」之義。言辦事照例循行之規矩也。）不可日政府果肯爾爾乎則非吾之所敢言也（或曰起行政訴訟。是亦不可。對於行政處分。可起訴訟。對於行政命令。不能起訴訟也。）抑頗聞此議發起由路礦速成學校發傳單謂經與日本某法學士商。據言今將屆開議會之時。提出議會可以取消云云。此亦非確論也。查日本憲法惟緊急勅令須經次期議會承諾乃向於將來而有効力何以故以緊急勅令乃議會閉會中所發布以之代法律者而法律必須經議會之協賛也（日本憲法第八條云。天皇ハ帝國議會閉會ノ場合ニ於テ法律ニ代ルヘキ勅令ヲ發ス此ノ勅令ハ次ノ會期ニ於テ帝國議會ニ提出スヘシ若議會ニ於テ承諾セザルトキハ政府ハ將來ニ向テ其ノ效力ヲ失フコトヲ公布スヘシ』又第

三十七條云『凡テ法律ハ帝國議會ノ協贊ヲ經ルヲ要ス』故緊急勅令之所以必要議會承諾者。以其有代法律之性質也。彼之所以必經議會通過而始有効力者全以其有代法律之性質故若尋常命令則行動於法律範圍之內（憲法第九條云「但シ命令ヲ以テ法律ヲ變更スルコトヲ得ス」）故無待議會之左右抑亦非議會所得左右也議會所以監督國務大臣者或以質問或以彈劾其範圍頗廣若關於命令方面則質問者對於其命令之意味而質詰之求其說明國務大臣有必須說明之責然非可遽因其質問而遂取消也彈劾者則議會認其命令屬於違憲違法者（憲謂憲法法謂法律）乃上奏彈劾之令該大臣負其責任然彈劾之後彼天皇又非能自進而廢止此命令也何以故以法條上無此明文故（參觀岡實氏行政法論綱第二四一葉）故欲經議會以廢止此規則當如何而始能辦到乎則必先有議員中五人以上之人建議將此事件作爲彈劾案經第一讀會第二讀會第二讀會通過列之於議案之中然後開議議時得多數可決上奏彈劾而內閣總理大臣見此事之重大不得已而中止此命令以待勅裁其天皇命廢止則廢止之夫如是然後能成功此則就政治上方面言之苟議會大多數人利用此爲攻擊政府之好材料或認爲政策上之大失計而以加入於內閣責任問題未始不可若以法律論謂提出議會可以消直夢囈之言耳雖然更就他方面論之日本民法第二條云『外國人ハ法令又ハ條約ニ禁止アル場合ヲ除ク外私權ヲ享有ス』此言外國人與本國之區別外國人享有私權之範圍得以法以令以條約三者限制之法謂法律也令謂命令也然則彼無論以何種之命令限制外國人之自由亦唯所欲爲外國人所享有權不過在法令條約所不禁止之範圍內與日本人民平等而以外國人要求其廢止命令實屬不可能之事也據日本憲法。豈惟外國人無要求權。即本國人亦無要求權。惟有請願權耳。而此權尚非盡人而有。彼憲法第五十條云。『兩議院ハ臣民ヨリ呈出スル請願書ヲ受クルコトヲ得』岡實氏行政法論綱解釋之。謂人民請願。只能由議院間接上達耳。非令直接有此權也。原著一五一葉本國人猶如此。更何論外國人。故近者日本報紙屢言。謂若容認我之要求取消。是失其國家及政府之威信。夫此規則之頒行有損於我國權與否尚俟論定此規則之取消有損於彼之國權則章章明甚也我不甘受而謂彼甘乎是直强以所不能而迫談判之破裂而已吾所以斷斷論此者。非爲日本辯護。實則深察此目的之難達堅持不下無可轉圜則眞舍歸國外無他術是不可以不熟計也

此文草定未發布。有總會館新幹事某君來言。謂文部省已允取消。今待正式之交涉耳。此或彼以政策上。恐失我歡心。乃甘屈辱。而由首相中止之。以仰勅裁。是未可知。果能如此。何慶如之。果能如此。則眞可謂例外之讓步矣。

此規則之必不可不取消其理由安在　雖然能取消與否。是就彼之法律上言之也。我輩非日本人。豈必永局促於日本法律之下。寖假而彼果發一命令。果我萬不能受。則我亦褰裳去之可耳。故取消之能不能。且暫勿論。顧吾所最欲研究者則此規則之必不可不取消其理由果何在也。前舉學界大多數對於此規則之批評。其重要者凡七端。今以鄙見解釋之。對照前文

一　認此規則之名爲「清國留學生取締規則」。謂予我以特別之待遇。侵辱我國權。此不可不取消之最大論據也。夫果有取締清國留學生字樣。則我輩雖一刻不能受宜也。而此規則之名稱實爲「清國人ヲ入學セシムル公私立學校ニ關スル規程」而非如我輩所傳說云云也。昨日有學生公舉往上海爲歸國招待員某君過訪。僕告之曰。彼規則之原名。如此如此。某君曰。不然。十一月二日官報。其名明爲清國留學生取締規則也。僕曰。君親見之乎。某君曰。親見之。時余寓無官報。無以應也。客既去。乃展轉假得彼日之官報來。審視之。果非爾。即前所列原文是也。及今日又有新幹事某君來。僕復告之。且出官報相示。某君復曰。他報皆言取締規則。獨官報不爾耳。余寓舊報紙皆散佚。復無以應也。　夫日本政府之頒此規則。果挾惡意與否。其內容不可知。若語其表面。則對於日本人所立學校之規則。而非對於我國留學生之規則也。於「清國人ヲ入學セシムル」與公私立學校之間。加一連屬詞「ル」字。所以示明爲何種學校。其

上半句主格之名詞。則「公私立學校」也。而非「清國人」也。以日本國之文部省對於日本人所立之學校而特設規程而我必曰不許汝爾爾是得爲有理由矣乎彼最有力之論據則引日本人留學他國者及我國人留學於日本以外之他國者。以爲反比例也。曾亦思日本人留學歐美者雖多問某國有如弘文同文經緯等學校專爲日本學生而設者乎我國人留學歐美者雖多問某國有如弘文同文經緯等學校專爲我學生而設者乎既無此等學校則其無此等規則宜也。今日本忽有此等學校紛紛繼起其現象實爲各國前此之所無今必曰汝雖有此等學校而必不許汝管理之恐無以服其心也難者曰。雖有此種之學校。而彼日本普通諸學校現行規則。儘可適用。何必別立。雖然。以鄙見論之。則如弘文同文經緯等學校。其性質實與諸學校殊別。將適用小學校令乎。不可。將適用中學校令乎。不可。將適用高等學校及大學校令乎。皆不可。前此此等學校所以雜亂無章腐敗日甚者則皆由無一定之規程以約束之也故此規程之設立實不容已也且彼文部省之特立規程以約束此等學校亦限制彼校長與教師等之自由耳於我何與而出死力以代之爭豈以彼學校之腐敗未極而更思助之燄乎數月前有在神田設某學校欲以騙我國人者未幾文部省察其情以警察力干涉之可見此後此種學校必更有之若彼文部不行監督實非學界之利難者曰。彼關於彼之學校之規定吾勿問也。獨奈何其條文中有涉及學生者數條也。應之曰。如是則吾於條文中有侵及我者吾爭之。或請彼增加「附則」增加「但書」條文中有但字以示限制者名曰但書變其解釋以消其原文之効力。我斯理直也。若必曰全取消之。則彼有詞也。凡謂其條文不應以不正當之法侵學生自由可也。謂條文中不應涉及學生不可也。何也。學生者組成學校之一要素。言學校則必言及學生。試繙法規大全一讀其關於教育之法律命令以百計。曾有一焉不言及學生者乎。故謂言及學生即侵我國權。是強詞耳。

二　曰儕我與韓爲伍。此最刺戟感情之一種論據也。然謂此規則本取締清韓學生。後以權術之作用。乃去韓留清。其眞相果如此與否。吾不敢知。但法律上之公例。只論行爲。不論意志。即有此意志而無此行爲。不能認之爲有罪也。故即使日本政府最初而果有此議也。及其省令之發布而既不爾。則吾亦安能責之。

三　規則第一條第四條所言添附之介紹書承認書。誠使我稍感不便。吾所謂宜要求增加附則但書以變更解釋者。此其一也。雖然謂此即爲侵害我求學自由則亦不可論者亦知日本無論何種學校其入學必須保證人乎其退學轉學必須保證人之承認乎（明治三十四年所頒中學校令施行規則第三十四條參照）我學界新來諸君經會館幹事直接保送入校者。或不知此。若乃數年前則私費生欲入彼校即覓保證人一項已不知經幾許周折。（其保證人之資格必須日本人有住屋於東京市者）今來者日多。安能人人乞日本人爲之保證。勢固不得不取諸我國人。而我國人必取諸公館又自然之勢也此之紹介人即與彼之保證人同一位置若必曰此即爲制限我之自由也則日本學生之必覓保證人亦可曰限制彼之自由乎又查日本明治三十三年七月文部省令第十一號「文部省直轄學校外國委託生ニ關スル規程」第二條云。『外國人欲入學者。須添附本邦駐在之公使或領事之委託書而願出於帝國大學總長或學校長。』此規程乃爲一般之外國人而設非限於我也而此次規則第一條正與之同類如以此而認爲特別待遇也則所謂別者亦日本人與外國人之別耳而我甯能憾焉且論者所持最大之目的豈不曰爭國權也苟爭國權則公使之介紹承認於我國權無傷也我若爲此目的而爭則亦宜以學生全體之意見要求公使訂定契約令此後關於介紹與承認不得加限制耳而何必借他人法律之力以削我公使之權也雖然以事實論若必需公使之介紹承認其不便者甚多。此亦不可諱也而文部省續布之說明書則既言所謂公館者非必公使領事之直接即留學生會館幹事等亦可其爲飾詞强解與否不可知。（原文「公館」二字之意味實指公使領事。觀彼第三條有「官廳」字樣可知說明書之所言。實强飾也）就令果爲飾詞强解但使此說明書所言變爲正式之條文則原文第一第四兩條制限之効力已消失矣則此點之爭其亦可以已也。

四　謂規則中有侵害我書信秘密自由者。爲此言者。必其未嘗見規則原文或見之而不通東文。不能了解其意義者也彼文部省說明書辨之甚明。

五　謂規則中有學生卒業後將姓名通告於我國政府請其登用云云。初聞此語。實不知其何所指。及細校原文。大約因第七條之末有「特選定之通告於清國政府」一語。未嘗通閱全條。而以訛傳訛也。又第六條有將姓名報告於介紹之公館一語。然實無求我登用之明文。若謂言外即含此意。未免近於深文。凡解法律之文。不應如是。且日本學校於學生卒業時。亦必通告其原保證人。使其臨席。今此文之介紹人。既與彼之保證人相當。介紹人勢不能於所介紹者卒業之時。而一一臨之。則一箇月內報告於彼。似亦情理之所宜有也。

六 謂第九條剝奪我居住自由權。此全條文中最動公憤之點也。然以鄙人之淺學。細讀該條至十數次。實不見其含有勒令我學生居住於指定地所之意味。前所列原文及譯文。可覆按比較也。(一)其條文發端有「受選定之公私立學校」字樣。所謂受選定之公私立學校。其界說見第七條。即專指弘文經緯等也。然則其入他種之官立公立私立學校與日本人同學者及入中國人所設學校(如清華學校)者。不在此條範圍之內甚明。(二)即在弘文經緯等學校。據條文解釋。亦不過彼校爲我國人所設之寄宿舍及爲我國人所別賃之旅館。其校外取締之責。校主必須任之云耳。夫寄宿舍之必須由學校取締。此則一般學校所同。日本凡關於公私立學校之法令。皆有此條。不俟贅論。若夫屬於學校監督之下宿等。則惟弘文等校乃有之此種事項實日本前此之所無日本學校其不住舍之學生。則任意自居耳。而我國學生或以新來不解語言索居不便苟寄宿舍人滿則舍館一事甚以爲苦而彼等學校其來學者之數以可驚之速率而增加不及擴充寄宿舍以容之乃因陋就簡別以學校之名義賃旅館於附近爲假設寄宿舍而與住舍者徵同額之費此實一奇異之現象也文部省如誠欲整頓之。則宜令彼必擴充其正式之寄宿舍。務盡容志願住舍之學生。而此種似是而非之寄宿舍。一概禁絕。雖然。萬一土木工程之速率與學生增加之速率不能相應則暫時假設似亦屬一方便既假設矣則必令其與寄宿舍爲同一之取締庶免如今者各外塾之混雜腐敗此對於我學生實有益而無損者也若夫不住寄宿舍不住學校監督之旅館者其取締如何本條無明文也無明文則必與日本學生之自居者同可無疑矣而說者必強解釋之謂此條爲勒令我學生必居於指定地點試熟察原文果有此意味乎竊計爲此說者、殆見其條文中有「シメ」字樣。知其含「使令」之意。又見其條文有「ベシ」字樣。知其含「必要」之意。因誤讀以爲必要使清國人生徒宿泊於某某地也。殊不知日文之「シメ」並不含有强迫之意。即如本規則之題曰「清國人ヲ入學セシム」一語。甯得解爲强迫清國人入學乎。彼文部省說明書中亦屢有「日本學生ヲ入學セシムル學校」之語。可以互證。而條末「校外ノ取締ヲナスヘシ」一語。不過謂該校對於此等宿舍要爲取締而已。而於不住舍之生何與也。竟以此生爾許大風潮。是眞不可解也。雖然法文之解釋。往往有爭點。吾所解釋。固確見其無限制我居住自由之惡意矣。或有就他方面解釋。可指爲有此惡意。亦未可知。就令爾爾。而彼文部省續布之說明書內有「文部省ハ自炊其他ノ方法ニ依レル共同宿所ノ如キハ寧ロ適當ト認ム」之語。其言寧認爲適當。謂比較的適當也。然則即使本文有此惡意。得此說明書而効力亦已消滅矣。又全條文中取締二字。僅此處一見。而必强命其名曰取締規則。豈不異哉。

七　第十條性行不良一語。其意義誠失於廣泛。但彼文部省說明書引「中學校令施行規則」第五十一條爲證。吾覆查其原文。確爲「性行不良」四字。然則此亦彼中一般中學校規則通用語。非特爲我學生而設也。但彼說明書中。又有「素品行觸刑律等不良之行」云云。則亦已下解釋矣。限於觸刑律則範圍甚狹矣。又云「性行之良不良由學校審定清國公使及文部省非所與聞」則亦無慮牽及政治問題矣。誠如是則此爭點似亦可以已耶。其與日本通例異者則彼中規程無甲校認爲不良乙校不得收容之語。就此點論之可謂之特別待遇。可謂之稍侵求學自由。（然日本各學校。有學生以性行不良之故被命退學者。輒將其名通告於同程度之他學校。他校自屛絕之。雖無此法文而有此事實也。）然使「性行不良」一語從狹義之解釋以條文確定之則所謂不良者必觸刑律者也。如此之人則學界方且當以公意逐之歸國而此條所規定抑非苛遇耳

（附）文部省說明書　以上七條。鄙人當此問題初起時。所懷抱之意見即如此。後見文部省所頒布於各學校之說明書。正相發明。今譯錄之。（據十二月十六日東京朝日新聞所載）

一文部省令第十九號「關於令清國人入學公私立學校規程」其精神並非欲拘束清國留學生之自由。不過監督此種類之學校。而以圖留學生之利益耳。此規程中有關係於留學生者。實與明治三十四年文部省令第三號（中學校令施行規則）及同三十六年同省令第三十四號（私立學校認定規則）中關於日本學生者正同。日清人之間。毫無差別。不甯惟是。且其中尙有特別便宜。爲日本學生所不能得。而特許諸清國留學生者。（譯者案此語不知所指殆指該省令第二條中國學生得選科缺科歟）外間或稱此規程爲清

國留學生取締規則實由誤解而生耳

一同省令第一條言明入學者須添附清國公館之紹介書。雖然。非必公使館及領事館之直接紹介書也凡清國公使所認爲確實之清國人(如留學生會館幹事等)之紹介書在文部省皆認爲有同一之効力故此規定對於留學生無絲毫之不便。

一該省令第三條有「往復書類綴」一語。學生或以爲侵害書信之秘密此大誤也。據條文所明示。則凡關於學校校務上之往復書類須保存之與學生之私信一毫無涉(中學校令施行規則第卅四條第七項參照

一該省令自第一條至第六條。爲一切有中國學生之學校而言其第七條以下則專以監督彼特別之學校專爲中國人而設經文部省認可者(譯者案此指弘文同文經緯東斌等)故此種特別學校以外之學校毫無關

一第七條以下有關係於留學生者。不過第九第十第十一三條。而此三條實非有妨於學生之自治。今逐條說明之。

一第九條專爲欲使留學生得安全勉學。故使學校取締下宿屋、此規定之適用。不過就於衛生風紀之點。而監督下宿耳。即學生自行開爨及用他種方法共同住宿者文部省亦認爲適當故留學生依於此規定。未嘗有何種之不自由。

一第十條之目的。原因恐有素品行觸刑律等不良之行爲。或致有不良之感化及於他學生。故不許入學。即

一對於日本學生亦有此種規定(中學校令施行規則第五十一條第一項)而所謂性行之良不良由學校所審定淸國公使及文部非所與聞

一第十一條之規定與專收日本學生之私立學校認定規則第三條同一旨趣亦非於日淸人之間故設差別也。

右說明書其中容有一二屬於强詞之解釋者。然即强詞而已可因其解釋以爲我權利之保障竊以爲苟如是是亦足也。

日本人皆言此次風潮全由我學生誤解省令吾以爲誤解誠所不能免而所以誤解之遠因則尙有焉平心論之日本所以布此規則其內情實有費人嫌猜之點。蓋兩年前張之洞曾有與日使商約束留學生之事此盡人所曾聞也及今年六七月間外間忽有布取締中國學生之風說日本各報紙言之鑿鑿使果絕無影響則此風說從何而來風說既播我留學生會館總幹事乃質問於公使公使質問於彼外部外部覆答謂絕無其事公使復以告於會館人心乃定此過去關係於此事件之歷史人人共知者也曾幾何時而此規則忽發布然則我政府我公使似嘗與聞此事實有蛛絲馬跡之可尋而日本政府此舉似出於一種陰謀政略亦有不能掩者故學生一見規則而憤怒遂起亦有以召之者矣。及此規則之布。其名稱如此。其內容如此。吾意其與北京政府囑託之原意。必有許多不相應者。但其名稱既如此。其內容既如此。則我學生對之亦宜只認其行爲不認其意志。彼其發機果含何等惡意與否不必問。但其於彼中營利的學校。嚴行監督。既有利於我。復未嘗有他種特別侵我自由之處。然則聽之可耳。即恐其條文因廣義狹義之解釋而生弊端。則亦要求說明要求增加附則或「但書」斯亦足矣。而今乃至是。推原其故。殆由學界中其實親見此規則原文者十不得一。又或見矣。而粗心讀之。於其文法有不甚了解之處。不復措意。其他則或僅見譯本。或並譯本而未見之。（一友言留學生會館貼有此規則譯文與此所譯絕異不知信否本篇將官報原文載於卷端正欲使讀者悉心參校也）積平居種種不快之感情。加以前此極可懊恨之風說。橫亘胸中。故一見規則。不問名稱如何。內容如何。輒相驚以伯有。旬日之間。演成此驚天動地之大活劇。眞不可思議也。吾對於此事。既大驚喜。復大驚懼。曷爲喜。喜吾國民果有此偉大之團結力。八千子弟。心惟一焉。甯犧牲其所最愛慕之學業而不忍國家蒙毫髮之辱。夫此規則非眞辱國也。然以吾心理所認爲辱者則以死抗之。此即所以措吾國於無辱之道也。可喜者一。又當此感情沸亂熱度。

如狂之際乃能從容布嚴重自治令而全學界皆遵守之毫無放縱卑劣之狀態以增人口實是其主動者非徒有破壞力且有建設力而大多數之人既有服從輿論服從法律之習慣也可喜者二曷爲懼懼吾國民常識之幼稚斷事之輕躁遇一問題之起不肯虛心研究其眞相不慮其結果如何而惟憑一瞥之感情以爲標準其異已者則惟挾意氣以排之頗聞此次有少數之維持派並其集會言論之自由亦爲聯合會所箝制而嚋昔在學界最浹輿望之人其受敢死隊之死刑宣告者不知凡幾若此者吾聞諸道路未敢信也使其有之則是法國大革命之小影也山嶽黨所以涸飲巴黎之血而羅蘭夫人之所以上斷頭臺也以大多數血氣用事之人而支配少數之有學識有經驗者且摧殘之此社會秩序所以一破而不可回復也夫安得以不懼也嗚呼全國國民乎學界諸君乎儻肯假一刹那頃稍平其盛氣以垂聽鄙人嘔心瀝血之言也」

善後策如何　鄙人今發布此論實無異與全學界數千人宣戰當大衆熱度如狂之餘以一人孤立於與輿論極端反對之地位其危險寧可思議雖然吾爲學界前途計不忍不言吾爲國家前途計不忍不言雖論文朝布而刃夕剚於吾腹吾猶言之吾將

述善後策。吾懼人之不吾聽也。吾先爲一誓言於此。曰、吾之此論出於吾一人自由意志。非絲毫有所受於人也。吾自此問題發生以後。苟曾與一日本人交談。曾見一留學生總會館之舊幹事等。天其殛之。諸君如肯垂信此誓之不虛也。則吾可以言乎。吾以爲今後對此問題。當敬遵陳君天華之遺囑曰。可了則了。萬勿固執而已。使果能如諸君所希望。竟獲取消。則如天之福。何以加之。若其不能。則要求文部省將其說明書所解釋。變爲正式之公文。就原章追加「但書」予我權利。以確實之保障。斯亦可以已矣

今略擬應加之「但書」如下

(一)第一條附加云『但留學生會館幹事之介紹書有同一之効力』

(二)第九條附加云『但住寄宿舍若學校監督之下宿等與否聽學生之自由。』此條實贅疣也原文本無不許自由之意味何必蛇足

(三)第十條附加云『但性行不良限於刑法上之常事犯罪行爲』加常事二字者。別於國事犯也。說明書尚有由學校審定不經兩國官吏之語。頗屬切要。但此似不必追加。因原文爲「他ノ學校ニ於テ性行不良ナルカ爲」云云。其鑑定權在學校。意氣已明也。

竊聞現今學界所標二大旗幟一曰不受特別待遇一曰要求求學自由夫所謂特別

待遇者謂取締清國留學生之一名號也然此名號全然譌傳旣屬不可爭之事實則此外雖有特別其亦僅矣第一條之特別則凡外國人所皆同也第二條之特別則我所最利也第九條吾認爲特別實非特別也第十條所爭四字之字面又彼中學規通用名詞也如是則何不慊之與有所謂求學不自由者則第一第四第十之三條稍見之耳若能加此「但書」則原文即使有限制我自由之惡意而効力亦已消滅也以鄙見料之彼文部省對於我學界此擧深有所感動其交讓之精神旣已微露若更爲懇切之交涉其必應此要求無疑矣記曰喪亦不可久也時亦不可失也自問題發生以來數千人頓失學業犧牲其無價之光陰於虛牝者倏已兩旬更能消幾番風雨也

談判破裂之結果如何　或者曰丈夫行事當貫初終箇人且然況在團體彼日人方笑我爲烏合今若變初論是適令彼言中也於是乎有持「一錯便錯到底」之說者雖然鄙人竊以爲誤矣孟子曰古之君子過則改之今之君子過則順之豈徒順之又從爲之辭諸君如不認前此之爲過擧也則請取鄙言再平心觀之即極惡鄙人者其勿遽以人廢言若有質詰鄙人願悉應答不敢辭若誠覺其過擧矣則當思此過擧非他

實由愛國熱誠過度而生光明磊落無足爲諱知過而改是益發揚其光明磊落之本相也若曰旣錯甯錯到底耳則此後舉動不過要實其前言純屬意氣用事豈惟意氣用事抑此心先已穢垢不淨非復前此愛國熱誠之本相矣陽明先生之教曰不欺良知諸君前此之良知確見如彼毅然行之此鄙人所爲五體投地也假使今後之良知而確見爲如此則亦宜毅然改之此乃眞不自欺之學也且諸君或未深慮其後耳諸君堅持取消說萬一果能達其目的則鄙人以失言之故雖永受唾罵於社會猶將歡欣鼓舞日高唱學界萬歲不敢有懟萬一而日本政府始終以强硬之態度相持也則我最後惟一之武器只有全體歸國是即諸君所現行之戰畧也抑諸君倡歸國論而必期以全體也毋亦示日人以我團體之大且堅以一雪彼報紙中烏合卑劣之誚淘汰留良之辱也審如是也則必八千人者無復一人苟留然後我之對於日本乃完全足以自豪若歸者逾七千而留者千數百焉而此恥終不可雪何也彼對於歸去之各箇人固不得不表敬意而對於學界團體終不能免狎侮之情也審如是也則今所亟當研究者爲全體歸國能否實行之一問題鄙人有以知其必不能也即今晝諾者紛

紛諸君能保其間必無面從心違者乎況未晝諸者尙不知凡幾也而諸君豈能揮其神力一一柙而出之藉曰吾動之以熱誠脅之以武力大勢既成少數者不患不相就則試問今有卒業士官志願入陸軍大學者諸君其忍使之歸乎今方在聯隊在振武者諸君其忍使之歸乎海軍之就學經爾許曲折之交涉今始就緒其有新派來者諸君忍使之歸乎今在兩京帝國大學者諸君忍使之歸乎今在高等師範高等工業者皆以三四百人之入學試驗而得入者不過十數而諸君忍使之歸乎即今在早稻田大學部法政本科及其他公私立之大學專門學者而諸君忍使之歸乎以鄙人之頑愚則謂就使此規則果爲取締字樣果辱國體而彼輩義不可以不留即其憤而欲歸而同人猶當以忍辱負重之大義相責備傳有之一慚之不忍而終身慙乎句踐之爲厮養於吳甯得曰有奴隸性也雖然吾知諸君之斥我者必有詞矣曰句、踐所忍者一身之辱也吾輩所不忍者一國之辱也求學欲以振國恥耳恥而不恤則其所以活用此學之精神已先失寳此死學何爲也此其義之不合於論理姑勿論以此義適用於此事件爲文不對題又勿論藉曰果如諸君所希望八千人皆歸矣無一留者矣則非特使日本人咋舌即世界萬國猶將動色而相視矣然此等舉動細剖分之果含有何種之性質乎曰中國國民與日本國國民絕交之性質是也此性質何以可貴即兩國國民爲權利上之抗爭而我甯犧牲一切而不肯屈辱故可貴也旣以不肯屈辱而絕交則旣絕後而以客位之資格先溫交情者即爲繼續其屈辱此論理之所明示也而此次之絕交非箇人而國民也使國民中而有一人焉先就彼而溫交情者是即國民全體之屈辱而前此之名譽經此汚點而不復保其價値也則試問此次全體歸國後諸君敢保北京政府及各省疆吏永不復送學生乎且科舉旣廢學生廷試旣行認島國爲終南捷徑者不可悉數諸君又敢保今後私費生永無一來者乎吾恐今雖全體歸國迨明年今日而八千之數又盈矣否亦逮其半矣於彼時也彼日人將冷笑於旁曰子不我思豈無他人吾固早料支那人終必屈於我而我固爲最後之戰勝也果爾則今玆之運動直謂之毫無效果之運動而已更充類以至於盡而曰吾八千人者歸而以其雄辯折服當道以其熱誠感動社會安見不能使自今以往官私費之學生悉絕跡於日本信如是也則此次倡歸國論者之目的可謂完全貫徹而無遺憾也然信如

是也則爲中國前途之福乎抑非中國前途之福乎此又不可不審也夫數年以來國內所以有多少動力者何一非日本學界之反響即諸君所以能有今度偉大之精神者亦豈非學界刺激磨礪所養成也以三四年間所造之因而今者所收之果如是比例推之更閱三四年因愈深厚而果愈光大從可知也若反於此現象此三四年間無日本學界則其能逾於三四年前者幾何比例推之則學界從今中絕更閱三四年後其能逾於今日者幾何又從可知也夫甯得曰今者學界所賫歸之學識已足供給吾國之需要而無俟外求也吾有以信其必不能也不能而曰日本學界可廢絕吾不知其所持論理果何在也爲負氣之言則曰吾甯國亡耳而不肯忍吾所辱以求學此種思想吾無以名之强取譬焉則猶與庖人賭氣而曰我不食也何損於庖人徒自取餓莩耳論者或曰吾之歸國非消極的政策而積極的政策也必歸國然後取消之目的可望達也況歸國猶非我最後之手段吾尚有一武器焉抵制美約前事之師也雖然吾以爲日政府而肯屈讓者則旬日之間當決矣旬日而不決則必其取消之不可能也彼文部當局澤柳政太郎氏不嘗宣言曰雖八千學生一人不留日本決不以爲意

乎。見十七日東京日日新聞然則謂必能以歸國易取消吾所不敢言也夫取消之難。吾既詳言之矣。使其終不取消則我所謂積極的政策全屬無效有盡歸於消極的而已若夫抵制日貨則誠足以制日之死命。雖然。抵制日貨之實行有視美貨更難辦到者吾恐亦成理想上之一佳話而已且此規則之解釋既如吾前此所云云。今以區區小故而濫用此最後之武器毋乃蹊牛於田而奪之牛乎漢臣曰脫有盜長陵一坏土何以待之吾以爲此武器當有適用之時而以此問題爲動機恐牛刀。割雞喪其効力而已而論者固又曰。求學豈必日本。彼歐美其又日本之本師也。吾將謀學界之大移殖。誰能禦我。雖然吾以爲此强詞耳夫預備留學歐美之財力與預備留學歐美之學力其所需皆倍蓰於日本此論者所能知也今學於日本者十人中能有一人學於歐美斯云幸也而安見移植之足云也且問以何因緣而必須移植則曰以相驚以取締之嫌疑故率此以往苟眞能移植而以八千人任聚於何國之一都會吾恐此發嫌疑之嘗試我者則日相接也吾又相驚而又移植焉幾何其不爲宋人之苗矣嗚呼吾所以不憚以一身爲數千學生之矢的而曉音瘏口以作此最逆耳之言者無他焉誠不忍見東京學界之解散而已東京學界之社會雖不無缺點然在中國現在種種社會中吾敢言其爲最良之社會無疑也且勿論其將來所收之果何如即以現在論而監督當局指揮與論已隱隱共認其潛勢力此潛勢力非一日所致積四五年之時日刻刻爲有機體之發達及於今而進化階級適至是也如箇人然今方在成童之期前途希望如海如潮而忍以薄物細故自經於溝瀆也頗聞主破壞者之說曰吾將挾此社會超東海而更建設之於上海、嘻此又空花之夢也竊計此次歸國團體中盲從者居若干脅從者居若干焉其眞出於國恥觀念者得半已云幸矣而此半數中往歐美者將若干焉歸鄉里謀於地方上有所建樹者又將若干焉又去三之二矣若是乎其能居上海以繼續此社會之遺產者十人中最多得一二耳以一有機體之社會而驟減去其員數（即組成社會之分子）十之八九且移根以植他地而謂其能成立乎吾知難矣即使成立則亦別添附些少之原子於上海之學界社會而必不能指爲東京學界社會之相續者章章明甚也然則最良最有力之東京學界社會竟因此區區意氣而澌滅也夫使其事件果屬於國權的關係則犧牲小羣以保全大羣猶可言也而所爭者毫無輕重則若彼而乃以前途最有希望之團體殉之。雖右手撫吾胸。左手捫吾舌。吾猶曰期期以爲不可也。

嗚呼。往者不可追矣。自問題之發生。僅逾旬日。而歸去者既數百。其他則以汽船人滿。不能飛渡耳。吾每見一歸者。未嘗不爲之痛心。未嘗不曉音瘏口以挽留之。而往往盛氣相淩。曾不肯一畢聽吾言。吾望其歸帆而不知淚之承睫也。其間如川陝雲貴甘肅諸省。經半歲跋涉。始達此地。初志未遂。勉賦歸歟。又有一二省。前此絕未嘗一度派學生。今僅有來者。方共希望之爲輸入文明一樞紐。業未竟而遂破壞之。言念及此。眞可爲仰天長慟也。其有志欲留者。又爲威力所迫。不得不曠課。彼特爲中國人而設之學校。一停俱停。所損失尚不甚大。其與日本人同學者。坐犧牲數旬之功課。他日補習。何等困難。嗚呼。此次主動諸君。其寧不憐念乎。前此以愛國之故。致生誤解。熱誠成狂。不遑計此。固無足怪。自今以往。若猶以鄙人之言爲足採也。則鄙人望諸君之有以善補過也。抑諸君此舉。其足以增我學界之光榮。保我學界之權利者。亦既多矣。何也。法文解釋。本有異同。廣義狹義。效力全異。若無諸君此舉。則文部省未必發此說明書。即欲其迫加但書或亦甚難今有此說明則如第九條既從狹義解釋第一第四條既從廣義解釋彼即有陰謀欲束縛我而既已無效此皆諸君之賜也以團體如此之厖大如此之整齊如此之決心使日本人乃至世界人自今以往咸知我學生之果不可侮我中國之果不可侮此又諸君之賜也。然則此次所收之果亦已豐矣過此以往則亢龍有悔之時也鄙人不敏。深望主動諸君推其光明磊落之本懷。一轉方針爲東京學界謀善後之策豈惟東京學界賴之抑中國前途實將賴之

稿既成。上海時報郵至見其十六日報來稿欄。載有東京留學生抵制取締公啓。有不能已於言者。今節錄其原文略辨之。

東京留學生抵制取締公啓（按取締二字有約束意）

（前略）今十月。日本國報紙載有取締清國留學生規則中二條有爲校外取締者一則指定住宿不准移轉一則既經入校不准退學吁是何言歟。是何言歟。夫取締留學生之法爲全球萬國所無我國之留學於各國者不聞爲之取締卽日本維新以前亦曾留學歐美而歐美亦未嘗取締之（中略）况彼之指定住宿而不准移轉。則任彼店中之小使女僕。皆得挾制學生。而飲食起居。隨其極端苛待亦只徒喚奈何而已使

其可以退學。則當苛虐難堪時。猶可退學返國。無如彼更不准退學也。不將俯首帖耳。含垢忍辱。以待取卒業証書乎。（中略）且不准退學。則無論彼之學堂。如何腐敗。一朝失足。必滿期始得釋放。是何異監獄之限人乎。日本民法除法定條約禁止。外外國人皆同享有權利。而其國法之權利一節。自由權九種。有住居移轉。身體。請願。四者之自由。今乃不准遷居。是無住居移轉自由也。不准退學。是無身體請願自由也。奪去自由。即失其人格。以留學而失人格。士氣安在。國體安在。（下略）

辨曰。原文謂取締二字有約束之意。未免曲解。日本之會社司理人名曰取締役。豈得曰約束役乎。況此規則名稱。實無取締字樣。則此二字之意義。實可不辨。

又原文謂規則中有既經入校不准退學二語。全篇指斥此事。至再至三。但原章具在。試通觀之。曾有此語否乎。然則作此公啓者。必未嘗見規則原文無疑矣。藉曰既見之。則有意改其條文。文致其罪。以助煽動力也。豈知今方將與人抗爭。則其所憑藉以爲爭之材料。不可不正確。不正確則其効力全消失。是取敗之道也。以此爲戰略。竊爲主動諸君不取也。其謂指定住宿不准移轉。則其是否前文辨之已明。

又原文引日本民法除法定條約禁止外。外國人皆同享有權利云云。其所據者大約即民法之第二條。如吾前所引者。但其原文實爲「外國人ハ法令又ハ條約ニ禁止アル場合ヲ除ク外私權ヲ享有ス」法即法律。令即命令。與條約而爲三。此其義本甚明而著者乃改法令爲法定。試問法定條約四字。復成何種文義。且原文中之「又ハ」字當作何安插耶。法律之文一字不容苟簡。如此引法文。未免太鹵莽矣。彼日本民法原取人類平等主義。故其第一條云「私權享有始於出生」一言凡人類生而享有私權。即外國人亦然。除公權爲外國人所例不得享有之外。若私權則固自平等也。雖然。以其爲外國人之故。故得以法以令以條約限制之。是所謂例外也。是於平等中有不平等者存也。此種法理。吾前既言之矣。至其所謂自由權九種。殆指彼憲法第二十二條至第三十條所規定。雖然。獨不見此九條文中每條之首皆冠以「日本臣民」四字乎。我輩非日本臣民。豈能援以爲例。夫外國人不受憲法之保障。此法理所明示矣。故我苟欲與彼爭權利。惟宜引我與彼所締條約以爲後援。而不能引彼之憲法以爲後援。（法律命令所規定本國人之權利義務不得觸背憲法法律命令所規定外國人之權利義務不得觸背條約其位置正相當）爲此說者。直取笑於人耳。其餘各端。前文辨之甚詳。不再贅。

又同日時報要件欄。載東京學生寄來此規則譯文。其中實有誤譯之處。不能不爲糾正。今條舉之。

(一)該譯本於此規則之名稱。譯爲「公立私立各學校關於清國人入學之規則」。若照此意義。則其原文當爲「公私立學校ニ於テ清國人入學ニ關スル規則」方爲脗合。今原文實爲「清國人ヲ入學セシムル公私立學校ニ關スル規程」則當譯爲「關於許清國人入學之公私立學校規程」也。如彼所譯。則此規則爲對於學生而設。如原文。則此規則爲對於學校而設也。

(二)第一條第四條第六條之「清國公館」字樣。誤譯爲清國公使館或清國公使。

(三)第八條第二項。原文爲「學則中清國人教育ニ關スル規定」。譯爲「專關於清國學生之規則」。語意有輕重廣狹之別。

(四)第九條譯爲公立或私立各學校已受文部大臣選定者。必須使清國學生在其寄宿舍或在其監督之下宿屋以便取締。果爾則其條文當爲「選定ヲ受ケタル公立又ハ私立ノ學校ニ於テハ清國人生徒ヲシテ必ズ寄宿舍又ハ學校ノ監督ニ屬スル下宿屋ニ宿泊セシメ以テ取締ヲ便ニスベシ。」但其原文不爾爾本篇首葉所載。可對照。

阿里士多德之中庸說

觀雲

於古代開化之時期中東方則中國之孔子發明中庸說西方則希臘之阿里士多德亦發明中庸說歐洲之視阿里士多德亦猶亞東之視孔子而其說乃有不謀而合者噫奇矣夫以今日地球交通東西各家之學說皆得互相比較若會諸學者而互相談論於一堂之上然以東西人心風俗之異故學者立說亦往往互呈歧異之致而不能合一若孔子與阿里士多德之中庸說殆所謂東方一聖人西方一聖人此心同此理同者試比附彙類而觀其理固學者一有益之事焉

孔子之中庸說今有一中庸之專書雖然中庸之理孔子所應用之處甚廣學者欲知孔子之中庸說決不當僅於中庸一書求之若徒以中庸一書中求中庸其知孔子中庸之理也淺矣然則孔子之中庸應用說果何在乎曰孔子之學說中實皆含有此理

今姑不能一一具陳試畧舉其一端而學者即可以此類推之如孔子之於詩也曰可以怨夫詩之所謂怨者何基於人之不能遂其情而發爲咨嗟太息之聲者也故饑者思食勞者思逸至於孤臣放子棄士窮人莫不得謳歌其憔悴顚連不得已之衷情使孔子而欲絕人之情則必不許人之有怨矣孔子知夫怨之不可遏遏人之怨必將至於放決橫溢而爲世禍故人之怨則許之而怨而至於怒則不許之然人以既得申其怨也亦遂不至於怒（由孔子之理推之猶之立憲政治之下許民之言論自由而若過分之暴舉則爲孔子之所不許雖然民既得言論自由則其氣平而過分之暴舉亦自可以免矣）夫若民之不得於情而不許其怨是一極端之所爲也然既不許人之怨則民必至於爲過激之反抗而怒是又一極端之所爲也而孔子擇一中道而行之則兩極端之弊可以免是孔子中庸說之應用於事之一端也餘若樂而不淫亦類此於詩見之於易見之於春秋於禮亦見之非獨於有中庸之字之處見孔子之用中庸於無中庸之字之處亦得見孔子之用中庸蓋中庸者固孔子學說中之一大根本也

欲知孔子之中庸說其理畧如是孔子之書具在固不必陳茲欲言阿里士多德之中庸說阿里七多德之說吾人所知固不能如孔子說之詳且經輾轉傳譯吾人之所得

而見者。又不能如孔子說之眞。雖然。今但取其所得聞者而言其立說之精粹直不讓於孔子。且若但取中庸書與之相比則所謂白刃可蹈中庸不可能等語尚不免有詞章之張飾語而阿里士多德分條析理所見更深蓋阿氏固長於論理學者故其立言尙貫通而不尙鋪敍雖僅得窺見其一斑而其說固自足珍於學界也

阿里士多德之言德也以爲一無過不及習慣之中庸性是也蓋從阿里士多德之攷以爲凡若吾人感情之發動若喜怒哀樂等事（中庸之言喜怒哀樂發皆中節可參觀）無所謂善亦無所謂惡所謂善者以自然感情之發動服從於理性指導之下避於過不及之兩極端而能遵一中道而行之軌轍是也然則所謂一中道之尺度者何乎則阿里士多德以爲是非若數學的絕對的有一劃一規則之可定而各有其事其人其地其時之不同故此之所謂中道或非彼之所謂中道蓋人類生活爲種種事情之所輻輳而成而應此種種事情之發生不能不有種種之行爲以處之而於此種種行爲之中或者過乎其度或者不及其度皆不免陷於一偏而不得稱爲正當之行夫人之事情雖多而於千差萬別之中實無不含有正當之理在是即所謂去其過不及之兩端而得其中庸者也然

則吾人何爲而能知中庸乎則阿里士多德仍取梭格拉底之智論（但與梭格拉底之智德合一論其理有異）以爲非從吾人之智力發見之其外無道其說具於阿里士多德之智的德性論中。茲不及陳。然則吾人又曷爲而能行中庸乎則有阿里士多德著名之習慣說以爲必先訓練其意志使常實踐其理性而得避感情之衝突而從馴熟反覆之餘所得之一良結果是也

按德國斯古拉伊摩愛爾氏分解道德之本原爲三種一曰善二曰德三曰義務善者吾人所追求而欲到達之一目的是也（大學謂在止於至善）德者養成爲善之一習慣是也義務者所當負爲善之責任是也此道德三分法爲倫理學中金科玉律之言而養成習慣爲德之說其原實本於阿里士多德阿里士多德之學說其沾匄後人亦多矣

此阿里士多德中庸說概論之大畧也。試進而觀阿里士多德所分列之諸德。

一勇氣　此德者怯懦與疏暴之中庸云　凡人於遇不可不遇之危難一無所恐奮起而當之者是勇氣也　雖然可恐而不恐與不當恐而恐者是皆不得謂之勇氣」

二節制　此德者制限情慾得宜之中庸云　凡人有願望之物必擇其在當可願望之時而又於其所願望之度量不可超越若於不可願望時而願望又或超越其適量之願望是皆不可謂有節制之德者　若關於財貨飲食等諸慾情常調整之使不感其苦痛而又不使溺於耽樂是也

三適度　此德者奢侈與吝嗇之中庸云　吾人關於所有之物以適當之法使用之德也。

四義豪　此德者浪費與刻薄之中庸云　此專爲富貴人所有之德蓋中產之人僅能爲豐儉適度之德而欲博施行仁究爲其資產所限而有所不能若夫居社會之上流而家貲饒足者不可不更有一義豪之德而阿里士多德又分此德爲二一爲公衆振興有益之事業不惜投其所有之金錢而爲之是爲對於社會的義豪之德一己之友人遇有窮乏急難之事則周給之或又以事機如喜慶誕辰等事而散貲財以濟窮寒之人是爲對於個人的義豪之德

蓋凡富貴之人非浪費則刻薄而最下者爲已則浪費而待人則刻薄兩極端之惡

皆備若義豪者不失於浪費而又不失於刻薄之德也　按阿里士多德專設一格以待富貴之人然富貴人之可書名於此格者寥寥而阿里士多德於其已身則實行之史稱阿里士多德之逝也其遺產金貨二萬五千弗遺言皆配分於其親族云

五自重　此德者傲慢與卑屈之中庸云　夫人多不自認其爲人之價値故非尊己而卑人即至尊人而卑己若有自重之心則其爲人也志趣高尙行爲正直不畏富貴不欺貧賤不爲諂譽人之事亦不爲誹謗人之事對於仇與對於友均以光明正大出之而不包惡心其步武也整齊而莊重其談話也信實而眞摯非有關於國家社會之大事者不屑營其志意不肯處卑下仰人之位任人之事必視其有何等之位權而後受按此爲有志氣者所同諸葛武侯若非三顧而處以上位彼寧窮臥茅盧而不出伊尹太公亦然不問其權位而即肯受事者必小才也有道自信之士若相待之權位不與吾之材器相副惟有謝事不受而已而亦無貪權位之心若不合於時即歸臥林泉棄其權位而不惜夫世之人往往因遭遇時會乘幸運而得取高位膺顯秩遂自視其聲價頓增十倍以爲天下人不能及我若此者實以外物爲輕重而入於驕慢之途若夫有自重之德者初不爲富貴而自高其志氣雖當窮餓落魄之時已具不屈不撓之志節屹然履中道

而不懼者也

六　關於名譽之德。不列表語。此德者好名與匿名之中庸云。

七溫厚　此德者激烈與遲鈍之中庸云　對於事情境遇之可怒而又不可不怒者。求其適當一方法之謂。蓋人往往有以怒之之故而至失其平日之常度然亦有反之至于當怒不可不怒之時而亦不敢怒者是則愚鈍之人也無感覺之人也否則有卑屈奴隸之心之人也是皆兩失其正也

八正直　此德者狂妄與謙下之中庸云　蓋人之處世也往往不自知其一己之眞而失之於矜傲反之則又往往過爲撝謙而置已於一無價値之地位必也已之所有則以爲有已之所無則以爲無已之所知則以爲知已之所不知則以爲不知凡事皆道其眞是所謂正直也

九圓智　此德者朴率與黠慧之中庸云　夫人之與世相交也不可不求其適於交際之道而或失於野鄙朴陋或失於戲謔文巧矯兩者之弊而善用之是所謂圓智也

十平情　此德者剛愎與阿順之中庸云　蓋人之相處非好爲爭論反抗則必爲阿意承旨矯兩者之弊而後平情出此非獨適用於少數之友誼中凡對於國家社會公衆之交際皆不可不如此故平情之適用其區域蓋甚大也

阿里士多德分列之德畧如此蓋據阿里士多德之說以爲吾人之精神有感情有理性感情之所發往往向一極端而馳而一至極端即陷入於惡之中又此之極端爲惡反而至於彼之一極端則亦爲惡例若有粗暴之惡而與粗暴對立之一端即有卑怯之惡夫兩極端爲惡而兩極端之中間即有一善之存在例若粗暴與卑怯之中間則有勇氣之德傲慢與卑屈之中間則有正直自重之德吝嗇與奢侈之中間則有適度義豪之德推之他事無不皆然。而此所謂中庸之德者其發生之因緣又若何乎則阿里士多德以爲生於人類萬事相互之一關係例若關係於苦痛之事而後勇氣之德生關係於快樂之事而後節制之德生關係於社會生活之事而後正義之德生由是言之吾人對於萬事。無不有一中庸在吾人之感情或至爲盲目之衝動而吾人之理性即所以求中庸之權衡也阿里士多德又爲之言曰吾人若稍違乎中庸或不足責

至違中庸之甚則吾人不可不起而責之若如阿氏之言則凡所謂驕傲卑諂奢侈吝嗇之人皆得加以社會之箝制力者也甚矣阿氏之重視中庸也

阿里士多德之學說中。於言社會之道德。又重正義。而於正義之中亦含有中庸之理在。正義有兩種一普通之正義。一特異之正義。普通之正義。茲不及陳。所謂特異之正義中。又分而爲三。一分配的正義。凡一羣中之財產名譽不可不應其人之功德而分配之分配之當可謂之正義分配之不當不得謂之正義是也（觀此知阿里士多德已含有社會主義之思想）一償補的正義於一羣中有被害者不可不以損害同量之賠償額課諸加害者之身是也一交換的正義例若相交換者一以其品之良一以其量之多不可不使其價値足以相抵而得其保其平衡是也於是三者之中若分配之不正義則賢智之人不得財產名譽而愚不肖之人反得之則愚不肖之人幸甚而賢智之人不幸甚是非中庸之道也又被害者不得同量之賠償則加害之人利而被害之人不利是亦非中庸之道也又若交換之事我不欲以不正加諸他人之身我亦不欲從他人而加不正之事於我反之而於一方以行其不正而得利則於一方必以他人待我之不正而致失利是亦非中庸之道也故曰阿里士多德之正義說中蓋亦含有中庸之理在也然則中庸說者東方則孔子取以爲其學說之一大基礎西方則阿里士多德亦取以爲其學說之一大基礎故其所應用者若是其廣也

中國孔子之言中庸也其後無繼起者而希臘阿里士多德之後有名之斯多噶學派出（斯多噶學派重實行堪艱苦畧似中國之墨子羅馬武士之氣風多受斯多噶學派之影響）則亦取阿里士多德之中庸說而用之斯多噶派之言德也以爲德者何乎則精神合理而得乎中庸之狀態是也反之而若爲慾情之所驅使則謂之精神之狂態故從斯多噶派之言合乎中庸謂之德反乎中庸謂之狂而於論富貴與健康也即應用其理蓋從斯多噶學派之所攷以爲凡物質等事無所謂善亦無所謂惡在用之者之合宜與否而已故若有一貧賤與富貴疾病與健康彼賢者亦不必固取貧賤而辭富貴取疾病而辭健康蓋富貴與健康其能爲吾人道德之助力者自多於貧賤與疾病之境然人以得富貴健康往往以不善用之故遂因之而增惡德者此實際上所屢見故吾人不必避富貴健康要在得富貴健康而善用之以求其合宜蓋富貴健康無善惡之區別而從用之之合宜不合宜而善惡之事始

生其所謂合宜者即合乎中庸之理與否此斯多噶派之中庸說也又至近世紀夏甫志普利氏之學說出於感情上立道德之基礎（凡倫理學說有於智上立道德之基礎情上立道德之基礎意上立道德之基礎等派別）若吾人所有利已利他名譽等一切之情欲皆爲其所認許而在不必去除之列（按倫理兩派或認情即爲惡而欲去之者或以情爲非人之所能去但當有失以制馭之使不爲惡而容情之存在者人抵古說及宗敎家多屬前派而今說多屬後派中國古代之道德說亦屬前派）然則吾人既有此情欲之存在曷爲爲之而可謂之爲道德乎則夏甫志普利氏即持其中庸之說出以爲吾人所有之情欲能保其適當之權衡爲善若奔於過度與不及之兩極端則皆爲惡今畧舉其言例若利他之情人之所謂善也雖然奔於極端則亦可認其有惡在如父母之溺愛其子反使其子陷入於不肖者是也又若利已之情人之所謂惡也誠哉其惡多出於利已者之中然有時於爲善有不可不用其利已之情在例若人之對於其一身各有其自當保護之責任若人而皆無自保其一身之情不僅危其一身延而危及於種族危及於國家者是也又若吾人不可不自愛其名譽然若過於好名必至精神爲之不安日月爲之失閑故名亦爲吾人極不幸之一事是也其他種種之情欲無不皆然要之吾人對於所有之情欲不必去之當從而調和之而使合乎中庸之一均

衡。此夏甫志普利氏之中庸說也。凡西方繼阿里士多德之中庸說。其畧有如此者。

按希臘哲學之思想。大半含於其古代之抒事詩箴言詩等之中。今攷中庸說。於箴言詩人之中亦早言之。如福里兌士戒人有過度名聞利慾之心。而以知足適度合乎中道。爲人生最可貴之第一義。又兌古尼士亦以爲人當居富貴而不淫。處貧賤而不亂。適度知足而守中庸。是知慧之最高也云云。是即希臘中庸說之濫觴。而阿里士多德氏之先河也。雖然凡各國最古代時之說。大抵不過古人道其處世上實驗之經驗。尙不免屬斷片的格言。與組織而成爲學說者有別。故徵希臘之中庸說。固當自阿里士多德始。

夫中庸之說。其可應用於萬事者甚多。舉其最要。則若氣質之中庸配合說。爲關於陶冶人品之必不可少者。蓋當古代希臘之時。已分人之氣質爲四。曰多血質。膽汁質。神經質。粘液質。今尙沿其名而於下加以釋詞。若以多血質爲快豁性。膽汁質爲剛愎性。神經質爲鬱憂性。粘液質爲冷靜性。凡質名者古義。性名者新義。今學者之分人氣質多從此。夫人之禀有四質也。若失於一偏。則皆不能無弊。而多至爲人格之累。故不可不有陶冶氣質之法例若多血質之快豁而失於輕浮參以神經質之鬱慮膽汁質之剛執粘液質之安靜而後氣質上之作用方能抵於完全之域其餘之氣質亦然故人不可不自知其氣質一偏之所在而於親師取友之間時有以調劑之而敎育家尤以此爲最重要之一事若以氣質分學生之功課定學生之坐位而於居處游戲之間亦應用此法於一校之中以學生所有之氣質自相陶鎔若不能審明其氣質則敎育可全歸於無功又敎師及父母皆不可不自審其氣質及關於年齡上所近之氣質而自調理之（如少年敎師有多血質之弊老年多粘液質之弊皆當矯正）蓋人之氣質旣限於天而不能無所偏而家庭學校之敎育及社會之交際實無一非陶成人氣質之地彼此互相磋益以抑其過而補其所不及是即一中庸說也其應用於餘事畧若飲食所以養身而過飽則足以致疾體操所以習力而過勞亦足以傷身又若醫者所用之劇藥毒藥皆有其一定之量在其量之中而足以治病溢其量之外而即能致禍然則以抽象而言謂凡事多含有中庸之理在可也

今之駁中庸說者。謂所謂無過不及者。將以何者爲尺度乎。若無此尺度，則人不得所依據而中庸說卒歸於無效。顧中庸說之不能立一尺度。此在阿氏已言之矣。雖然欲因此而廢中庸說則過也無論世間萬事亦有不必盡合乎中庸而可稱爲善者然以合乎中庸爲善之事固甚多且學說以求進境爲貴則對於中庸說而求其尺度此爲批評家所應有之問難謂推翻中庸說寧可謂爲欲補救中庸說此觀近世學說之一通例必以其有駁詰之言遂疑其說爲一無足採則聽之者之不審矣惟其間有當辨者一派僞中庸說之必當排斥是也此最爲鄉愿之小人所易竊取如見今時過新之不可過舊之不可則欲捧而處於不新不舊之間以取利而謬託爲中庸孟子所謂惡是而非德之賊者此類是也是固爲孔子之所不許而亦爲阿里士多德之所不容者也若夫眞正之中庸說其價値自存在於萬事之中故因我國之固有中庸說而復擠取希臘之中庸說使人得觀東西學說之通焉

（完）

論道德與法律之區別

定一

序論

客有問道德與法律之區別于咀雪子。咀雪子曰。是難言也。雖歐洲之大學者。諸說紛紜莫衷一是。無已。今姑就英國之碩學者和耶德氏之說而解釋之曰。夫法之廣義解釋。働作之規則也。蓋宇宙之間森羅萬象一舉一動。未有不依其支配一定之法則。即彼之日月星辰之運行回轉禽獸草木之榮枯盛衰以迄雲行雨施風飛砂舞皆有一定不變之規存乎其間從其法則則有同一之順序是皆由有形學上而論定者也而吾人從此有形學上働作之規則于生老病死之外又有無形學上働作之規則二一支配行爲屬于外部者爲法律一支配心術屬于内部者爲道德今圖解于左。

法律

法｛有形學上動作之規則（關于行爲者──法律）
　　無形學上動作之規則（關于心術者──道德）

要之法律者重于人之行爲之務而道德者概屬于人之心術而不外于人間交際之務也此說諸家大約一致無甚差異然此種區別之由來實始于中世以後文物漸發達之時代往古學者罕有論及觀羅馬法學者亞爾比央氏所云『法律學者關于人事神事智識之正不正之學問也』則往古推察法學之狀況亦即此可想見矣往古既無實際上之區別則請言往古理論上之區別

孟子盡心章云桃應問曰舜爲天子臯陶爲士瞽瞍殺人則如之何孟子曰執之而已矣然則舜不禁歟曰舜惡得而禁之夫有所受之也然則舜如之何曰舜視棄天下猶棄敝屣也竊負而逃遵海濱而處終身欣然樂而忘天下是明于法律與道德之區別者也何者桃應之發此問也其意以爲舜雖孝子而其父瞽瞍殺人是則天下之罪人也固不可以私害公臯陶爲法官則可以逮捕瞽瞍蓋臯陶之心知有法而不知爲天子之父是所謂有所受也所受者何職權是已司法官既受職權則必全之夫如是則

司法權然後能獨立國然後能治不可因行政長官之令而廢可廢則司法官之職權遂被行政官所蹂躪矣是孟子之所以答以舜惡得而禁之一語然而舜之心則唯知有父而不知有天下也不寧惟是瞽瞍若一旦爲天下之罪人則視富貴猶視草木脫然棄九五之位負父而逃則爲法官者但知有法而不知天子之父之尊爲人子者但知有父而忘天下之法之重一所守者在法律一所守者在道德二者之趨雖殊而其所守者則一或將赦之是欲全道德而破法律者也或依天下之法舜不救父之刑是欲全法律而破道德者也彼此各守其本分本分不守則又烏得稱爲聖人賢者哉抑

論語云葉公語孔子曰吾黨有直躬者其父攘羊而子證之孔子曰吾黨之直者異于是父爲子隱子爲父隱直在其中矣是爲人子者不盡其本分告發父之惡事而自以爲自直者也于斯之際則莫若父爲子隱子爲父隱是爲天理之極人情之至則所謂道德上父之父子之子者非耶彼葉公之所以稱爲直躬者是以道德與法律而混同固非可以與大舜皋陶之徒同日而語也然在日本尚有酷似此者同其迹而異其心者之一事其事在德川時代鹿本爲春日之神使有殺之者處以斬一日果有殺之者

法律　四

官求其罪人百方不得遂下令于天下曰頃有殺春日之鹿者知而隱之者則罪三族訴之者則與之賞此令出三日忽有一人詣廳曰我能殺鹿者告之能賜我所希望者乎奉行大喜曰諾其人曰殺鹿者我父也奉行且驚且責其賣父曰汝以子訴其父而欲賜賞然則所望者爲何其子潸然淚下曰我所望者唯我父之一命耳冀明吏赦其罪以之賜兒奉行始感其孝心遂赦其父之罪幷賞其子是始可謂明法律與道德之區別而又能全二者也不然拘泥區區之小愛强隱其父之罪即或能緩一時之急然一旦爲他人所告發則不僅父之一命不可救而一家之族滅亦隨之矣是豈孝子之所能忍耶又何足道哉至若因貪金銀珠玉之私慾而訴其父者則固僅一獸畜而已矣然而此兒初從法律則全法律後依道德則全道德謂不知二者之區別而能全二者則又其誰信之

以上所叙之事實是爲實際問題固非由理論上而論究法律與道德然亦可見法律與道德之區別畫然不可混者也余既以事實證明矣今請更進而論之何則法律與道德者其畫然不能混而生區別也既如斯則欲論究是非亦人間固有之本性也敢

問人間固有之本性者何也曰良心與意思之自由是已抑吾人之心意有感情之動有智力之動感情者褒善擯惡行爲者也智力者正定行爲者也邪者旣判對于善或正者是爲積極的可爲之奬勵認定惡或邪者則斷不可爲之心意之命令起而有時自已或自已之心意發此命令而不尊奉者有自顧不耐痛苦悔恨之情若一旦尊奉有自省不禁悅樂滿足之情之能力是即良心矣然在于人間若發自已之良心欲從勸告的或禁止的之命令能從者是固完全之道德的生類善惡邪正不復須問也雖然人間欲各自遵奉自已良心之命令決非挾泰山以超北海之類是爲長者折枝之類耳故遵奉與否在于自已之分別如何是之謂善惡之選擇善惡之選擇者意志之自由也旣爲意志之自由吾人行爲之善惡邪正決非人形之一擧手一投足有若機械的者然思善則善思惡則惡云正云邪亦皆然也然則吾人自已之行爲善惡邪正其責任皆不能免無待論矣約言之則人者良心及意志之自由初即有道德上之責任者也

既有此責任遂因此盡責任與否而生道德上之制裁何謂道德上之制裁曰善則有

善之報酬惡則有惡之報酬而今分其種類爲三一曰自然之制裁例如支那人之嗜阿片故夭折者多二曰輿論之制裁例如猶太種族之貪慾故擯斥者多三曰內心之制裁例如撒爾遜民族之慚愧性故自殺者多然就右三類而言以確定之權力强而論之何者善何者惡則邪惡之事雖其人無感覺者亦知其不可也或妨社會之安寧或害公衆之幸福然茲於人類相互之道德上繼社會之安寧保公衆之幸福劃晰部分特定權力之强行即附主權者之制裁則其始而法律生故道德爲有制裁而可言者也法律則無制裁而不可言者也由是觀之道德者中心樂爲之守之而法律者則不過積極的命其爲善消極的禁其爲惡者也何則蓋法律之所以由道德而分派也僅依防禦的之必要而生今以喩明之道德者由水之淸濁而論者也則法律者其激也爲怒濤決堤嚙涯道德者由空氣之純雜而論者也則法律者其動也爲烈風拔木飛瓦總論之則一務其本一治其末一修其內部一壓其外部一損己利人一利己害人二者之區別如是而已一爲人若批我左頰我又向我右頰之說一爲我爲護右頰不妨批人之左頰之道故法律之與道德亦猶樹枝之于樹幹之所由出者雖分而不

能分者也

今試列舉其相異之點（第一）法律之要素爲禁惡而勸善之點頗缺乏（第二）法律發現于人之行爲外非加制裁不能禁止人內心所抱之惡念（第三）縱令惡念發于行爲上實爲社會之罪人然非觸法律之目不得罰（第四）縱令即觸于法律之目僅能照既定之規則而罰之無明文時又不能罰（第五）既罰有明文者然其罪重于非常時又不能與正當之罰例如殺一人處死罪殺百人者亦如之其罪不同其罰同未得刑罰之衡平者也（第六）若犯罪人之權力甚强法律上有抵抗之力時是亦不能罰（第七）法律時變更不免有今日法律有罪而明日無罪之事以上列舉皆輓近學者之所稱道者亦足以知二者之別也

雖然道德與法律之差異又不僅此時相背馳（一）法律罰而道德不罰之時（二）道德罰而法律不罰之時要之其所以相背馳者蓋道德爲人觀察一私人而法律爲人觀察社會之一員之結果既爲觀察一私人故其心術不德而其跡未顯然于社會者則罰之既爲觀察社會之一員故其跡破社會之秩序而其心術雖嘉者亦罰之然則

道德之與法律之區別概可知矣

法律

本論

觀上所言則二者之相去不啻吳越然是唯見其末而未見其本者也苟反其本則二者之關係殆不能離矣蓋法律者元爲維持社會由道德分派猶道德之庶生子也勿論能爲正當之嫡子與否由其血脈上而論之固不失爲一家族然此庶生子擡頭振手之時果在何時耶言其宗族則依道德之衰微請試放吾人之想像遊于悠遠之太古世界以處二者之關係如何當此之時地上幾多之生靈猶是嬰兒之無邪氣取虆虆之木實而食之掬潺湲之流泉而吞之固無自他之念彼此之別眞是無爲百代之民即老子之所謂逍遙于虛無淡泊之天地者也然如斯者有年人類次第蕃殖而結局從來之生活法衣食住之供給往往不應其需要于是人人始生貯蓄之念抱區劃之心而於是自他彼此之別亦生焉自他彼此之別生則爭鬪隨而起而因鎭定此爭鬪推選一人之長者百事是聽顧長者唯勿偸他人之菓物勿侵他人之穴居僅以此單純之禁止期社會之平和然而人慾一指不可復除往往有犯及禁止物者始而以

外部威力束縛之必要生是所以依賴于道德者也然而道德僅正一私人之心術而保社會之秩序缺點殊多苟欲補之則必更取道德之一部分而附之以特定權力之强行者是之謂法律然則法律之必要者由道德之衰微而起其起也所以補道德之衰微者也

賓札廛 Benthiam 英國之哲學家（1748—1832）曰說明二者之關係如大環中劃小環焉大環者道德也小環者法律也若依所言則二者之關係尙不能明晰余今別劃一圖以示二者關係之密接云。

右圖勸善懲惡之二圈皆屬于道德之範圍懲惡圈之方形則屬于法律之範圍社會之保存上尤爲必要之部分亦所以補道德之缺點者也蓋人類之言爲行動千差萬別不能一定徐而察之其間又有不動之二大元則之存在吾人由此二大元則而立由此二大元則而行一日半時須臾不可離者也然則二大元則維何一曰吾人于社會行自已之自由而不可侵害他人之自由二曰吾人不僅不侵害他人之自由且須

爲他人爲謀換言之前者誡惡者也後者勸善者也然惡之名亦有別焉自社會上而觀察之則有直接害于社會者有間接害于社會者而法律者罰止其直接害于社會者至於間接害于社會之部分道德任之矣至若間接直接皆欲罰之刑之所及豈有窮極耶所謂商君之法如斯耳彼之用于秦而布法于天下也其法深刻有步過六尺之罰有棄灰于道之罰何其酷薄若是步過六尺有何罪棄灰于道有何罪或曰秦欲雄飛天下借他國士民遠征他國時攀羊腸之山間之幽蹊時越巍峩之雲間之峻嶺若平生濶步大道之習慣遭此必困故豫限六尺過之者所以罰也然則罰灰棄于道之理由又如何曰苟欲遠征斯其尤要者有關係于軍馬也故馬經曰馬性畏灰馬駒遇之輙死秦之所以禁棄灰者爲畜軍馬計其間接中之間接者則罰五時以上之寢罰三碗以上之食在干戈兵戰之間時或徹夜時或失飲食若貪五時之寢求三碗之食者當時不可不忍耐之如斯論法是奪民之眠食干戈未動而民先疲勞飢餓或斃死相繼苟人民先疲勞飢餓斃死夫誰於兵戰之是從也其遠慮之不合理世復無有如斯者宜乎一人譏之而勿剝其職出亡客舍而不納商君之法人無驗者不宿至是

始夢覺仰天長嘆爲法之弊一至于此是作法犯法之結果也彼漢高祖之提三尺劍而蹂躪支那四百州也定秦還軍霸上悉召諸縣父老豪傑謂曰父老苦秦苛法久矣吾與諸侯約先入關中者王之吾當王關中與父老約法三章耳殺人者死傷人及盜抵罪何其簡單若是漢家之覇業四百年民心收攬之基其在斯乎比之暴秦苛刑酷法固自有別矣然一朝歸于滅亡則其相去者又何嘗有差異耶夫所以相去者則一禁止直接害于社會者一罰及間接中之間接者然則法律之所罰者僅一小部分決不可逸出自已圈外若道德者無論間接直接苟有邪惡者必極誡之今有人于此高帽長靴身着美麗之西洋服胸帶燦爛之金時計（日本謂錶鐘爲時計取意甚佳故用之）揮珊瑚之鞭馳天方之馬（天方即阿拉伯馬以此地爲佳）其奢美放蕩固惡不可言認之爲法律上之罪人則不可然則世上不罰此輩者乎曰有是即道德上之制裁也是故法律者罰直接之罪而不能罰間接之罪必待之以道德道德者罰人之罪惡不能以特定之權力而强行其罰必待之以法律是法律與道德二者相待之關係也

法律之性剛且嚴道德之性柔且寬剛柔並須寬嚴相濟此明主之所以治世也若有

恩而無威則民侮而不恐有威而無恩則民恐而不親不親斯難治不恐斯難使故畏服之者法律也悅服之者道德也二者之關係恰如物理學上之遠心力與求心力若有遠心力而無求心力者地球必離太陽而飛去若有求心力而無遠心力者地球與太陽必成混合體二者之性質雖異然兩兩相待始成天體道德與法律之關係亦然僅依賴法律則士民相離隔相反撥僅依賴道德則愛狎而上下有誤別即就孔明揮淚斬馬謖一事言之泣者道德上同情之泣也斬者法律上裁決之劍也眼垂同情之淚手揮裁決之劍故三軍之士感其恩仰其威故能言而行能行而成者此也雖然眼垂同情之淚而手不能揮裁決之劍者有之手揮裁決之劍而眼無同情之淚者亦有之然則法律與道德二者相待而所以不可偏廢者何也荀子自人類之性質上說明之曰、「性雖善得教而成性雖惡待法而消唯上智與下愚不移其次善惡交爭于是教扶其善法抑其惡」是人者有其性極善有其性極惡極惡者斯爲下愚極善者斯爲上智上智者無待法教終勿陷于惡事下愚者雖用種種方法不能移之善然如此輩千百人中僅一二人而已至于其他通常一般之人皆具有善惡兩性故以道德扶其善以法律挫其惡此不過就說人性者而論者也若實際上法律與道德二者相待必要之點則又失穩當之說然又有一派之論者認二者性質之相異點曰道德如火法律如水水火非初相容者是實極端之論固不足取然其中又有幾分眞理何則法律與道德自其本來目的上而論余已縷列然二者元爲死物得其人而始行故若運用履行之人一朝失去則法律不僅不救道德之衰微且使道德歸于衰微喻以水火亦已甚矣故予今欲喻以火與風盖道德者火也法律者風也火若其勢旺盛則飄風一起可助其燃燒亦可使之消滅若火勢甚微弱則反足以招其消滅者也

昔鄭子產之鑄刑書也人或議其開爭端然則法律者能救道德之衰微亦可促其衰微猶風之能旺火亦能滅火也不寗惟是法律者實作罪惡之具也余或聞之于警吏捕彼等之博徒罰其現行犯者時自扮博徒訪于無賴漢之叢窟而試勸一塲之勝負俟彼等無賴漢下地競爭六一之際即突然起而捕之嗚呼博奕者罪惡也勸之者亦罪惡也既勸之復捕之是弄法律而作罪惡之具者非耶上既如此下必效之元以法律爲誡罪惡之具却爲罪惡而欲免其所罰之具矣曩法國巴黎有殺人者法官糾明

之罪跡漸著時適正午故先鎖于午前之法庭午後續審法官謂辯護人曰被告之罪狀既已分明今辯護人向被告告以利益是辯護人之義務也一時間之後開午後之法庭法官來辯護人出而不見被告法官問之辯護人平然答曰裁判官閣下！余奉閣下之勸告告被告以利益被告之罪跡已明彼終不能免罪今逃亡晦其跡姑以待期滿免除之日此其利益故予敎彼逃亡已投汽船渡英國矣是余奉閣下之勸告而盡辯護人之義務也嗚呼知天下之罪人而勸之逃亡法治國之弊其亦有至于斯歟

今試爲我國圖解道德與法律之權衡如左

第一圖

第二圖

第一圖為我國過去之圖解重道德而輕法律之形第二圖為我國現在之圖解重法律而輕道德之形然將來若何耶甲固不可乙亦不能第一圖固有大弊而第二圖豈無大弊乎是亦朝三暮四之類也于是取二圖之中和而作第三圖如下

第三圖

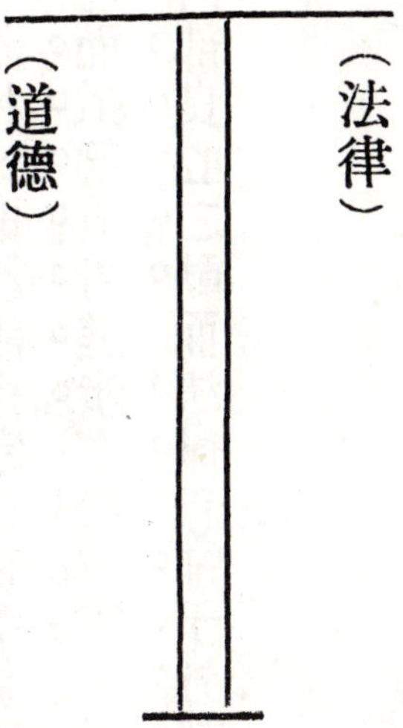

是道德與法律之相伴之意味也而第二圖欲改作第三圖其方法有二(甲)非常減法律之量(乙)非常增道德之量換言之不出于捨道德創法律或仍法律進道德之二途然譎詐狡獪風日盛則創法律終不可縱令可之結局弊害百出殆與不創以前之害等故雖進道德之觀念人之罪惡仍不止是甲說不足取也然則乙說果何歟元來法律之必要自道德之腐敗而起前已屢論之必先興起道德而創法律然後可何也蓋尊

道德爲新時代與主法律爲舊時代之過渡外部猶必姑以法律壓之俟興起道德之後法律之部自然歸于無用至是剷之固非遲也例如狂犬嚙足先縛其膝頭防惡毒傳播體內然後于其嚙之局部施治療則無毒液傳播之虞膝頭縛布自然無用斯時取除之終無害也若疵口未療治先即解膝頭之縛布惡毒忽傳播于體內往往有生命之憂矣由是觀之無論姑仍法律而主道德無寧拔本塞源的匡其惡防微杜漸的誡其罪乙說與甲說相比則乙說穩當切實準是以論則法律之不可即剷也明矣增之則不可雖增之而道德着着進步亦決無害于社會之幸福與安寧何則道德上使人避惡赴善即內部良心之動而法律恐怖于外部以如斯之方法盡力名致于是乎第三圖始成焉

斷案

法律者救道德之腐敗道德達腐敗之極點法律亦無功法律廢弛道德維持其綱紀決不害于社會之幸福與安寧者也

故今日之急務能明二者之關係寧以道德超法律之上較善于並行也語曰不教而

殺謂之虐良有以矣夫良有以矣夫苟欲並行之必仍法律而專盡力于道德之普及予之所以說道德與法律之關係實欲有望今日之當道者留意焉

予既述是篇後聞政府欲改良法律凡死罪至斬決而止淩遲及梟首戮屍三項着即永遠刪除（三月二十日上諭見時報三月二十二日內）予狂喜予狂喜雖然。政府之政策飄蓬之政策也安知其不有江淮分省故事之復出耶即或能之則徒知輕法律而不知重道德其害必更有甚焉語曰。文明之法入文明國則愈文明入野蠻國則愈野蠻誠哉然也故予以狂喜始而以痛哭終噫嘻!!!

（完）

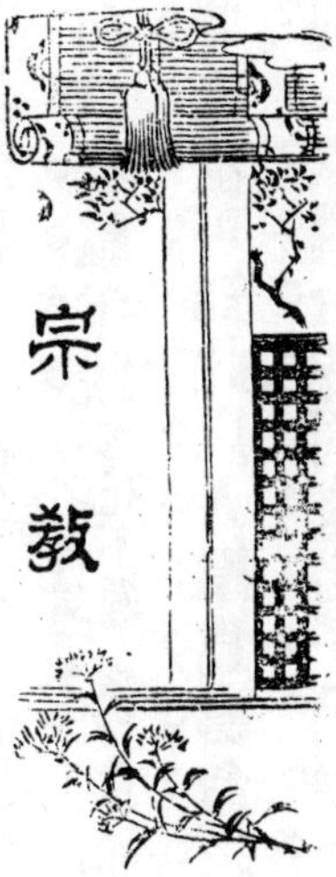

佛教之無我輪迴論（五）（續第七十號）

附無名說實至名歸說父子有限說

觀雲

夫持斷見論既不可。然則言生死者。不能不求其於斷見論之外而更有說焉。是則其立說約可分為二種一實際說一神秘說實際說為世所已唱者約舉之亦有二焉一以子孫為壽命說一以人羣為壽命說以子孫為壽命說者孔教實用之而求之今時之學說則遺傳論是也遺傳論與孔教之異者即欲以前之二標準別之遺傳論蓋主事實而孔教則主人心曰善不善不僅限於其身而必報諸其子孫者此孔教之一大教義也又孔教中最大之儀式曰祭祀祭祀蓋由於以子孫為壽命之義而出者也（喪與祭祀孔子對於生死之思想而立者也若謂孔子不言生死則喪祭等事便無根柢又孔子於喪祭等事皆有制度又足為宗教之確證其義當別論之）孔教之以子孫為壽命也我國於數千年固受其利雖然亦蒙其害（其間利害千條萬緒皆不能不歸於孔教）顧利害之說非玆題限不暇論但舉其說爲我國所已行者言耳此以子孫爲壽命之說也以人羣爲壽命說者以爲吾人百年終有死亡然吾人之言行事業即吾人於生前所發現之精神而於善惡邪正之兩方面無不留其印象於人羣之間吾人死而所謂人羣者不死人羣不死則吾人所發現之精神而留其印象於人羣間者亦終不死此說也尚不能不補以一義而始完則名譽說是也孔子之作春秋盖兼有名譽說者所謂亂臣賊子懼何懼乎懼名譽而已矣故曰一字之褒賢於華袞一字之貶嚴於斧鉞也名譽之說大抵用於死後盖生前决無眞名譽固有生前赫赫而死後泯泯者亦有生前詬謗而死後顯榮者故以人羣爲壽命則名譽之義不能不立飲冰子盖主是說者今各國亦多注重及此以鼓舞名譽之觀念日本因常陸丸一公案（一運兵船於海中爲俄艦所襲擊自將校以下皆自殺無一生降者）義務戰爭說（以義務爲重當死則死不當死則不必死）與名譽戰爭說（以名譽爲重寧死不辱）交鬨而名譽戰爭說獲勝名譽之在人羣壽命說中其居重要之位可知此以人羣爲壽命之說也取子孫壽命與夫人羣壽命之二說而比較之則人羣壽命說固遠出子孫壽命說之上而生死觀於是乎一大進化

蓋以子孫爲壽命者其所有之範圍狹以人羣爲壽命者其所有之範圍廣以子孫爲壽命者或有斷絕之憂以人羣爲壽命者可無斷絕之憂（縱有斷絕亦與地球始終）以子孫爲壽命者有時間之限量祖之情視父而有差焉遠祖之情視祖而又有差焉至太古之遠祖則在邈漠有無之中蓋從時間之經過而壽命即從而消失也以人羣爲壽命者無時間之限量若古今傑出之人物雖千萬世其氣象常新或且有以時代愈古而愈深其崇敬之心者是故石墓易平者也而銅像難平家譜或亡者也而國史不亡故曰大人者以世界爲墳墓子孫之有無又焉足置其毫末哉且夫以子孫爲壽命者縱葉葉蕃昌而紙錢麥飯時拜跪於荒郊斷壟之中而道旁過者讀其碑碣而或不知其姓氏是亦與草木同腐何異故人智既進則以子孫爲壽命者究不能滿足其意而不能不以人羣壽命說代之而是二說者其所收之果亦異以子孫爲壽命者使人室家之觀念重而鄉族之誼易於聯結（中國於同國之愛情薄而於同鄉之愛情厚）生殖之力易於强大（中國以無後爲一大事人人注重於此其結果以心理之作用引起生理而生殖力因以强大）此其效也以人羣爲壽命者使人對於國家對於世界之觀念重而以有超人之大事業大功名大道德大才能大學問爲惟一之希望此其效也而各當應時

勢而擇其用當家族尚未形成之時代則以子孫爲壽命者能助家族之發達然至於世界大勢羣已出家族主義之時代而入國家主義之時代而若有一國之人焉尙墨守其子孫壽命之見則其人對於家族之心熱對於國家之心淡而牛馬血汗寸累銖積無非爲封殖其子孫之計而不肯分其力以爲國家如是必至僅有家族之團體而無國家之團體而遂不能與有國家團體之人民同立於生存競爭之界而當退而趨於劣敗滅亡之列若我國者自今以前用子孫壽命說利足以勝其害故但見其利而不見其害自今以後用子孫壽命說利不能勝其害必至受其害而無其利然則易子孫壽命說而爲人羣壽命說非我國今日之要事哉非我國今日之要事哉飲氷子盖昌人羣壽命說者也見於其著余之生死觀篇湘潭楊氏度盖昌人羣壽命說者也見於其撰中國武士道序余於數年前亦抱此意見者也余有人羣者保壽險之大公司也題文見選報與飲冰子楊氏所持之論同郭頻伽詩云人生一世間何物爲可恃要其精神存不隨時代死亦正同此所見

按所謂人羣壽命說者與泰西社會學泰斗亢特氏 Auguste Comte 所謂社會精神永續性之說意同玆畧摭其說亢特氏曰人者實生存於人類相互交涉一大精神

生活之中所謂人道者是也此人道有二種之性質一結合性一永續性結合性茲以題限不及陳。所謂永續性者亢特氏曰今日之人道實從古來之人道連續而存在者以過去時代社會精神之生活傳而現爲今日之人道是即人道一連鎖之長歷史也故所謂人道者謂爲現代生存之人之力所搆成不如謂爲已死之人之力所搆成爲多以人道之結成體言之則已死之人實與現在之人爲同一之現實此即人類精神之所以不滅也雖然。此精神之所以能不滅者必與人道合體而後可即有所貢獻於人類而能助社會之進步謀人道之發達者則其人即永久不死之人也人道者永續者也故吾人之精神亦永續而吾人之精神從而得一不滅之確實性古來英雄豪傑之精神即現存於吾人精神之中非乎故吾人不可不知人類實有兩種之生存一個人之生存即肉體之生活是也一社會精神之生存即犧牲其一身而活動其他愛心以爲社會謀全體之利益而以一已部分之精神融合於社會合同之一大精神中則其人雖死而實不死此亢特氏所謂社會精神永續性之說之大畧也亢特氏爲一大學者。其立言之意。自是奇警。因附識以供東西學說

之參攷云。後之路索氏學說與亢特氏同

然余於一二年來巳審人羣壽命說之尙有所不足故余於近日之生死觀則於人羣壽命說外而更有一說焉蓋以人羣爲壽命說者尙有一疑難之點以子孫爲壽命者其有此疑難之點同而不能予以明白之解釋因不能解釋或遂不免有根本動搖之來此疑難之點無他即以人羣爲壽命者我之精神固不亡於人羣之間然而我固已死矣我巳死則我無知覺死後之固有知覺與否不能斷但以生前言之固當以死後爲無知覺則雖有人羣之崇拜我謳歌我於我果有何等之相關乎蘇東坡之詠史詩曰名高不朽終安用誠哉身後高名於我安用之一問難恐盡人不能不苦於解答之無從而於無可解答之中强立一義而解答之則曰。人誰無死死一也而一則死而有人羣之壽命一則死而無人羣之壽命然則有人羣壽命之死不較之無人羣壽命之死其所贏爲巳多乎是說也固足以維持人羣壽命說使其說能立於不敗之地而又未嘗不含一不可搖動之眞理雖然。所謂我巳死則我雖有人羣之壽命於我乎何與此一難點仍分毫無所解釋且也解釋此一難點不能用神秘說而不能不用實際說何則。用神秘說則可曰死後非無知覺者然果如此解答則又一疑難來曰死後果有知乎無知乎如是則前之疑難未退而後之疑難又生而所謂死後之壽命於我乎何與者仍未解答也余爲解答此一疑難故於死生觀之實際說上於人羣壽命說外更立有一說焉其說以非玆所能盡故不具陳是立生死實際說之義也然又進而思之生死之事即横於吾人之前一奧窔而不可窺者也鳩巴賫蒙氏所謂世界七奇到底科學之所不能說明而生命之起源即其一也夫生死既不能知然則吾人之對於生死但有實際之說而無神秘之說則所以安慰人心者終不能達於圓滿之域（如中國既有喪祭等儀節然尚不能不用僧事即但有實際說而無神秘說則人心之對於生死尚不能滿足安慰之明證也若以人羣爲壽命說亦然鑄銅像立國史祀神社懸肖像凡屬實際上對於生死之事文明世界殆可無一之不備然不能不說其靈爽之不泯精英之長在如是則實際說方不全落空際是亦可證有實際說無神秘說則不能全予人心以安慰也）況乎實際說之用且有時而窮例若以子孫爲壽命者而其人或無子孫則以子孫爲壽命之說已窮是其凡也雖然吾人所能言者以實際說爲限而神秘說則非所能出欲立神秘說不能不有一宗教宗教之言生死也立神秘說者蓋多然或其言非甚合理是亦不足採焉求其言能合理而其教又最有力於世一則爲基督教之靈魂說一則爲佛教之輪廻說而以學理證之輪迴說能兼有靈魂說之長而於理尤有合焉靈魂說盛於西方而輪

迴說盛於東方以吾人之知識不能發見生死之本原固不能盡排神秘說而去之而神秘說之中則輪迴說其上者也（東方諸國之輪迴說因佛教之流傳而盛中國古代之言生死爲感生化生說與佛教之輪迴說有異下附論之）

附識　名譽說固爲維持國家社會之一要素今後欲以人羣爲壽命者益當鼓舞而光大之然人之心非偏於彼即偏於此自名譽之說王即必有貪名譽若餓鬼之人出其人格之卑下亦復令人不耐余嘗即名譽之事而深思之矣夫使我而有惡名是足來心理上不快之感固欲其無所有然使我而有美名則美名究於我何益非特無益或且因此之故而使我疲於奔命（例若有詩名者人將向之求詩有字名者人將向之索字餘事類此）其甚者至以名之故而受其禍者爲不少焉（以妬名之故而中傷傾陷或相屠戮者古今不絕其事）以老莊之智慧其思想點早見及此而立無名說余於此亦全與無名說同意夫惡名不欲其有是固無名而美名則不必有是又無名焉

余之對於名譽也尤有一說則實至名歸說是也盖名本無可求之理所謂名者不過實之一屬性而已如形之於影影不能離形而有名即不能離實而成例若今人之稱黃帝則以其有創制度平蚩尤之事稱禹則以其有平水土之事稱老子則以

其思想之高卓。稱孔子。則以其學說之周備。彼皆有其實在故雖欲不稱之而不可得。然則非名名也名實也吾人若無其實而欲有其名到底如捕風捉影毫無可得則與其耗心竭力以求名何如耗心竭力以求實之爲得計也是實至名歸說之義

知實至名歸說之義者不必無名而亦足以救名譽說之弊也

以子孫爲壽命者於我國人心間爲一深根固柢牢不可拔之物然實爲蠻野時代之產物以子孫爲壽命之心爲蠻野人之所皆有但無學理以文之其思想究粗忽而不能精緻若我國於此事之學說最爲完密於此事之制度最爲周備故能行之數千年人人以爲合乎天理人情之至而不可改變者也較之人羣壽命說其高下殆不可以道里計今固不能驟然廢棄使人心駭愰而無所適從然亦當漸立諸多之改良說以救其弊如父子之一倫舊日蓋主父子無限說者余立父子有限說以父子爲無限說者凡屬子之撫養敎育婚配等一切諸事其仔肩無不屬之於父於是而爲父者之道苦矣然父母固非無所望於其子也當其子成立之後又必責子以供養稍有不足可責之以不孝姑之於媳懷此見尤重以父子尚有天性之關係而姑與媳無之也於是父母之仔肩又盡屬之於子甚或貧賤之父母有因錢而賣其子使陷於不堪之境者於是而爲子者之道又苦矣是父之對於其子子之對於其父其責

任兩皆無限者也余主父子有限說者凡人之生子也必有當受之義務如撫養敎育爲父母之本責而無可諉者也然敎養之事或可至若干年而止而若婚娶之事必待其子自能成立以其自力足養育妻子之後其事則亦可聽子之自爲而自主之而父母不必負其責焉（以子孫爲壽命者非特欲有子而已又必欲見其子之有子而後此心大慰此早婚之俗之所由來也）又爲子者不忘父母之恩而欲以其所有供父母之用此固人情之所當然而爲父母者亦可不必辭然爲父母者不可存一子當養我之心而以其子爲唯一之希望將悉取盈於其子焉是父子有限說之義也或有難之者曰。若是則人之衰老也孰養之。是其難之也義爲至當。余於是有社會全體之組織說可取其一條以解釋此問難曰凡任事者必視其勞與其資格及其年限而對於其相當之年齡而有養老金例若任學校之一敎習至滿若干年而後。至年達六十以上者。可以其勞與其資格得若干之養老金。而至年達七十以上。八十以上。以次遞推。其作官而爲國家任事者。其得有此更不必言。（凡作官者當倣古代致仕之法年達若干以上受養老金而去職其重要之大臣有大事則顧問之如是則紅頂白鬚尸居餘氣之人可無混國家之要事矣）或曰。然則下等人奈何。曰、凡各事業不問其對於勞働人亦必視其勞與資格及其年限而有養老金如是則凡人之衰老也公衆固有以養之矣亦非公衆養之而實其人之自養也如是而人之對於家室之觀念也輕對於公衆之觀念也重非特公衆之事可由此而發達而家室間亦得輕其係累而有和樂之象矣略述其一義如此。 余又爲定換用父子有限說之次第以爲於我輩之一生不可不分爲兩截即我輩之對於親其衰老也不可不養雖然我輩自爲父母而對於子則不可望子之養蓋我輩之一生爲新舊交換之時代故對於其前不可不用舊法而對於其後不可不用新法也 又所謂父子有限說者不過爲救父子無限說之弊而稍加改良究之於父子之苦尚不能盡脫固未可謂文明之極致也進而言之則更有說也於父子之苦可以盡脫其時亦幾無所謂父子之倫（父子之倫仍有之但不居於重要之位）而社會之組織於是爲根本之革新人類至此乃有眞幸福乃有眞道德迴視今日之必斷斷主重於父子者眞不免世界幼稺之見者也則余請於異日漸陳其說耳。

讀者幸勿惶駭此說昔時學者固以無君爲世界之所必不可行然至民權之事明而無君之說固較之有君爲進化至今日而此理殆已爲人之所同認矣然今日尚未有立無父之說者此說出固知雖賢者必期期以爲不可余以爲毋然徐而聽無父說者所說之理爲何如孔子不云乎故人不獨親其親不獨子其子是亦無父說也今日之立無父說者固非僅如孔子之理想一二語可以成立但欲學者知孔子亦有此說則固可勿怖矣且尤可置一言於此曰此說出非有害於倫理乃倫理至此而一大進化

耳　又新學說尚未公行不可不守舊日固有之範圍故於今日父子之間仍當以慈孝爲道德作者非教人畔父棄子也若今日而有畔父棄子之人則誠梟獍之輩大有害於社會而社會所必當誅絕而無疑者也但欲學者於學理上更求進步知今日之倫常說尚未可謂盡美善耳

（未完）

國聞雜評

我殖民地之不發生文化何歟（觀雲）

凡文化之發生也。或由兩民族之雜居。或由戰爭。或由交通。或由殖民。由於兩民族之雜居者。如古代迦勒底巴比崙之阿加逖思米爾人種之與塞米的人種。又若古代中國漢人種之與三苗人種是。由於戰爭者。如古代希臘之與波斯印度其後如羅馬與阿剌伯是。由於交通者。如古代之斐尼基加爾達額。近則歐洲各國之東來是。玆三者姑勿具論。而殖民尤爲開發文化之一要素。試畧徵古代由殖民而開發文化之事當歐洲大陸尚在草昧朴野之時代而突出於地中海一隅之希臘已顯其文化之燦爛而可稱爲歐洲今日文明之母者其淵源果何自而始乎吾人得攷見其文化發生之初地不在於希臘本土而在希臘本土以外與東方相交觸之小亞細亞一隅蓋實

希臘之殖民地也

以全地球文化發生之次序而言亞非兩洲爲先而歐洲實居於其後當歐洲希臘之尙未發達以前其時若亞非兩洲交通之所如埃及迦勒底巴比崙猶太斐尼基等人其文化已著名於古代然至西紀前約第九第八世紀最富於勇敢有爲之希臘叟那人種起而從事於航海貿易於前第七紀已全壓倒斐尼基人種而掌三大陸間貿易之權其殖民地之區域甚廣碁布星羅凡地中海黑海沿岸及諸島嶼之間莫不有希臘人之足迹焉而其中之最繁盛者爲小亞細之叟那及美篤斯兩市此兩市之位置介於東西兩洋之間非獨交換物質又以之傳通精神當日者以商務盛大其住民既有生活之餘裕遂由物質而喚起其精神之思想究心於學問技術以及宇宙人生之理而希臘哲學於是萌芽又其時君主亦右文禮士爭聘詩人設立圖書館獎勵文學藝術等事又諸市之人以當日從殖民來多奉一武勇者爲長子孫因而世襲遂成一貴族主義之制其後以貿易漸盛之故富饒之家甚多此多數之富家不肯屈服於少數貴族之下羣起而與之相抗卒推翻貴族主義之寡頭政治而組織民主主義之共

和政治而希臘之政治上亦開一文化之新生面此希臘發生文化之一大原因而其故祗緣得東方之殖民地而已

夫以文化之大有造於人類也希臘之文化固不僅希臘人自有之而已歐洲今日之文化其原蓋即從希臘出今日之歐洲即放大之希臘昔日之希臘即縮小之歐洲也設也當日者若無希臘之文化則亦不能發生歐洲今日之文化無歐洲今日之文化則吾輩亦不獲見今日全地球之一現象是則於二三千年以前茫茫古昔之時希臘叟那人種以得一殖民地之故而其所產出之一結果謂至今日之全地球而猶大受其影響可也大矣哉殖民之事業也

有功於世界人類以文化之事爲至大例若發明一醫術而全世界得享其治療之效發明一蒸滊機關而全世界得享其交通之利發明一平等主義而全世界有人類互相尊重之思想又若古人於文化上發明一事理其功亦永傳於後世而不可沒例若阿里士多德作論理學培根因之以作歸納論理今學界多本歸納論理之法而受其用此皆舉其一例而可見文化之功之及於人類者爲至大又豈有何

物能與之頡頏者哉

吾於是有感焉夫殖民旣爲發生文明之一原因而以希臘發生文明之例相推則近世紀產偉大之文化必當屬我漢人種夫自十五六世紀以還我漢人之種族已漸布於南洋各島間其時歐洲亦漸東來而南洋實爲交衝之地然則因中國固有之文化而融合西洋之文化於南洋各島實爲昔日希臘之小亞細亞焉且也當十五六世紀之時姑置勿論若至最近世紀我人種所占居之地更遠南至南洋之澳大利亞而東至於美洲而歐洲英法等國亦復輪船如織衝要之區多與我人種錯雜而居宜乎我海外殖民諸地風氣早開以爲母國維新之先驅猶希臘之小亞細亞等處文化先開而後乃移植於希臘之本土焉況乎觀於希臘當日以殖民諸地貿易繁盛之故遂爲誘起其文化發生之一基因而我海外殖民諸地亦以交通之便商務之盛富貴豪族不乏其數此亦豈無發生文化之實力者夫文化之前階多爲經濟而經濟之前階多爲地利我中國古代之文明亦以得有是等諸元素而後發生者蓋我古代文明之初生也實以民族得占居黃河流域膏腴之土地故其後文明之傳布也又以民族得占居

長江流域膏腴之土地故然至近數世紀來海外殖民其可爲發生文明之本原者決無遜於居住大陸之時而且過之蓋既得交通上地勢之利而又有經濟上供給之力宜其今日之興盛當不下於日本而得見我人種創設海外文化之新國焉然而事實反是何也

今觀各殖民地無不完全自成其爲一種之風俗除與歐人以商務之事相往來外餘若一無所知以故若學校。若圖書館。若公共衛生事業等皆不發達而於貿易圖利之外亦無何等藝術學問之事而關於政治上之思想則更無其萌芽其教育子弟。或仍如舊日延師於家而課以古式之千字文大學中庸等。近日稍見有各處設立學校者。然其數亦甚寥寥吾聞人有言南洋各島華人之情狀者。以爲其人多口西班牙等國之言。服歐洲之服而留有一辮。其遷徙或多在明而當滿淸未據中國以前。怪而詰其何以有辮。則以爲此盤古以來本有之制。其智識蓋已降而與彼處之土人等非特無歐人新文化之長并其母國之舊文化而亦垂垂盡矣然其人或多有富者惟不可與之語文化耳噫我殖民地而果如是也耶夫自近數年來。於殖民界中之畧可稱道者。

惟於戊戌以後。稍有出貲力以助母國人才之動作。而促中國之維新。以是人多喁喁焉。嚮望於殖民之地而殖民地之譽望爲之一振。夫以近數年來之事言之。母國人固有當表謝意於殖民之處。然不能開發文化之過。則固不能以有此事而爲之稍恕也。今試數我國人出外所爲之事。除各處自辦同鄉會爲其遺傳上所具之本能能發揮其專長以外。而其餘所能爲之事。恐少矣。吾人若載筆而爲數百年來之殖民史（自殖民至今不作一史亦爲憾事即此可爲不尙文化之一證今後或當有人爲之所不勝企禱耳）不知其可採爲文化之資料者果有何物焉。

夫我殖民地之不能開發文化。其原因果何在乎。此則言之滋長。不能不別區爲一題。然甚願我國學者懸爲重要之一問題而研究之。蓋人之性往往以不知其弊遂至習而相安。若忽有揭其弊而出之。則人心又未有不思改良者。於人心上一有變動。而我於殖民上即開一新天地。而造前途無疆之福胙焉。夫是以甚望有人焉能抉此文化所以閉塞之故。而置一暮鼓晨鐘於殖民之側也。

抑我殖民地不能開發文化之原因。玆不及陳。然其利害不可不一言之。何則。果無文化。則我種人將有不能永保其殖民地之一大事是也。夫今日人種之盛衰無他。觀其與母國分離之後有無能自發生文明而能建立國家之一能性否耳彼法國之殖民地多爲英國人之所奪者以其人不適於殖民故而英國人種能起而握全地球之勢力即由其人能於所到殖民之處移其母國之文化來而發達於其新有土地之上而於母國外更添一新文明國遙遙焉相代而競其榮昌觀於美國即此例焉夫使我人種而果能於殖民之處發達文化而建新國則直於中國外可得無數之新中國而全地球將爲我人種之所占盡此固非虛言也不然。萬物競爭劣弱者退他人種之適於殖民者出而我人種將遂爲其所擠至欲保其今日所有之地殘留其根柢而不可得其危險爲何如焉夫進則全地球盡爲我中國人所有而退則全地球至無我中國人兩者間之禍福相去懸殊而將不得不擇而處其一也是願我種人之一猛省焉

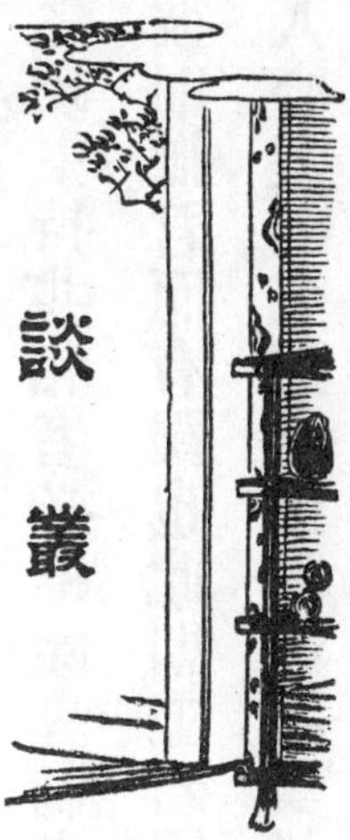

平說（續第七十號）

夷白

外篇

居近今之世。中國之可稱忠君愛國者。其議改專制政體建立憲政體之士民乎。中國專制之害及人民與及君主等。所最爲利者。倚君主之勢。竊君主之權者也。歷觀諸史其君主之有專制權者幾人哉。其失之於內。則有後宮宦官大臣宗戚。散之于外。則有列國方鎮疆臣守吏。此君主之無專制權者也。即有專制權者。以一人宰制天下。耳目心思。日不暇給。其明存暗忘。名是實非者。比比皆是。其稍得自由者。不過縱情恣慾一事耳。然以之召滅亡篡奪之禍者。又比比皆是。是專制果何利於君主哉。蓋自有專制政體以來。無往而非專制也。無人而非專制也。降至今日。即州官邑令。豪紳猾吏。且隱然于不知不覺之中。行其專制焉。噫、天生數萬萬人民。豈忍使數千百殘虐暗昧之徒。

常暴亂恣睢于其上哉、此五洲憲法之所以相繼立也、而中國之大臣疆吏。不識時務。不諳事理、猶且日日兢兢以保守之曰專制專制、以與忠君愛國之士民戰。彼豈果心乎君國哉、亦自固守其權利也。且彼本有利己之見存。而托之曰保護主權也、而君主遂亦爲其爲己也。而忠臣之不知主權固在也。其散之大臣疆吏與歸之士民固無所輕重。特一取予之間耳。此憲法之所以終不可已也。且憲法立。則君主必享最尊最上之權利。以及宗室姻戚、皆有特別之利益。確定法制。無敢侵奪、享無義務之益、據不可犯之尊、又何苦而不爲此哉。固憲法立。利于君主、利于國民。特不利于竊權勢之大臣疆吏耳。此中國憲法之終不可無也。而中國立憲之終不能免也。愚故謂議改建政體之士民。爲忠君愛國者也、且凡事不激不變。不甚不復。此壓制過甚之必生意外之虞也。固歐美列國共和之治。未始非專制過甚之激成之也。愚且進一解曰、主持專制者。必激成共和之政。主持共和者。必掃除專制之權、其無君之心相等。而主持專制者且不及焉、何者彼則無君而有國也、此則並君國而兩不知也。

中國土地博大。人心澆漓。欲建立憲政體者。其惟行專制之意乎。或曰中國因專制之弊而救以立憲。子欲以立憲行專制。無乃未可也。曰不然。憲法未定。而所以欲行專制者。正所以欲行立憲也。中國人民頑愚者十居其九。彼固不知專制立憲之辨。可置弗論。其十中之一者。又强半爲稍明義理而好是非者居焉。其能知近今理勢而未詳者。不過十中之一之二三也。中國所恃以立憲法者僅此也。固必以專制之法。整治稍明義理而好是非者。而後憲法立。而立憲之政體乃成。此立憲之所以必行專制之意也。然此特憲法未定之前也。憲法既定之後。總期紀綱嚴肅。秩序分明。必濟之以德法嚴厲之風。不必參之以英美和平之政也。何者、治澆漓之國民。與治完全之國民異。自不得不別有制裁也。雖然、愚之所謂行專制之意者。究與專制有別。則以有限制無限制之分也。蓋以少數之賢哲啓導多數之頑愚。非謂以多數之人民拘守少數之羈絆也。待至國民之特性漸有發達。而法制自別有變動焉。

國家之設官職。使之辦理事務。非使之層居壘積以爲人士之美觀也。噫中國之官吏。何其階級之多也。內而閣部司屬。外而制撫司道。以及府廳州縣。連接而上。漸及高遠。一有不到。則不得通。如登十級之梯。如升七層之塔。而欲政務速興。機宜畢應。安可得也。是故中國欲建新政。非遞減官吏之階級不可。然其所以變更裁處。則惟以適宜爲貴也。內之可仿日本內閣統率九省之制。外之採用□氏之說。建各道政務大臣。上以連屬內務省。下以統率州縣。各省撫院。亦降理本道之政。而特予以連絡本省各道之勢。而無統理各道政務之權。於是而階級之患少。而職事亦可以漸舉矣。固內則卿寺科道。外則總制兩司以及府廳。皆其所宜革者也。州縣之職。品秩宜升。州則仿唐刺史州之制。自有治地。或自大縣升設。而總屬三四縣焉。然亦特有統屬各縣之勢。而無統理各縣之權也。固省與道同隸于內務省。而省道稍異。州與縣同隸于道。而州職稍異。蓋連絡各道。而爲一省。而首道統之。此省道之所以異也。連絡各縣。而爲一州。而州職統之。此州職之所以異也。然特品秩之稍異。而政權則兩不相侵也。故自內而閣省。外而省道。以及一縣。而官職之階級盡矣。于是自可革因循推委之風。而收趨事赴功之效矣。外則地方自治。歸之鄉官。國家立法。責之議院。而官制定矣。凡此皆竊取□氏之意也。然□氏設官之議。亦覺煩雜。雖職事之舉。自宜廣設官職。而經始之時。究以簡要爲上。漸推漸廣。有緩有急。職事以次而舉。官吏以次而設。自可以次第收效矣。固官吏之廣設。在治極之時。而今則未也。不然、驟加數十倍之官吏。未見其利。而徒受其害也。可不愼哉。固中國之官制。上求易通。下求易達。內握其要。外趨于簡。庶可以革近今壅塞冗雜之病矣。

兼職宜少。分職宜多。則無牽制推托之弊。小官宜增。大官宜減。則無尸位曠職之憂。

中國財政入欵有二。地丁關稅是也。是謂正供。正供之入。自有定數。可以核算。而正供之外。有等于正供者。其名目有四。一曰浮收。一曰陋規。一曰公欵。一曰捐輸。浮收者即借正供之名。而設爲名目。以加收者也。色目不可勝舉。草野亦不能詳知。要而言之。作官十年。無不有致富發財之期望矣。陋規者上下官吏胥役相交際之費也。公欵爲地方士民公存之欵。一則耗于地方之豪紳。再則耗于地方不急之務也。捐輸者捐納官吏貢監品銜之所入。可以佐正供之不及。而浮收陋規。亦不能免焉。是故欲建維新政治者。不自清理財政始。則仍歸于無益。而適足以爲弊也。清理之法奈何。則兩用士民官吏。使之互相稽察也。一則使地方士民稽其所出之欵之數。再則使官吏清查其所入之數。兩相比較。必無敢相欺飾。而地丁關稅之浮收。與官吏雜費訟費之陋規。皆可以綜合而會計焉。苟以其法清理之。當不減正供之半。而即可以爲正供也。于是而下無加賦之患而上有進欵之益矣。豈不兩善哉。然而官吏胥役。固非可以窮困其身。而使之趨事也。浮收陋規。既歸正供。即宜以取之者予之也。既已絕其暗收之獘。自宜予以明給之利也。官吏必使之豐餘。胥役必使之自給。凡官之大小。職之煩簡。事務之勞逸。功力之久暫。必先定其等差。而制祿焉。而給庸焉。于是必有所愛惜。而趨事赴功。自可以抑其貪濁之風。而進之廉恥之域矣。固必合正供浮收陋規之所入。而制爲一定之章程。懸之通衢。散之鄉戶。士民之所共知。官吏不得變更。上以利國。下不病民。法制一立。亂者必死。而後凡百事務。可以次第振興焉。蓋中國人士。貪惏無恥。無所不爲。與其喻之以不可爲之義。不若示之以不敢爲之法也。法既定。即不肖之官吏。且必日趨于正。而職事罔不克盡矣。至於地方之公欵。自宜存之於民。董之以官。凡現存之公欵。以及田畝。並豪紳之所吞食。廟祝之所奉養。神會戲劇之所派捐。皆宜清查而核算之。其本爲廟宇戲劇設者。一留其一以供其用。餘皆存爲地方正用之欵。凡地方之興築建造學校橋路。皆于是焉取之。亦可以佐國家之不及也。豈不美哉。日本小學校。成于公費者十之九。所最宜取法焉。況國家帑藏空虛。債項山積。使非責成地方士民之自爲經理。固無可爲也。然苟有賢明之官吏。以董率之。亦自易易。又何憚而不爲此哉。外如捐欵一則。亦宜變通。虛銜則可。實職不可。以民間有餘之財。濟國家不時之用。固亦權變之得其宜也。特須酌定章程。使之畫一。庶于名實俱無所損也。此清理財政之大畧也。然此特清其源也。而節流亦不可不知。特救其弊也。而興利亦不可不計。在具經世之才者之自爲變通耳。然而經始者。舍清源救弊之法外。而別無可計議也

國家之衰危。至于不能自立。不能自強。而不可救者。皆自無耻生之也。故今日之最可恨可痛者。莫于人士之無耻。今日衣冠楚楚。文翰紛紛。網羅舊文。摭拾新說。而自號曰名士名士者。皆無耻之徒也。愚豈妄誕之徒。專以笑罵爲事哉。實有所不忍也。是以州縣之幕。難卻嘉賓。教習之堂。恨無虛席。士之在下者如此。而達官要人。則非愚草野之人所能及也。噫、今夕爲佳。止談風月。伊人何在。托志雲山。此特可寄之想像。求之古昔。也而今則渺然矣。然此亦非盡士之咎也。吳公治行。本在薦賢。宓子臥治。惟期得士。窮鄉秀俊。僻邑清才。今日蓬蒿。明朝車馬。量能任事。寄祿養廉。此固所以養士之耻也。然

而士也躬耕課讀。分所宜爲。捷徑要途。迹宜自絕。固必不可以薦達望諸人。而惟以操守嚴諸己也。養成特立之性。爲異日任艱難。葆存素尙之懷。爲他年振風紀。故欲澄清天下。當使人士各有所耻。始有耻則有所不爲。而後可以有爲也。無耻則無所不爲。而無一可爲也。安得紀綱嚴肅之大臣。擴清無耻之風。擢拔有耻之士。而無耻之徒。將亦隨之而化。然後與天下更始。而維新天下。亦罔不治。故今日革命維新云者。在革其無耻而新其耻。

人與人相接、而後禮生焉。其所以爲禮者。則有禮意有禮儀之別。中國今之所行者。則禮儀之謂。而禮意殊失之矣。禮意者何。發于人心之不自覺。而莫之爲而爲者也。今既爲人于世矣。與世之相接者。則其人之父兄師長戚友途人厮役也。彼固日日相接。而其所以相接。則恰如其分而止。無往不如是。無人不如是。豈盡習于禮哉。皆禮意爲之也。故人世之禮、自有最精者存。非徒爲外觀之具也。而君臣官吏喪祭賓客。則不勝其儀焉。于是士君子羣習于儀。而漸忘其意。凡近今一切卑賤之態。繁重之弊。疲勞之役。皆緣之以生。而禮于是大壞。故善言禮者。遞減近今拜跪應酬之儀。而無失生民之意。

制一新禮焉。則庶乎其可也。

合中外而制一公禮。所以防彼伸我屈之羞。合官民而制一私禮。所以救名存實亡之弊。有不平等之國體。斯生不平等之儀文。有不平等之人民。斯受不平等之交際。此皆中國積弱之原因也。

古禮貴繁迂。今禮貴簡直。古禮重特異。今禮重平行。議禮者亦惟泯其界限而畧爲删節焉。

學校者所以製造國民者也。然必有本質之足恃。而後不負製造之功。否則未免勞而無益也。中國丁男約二萬萬。其具小學校之知識者計四千萬人。具中學校之知識者計四百萬人。具高等學校之知識者計二十萬人。餘皆奴隸才也。噫、中國可以教育之人竟僅此哉。然愚實有所見而云也。城市頑劣之子。鄉村愚騃之童。其無可如何者。比比皆是。稍有知識者。蓋十無一二焉。讀書六月。未識之無。就學數年。尙名父母。此類人才。雖董之以西國極良之敎習。亦未見可爲卒業生也。蓋白人知而黑人愚。黃人則兼愚知而兩存者也。固未可以歐美教法一例相待也。鶴脛鳧脛。自有短長。蕙心蓬心。已分美惡。欲齊鶴鳧。而一蓬蒿。固未可也。深願留意人才者。可國民之。可奴隸者奴隸之。況中國百務未舉。須奴隸才正多。凡有手有足。能見能聞之物。皆可給用。他人之奴隸。不可爲也。本族之奴隸。未爲不可爲也。以本族役本族。其賢不肖可以相濟。知愚亦可以相補也。且中國欲取奴隸才而國民之。非數百年後。競爭已極。使之無以自存。則斷乎其未可也。固具小學校之知識者。計四千萬人。即無入中學校之知識。亦可爲稍具資格之國民也。其可入中學者。計四百萬人。即可爲平等資格之國民也。其可入高等學校者。計二十萬人、即可爲完全資格之國民也。以二萬萬丁男之國家。而可爲國民者僅此。似覺極少。然較之四萬萬人。實無一人之國家。亦何啻霄壤也。是以中國之教育。宜其有棄有取。有汰有擇。等級有差。優劣有別。庶幾可以立國。固不必强取奴隸之人而國民之也、不然雖有聖哲之教育家。恐亦未能取全國之奴隸而變化之也。徒見其有千百之勞而無一二之益也。或曰女子教育。亦宜備舉。然非國家今日政務之急。聽有志之士民之自爲經理可也。

强迫教育之主義。不可行之頑靈不別之民。實業學校之講求。最有利于勞賤自安之衆。

（未完）

美人手

第三十二回　過班房偸聞私語　題舊事打斷興頭

紅葉閣鳳仙女史譯述

却說瑪琪拖亞那天。被騙局攫掉了金釧。心中納悶得狠因想找着鳥拉醫生訪問伯爵夫人病體。希冀乘便求醫生領他一會。解解悶兒。於是出了寓所一直向俱樂部而來。恰好鳥拉醫生。正在俱樂部同館友們叙談。一見瑪琪拖亞進來。彼此見禮。鳥拉醫生。遂拉着瑪琪拖亞出來。說道。我也正想找你近日丸田夫人。已經痊癒有八九了。但仍須在牀上安息。他屢託我轉致。要請你去坐。計此時的病體。去會會面。畧談幾句也無妨碍了。你幾時可空呢。瑪琪拖亞見說。正中心懷。自是歡喜不盡。忙荅道。我准明日就到。我准明日一早就到。滿心立刻便興頭起來。先前這一點悶兒。已不覺丢到瓜哇國去了。次日格外起了個早。把全身換了一颯的新。用了些早點。便急急離了寓所。一路踱將出來。恰值打從圖理舍銀行經過。瑪琪拖亞因久不與伊古那會面。遂順道入

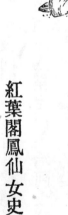

銀行探探近日消息。該銀行既是他舅舅的自然無須通傳。一直便向帳房那邊轉去。剛走過巡廊隱隱聽得班房內咕咕噥噥的談論聲瑪琪拖亞縮駐了脚順便向門縫兒一張見內便團坐着三人一爲舅舅的馭者一爲行內的侍役又其一爲金庫的管門。聞那馭者道照我看來美治阿士決然是寃的還有這麼純直的人也肯做賊丟臉麼。那侍役的荅道據此說來然則那夜說他逃走看來也未必呢。管門的道他那裡是逃走不過辭工不做罷咧。馭者又接口道是呀主人討厭他纏着他的姑娘要擠他去埃及討個干淨他心裡那肯舒服故此嘔氣走了是有的。瑪琪拖亞聽着心裡暗驚詫道。我估量庫房失竊之事祇有我同伊古那舅舅及俄國大尉四人知道怎麼連底下人都知到呢。那廝也不知事體輕重聚着三羣五隊把主人的密事來嚼舌頭做不得。待我喝散他免他放肆纔做得正待把門推開。纔又轉念道這宗事體他們既已透亮喝也無益。不如再聽聽看他還有甚麼議論。於是復向門邊澄着耳朶聽得那侍役又道偌大的事怎麼白喫虧都不報警察呢。馭者道主人指定係美治阿士盜竊。那有敢報警察的道理。萬一傳揚出來於他姑娘的面上怎好過呢。管門的道。我也難怪姑娘鍾愛美治阿士。你看美治阿士的狀貌。這般俊秀。世間的男子。能挑得幾多個呢。馬夫道。可不是麼。但總不曉得主人。因何偏與他不對。這想是不得不講緣分了。侍役又道。我聞得美治阿士去後。也曾有書信同姑娘來往。若是逃走。那裡還敢通消息。這可見他是坦白無罪的了。馭者道。他不止有書信寄來。兼且要約姑娘會會面呢。但狠奇怪。這月內就連消息也絕了。侍役道。怎的緣故呢。馭者道。也不用寄書了。如今魂夢裏可來去自由了。聞得他尋了短見。現時差不多又到轉輪殿了。管門的道。那決未必。聞他跑了去美國。這倒或是眞的。既然金子不是他盜。然則必定是助摩祇那厮了。侍役道。這厮沒有那個膽。就有也做不得那麼精細。你看他脾氣。說他傻子也像。說他瘋子也像。終日頑皮老臉。覷着人腦背後作點子惡劇。那是有的。若認眞做起賊來。這倒未必。況且他晚上又回家裡睡。那能彀下手呢。管門的道。我這句話。不是憑空白揑他。記得兩月前有一天夜裡三點鐘。聽得庫房裏鼻鼾聲呼呼的響。我着實嚇了一跳。急開門喝問是誰。他一咕嚕爬起頭。原來就是那厮。他還吃吃咕咕說我閉他在庫裏。還說要回主人。落掉我的飯碗。照我看來。那厮終有點靠不住的。馭者道。我也有點明白了。你說那厮有意爲金錢行竊、那也未必。大約總是俄國大尉有甚麼的對頭要想盜這個鐵匧子買囑了他。後來金庫開了。他見了許多銀子。俗語說得好。眼睛是黑的。銀子是白的。那有不起心的呢。諒他順手摸了一束。碰巧正拈着這五千圓鈔票。不然、若是强盜得了手。又何止僅拿五千圓便肯罷手呢。管門的道。據此看來也難料。聞那厮近日受了重傷。想必也爲這事被人暗算了。別的且不計。就是先前買囑他那一輩子。恐怕他洩漏。自然想要殺他滅口呢。馭者道。聞近來被醫生救治。已把生命挽回不妨事了。瑪琪拖亞站在戶外。聽他們所談。甚有本末條理。心裡讚歎道。就是甚麼偵探也不容易探出許多事故來。不意那厮倒有這宗本事。言次。又聞那侍役再道。近聞我家姑娘。不日就與伊古那成婚了。你們可聽見嗎、馭者道。誰不知道。已經擇定吉期了。可憐姑娘被他父親所逼。硬拆了這對姻緣。好像啞子吃黃連有口難說。現時萬事雖已順從。但心裡實不知怎麼苦呢。我常聽見他近侍的媽媽說。深夜裡姑娘常夢中哽咽起來。那枕畔的啼痕未嘗有一夜乾過的呢。瑪琪拖亞聽着。不覺戚然心動。自思道。雖是底下人的見識。也不能輕輕覷過。萬一美治阿士果無罪。那不是我一大罪過麼。因爲不是我誡飭了霞那一頓。他未必冷了心。倘或我錯疑了人。將來怎對得妹子住。現照他們所說。婚期將已逼近。怎法子能彀延緩着再討點時候查察查察呢。沈思了半晌。遂離却班房。直踱進辦事室。見伊古那坐在案前一種泰然自得的氣象。溜着一雙眼睛查檢賬目。忽抬頭見瑪琪拖亞進來。含着笑靨。踮起來。拉着瑪琪拖亞跑過談話室。嘻着嘴道。我不日的喜信、可知到麼。說來你也該替我歡喜。主東已擇來月吉期。我與霞那小姐結婚了。瑪琪拖亞使勁向着他的背一拍。說道。大喜大喜。着實恭喜。說着。覺適纔班房內談話之言。句句留在耳底。聲浪猶未曾息。心裡便不高興起來。問道。霞那可願意了麼。伊古那道。不願意。那能彀結得婚。這也是東主心力的栽培。纔能彀成功呢。瑪琪拖亞道。我老實告訴你。霞那心裡既屬有人。勸你不如丟了手罷。伊古那滿心滿意的興頭。不意被他一句撞了個對衝。像着一盤冷水猛澆過來。不覺又羞又怒。紫漲得耳根通紅。說道。我與你爲友。聞喜信應該勉勵我。爲是不應如此蹧蹋我。瑪琪拖亞道。我并不是蹧蹋你。我的脾性。是心直口快的。不曉得甚麼避諱。我知你的主意。不過謂美治阿士犯了盜案。再不能娶霞那。故你狠安心。你須知這宗盜案。并沒有確實證據。萬一後來破案。與美治阿士沒干連。到時汝便怎麼處。伊古那見說。更黃了臉。答道。我於美治阿士。始終不曾說他有罪。我不時還替他辯白。你應該也記得。你自信他不過。我聞你的言論。漸漸連我的意思也變轉來。如今我好好訂了婚。你忽然又抽起這事來。激刺我的心竅。我實在不知你究竟是甚麼意思。瑪琪拖亞本來是個沒成見的。聽着他說回心轉想。也覺得前頭是自己擔了個錯。適纔的說話。未免太過唐突。倒不好意思起來。說道。這是我的不是。你當見諒。因爲忽然間有所感觸。心裡很不舒服。故此冒昧得罪你。我的脾性。你是知到的。諒也不執怪我。今天我還有事。要到他處去。改天再來道喜罷。說着迆迆的走開。出了銀行。直指着丸田夫人府第那條路去了。欲知後事如何。再聽下回分解。

飲冰室詩話

飲水

有湘人自署震生者。以甲辰二十八初度自述一百韻見寄。視其紙末鈐印。知氏陳名士芑字翼謀也。工力甚偉。且讀之可覘其志也。錄實詩話。

大地蟠旋九萬里。繞日東行不自止。塵塵四時相推移。二十八年一彈指。我昔夢游崑侖虛。海波微紅日光紫。天風吹墮洞庭南。湘水淪淪嶽峙峙。綺歲騈語工俳優。鳳毛麟角矜爪觜。十三牙牙學謳吟。十四學文更學史。十五讀詩斷蓼莪。春暉寸心悲陟屺。十六志學得師承。（謂崇陽舒義菴先生）檮搼翟籍知肯綮。十九受知元和門。（謂江建霞先生）無雙微聞呼奇士。秋風文戰自年年。扁舟五歸湘江涘。（年十九始應童子試自是往來長沙者凡五年）宦轍追馳閱歲華。禰墓寂寞鶴樓圯。（僕生長楚北侍家大人馳驅江漢幾於無歲不隨）市朝小隱畏壘穰。孤芳落落泣蘭芷。（楚北雖文文交通之地然攀逐聲華者多務實修者少故甯閉戶謝客不求人知而人竟無知者）忽焉奇夢閱五洲。放觀天外殊詼詭。（年二十二始治外國地理學學術思想爲之一變）自笑決飛搶榆枋蹋足方罫限旋跬。閉戶十年當臥游。拘墟竟同蛙與蠡。飢來驅我作眥郎。擊筑行歌來燕市。臣朔乃伍騶朱儒。果腹但索長安米。鼓力再過夸門道。梁園冠盖悼芳菲。秋桂春杏自枯榮。甘苦何心辨荼薺。蹉跎郎署又一年。頭顱坐大殊足鄙。空說長門識相如。誰知杜下有李耳。嗟予昔聞姚曾訓。學貴博通毋專已。義理攷證兼文詞。三者相通原一揆。文章俗論宗桐城。犬咻蠅逐不知耻。黃流要有星宿源。周秦航航導厥軌。唐宋八家已足嗤。宇宙佳文甯止此。謬種流傳吁千年。坐令文界生荊杞。騷選魏晉多雅材。詩至唐賢有變徵。宋詩質勝明詩濫。近代頗許長蘆子。萬言億語因陳陳。誰翻舊調出新理。小技雕蟲學未工。嚁然求道道在是。鄉哲私淑曾與劉。養晦求闕識宗旨。拾級直窺五子堂。宗廟百官咤富美。紫陽象山亦天縱。精微廣大罕倫比。陽明正學有眞傳。蚍蜉紛紛徒嘲詆。更從諸子溯炎漢。傳注故訓究原委。許鄭遺書翼六經。貫穿羣言如術蜡。絕學沈霾二千年。閻（太原）惠（元和）段（金壇）王（高郵）延其祀。就中精博推二竹。（朱錢）宛溪方輿金匱禮。天台獨紹鄞亭業。梅江算術尤亹亹。大宗應數顧黃王。並時鼎立相角犄。直將漢宋冶一爐。餘子鹿鹿諸與唯。嘉道學風稍變更。偉思奇論驚神鬼。仁和邵陽眞天才。獨爲俗學埽穢秕。

目光炯炯言炎炎。陋儒咋舌嚇欲死。芒也躡足不知羞。夸父揶揄愚公唏。黎邱衣冠壽陵步。逡巡顧影無一似。狗曲駢枝譏詼聞。螢僵蠹老抱故紙。口耳末學終何用。嗄然自失吾過矣。於時歐學正東漸。新書洋裝誇瑰瑋。聞所未聞見未見。舊學當之輒披靡。電絲蛛牽密迴環。瀛車蛇行走邐迤。呼吸息息通環球。東西萬里猶尺咫。輸攻墨守奚足云。騶衍談天言非侈。聲光電化妙入神。餘藝刻畫及輪梓。生物二理剖尤精。千狀百態數可紀。小之目力誊微塵。大之思想窮無始。即論哲學亦卓絕。遠源別派互嬗遞。梭（格拉底）孔亞（亞里士多德）孟輝後先。詭辨懷疑更排觝。歸納演繹標二宗。笛倍論理有變體。康（康德）邊（邊沁）諸子稍後出。精理名言味如醴。物心同異分多元。主義各各新壁壘。孟鳩盧騷寔先覺。爲民請命天所啓。民約狂論破天荒。精義遠出子輿氏。漆室一燈光熒然。清議奈何蒙不甕。英倫二傑（達爾文 斯賓塞）人中龍。噓欲雲電露爪尾。昌明公理發聵聾。人羣進化固應爾。學說鼓吹入亞東。老儒蹙額少年喜。師搏虎躑那可當。國力盛强豈無以。哀我國民神明裔。只今凌賤儕牛豖。趾跌同方顱同圓。咄哉胡遽不若彼。彼知寔驗我空談。彼能獨立我依倚。彼求進步奮邁征。我惟保守愼遷徙。彼愛新知如醍醐。我媚古人如

文苑

主婢。禹域芸芸爾衆生。鏟除惡根能有幾。優劣競爭天演之。思之思之額流泚。方今東傲喧鼓鼙。踢白山兮傾黑水。喧賓奪主翻奇局。坐觀成敗安鬯匕。兩京既失恐難收。提師況無郭與李。豐沛自茲成甌脫。危逼肘腋如卵累。臥榻竟爾容他人。羣雄眈眈更環視。阿耨達峯高峩峩。王母抱璟淚如洗。邊鄰四面皆楚歌。引盜入闥誰寔使。老大神洲歎陸沈。瓜剖豆分安有豸。悲哉草莽蟣蝨臣。河清海枯恐難俟。熱血塡腔憤塡膺。枯楊生肘肉生髀。陶公石甓祖生鞭。年光鼎鼎去如矢。不才棄置且長吟。肯向侯門躡珠履。君不見。當年歐陸修風雲。拿翁撫劍叱咤起。羅馬再建獨立旗。瑪喀二子功尤偉。閣龍探地窮九幽。滄溟浩浩航一葦。撒哈炎沙蔽天日。烏鬼攫人獸磨齒。壯彼立溫汗漫游。出入險鄉如平砥。男兒生來有奇氣。安能跼蹐樊籠裏。豐功碩績亦等閒。汝好爲之無骯髒。諸公可作起九京。吾願爲之執鞭箠。太白睒睒天蒼蒼。有酒在尊琴在几。撥絃痛飲更高歌。世變蒼黃何窮已。來日苦少去日多。高天厚地安可恃。一身榮悴何足言。前途莽莽知胡底。

專件

俄國之革命黨

現今調查得俄國革命黨共有二十一派。在俄國境內各部。均已設立支部及小支部。其黨派名稱如左。

一　俄國社會民主勞働黨

二　社會革命黨

三　波蘭社會黨

四　猶太人一般勞働聯合黨

五　李多維亞及波蘭社會民主黨

六　波蘭普羅列他利亞德(平民)社會黨

七　李維亞社會民主黨

八　李維亞社會民主勞働聯合黨

九　李維亞社會民主聯合黨

十　芬蘭勞働黨

十一　地方社會聯合黨

十二　地方革命聯合黨

十三　智阿盧查社會革命聯合黨

十四　鴉盧美亞社會民主勞働黨

十五　白俄大革命黨(按羅斯種族有大俄小俄白俄等名)

十六　自由聯合(俄國憲政黨)

十七　波蘭國民同盟

十八　芬蘭活動委員執行部

十九　鴉盧美亞革命聯合黨

二十　可加沙斯、德蘭斯可加沙斯、德蘭斯加斯卑亞、姑利美亞

廿一　回回教徒大同盟

事件

以上所列諸黨派。其勢力現已支配俄國人民全部。其代表者曾於去年在巴黎開會議。極力講求破壞現在俄國政府組織之政策。近日俄國各處之亂事。皆此會議之結果云。

詹詹錄

◉百年長壽法

頃英國有一大醫學家名靜士疏逸者著一百年長壽法極力反對冷水浴及飲牛乳者亦可供衛生界之一參考也茲錄之如左

(一) 勵行睡眠凡八點鐘
(二) 睡時右脇宜在下
(三) 切不可感冒而寢室之窓終夜宜啓勿閉
(四) 床與壁切不可相粘
(五) 早起浴時其水必與體溫同度
(六) 朝食前宜運動
(七) 食物宜少而調理宜甘
(八) 凡成年以上者勿飲牛乳
(九) 宜戒酒
(十) 每日宜於好空氣之處運動
(十一) 切不可與猫犬同室人之病源多由彼等傳來者也
(十二) 若能享田園生活者最佳
(十三) 宜避三個D字DrinRing water(飲水)Damp(濕地)Drains(穢水)是也
(十四) 切不可長憩惟片休即宜執業
(十五) 制限慾望嚴避忿怒

◉世界將來之變遷

頃歐洲雜誌上載有一論講及世界將來之變遷者極有趣味茲摘錄之如左

雜俎

地球上之變遷。如流水然。一時一分。無有寧止。即如人類而論。經濟的社會的。乃至如道德的之種種理論。亦隨之而變。如以科學製造食料。則動物植物之產出者。可以無用。人可戒殺。則道德標準。即為之一變。且耕地牧場。直可廢棄。肥饒不毛之地。無容再分高下。至於食物中以為三要素之一之脂肪。亦能可以人力製造。其未能者。獨蛋白質耳。雖然。亦能製造之也。唯時間暫久何如耳。次則能可以借用太陽熱瀑布及地心熱之力。而從事各業。勞働者即可全廢。且地心熱最宜於使用。各藝唯在今日堀地三哩。雖似屬難事。然將來必可以容易成功。無容疑也。於是農夫因之可免。山林荒野。唯供居住。無患人滿。而技藝美術日增。完善。人無階級。戰爭因亦隨之而消滅矣。右所論一出之後。英美德法之科學者。均因此而為議論批評之的云。

◉社會主義者之派別

近數十年來。與所謂如怒濤不可防壓之帝國主義之潮流。正相反對者。厥為社會主義。社會主義。統言之。均貧富也。絕對之平等主義也。極端之破壞現在世界主義也。此社會主義者。共同所抱之目的。盡人所知也。雖然。其能實行與否。非今日所論之問題。惟是因其人因其地因其時之境遇。而其主義之派別。亦從是生焉。今將其派別。揭之如左。

(1)理想之社會主義 (2)空想之社會主義 (3)研究之社會主義。(4)實行之社會主義。(5)喧嘩之社會主義。(6)不平泣言之社會主義。(7)志行薄弱而怠惰之社會主義。(8)書生之社會主義。(9)勞働者之社會主義。(10)紳士之社會主義。(11)仁人義士之社會主義。

等是也。其餘甚多。今避繁不具引。

新民藂報

第參年第貳拾肆號

(原第七十二號)

本號要目

光緒三十一年十二月十五日　明治三十九年一月九日

每月二回朔望日發行

本社緊要告白

本報開辦數載久爲士夫所稱許近因出報遲滯致負閱者雅意良用歉然現第三年分之報准于本年內出完明年正月續出第四年第一號如續閱者接到本期報後請即函知俾照付上又如有報費未清者亦請即滙下無任盼切

橫濱山下町一百六十番 新民叢報社謹啓

新民叢報第三年第貳拾肆號目錄（原第七十二號）

目錄

報資及郵費價目表

報資及郵費價目表	全年廿四冊	半年十二冊	零售
報資	五元	二元六角	二角五分
上海郵費	二角四分	一角二分	一分
上海轉寄內地郵費	一元二角	六角	五分
各外埠郵費	一元四角四分	七角二分	六分
四川、雲南、陝西、貴州、山西、甘肅等省郵費	二元八角八分	一元四角四分	一角二分
日本各地及日郵已通之中國各口岸每冊一仙			

編輯兼發行者　馮紫珊
印刷者　陳侶笙
發行所　橫濱山下町百六十番　新民叢報社
上海發行所　四馬路老巡捕房對面　新民叢報支店
印刷所　新民叢報活版部

論民氣

（新民說二十五）

中國之新民

一國中大多數人對於國家之尊榮及公衆之權利爲嚴重之保障常凜然有介胄不可犯之色若是者謂之民氣民氣者國家所以自存之一要素也雖然僅以民氣而國家遂足以自存乎曰、必不可何以故以民氣必有所待而始呈其効力故

（一）民氣必與民力相待無民力之民氣則必無結果有侵犯我者我對之而宣言曰『汝毋許爾爾』是即所謂氣也夫我之所以能爲此宣言者何也其內容必尚含有未盡之詞若曰『汝果爾爾者則吾將……』「吾將……」云者是使彼憚我而果不復敢爾爾也故當吾將發此宣言之先必預審夫所謂「吾將……」云者果能實行與否能實行矣而遂足以憚彼否審之既熟然後乃昂然曰「汝毋許爾爾」夫如是而我之宣言非戲言矣於彼時也彼則又詗我曰『彼云將……能實行歟苟實行斯可憚歟』彼若認

我爲能實行而可憚也則不得不屈於我而我之目的達矣彼若認我爲不能實行即實行矣而非可憚則必將復於我曰『吾固爾爾矣汝如將……吾亦將……』於是乎吾之所謂「將……」者遂果不得不實行既實行則視吾之所謂「將……」者能否壓伏彼之所謂「將……」而我目的之能達與不能達從茲解決焉夫彼之所謂「將……」云者亦必其示我以甚可憚者也彼固有所以憚我而我亦有所以憚彼是之謂力我既有所以憚彼而遂不憚彼之憚我是之謂氣氣者固所以成始而成終也然非有力則不能始之不能終之氣實力之補助品耳使我自始輙貿貿然宣言曰汝毋許爾爾然彼果爾爾者我將何以待之未始計及焉即計及矣而其事非我所能實行即實行矣而曾不足以損彼之豪末甚或非徒無損於彼而且有損於我若是乎則我之宣言必毫無反響彼之視我直劇塲中一科白耳即彼或未審於我之內情以爲我之敢爲此言其必有盾乎此言之後者而因屈而從我雖然此又未足爲喜也何也彼今雖不察而終必有察之之時及其察之而我後此同類之宣言壹歸於無効也其不足喜者一也我見此無實力之宣言之偶一制勝也乃自狃焉謂即此可以制梃撻人矣乃益

怠於實力之預備此後若更遇同類之侵犯或加等之侵犯而我終無待之之道其不足喜者二也故夫無民力之民氣其不可濫用也有如此問者曰然則力不足者雖牛馬奴隸其受之矣曰然也夫孰使汝無力也既無力矣雖欲不受庸安能也雖然受之可也安之不可也不安之奈何則亦歸而求所以增其力而已力之未逮其必非用氣之時也聞者疑吾言乎請觀日本日本之初與我通使也領事裁判權未收回我最初之橫濱領事范氏以最敏活之手腕主張我國民之權利往往有使日人不能堪者至今老橫濱者猶舉其佚事以爲美談彼日人豈其樂受也而忍之若干年琉球事件交涉中我北洋艦隊游弋長崎爲示威運動我水兵與彼警察鬨其交涉之結果乃至勒使長崎警察不得帶刀日本恥之乃自下令全國警察不帶刀以解嘲（自甲午戰勝後全國警察始復帶刀）彼豈其樂受也而忍之若干年彼其忍之之時正其汲汲焉於種種方面預備實力之時也果也甲午一役而二十年來對於中國之恥辱乃盡雪也又其與俄交涉也維新之始以樺太與千島交換彼日人豈其樂受也而忍之若干年甲午戰勝割我遼壞三國干涉奪諸其懷彼日人豈其樂受也而忍之若干年彼其忍之之時又其汲汲焉於

種種方面預備實力之時也果也甲辰一役而三十年來對於俄國之恥辱乃盡雪也當其忍也而曰日本無民氣可乎必不可彼蓋有之而不用也尺蠖之屈以求伸焉鷙鳥將擊而伏且累月也而不然者請觀朝鮮彼朝鮮非民氣不振之國也十餘年前即有富於革命思想之東學黨振臂一呼蔓延全國推其起因則政治問題也以吾居日本七八年間見其報紙所記朝鮮爆裂彈事件以二三十計矣其民之聚於鐘路（朝鮮地名）為示威運動以對彼政府者亦幾於無歲無之其對內之民氣如此即彼之對於日本因抵制銀行券事件至於全國工商同盟實行（日本人所設之第一銀行在朝鮮發行紙幣漸已通行至明治三十六年春間朝鮮人見利權外溢之可懼也乃有一二有志者倡抵制之議令各行商簽名不用彼紙幣舉國一致贊成未幾日本以軍艦筑紫示威於仁川復以數軍艦繼之志士之運動遂成絕影）其對外之民氣如此即至最近日韓新協約成立之後其元老大臣以身殉之者且踵相接由此觀之夫寧得曰韓民皆夸毘無骨者流也而今日之韓竟何如矣夫三十年前日與韓不相遠也即韓之民氣吾亦未見其有輿儓於日之確證也而結局乃若此此何以故則韓人誤以其最可貴重之蓄力的時日而濫費之以為最無謂之競氣的舉動韓人之氣日洩而日瘉日人之力日積而日張而最後之優勝劣敗遂永定矣吾故曰民氣必待民力

而後可用對內有然對外亦有然

(二)民氣必與民智相待無民智之民氣則無價值氣也者。用之以相競者也。故語及氣之一字。其中總含有戰爭的性質。無論爲廣義的戰爭狹義的戰爭。其性質固不相遠。

狹義的戰爭謂用兵廣義的戰爭謂其他互相敵抗之行爲

以狹義的戰爭言之則(第一)不可無宣戰的理由苟我挾完滿之理由以從事戰爭則以義戰的觀念能使我之敵愾力隨自信力而增加其可以取勝者一能使敵人以自反不縮之故餒而不支其可以取勝者二能使中立者表同情於我間接以增我之力而殺敵之力其可以取勝者三(第二)不可無作戰的計畫我之力固自信足以與敵戰矣然以此戰之故我之損失當幾何敵之損失當幾何我而不戰其所損失當幾何我而戰其所損失當幾何戰之所損失以除以償不戰所損失其贏得者幾何不可不一一熟計之又同一戰也以若何之戰術最足以使敵屈伏而貫徹我之目的以若何之戰術而使不至於本戰之外生出他種支障又不可不一一熟計之凡茲所舉不獨於狹義之戰爭宜然即廣義之戰爭亦皆有然夫命物之名而謂之氣則其性質之非永久的可知傳曰。一鼓作氣。再而衰三而竭。此最能說明氣之情狀者也故氣之爲物也不可挫彼氣之愈挫而愈盛者必其有所挾持焉以運乎氣之外者也苟惟氣也則遇一度挫折而餒於其前更遇一度之挫折而益餒於其前則有後此遇當用氣之時而不復能振者矣夫以無理由而濫用其氣幸而勝則例外之事也若其不勝則事過境遷終必有自悟其爲無理由之一日遂自怨自艾而因以減殺其自信力而氣乃一落千丈强矣以無計畫而誤用其氣以取挫敗者則減殺其冒險心也亦正與此同而何以能審其理由能善其計畫則非全體人民有水平線以上之常識不能也民氣之爲物往往以盲從者之多數而致盛大亦往往以盲從者之多數而致挫跌要之盲從之民必非能對於外界而有堅牢之團結力對於外界而有持久之抵抗力者也吾故曰民氣必待民智而後可用對內有然對外亦有然

(三)民氣必與民德相待無民德之民氣則不惟無利益而更有禍害凡多數人相集而圖一事則其中必有多少之權力(權力之大小及其久暫姑勿論)於是有覬覦此權力而加入團體者又凡一事之成則其後必有多少之名譽於是有歆羨此名譽而加入團體者又凡一事件之起其事件間接之影響或可予一種人以特別之利益於是有取便私圖而加入

團體者。如革命軍之起。本非爲擄掠也。而會匪綠林。乘此勢假此名以行擄掠。實爲一好機會。故革命軍可以間接予會匪綠林以特別之利益也。又如一月前東京學界爭所謂取締問題者。本非爲惰學也。而其中有游蕩不事學業者。或久客思家者。乘此勢假此名。堂堂然自託於志士之林以歸國。故取締問題可以間接予彼輩以特別之利益也。其他凡百事件。莫不有此現象。又凡一事件之起。其事件直接或間接之結果。常可以敗一人或一黨人之事業。於是有有憾於彼一人或彼一黨人。利用傾軋而加入團體者。歐美言政黨之得失者。常懸此爲厲禁。蓋以私人之關係而牽及於公共問題。最不可也。有一於此。則其團體自表面上視之。雖若甚大且堅實。則其內容含有種種不同性質之分子。各向於其特別之目的而進行。無論事之成不成。而皆可以生出惡果。此等敗類。無論何種團體。固萬難絕無。而民德高尚之國。其數寡。民德汚下之國。其數衆。若一團體中而此種類之人占多數。則其敝不可思議。即非占全團體之多數。而在團體主動者之中占多數。則其敝亦不可思議。夫此種類之人。必其稍黠而稍悍者也。故衆人相集以圖一事。而彼輩往往得占主動之地位。勢則然也。而其敝遂不可思議。以上所舉。皆假公濟私。以煽動民氣爲一手段者也。不可謂之眞民氣。故勿具論。即屬於眞民氣矣。而猶必須有諸德以綱維之。一曰堅忍之德。凡所抗爭之目的。不能一蹴而達。苟無此德。則一鬨熱狂。若暴風疾雨。不能終朝也。二曰親善之德。凡團體愈大。則其分子愈雜雖同向於一大目的其中小節總不免意見參差苟無此德則團體瞬息分裂也三曰服從之德凡團體必有指揮者有受指揮者苟無此德則人人欲為指揮者不願為受指揮者羣龍無首頃刻而潰也四曰博愛之德氣之方張必繼之以破壞破壞有時固非得已然當有其程度苟無此德將並其不必破壞不可破壞者而亦破壞之而全局且不可收拾也故由前所舉之四種是與道德立於正反對之地位者也以此等人而利用民氣其為害極深由後所舉之四種雖非立於正反對之地位而於應有之道德多所欠闕者也以此等人而濫用民氣其為害亦不淺吾於中國之義和團見之吾於法國之大革命見之吾故曰民氣必待民德而後可用對內有然對外亦有然

吾於是研究民氣之為物及其應用得公例曰

(一)其物為補助的性質而非絕對獨立的性質　故不可以之為唯一之手段

(二)其物屢用之則易衰而竭蓄之愈久則其膨脹力愈大　故宜偶用而不宜常用

(三)其物善用之可以收莫大之良果誤用之可以收莫大之惡果　故即偶用之

亦不可不愼

（四）其物之發生比較的易　故常未適用時無取煽動之

以上四例。其前三項則前文所論。足以證明之而有餘。其第四項。今更附一言。　謂民氣無須激厲。但放任之。而可以自由發生者。非篤論也。雖然。與民力民智民德三者相比較。則其發生也較易（一）正當之民氣生於自衛心而自衛心爲盡人所同具一提便醒（二）民氣之爲物極簡單不須有他種之預備修養而始成立故臨時可以猝辦（三）民力民智民德三者既進則其民自能自認其天職自主張其權利故民氣不期進而自進以此諸理由。故吾輩無論對內對外當先審今日爲可用民氣之時代與否如其未也與其洩之毋甯蓄之姑於其最難發生最難成立之民力民智民德三致意焉迨適用之時以百數十少年號呼焉以三數報館鼓吹焉不一月而舉國狂矣謂余不信盍觀最近之東京罷學事件與上海罷市事件也。故當未可用民氣之時而專以煽動民氣。爲事者是濫費其日力與其才力而已

問者曰。然則子認今日爲未可用民氣之時乎。曰、以全局論無論對外對內吾皆認爲

未可用民氣之時以一部分論則因於其事件之性質如何吾認爲有適用者有不適用者即認爲適用之事件其用之也亦有度量分界苦日日以牛雞割刀則亦吾之所不敢苟同雖然此非可以一言盡也

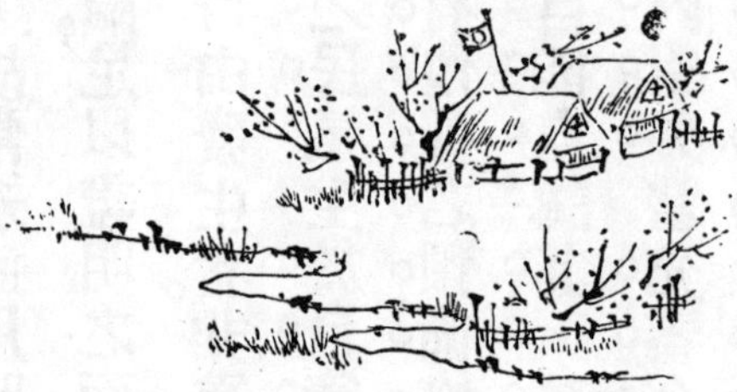

論主張競爭者當知法制

佛蘇

今日世界。乃法制世界也。人民幸福之所以能保全。社會危害之所以能防制者。有此法制也。强國之所以能屈伏弱國。文明民族之所以能戰勝野蠻民族者。有此法制也。各國之所以互守條約。規定國與國間之權利義務。而不致輒開兵釁者。亦有此法制也。然此猶言其積極勢力也。試更就其消極勢力言之。政府之所以不能分外專制者。戰勝國之所以不能有非理之要求者。上主權國之所以不能有苛虐之壓制者。皆因有此法制也。國家無强弱。種族無黃白。循此軌線而進則勝。否則敗。蓋此法制者。係研究全世界心理所規定。以統治全世界人民者也。論其性質。無所謂利于彼不利于此。論其範圍。無所謂此當守而彼不當守。

乃今觀我國人之心理。之言論。之行爲。則與此理論大相衝突焉。破壞之說。騰躍于國中。其主持尤力者。學界中之一派意見也。其所恃以爲破壞之挾持之憑藉者。以聯絡團體爲主動。以鼓吹民氣爲先鋒。對于國內與國外皆如此。凡有一事之刺激于其腦中也。即奔走呼號。奮不顧身。挾雷霆萬鈞之力以抵抗。不暇問及此事之若何損害而研究若何相當之方法以對付之。並不暇問及此事之有幾許損害而研究幾許相當之勢力以對付之。惟知逞一時熱度。一時思潮之所及。有奔突無駐紮。有進擊無休兵。有私憤無公法。健者躁進。懦者盲從。黠者鼓吹。愚者附和。一時萬聲厖雜。公理晦冥。恨不能將世界秩序而擾亂之。將全球各國而吞噬之。意若謂對于世界第一之武器。惟有團體與民氣之一法。若團體堅。民氣盛。世界事無不可達之目的。而于理由上事實上感情上之可否問題。久已拋棄于九霄雲霧中矣。嗟乎其熱度。其苦衷。雖感于時勢所發生。然亦知今日世界。係法制世界乎。法制世界之組成也。不獨個人當遵守。即全球亦然。不獨國內當遵守。即國際亦然。不獨平時當遵守。即戰時亦然。入其範圍中。則事事皆有證據。逸其範圍外。則事事失其瞻依。不然。世界不平之事。何時蔑有。若一黨之衝突。一國之衝突。即可以自由發難。委法律于不顧。影響所及。世界其有安寧之一日乎。此歐美近數十年來。欲保全世界和平之一微効也。故今日所爭之事。使有其法律上之證據。也不難解兵戎于談笑。否此雖殺人流血。破釜沈舟。而世界之法制範圍。終

未有能衝破者如此則團體與民氣又奚可濫用耶

然則今日立國團體與民氣無甚價値乎曰大謬大謬團體與民氣爲今日立國之要素但用之須審耳其對于內也倘政府用專橫手段絕不顧民黨之利害或放棄權利致國家日危則須用團體與民氣之勢力與之反抗其對于外也倘遇有法理上極難解釋之問題或兩國對于國際地位不平等因有所抵抗而皆無第三國出而任調停之責互相衝突致取决于戰鬥力之强弱當此時也則團體與民氣乃夏葛冬裘焉又如甲國對于乙國有要求救濟及陳說利害之處而乙國對于國際不曾負絕對義務之責或又出于感情上之未便堅硬謝絕當此困難每多借在野之團體與民氣爲解圍之救援此團體與民氣之價値極大者也

然則以上所舉之例外即絕不須有團體與民氣乎曰否否廣義之團體與民氣平時之團體與民氣自然集合之團體與民氣事事皆有時時皆有使一時一事無團體之補助無民氣之貫注匪特于事勢上有所不合且於理論上所必無此也故以上所論之團體與民氣係指關于狹義者變時所發生者特別所組合者而言也此三種之團

體與民氣除以上所舉之對內對外之事實外幾無有適用之時倘濫用之則團體結一次而更渙散一次民氣用一次而更挫折一次何也據論理學推之凡人之要求心愈大者其希望心亦愈大若盡力要求而絕無希望或未得相當之希望則其氣一挫而不可復振其膽一墮而不可復持有無可掩諱無可抵當之勢後雖遇有絕對應爭之事或事外趨避焉或中立徘徊焉或當局猶竭蹶焉蓋覆轍之象時時轆轤于其腦中奪去其堅定力故也

雖然古今豪傑何代無困心衡慮動心忍性因挫折愈大磨厲愈大而更振作其再接再厲百折不撓之精神者乎曰此未可囫圇看過其中性質大有辨別焉請簡單下一斷語曰折于理者則氣愈挫而愈墜折于勢者則氣愈挫而愈堅

蓋人生以競爭爲天職競爭以是非爲判斷使人生而無競爭也則安能驅除虎豹犀象而有人世界又安能驅除生番苗族而有文明世界使競爭而不憑是非也則弱肉強食攘奪殺伐靡有底止又安得有國家之組織有世界之交通有權利義務之規定故世界之競爭者皆歸納于競爭是非之一途此所謂法制世界也

據此觀之。使我所競爭之事。果理由正當。徒屈于勢力之薄弱。不得伸雪。則我所抱恨者不在于理由之不足。而在勢力之不足。勢力既不足。則惟有厚集其勢力。以博最後戰勝之一法。譬如我有一權利。無故爲强豪者所爭奪。使我非如佛道之空淨。非如老學之無爭。非如南方之强不報無道。則未有不訴訟于司法官。聽要求判決其是非者。甚或因第一審塲合是非稍有未明。而更控訴焉上告焉抗告焉。絕不畏對待者之如何强豪。而必求理由之伸。此所謂折于理者氣愈挫而愈堅。使我競爭之事理由不正當。而徒出于一時之熱度多數人之鼓吹。則所恃者勢力也。倘遇一强硬之物障礙。我之勢力抵制不住。衝突不能。則勢力窮矣。勢力窮則救濟之後援斷。而我之壁壘破矣。此所謂折於理者氣愈挫而愈墜。故今日如欲競爭權利。必當爲法律上之爭。萬不可爲勢力上之爭。夫法律上之爭。雖不須絕對之團體與民氣爲根據。然團體與民氣間接受無窮之利益。而能日日發揮其勢力。若勢力上之爭。則須絕對之團體與民氣爲根據。然團體與民氣直接受無窮之摧殘。而反日日剝落其勢力。此中原理至顯。而亦至深者。

試因此事理更推及人之心理而下一斷案曰如有理所必當爭之事而徒因曾受挫折今即墮落者此愞軟無骨之懦夫趨避無恥之鄉愿也此等人雖墮落不獨于事實上毫無損害且中國前途必須淘汰此人此所謂人不當折于勢也又如有理所必不當爭之事而徒拘守成規一誤再誤者此守舊不化之劣等民族獷悍不馴之下等動物也此等人雖不墮落不獨於事實上毫無利益且中國前途必隱受其敗壞此所謂人不當不折于理也且推此心理以論人格並不能見人之因受挫折而變遷其心理者即此言之見人之受挫折而不變遷其心理者即韙之蓋惟當辨其合于理與否也然有尚須剖辯者如所謂愈挫愈墜之說係指被動之團體與民氣而言也若確有主動之識力者雖一時爲勢所折而後來對于理所應爲之事安見其氣之墜耶又係指團體與民氣之全部而言也若其中有腦力進化之人或因此一挫而後來甚能辨理又安見其氣之墜耶

綜而論之中國當此是非一鬨秩序蕩然之時欲維持中國者當有透闢學識堅定骨力也如遇一有理由之事復得多數人之表同情固可助當局一臂之力然即獨立支

持亦當靜鎮成敗利鈍。有若浮雲。如無理由之事。雖全體傾動。而我仍當屹然神色不動。庶對于中國前途能盡幾希之義務。雖然此等精粹學問。言之匪艱。行之維艱。惟時時辨理。時時養氣。多讀先儒性理遺編。參証時勢。絲毫不疏忽。不膠固而已。

竊按以上之所辯駁者。皆係就理論上立言也。請更徵之事實。

夫中國近來之團體思想。發達極矣。其學界中爲尤甚。然其能收效者。多在普通團體。如東京留學生總會館。及各省同鄉會。各校校友會之類。否則或在于素有能力之少數人。自由盡力。如爭粵漢鐵路。及抵制美貨之類。何也。此等團體中之性質。一由于智識齊一。無厖雜之口舌。故參證易明。一由于周詳審愼。無事外之牽擾。故理由易顯。一由於和衷共濟。無意見之傾軋。故事權易定。一由于執行敏捷。無中途之阻撓。故成效易收。甚或其中所辨之事。收果極豐。而全體尚未探悉其來源者。若變時發生。及特別組合之團體。則不獨收效甚難。且有惡果環生。及無限決裂之處。何也。此種團體之集合。不必其彼此知心。不必其衆情所附。徒因一時之意見及言論。偶然相合。甚或與一部分人之意見及言論。偶然相合。而即拍手歡迎。引爲同志。舉無窮之責任無窮之希望羣注眼于此當局者之身及見其有不足副此責任及希望之處則憤恨心生攻擊風起其團結力即逐漸渙幻所抱之目的亦因此不能經營矣此收效之難之原因也昔孔子謂知止而後有定能靜能慮能安能得蓋凡事有秩序有顛末必能知止而後能得若思想驚擾焉度態惶惑焉精神沮喪焉用心雖想知幾者早知其究竟也然此非必當局者之無才學也憑藉狼狽展布跼蹐故耳若平時組織之團體豫備有素必無此等弊害矣

然則此種團體之內容即絕無弊害全體徒事事仰治而已哉曰非也各個人如有意見儘可發表倘當事者有非理之拒絕或有其他過失均可改職所謂不可改革者係團體之總體非總體中之少數代表也然其職權仍不可侵使人人可以干涉其職權必釀成一無政府之現象近來誤解共和意義者以爲共和國人人對于職權上立于對等地位此最是以誤事究之共和國之總統其範圍內之行政權力絕對不受束縛不過執行之次序後議院一步而已蓋世界不論何事未有事權不統一而可以奏功者此可斷言也

按上所論者。係言不可破壞平時成立之團體、而組合一時之團體。此比較利害之談。非謂一時不當組合團體也。又非謂不當于此種普通團體外。而組合他種單獨作用之團體也。

抑中國近來之民氣。亦發達極矣。然用之于正當競爭之事者少。用之于暴動者多。甚或雖用之于正當競爭之事。而其騷動之所及。終歸于暴動之結果。何也。無教育上之智識耳。夫國家之最危險者。莫如民氣不盛。而危險中之更危險者。莫如民智不開。而徒民氣盛。蓋民氣不盛之國。倘得有二三專制家。運用其霹靂手段。以振作一切。國中又皆服從一君主之命令。而其國猶可稱雄一時。甚或于數十年內。其專制之勢力。可以壓倒各立憲共和國焉。何也。專制政體。行動敏捷。其全國之勢力。畢集于中央。而毫無阻碍故也。倘民智不開。而民氣又盛。則人人有破壞心。無建設力。叫囂一鬨。家國成墟而已。嗟呼。埃及印度波斯朝鮮等國。固因無民氣而亡。然斯巴達對于雅典之戰爭。全國爲兵。幾使雅典不能立國。土耳其對于俄國之戰爭。殺傷俄國無限人民。俄皇尼古喇七且因戰敗憤死。然而斯巴達與土耳其。今日果能立國否乎。

乃觀我國一派人之意見。多主張鼓吹民氣。而不凜載舟覆舟之戒。殊不知國內會匪蔓延全境。一夫發難。四面楚歌。有防無可防。制無可制之勢。各國兵艦蟻集海疆。商務教堂處處皆亡國之導火線。若損害賠償。猶其餘事。默想此景。魄落魂飛。異日一發不可復收。一動不可復靜。雖拿破崙之雄才。亦狼狽于滑鐵盧之役。安得謂能破壞即能建設耶。昔法國希歐鼓吹革命。迨其後破壞之現象大出希歐意料之外。米刺伯微笑之曰「足下既好牧牛。當勿慮其角之觸」茲請轉贈此語于鼓吹民氣者。且再舉羣匪之事為例。當其發難之初。不獨不勦。且有威權獨攬之當道。極力獎勵。極力扶持。其經濟其器械。較之必刼奪始能起事者何如也。又較之亂端一發。官兵即四面痛勦者何如也。然而外人一礮。鴉鵲無聲。幾陣血肉紛飛雲表而已。且其觸動瓜分之機。延至日俄戰爭揭曉之後始有定局。豈今日尚露其狂態耶。豈禍端一發。各國不派保險艦隊耶。又豈能駕馭民力。使之不濫用耶。

然則即置民氣于不顧耶。曰非也。急施教育。使之有殺身救國之心。使之知文明競爭之法。使之知交戰紀律之事。不必將其大國民之種種肝腸出而相示。以擾亂其腦筋也正本清源啓蒙振聵日後如何用之之法隨指揮者定其方向而已又不必慮其民智既開而絕不解大國民之肝腸致有倒戈之禍也即如日俄之戰日人之所以能制俄人之死命者固民氣也然日兵何以再接再厲萬衆一心以保存此氣于不竭耶何以絕對服從命令不聞稍自由行動耶何以激戰正猛之時忽見敵軍白旗一麾即秋毫無犯而和平解除其武裝耶又何以戰事始末兵鋒不波及非戰鬥員不破壞中立地耶當愈得意之時而愈無矜張之氣恍惚極有性理上之涵養若此則斷不能徒羨其民氣之盛而抹煞其教育之功若俄兵則異焉無端而誤擊他國商船無端而竄入中立港口或開城條件已就而猶破壞各物品或已歸日軍所獲之戰利品而猶私行竊去倫謂其民氣不盛耶則其桀驁不馴之狀敢犯全球之不韙大爲日人膽力所不能及吁人謂日俄勝負係民氣盛衰之比較而不知其爲民智開塞之比較也悲夫悲夫今日世界各國競爭之風潮悉奔赴于亞東大陸之一大帝國其鎗礮藥彈及一切精奇之製造品皆不異專爲我國人而設也稍有血性者眼光宜旁射全局腦力宜傾注始終萬不可一時無競爭之心尤萬不可一時有濫爭之心庶可以出入于此法

制世界而無觸犯之憂。倘主持風氣者腦想稍有一度之紛擾。則無限生靈之神魂。即哀號于冥漠中也。治心者必治之一念之微。治國者必治之于一機之兆。願我國人毋頃刻忘之。

作者學識膚陋。經驗粗疏。原不足妄决大計。且當風潮萬丈之中。尤不敢有獨豎一幟之想。但默察中國危機。肝腸百結。此種意念。存之于腦中者已年餘也。而終無一他種之理想。可以駁去此種理由。故今日發爲言論。以宣之于大衆之耳目。自信確無阻礙于中國前途及傷團體感情之處。閱者不以人廢言。不以昨非論今是。則前途幸甚。

養心用心論 續第七十號

觀雲

夫養心既若是其要矣。雖然。若徒知養而不知用則又未有不受其弊者也余嘗見有佛教之徒坐禪數年然一叩以天地之本原及對於人生觀世界觀之理論或茫然無所知亦或有能言一宗之學能持一家之說而其所知之範圍甚隘叩以東西學說亦復毫無所聞推其故不過如愚夫婦之心慕成佛而執成法以求非求開悟而自濬其智識之源然則置其人於學者之塲尙不免愚蒙等識而謂學識不能逮人而獨能成道亦可知其無是理矣來布尼士以得明白之知識爲宗教所不可缺者蓋謂此也且夫吾人之心理決不能無觀念之來集然聖凡之所以別惟在對於觀念有孰者保守孰者棄去之不同蓋觀念之與觀念亦各各互試其競爭當夫一個之觀念獨占優勝之位則其餘之觀念沈墜消退若天文上有隱失之恒星而不復見者然例若富貴功名之觀念强則窮理致知無所爲而爲以求眞正之學問之觀念消凡眞正之學問多屬無所爲而爲反之而窮理致知無所爲而爲以求眞正之學問之觀念强則富貴功名之觀念消人徒見其品格之不同而不知祇由心理上之觀念孰者保守孰者棄去一自然淘汰之結果而已然則欲見道不可不先求道時時有一求道之觀念往來於胸中而後此一個之觀念獨强而於此觀念之一系統組織而整理之方能有豁然見道之一日若一無觀念則其人且等於木石無論其於道無所見也且恐其以無求道觀念之故而或爲他觀念引之而使去吾嘗攷佛教婆沙論之教義其於實踐也實立智力與禪定以兩者爲必不可缺之要素盖世俗之煩惱非慧不能斷而本原之眞理非定不能悟以四諦論之不知苦集者自不能入滅道故曰定慧雙修者此也此其理亦取譬於生理而易明夫吾人之於生理也運動之餘必繼以休憩休憩之餘復起而運動由運動而休憩其休憩也能收回復之功而其力以屢用而不窮由休憩而運動其運動也能振奮發之機而其氣以再接而愈厲不然而拱手長袖終身不費絲毫之力則其筋力之脆弱也益甚生理然心理亦然且夫以進化之理而言凡萬物之器官莫不以有所用而强以無所用則萎縮而漸至於銷

失。例若在美國暗洞中一種之魚。以其地爲光所不至。而不必用目。遂至其眼臉之痕迹銷失。而至於無目是也。又若吾人人類。當原人時代。尙以爲避風雨居林木之故。而體有厚毛。然至今日。則毛已漸細而無厚毛。與他之動物異。則以其不必有毛之用而然也。此其例於進化學者舉之甚多。不具陳。然則人而有不用其心者乎。積久則靈智銷退而將復返於蠢然之列。今夫田野之人。其體力常過於研學之人。然而一至用腦。遂不能及研學之人。蓋一則常用其腦而精練之。一則不用其腦而棄置之故也。今衛生家常限定一日用心之時間。然或游嬉怠惰無所事事至一二月之久。則認以爲大有害於腦之事。而切戒之。故以爲用心而不可不養者是也。若以爲養心不用則更大有益於心。是又誤之莫大者也。

唯然。吾人之於養心用心也。其法亦畧可得而舉之。一曰集中。余嘗見畫馬狀其騰驤超躍之概。恍然有悟於動物之能力。其心理亦自有一集中之所。若馬其能力之所集中者蹄也。推之而牛之能力。其所集中者在角。象之能力。其所集中者在鼻。餘可以是類推。而人之與萬物異者。其集中之處。不若馬之在蹄。牛之在角。象之在鼻。大抵其所集中者不在於五官四肢而獨在於腦此人之所以靈於物也蠻野人尚有集中於五官四肢者如土番中人多有視覺等殊絕於人之處至文明之人大都官骸之能力日以減退而於腦之能力日增　顧人既以腦爲集中之府而世愈文明則事事物物須腦力以攷察研究者亦愈多吾人欲盡舉事事物物攷察而研究之則腦力又不足於用於是乎用心之道又進一級而分業法出焉蓋上古時所謂形而上學與夫天文之學凡百人事之學如政治倫理等學物理之學無不以一人任之如中國周秦時代希臘梭格拉底柏拉圖時代無不皆然嗣後以學術有進若物理之學早與形而上學脫離而自爲一科焉寖假而物理之中又自各各分立而自爲一科焉若倫理學心理學政治學等本多屬於哲學之中而亦各各自爲一科而新學科且日出而靡有窮要之學日益精而分科亦日益細吾人於此除普通學爲共學之學外而其餘專門之學學彼者不必學此學此者不必學彼於此學爲專門而於彼學辭爲不知非恥也於彼學爲專門而於此學辭爲不知非恥也希臘自阿里士多德氏已具學科分立之形而開泰西今日學科之門逕而中國於學科分立之思想發達極遲學術之不進未始不由於此夫社會不分業則耕且織織且耕而社會終不能脫幼稺之習慣學術不分業則學者萬

能必至萬不能而學界亦終不能離渾沌之狀態近日最刺謬無理而可笑者如醫者懸牌必曰儒理方脉此事已大爲外人所譏嘲夫儒自儒醫自醫孔子之書言倫理道德毫無與於醫家生理解剖之事若但讀儒書雖盡通十三經之大義於醫道固門外漢也方脉上而加以儒理眞可謂奇而實則由於不知學問之道故也蓋吾人之精神必以傾注於一物而後有用不如是則將失之廣泛而固無以收心理集中之效故也又非獨分業而已而於時間亦必分而用之古人有言讀書時如無詩讀詩時如無書余友陳君公猛嘗謂人不可不畫格自某年至某年定爲修學之期自某年至某年定爲辦事之期余深服其言以爲必如是而後於學問有成就之一日於事業亦有成就之一日不然則一心方欲求學而一心又欲辦事一心既欲辦事而一心又欲求學勢必學與事兩者皆失夫左手畫圓右手畫方則方圓兩不能成者固吾人之所知何則吾人之心理於同一時期之間既注於此一方之手不能復注於彼一方之手故也近時之偉人若曾文正其生平之所長者無他凡作事行文必先定一格律而後以全力注集於所定一格律範圍之內其事業文章能傑出於一時者得力實即在此曾氏即可謂畫格主義之一代表者而欲分時間以求心理之集中蓋可取以爲法者也此集中之理而爲養心用心者所當知也

一曰習慣習慣者心理學家所謂由生物之可型性而成蓋由外界事物之刺激從感官而進入於腦中而又從腦中出其命令以授於百體如此一出一入之間於腦髓中一通路形成積久反覆此腦髓中之通路漸深自有一種之規律而所謂習慣者成以上本心理學家舍溫士之言今夫一紙也摺之久則所謂摺痕者成雖欲改變其摺痕而有所不能人之於性也亦然惠靈頓曰習慣者第二之天性習慣之力十倍於天性誠哉是故吾人有一極大之要義曰習慣不可不愼蓋習慣者善惡未定之名習於善則善習於惡則惡吾人若常飲酒則飲酒之習慣成若常讀書則讀書之習慣成凡於一生於家庭於國家於社會莫亟於養成一種好習慣於不言不語之中而自能遵此軌轍而行而當此習慣養成之始必有賴於教導勉强之功如人當幼少之時其知識不能知何者爲當行不當行則父兄師長代爲撰擇其當行之事而授以格律久而習慣旣成則雖聽其自由自能不踰矩而赴其所嚮凡學校之敎育即大半養此習慣者也又若吾人欲新造一善良之習慣當其初不能不出吾腦之裁制力以督勵之而常覺其事爲甚苦然幾經繰返之後雖無腦府之命令而自能發動其一定之機關若受催眠

術之暗示者然某時某時爾必如此如此則至其時而自爲如此如此故習慣者實爲吾人用心定一最簡逸之法者也若吾人而無此習慣乎則對於所爲之事常茫茫然而不知取舍之何從若棄置而不爲則其心流於逸蕩而不能收若欲擇一事爲之爲甲乎爲乙乎爲丙乎則吾心已不免憧擾之來故不養習慣之作事也如馭不素習之馬然人與馬性不相知倔强憤張而自無駕輕就熟之效又若久不作字則腕常苦其不柔久不謳歌則喉常苦其不調牽强扞格其勞心盖莫甚焉且夫吾人每日必起每夜必睡此人人皆同之習慣幾若其中別無深理者存然人之所以能保其百年之生命者實賴有此之一習慣設或有人睡起無時或經數旬之睡而不起或經數旬之起而不睡則不久而其人可以即死（但動物不能以此爲例有冬眠動物如蛇蟄虫等是有夏眠動物如熱帶下有一種之爬蟲等是然彼亦自有其習慣若失其習慣則彼亦必死也）是則吾人之生理必藉有一定之習慣以保存之吾人之心理亦不可不有一定之習慣以養育之無習慣而於心必遇種種之煩惱有習慣而於心實得種種之安易此習慣之理而爲養心用心者所當知也

按習慣說之初發明者爲希臘之阿里士多德氏當是先梭格拉底以爲人之所以

有德者由於其人之有智識而唱智德合一論至阿里士多德以爲智之作用僅能發動吾人之意志而止人之所以有德者必先鍊習其意志實行善事積久而有善行之習慣是即德之所由成據阿里士多德之言則所謂德者即一種善行習慣之結果而已是固倫理學上有價値之言也

凡夫養心用心之要畧如是。至其細目例若關於習慣者。每日睡眠幾時。運動幾時。勤務幾時。而又何時必睡。何時必起。何時當爲何事。有人人可同此規則者有不能人人相同而各當因其人而自立規則者則此篇盖不及詳也

或曰。此言養心用心也以古義言之曰心。以今義言之曰腦。然則曷勿立題爲養腦用腦也。曰。是固然。然有說焉。夫當古昔之時人多未識腦爲人生最貴之物而多以心爲人精神之中樞此證於諸國語而可知者自西紀前四百五十年時希臘醫家阿爾古美翁始認人之知覺在腦而不在心或曰此說始於希臘醫家碧波古拉台士碧波古拉台士較阿爾古美翁爲稍後今二說未知其孰是也而柏拉圖以下等知覺之作用歸於心高尚理性之知覺則歸於腦然阿里士多德以博物著稱兼長於醫學反維持

古來之心爲覺府說而以腦爲不甚貴重之物及至近時以生理學解剖學之發達經種種之實驗知司靈覺之樞要部在腦而不在心其說已碻鑿而不能易然吾人於言語文字間有時或指知覺或指思慮或指神魂等事仍多用心之一字而不言腦者蓋心之義大有廣狹之分於英語有 Mind 與 Spirit 與 Saul 其 mind 者指人之心靈、Spirit 者猶言精神。Saul 者。靈魂之義。於梵語。一紇利陀耶。即肉團心。所謂心臟也。二緣慮心通心王心所。能緣境者。三質多。或質多耶。質帝。波茶集起之心也。四乾栗陀耶。堅實心。眞實心。眞如之異名也。於心之中。又或分意與識。有過去名意、未來名心。現在名識。又心是種族義。意是生門義。識是積聚義。又心法或名爲意。或名爲識。集起名心。思量名意。了別名識之義。而佛教與哲學大都於心之一語包賅甚廣自指吾人之人心以及天地之本原多以此一語括之而不甚區別如唯識之所謂前五識者屬感覺之心六七識者屬思慮之心至第八識以上屬指實在之心即爲天地之本原者是

按心字如此廣用其間察別大足爲學者之困難稍一不愼而於理直有毫釐千里之差然於佛教於哲學何以不設區別之辭而用語如此其混同者此近日哲學上

一問題也

要之心之一語其所包舉之區域有生理的（最狹之義即肉團心）心理的（知覺思慮等今心理學之智情意也）本原的（形而上之實在即天地之本原）其屬生理的者今可以腦字代之其餘均非僅舉腦之一字所能代今本題於天地本原之所謂心者多無涉而又非專指所謂生理的實多指所謂心理之心而稍有牽連於生理者而言故竊以爲若僅用腦之一字或不免使人起生理之概念（若欲言心理上之事有時僅用腦之一字不能不再用思慮等字以表白之蓋腦爲思慮之所自出而腦固非思慮也）不如僅用一心字之爲當蓋以心字慣用之故人人見一心字而即能起心理之概念故也（謂心字未妥固當然學術上未妥之名詞蓋多當由學術之進步漸漸於術語上改良今不能突創一新名詞故不能不取慣名詞用之耳）

坿識　神經自性之營衛　吾人神經之作用也有二一興奮的作用一制限的作用而其作用皆由於分子由其分解之不同而從複雜易分解之化合物變而爲簡單難分解之化合物則神經中之潛勢力現爲顯勢力亦稱積極的分子所爲之事又從構成組織神經簡單難分解之化合物變而爲複雜易分解之化合物則顯勢力消失而貯爲潛勢力亦稱爲消極的分子所爲之事故神經物質之分子者於一

方以興奮之作用破壞分裂而發現其顯勢力於一方又以制限之作用而補足其破壞分裂組成神經之物質使復舊態而蓄藏其潛勢力而神經細胞實爲組成神經成分之製造處由神經細胞運送其貯藏之潛勢力於神經纖維而燃燒成分（熱分泌筋肉收縮等事起以此故赤腦中須燃燒料如燐類者甚多）以發爲顯勢力之作用而神經細胞又恢復成分而養成潛勢力以供其用故若神經纖維其起點從神經細胞切斷則神經纖維次第失其成分以不受中心部之供給遂至其成分不能恢復神經細胞蓋實可稱爲營養神經之神經神經細胞之部分又有二一周圍部一中心部周圍部與興奮之神經連絡部則專爲作成神經主要成分集潛勢力之處由此中心部作用之盛衰其影響及於神經全體例若中心部以久休息之故而貯藏其潛勢力多則中心部與其連絡之神經纖維勢力充足而興奮得以强盛永續又當其傳送成分之時相接近之中心部以得交換其勢力而一局部之中容受其附近之潛勢力其作用又得而增進此神經休養之效也又神經細胞以興奮長久之故。其變化今尙不能詳言。惟據學者攷得後根之神經節細胞。以久興奮之故。細胞之核及原形質收縮。核之外形不規則。其細胞收縮之度。平均百分之二十四乃至三十六云。據此則知心之用養實互相資而欲用心者不可不先養其心其理固甚明也（上多據翁特氏生理的心理學之論）

識野過大之病　凡才智之人於向道之一方既欲功名又欲事業既欲事業又欲道德學問文章藝術種種人世間可尊可貴之事於向俗之一方既欲宮室又欲輿馬既欲輿馬又欲妻妾衣服飲食玩好種種人世間可樂之事。多則欲二方之事一人而兼有之此所謂識野過大之病也不知吾人之精神為有限的非無限的故以所有之精神集注於一二事則事得以有成而以百千萬億無量之事勞吾之精神以營之則作爲之限過吾精神之限而吾精神之所不至則事之敗機固已伏矣愛博不專務廣而荒此固昔人之所屢以爲戒者也蓋吾人意識有欲占領之區域亦如國家有欲占領之土地國家之欲擴張其土地也不可不有財力兵力以副其後若財力兵力之不能濟往往有貪土地廣大之故而招覆亡之禍者故吾人之精神亦當自衡量其程度苟爲吾精神之所不及則吾意識所欲有之版圖不能不加以制止而縮小其識野之範圍即對於種種之所欲爲之事加以撰擇有所取即不能無所棄如此則心豫神完氣充力足而於事可期其有成矣大抵愚魯之人多犯識野過隘之病而才智之人又多犯識野過大之病此當自省而葯之也　按拿破崙之敗即犯識野過大之病者夫以拿破崙具不世出之才尚以識野過大之故而不免於敗而況才之不如拿破崙者乎此固於英雄心理學中所當知之理也

（完）

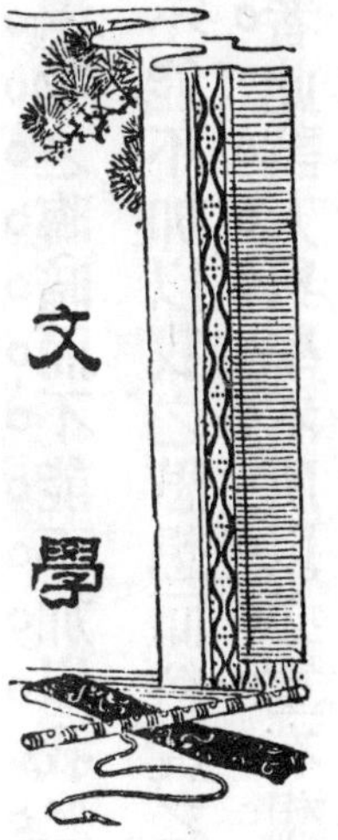

維朗氏詩學論（續第七十一號）

觀雲

第二章　感人心之要欵

夫詩人有感動人心之能雖然詩人固不能以其所有之感情移而予之他人盖使詩人之感情而爲神之所賜或可得爲持贈他人之物而無如此感情固非神之所賜而詩人之自得於其心者故讀者亦不能求感情於其一已之心之中向使於讀者之腦非蓄有感受之性則雖讀詩人千百篇之作又何感慨之有乎是知詩人之能以詩動人固非移其感情以予人也不過以感情惹起讀者之感情而已

夫人莫不有感慨之心理者存故或過古戰場而見城壘傾圮之狀或過古廢宮而見榛莽荒蕪之迹又或見高山峻嶺突兀峻拔上聳霄霓之槪於心理無不有一感愴驚

異之現象呈是何也則人心之固有感情是也若人心中本無此感情則雖見是等之物至於數百千回其感慨固無自而生也

且夫見一切古代破壞及空際高峻等物易於感人心者亦自有故蓋人之情於太明與太暗之兩境多無感慨若立於暗夜之中不見咫尺又若白晝光明萬物燦然當此時也發其感慨之情甚少而易人動人之感慨者多在月夜煙景陰晴朦朧之中

按見月生情今學者以爲由色之感覺所使然蓋以色感而論青色能令人沈靜赤色能令人興奮而月之四圍天容夜色靑蒼迷離既能使人之心理歸於沈靜而月光又非甚赤在赤白之間又能於人心沈靜之中而微動其興奮之狀此所以百感千思而能發人之情懷於無已也

於觀物亦然夫人之對於古代廢棄及天際聳拔之物其意思既不若白晝見物之明了又不若黑夜遇物之晦暗而不能不加以我之思想而料度之此感慨之所由起也

按維朗氏謂不能不加以我之思想而料度之。而後感慨之情生。眞可謂能原感情而見其至理者此詩人與學者所以必重有想像之才也是故詩人之有作也亦不可不知暗明之理若其意思之調練。文辭之綴屬。晦澁而不可解。令人若在黑夜之狀。若是固不能發人之感情者也。若又其字句明瞭。於敘事立言之間。一一加以詮釋。而不煩讀者之思索。令人如白晝之見物。若是是又不能發人之感情者也。夫議論精密纖細畢舉期於人人之能了解者此學術家之任也故夫若窮理之文論事之文凡一切關於學術之文字其所說愈詳盡者則其益人也亦愈大故作文不可不務明了而作詩不然蓋詩之旨趣不在牖啓人之智慧而在感動人之情緒故也

按維朗氏以作文貴明了。而作詩則不可太晦澁亦不可太明了。以此爲詩文之一大分界自可奉爲作家之準繩惟其間亦稍有不能一律論者如晦澁之詩若非徒爲詞句之艱深而其中實含有幽玄之理則一經解釋其感人之力亦深又明了之詩而深於情者則亦能感人如白香山之詩是惟其間固有以詞意過深而不能動人者又有以過於明了反不如不明了之能動人者斟酌於明暗之間是固在作者之經營意匠耳

夫然。詩人之與畫家。其手腕雖極高。而爲賞鑒家以批評他人之所作。往往失其正鵠。何則。藝人之長處在能感人。而賞鑒之長處。則在持論入細。二者常至於相反。故以余觀之。除古今稱詩人大家屈德以外。無一能得賞鑒之眞。而屈德之詩。其病正在條理有餘。而氣韻不足。此其所以反能有賞鑒之術也。

按文以有條理爲貴。往往條理所存之處。即爲文之所在。觀其作文有條理者。則其爲人可知。此論文知人之一法也。若作詩不然。條理所在之處。非即詩之所在。無論脉理散亂。固爲不可。然必欲一一合以條理。則格調弱而意興亦復索然。必非佳詩矣。

夫詩人之敘事立言。不欲其過於精密。是故比之一義。用之於詩爲最宜。無他。比之爲物。僅取其所類似者以相示。而非明了直言其意義也。大凡有所感於心之事。若直寫之而不用比之之法。其感情不能無幾分之限畫。今夫吾人陷於不幸可哀之境。若默默而忍。則觀者動其憫恤之情。必有勝於我之自鳴而訴其哀者。詩人之於其所作也。亦如此。欲寫可哀之狀。不直敘其事實。而使觀者自知其可哀。此其所以能感人之深也。

按詩經一部。凡勞人棄士。寫其悲哀之狀。而常能發吾人唏噓之情者。其得力大都在用比之一義。此其所以能高出於後世之詩也。雖然。以社會心理論之。亦各有時代之不同。若如維朗氏所謂我在可哀之境。默默而忍。則動人愍恤之情更深。此在社會有公共心之時代。或能見之。若夫世衰道微。人人各爲己。而不爲人。設有一人陷於可哀之境。默默而忍。則衆人亦視之若無事。而默默而忍已矣。吾未見有對於不自言哀之人。知其在可哀之境。而從而哀之者也。非特此也。即或自訴其哀。衆人亦不以可哀而救之。且以爲爾既有求於我。則我固可得而鄙薄之。故人類之有同情性。惟可得之於盛世。若衰世。惟以勢力動人。苟無勢力而欲冀人之有同情。則人必無有顧之者。此社會心理之不同。未可據一例以概推也。

蓋用比之一義。則詩人所欲敍之事實。可一舉而納之比義之中。而作者恰若不在其境者然。於是乎讀者忘其事實之出乎作者之口。由其比義之中。而加以旁推。益窮其想像。而不覺感慨之復連。感慨餘情。直無窮極。蓋使詩人而直寫其事實。則讀者之與

事實中間以有一作者在而不免爲其所妨碍惟以比義出之則讀者得直接與事實相對而若從初與詩人不相識者此其所以獨能感人也

按作者自寫其事實。不如用比義之感人爲尤大者此有二故。一事實祇爲一事實其情有所局限而比之一義其範圍甚廣此一事實固在範圍之中而其所有之範圍尚不止此一事實而感情之範圍亦因之而增大一也一人之視人常不免有嫌忌輕薄之心若敍一事實則其中有一人在從而對於其人有未必肯寄其同情者在若用比義如見虛舟無一可指之人而人人無不可列於此境之中即我亦恍若置身於此境者然故其讀之也不僅以爲能道人人之哀而直以爲并能道我之所哀此其感情之所以易於激發又其一也因引申作者之義而補之

按煑豆燃萁之吟摘瓜抱蔓之詞不自敍己事而感人獨至此即用比義之效也

古昔之詩其用比義也多於今日。此即其品格之所以雅逸也。

雖然。由予之論而或者推而至乎其極。務爲感動他人之事。而於一篇之中。絕不標作者之意。是亦非可與論於文藝之美者也。夫實際之感動。與美術之感動。其道蓋有異

者。請更進而論之。

凡吾人遇可喜可哀之事物。而或發爲欣悅之念。或發其悲慘之情者。此所謂實際之感動也。若夫美學上之感動與此異。其所敍之事物雖果有可喜可哀者在而吾人喜哀之情不僅有感於實際上之事迹而實因有感於作者之才能而發此美學之所以爲美學也。故若作者但務以事實動人而作者之所以爲作者一無所表見則美學上之感動全歸於消滅。彼畫家若專寫實景而無作畫者之意。則其所作之畫殆與照像無異。若詩人之詩亦如是。則其詩與法廷之供狀亦無以異也。

按論畫家之美者。昔時多以學天然美爲至上。即天地間之美無踰於造物天然之所成者。故畫家若師人工之畫。不如師天然之畫。然近時之學說出。則以此說爲全不足取。蓋畫家之作畫。縱能與天然物合一。然今之照像術日益發明。美國電氣學有名之來吉所者。發明能照空中飛彈之影。又若天體照像。能照人目所不能見之星。故無論畫家寫天然之景物至於若何其巧。必不能及照像之尤能逼眞而可稱爲畫家最高之術者。不可不知有理想美。理想之美存於各人精神之間非可得而摸擬其所到之境界亦不能追窮其一究竟竊謂此理即可以之論詩。詩家若但以能詠天然之景物爲至高之境縱語極其工其能事不過如天而止而理想上之景物則全由人意之所搆造其奇妙有非天然之可得而及者惟所謂理想大有高下之分此則又當各視乎其人耳

由此觀之。今之詩人。或專在詳悉其實迹。摸寫其眞狀。而稱爲記實家之作者。是固不可謂眞得作詩之道者也。彼其所作之詩非出於作者之腦而寧屬之於題目其題目能感人則其詩亦能感人其題目不能感人則其詩亦遂不能感人若是者。畢竟與美學上之所謂感動者異。蓋美學上之感動在觀者與作者之才能有相關係之故是也」

若有疑於此乎。請舉一例而證之。夫世人讀惠樂藉爾（羅馬之詩人）之蔚奈雅多詩。至其第四卷敘吉多臨死之事。誰不發感慨悲哀之情乎。吉多以一婦人被欺於所戀愛之一男子。致殞於非命。惠樂藉爾極寫其悲慘之狀。讀者因此無不哀吉多之不幸。然實則由惠樂藉爾敘事之巧各歎賞而喜其作詩之美以能有此也

向使惠樂藉爾僅記其事迹。亦不過使讀者如親見其狀。而發爲太息之聲而已。又何

能移人心而至如此乎。果如是也。亦復何美術之足云。而今者觀惠樂藉爾所作。其記事雖逼眞。而又隱然示人以作者手腕之巧。故人之讀之者直若與惠樂藉爾相晤對益益哀其事實愈益益賞其文章而非僅有一種悲哀之心理而已也此其詩之所以爲美也

按見於大家集中之人物。其人或不過一尋常人而一經大手筆之摸寫遂覺其神彩永照耀於天地之間此非由於其人之有異於人而實由作者美術上之一能事此美術之所以可貴也

按文字之美者實能喚起人兩種之心理於一方見其事實之慘而不勝悲痛之情於一方又以其文辭之美而不勝怡悅之意悲與喜合幷而爲一種之心理此最能感人之深而使人有不能自已之概者也蓋人之心專於悲則其氣易鬱而專於喜則其氣又易散惟悲喜之化合物是眞能盪氣迴腸而供人類間慰魄養魂之用此各國之人所以莫不嗜有詩歌之文學者蓋以有此心理故也

蘭貢之詩亦然。若夫今世所稱爲茂羅篤蘭體之詩。專務寫實際悲慘之狀。而使人哀。

是殆如羅馬人於神祭之日。聚罪人而授之刀劍。觀其相鬬殺傷而至於死。又如西班牙人之聚犍牛而鬬之。觀其流血而以爲樂者。無以異也。以美學言之。則是固不足取也。

由此言之。凡夫於實際上敍述悲慘可哀欣悅可喜之事。雖皆足以動人。然於其間必有餘地使作者得自表見於其間讀之者乃得見夫作者之心胸面目知其爲何如之人蓋愛好文藝者不僅玩其形質上之美麗而尤當與作者之才思相接近故也

當古代希臘羅馬之時。作者之自發其性情也。遠不及今時之人。此無他、古代之時。尙未開人人獨立之道。而互相拘牽束縛。苟同在一國之間則政治風俗之狀態其觀念無不同一且以智識之未盡發展討疑窮奥以求眞理之所在尙爲其時之人之所不知故言論風習亦大都因襲保守而不敢有變更之思想由是而古之藝人亦遂發揮其自己一人之性情少而發揮其所屬種族之性情多然至近時人人皆有獨立自尊之氣苟不妨害他人自由之權限則任意肆志各得自舒其意見而一無顧忌故以人各有心之故而至同觀一事同觀一物其觀之之道亦自不同不必徇人之所是以爲

是徇人之所非以爲非而皆得表見其我意之所云云此近代文藝之所以勃興也雖然凡關於文藝之事古今不問而必以發揮性情爲主蓋今代文藝之所以美者在能發揮其一己所自得之性情而古代文藝之所以美者在能發揮其種族所同有之性情不然而惟敍寫題目之形貌絕無可見作者性情之處又豈有所謂文藝之美者存乎

按近世紀文化之一大進步。要而言之謂爲自由之所產出可也蓋古代之人或拘牽於其一國之政治一國之宗教一國之風俗至不敢創一自得之見發一獨到之論此守舊積習之所由成而數千年世界之所以無進步其弊蓋皆坐於此也然窮久變生此風漸爲人心之所厭棄而自由之說遂承其統而代之因自由而於宗教界於政治界於學術界無不破壞其舊習慣而開一新面目文藝亦然應用自由之一原理遂得脫去古人種種之科臼文藝於是有新生命不然謂文章之氣運至古人而已盡可也偉矣哉開近世紀之新天地者一自由神之權化力也

（未完）

文學

十二

九八一〇

梭格拉底之談話法

觀雲

古今聖賢無不能言語者釋迦有四十五年之說法今所傳諸經。夥頤若此。雖其間有未必盡出自釋迦之口者而釋迦當日隨機應時立說之多可知以是知釋迦固長於言語者也孟子當戰國時與縱橫捭闔談天雕龍堅白異同諸子遇。而外人稱孟子爲好辨。以此知孟子亦甚長於言語者也有德者必有言殆可視爲定例然古今來欲以言語爲攷道傳道惟一之利器者恐無如希臘之梭格拉底

世稱梭格拉底之講道也。無學校。無講壇。惟日巡迴於衢路。或至市街。或至工場。或至公園。或至山野村落之間。而所與談之人。貴賤高下不問。有貴人達官。政治家學者。亦有商人工人農夫奴隸。而其所談之言亦不一。或極高尙。或極卑近。或似諧謔。或似諷刺。或時出以歡笑。或時又若蹙然不勝其感慨。或時涉於奇異迂怪。或時又入於鄙野

俚俗。而其所言必取於使人易曉凡引證比喻不求典雅而務求通常近俗而於通常近俗之中自含有高遠深微之理能發前人之所未發而益人之神智故曰聽梭格拉底之語者無一非日用尋常之事而其中實能形容人生之美德發揮宇宙之光明者蓋實錄也

凡古今人物之所以成無不受其當日一般社會及其時勢上之影響非必降而自同於一般社會及其時勢上之所爲也寧起而反對之即古今人物多由於其當日一般社會及其時勢上之返響而出者梭格拉底亦然梭格拉底之所謂反對者莫如當日盛行於希臘之詭辨學派。詭辨學派往往爲夸大之言。高自稱許。而梭格拉底則反對之曰余非自敢謂有智識之人余者愛求智識者也此語後爲其徒所常稱今之所謂哲學者其語原本於希臘之飛拉速斐飛拉者愛之義速斐者智之義合爲愛智蓋即由梭格拉底愛智識之言而出者而梭氏之爲此言則反對當日詭辨學派之風氣也

又若關於談話之法。詭辨學派。其言詞務求高雅。以自樹異於尋常之人。使人不能知其學問之淺深而加非難。而梭格拉底反對之其言必求近俗而易曉猶白香山作詩

必使字字爲老嫗所解而後已而其中之最反對者詭辨學派。以爲世無普遍一定之理性。故甲所謂是。乙所謂非。各由其人之意識而定。其結果并無所謂道德。所謂道德者皆由各人之巧辨。故人但求其利口而止。而梭格拉底反對之欲求人人一普遍根本之原理而其理非可他求即在人人所有之智識中去其個人特別之件性而得一萬人普通之要素即諸種之智識檢定而從個個特立之概念中即得一普遍之概念是即歸納理法之首先發明而爲千古學界指示一大道者也故梭格拉底之談話也非獨以己所知之理欲以傳諸人而已也并欲使人人皆有所言而從其言語。之中。發見一眞理之所在（上文所謂欲以言語致道傳道即融此二義）梭氏之常言曰吾不味肉吾味人情故梭氏之談話也多問答體少演說體（釋迦說法多登壇演說之體裁而若燕閒問答之體答蓋少此則各有其主義之不同也）蓋即欲以言語而人已兼得收其智識之益以明道也

梭格拉底之對話也。其所用之法有二。一消極的方面駁詰人而使自知其謬誤者或謂之反詰法即所謂愛洛宜法是也一積極的方面啓發人而使自明其眞理者或謂之產念法即所謂謨猷吉克法是也

所謂愛洛宜法即反詰法者何凡人之發言也莫不自以爲知而梭格拉底多自居於不知梭格拉底之言曰吾無知雖然吾能自知其無知詭辨學派之人亦無知而多自以爲知此其所以與吾異也蓋梭格拉底之求道也有反省法有比較法反省法者我先內省其心之法比較法者以自己經驗所得之理與他人經驗所得之理比較而得認其相通之理之法而其最重者爲反省法以爲學必自反省始而後以自己之所知廣而徵諸他人之所知以搆一正確之概念而後眞理始可得而見而此理即欲應用於談話之間蓋梭氏以爲人不先自知其無識則欲求眞正智識之一念必無從而起梭氏之欲使人自知其無識也先於談話之間使盡發其所欲言而梭氏於其間故作愚昧之狀及其辭之既畢梭氏乃一一指摘其矛盾之所在使彼恍然自失而後乃自知其智識之不足夫以梭氏之學識過人使當談話間而於他人發言之始先駁詰其一二端則他人之言必不能終而於其全體智識中所伏有之誤謬亦必不可得而見如是而人亦無由自知其智識之不足而起探求眞理之心梭氏姑誘其言而後折之蓋正欲利用言語之機使人生其反省之心此反詰的談話而爲梭氏所慣用之一法

也。

所謂謨猷吉克法即產念法者何。蓋梭格拉底以爲眞理者即在於人人之中故無論何人無不具有眞理之智識特無有他人之補助則人雖有包藏之眞理必無從而產出故梭格拉底之教人也以爲教人之道非能從外而以眞理注入於人之心中即輔其人而使得產出其自所固有之眞理而已而梭格拉底者即以輔人產出眞理爲其自任之天職（史稱梭格拉底爲最重天職之人既認產出眞理爲其自任之天職遂竭其一生之精力以從事常恐不克盡其天職有斃而後已之心）故梭氏之常言曰余者眞理之產婆也弟子嘗有見梭格拉底者。梭格拉底曰。余知我母爲產婆乎。弟子曰。知之。梭格拉底曰余亦產婆也余之職業與我母氏之職業同惟我母氏助人肉體上之生產余則助人精神上之生產余之技術蓋學得於我之母氏者也

按梭格拉底之母。蓋實際業產婆者。梭格拉底生於一小村之貧家其父爲雕刻師。僅屬尋常之人。而其母則大膽多智且寬大忠實爲非常之賢婦人梭格拉底之人格智勇道德兼備蓋即得於其母之遺傳性者

故梭氏之見人也常曰汝之懷孕眞理膨大久矣汝惟若於產出之爲難耳而梭氏之

助人產出眞理者其道若何則亦多從談話間之一時機而利用之蓋梭氏以爲眞理者從彼我意思間相觸而爆發之一物也故梭氏之於談話間嘗發一新奇之疑問使人自盡其智慮而解答之而從其解答之間更發一新奇之疑問又使人自盡其智慮而解答之如此輾轉論究而眞理即發見於其中蓋所謂眞理者仍在其人之智慮中特梭氏於問答之中以巧於啓發之一術產出之而已例若梭氏向或人而出一問題曰所謂不義云者其言果何爲乎或人答曰。是無他虛言詐欺及盜奪等事。是不義之行也。梭氏曰然虛言詐欺盜奪等事固爲不義然或對於仇敵之時則不可謂之不義或人乃又進一境曰。然則精密言之。對於朋友而有虛言詐欺盜奪等事。是不義之行也梭氏曰然是尙未可謂眞正一不義之定義也夫對於朋友而用其虛言詐欺盜奪等事亦往往有合於正義者如戰將之吐虛言而激勵其士氣或父母以詐欺而使其子之服藥又或從將自殺者之手而奪其刀劍等是皆可謂之正義而不可謂之不義也。或人乃更進一境而定爲不義之界釋曰。然則凡對於朋友而有加害之心。爲虛言詐欺盜奪等事者。是不義之行也。蓋或人之初但有一虛言詐欺盜奪等事爲不義之概念而尚未知此一概念之中有種種歧出易於混淆之理在及經梭氏之誘啓而或人對於不義之概念益益明確雖然或人既有一不義之概念則其中變化曲折實已包賅於其概念之中特未經啓發則不能產出耳今若古昔之人但有一道德之概念雖然所謂道德者何乎於是泰西學者以汗牛充棟之書繭絲牛毛之理以解釋所謂道德之一問題是即倫理學之所由發展也又若蠻愚之人其對於事物但有一普通心理上之概念尚未有論理上之概念而學術進步無非易其普通心理上之概念進而得一論理上之概念此即人智上發達之一經歷史也而不謂其理早萌芽於梭格拉底之談話中又梭格拉底首重定義定義居學術上重要之部位蓋定義曖昧則其解釋可彼可此而事理終不可得而明今若凡一學科必先講明定義而編纂法律規則等亦必於其用語立一定之意義而梭氏於談話之中已含有此理此產念的談話而又爲梭氏所慣用之一法也

大抵學術之進步也常有二例一由麤入細一由煩入簡今教育法上所謂古來梭格拉底之合理法啓發法問答法證明法實驗法機械的法皆已改變而另用簡單明瞭

之法而談話法則自氏梭以來尚未見有何種新法案之致出然即欲求新法而亦必以梭氏之談話法爲基礎是則梭格拉底之談話法與夫阿里士多德之論理學固兩可鼎峙於學界者也

夫言語尚矣孔子立爲一科雖然孔門之言語法今無可攷所傳子貢等事則近於辨士夫所謂言語者決非僅爲辨舌之用而將藉以致求眞理焉欲以言語致求眞理論理學明其法而梭氏明其術蓋以眞理藏於人人之心中而非言語則不能引之使出故言語與道實爲兩不能離如是而言語所占有之位置斯高知此理者古今當首推梭氏一人善乎梭氏之言曰吾之談話吾之饗宴也迄今數千載下猶令人想見梭氏談話之風於無已也　（完）

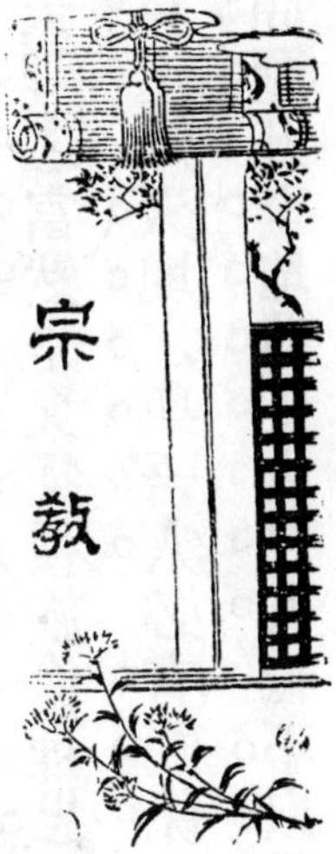

佛教之無我輪迴論（六）續第七十一號

觀雲

附感生化生說

中國之言生死也。或以爲古有輪迴說。列子之所言是也。今日本人著書。多以爲列子言輪迴說。（中內義一支那哲學史松本文三郎支那哲學史島田鈞一支那哲學高瀨武次郎支那文學史支那哲學史通俗講義等）而引列子林類曰。死之與生。一往一反。故死於是者。安知不生於彼。又見百歲髑髏曰。唯予與彼知而未嘗生未嘗死也。又厥昭生乎濕。醯鷄生乎酒等語爲證。余以爲果欲附會莊列爲輪迴說。不乏其辭。如莊子云。方生方死。方死方生。又曰。指窮於爲薪。火傳也。不知其盡也。又曰。萬物皆種也。以不同形相禪。始終若環。此從其表面以觀。殆與佛之說輪迴無異。雖然。余以爲莊列之言生死爲化生說。與佛教之輪迴說殊異。故余以爲中國古之言生死也有二種。一感生說。一化生說。儒教蓋主感生說者。如詩載簡狄姜嫄之事是也而其說實發源於太古之神話時代於神話時代言古帝王之生皆以爲感生者故感生說實爲中國國家種族倫理中一大柱石又爲學說中一大基礎蓋今人皆言天子天子之義後人或以學理爲種種之解釋然皆屬後世之義而溯太古之語原則所謂天子者即指爲天所生實感生說也公羊成公八年傳何休注聖人受命皆天所生故謂之天子說文女部姓人所生也古之神聖人母感天而生子故稱天子文選東京賦允矣天子薛綜云天子言是天帝帝之子也（穀梁莊三年傳文云獨陰不生獨陽不生獨天不生三合然後生今人有解天生爲中陰生與佛教輪迴說通者按儒教言天生即感生也於本文疏已明有感生說云云）人之心以人治人其心常不能服若以爲天之子其生殊異斯咸尊信之而願奉以爲君故使人知君與天同體此上古國家所由成立之一大要素也天所生之聖人爲天子其後由聖人之所生者得以所生爲姓於是乎有種族種族既繁有親有疏有貴有賤而親疏有別貴賤有等以是爲循天理之當然是又爲種族倫理思想所由發生之一大要素也吾人仰而見光俯而見土知天地之與吾人必有關係之故今現象之與實在尚爲哲學研究上之一大問題凡全地球太古之人無不以種種思想測天人所以相關之理而

中國則有感生說焉由感生說則天爲吾人之大父而吾人即天之衆子於是乎天人之間有一實際之連鎖以此爲前提而以學理演繹之則以爲吾人之善惡無不上通於天於是乎有感應之說天既爲吾人所不可測則必爲純理即天必爲有善而無惡而天既生人則天之理不能不分而在吾人之心中於是乎有性命之說天生烝民有物有則民之秉彝好是懿德又天命之謂性等皆是 是又爲中國學理思想所由發生之一大要素而儒教即屬此學理思想之最完者而周到者也由感生之說知上古言天屬實際的至孔子多改而爲理論的又以爲天不可知吾人以何而知天乎則必先研求人事之理蓋知人即所以知天也此誠孔子思想之一大進步若謂孔子不言天則所謂獲罪于天無所禱天厭之天厭之等不皆成囈語哉 化生之說莊列主之莊列之說每推其本於黃帝史稱黃帝有死生之說史記五帝本紀黃帝順天地之紀幽明之占死生之說存亡之難 度黃帝之於生死觀必有特見今以荒遠不能知其說而列子天瑞篇有引黃帝之生死說者今按其言。有云無動不生無而生有。以此知老莊列有生於無之說本黃帝矣按黃帝之言當屬哲學上之無質論然則唱無質論之最古者爲黃帝矣又曰有生則復於不生。有形則復於無形。此二句即言有生則必有死 不生者非本不生也。無形者非本無形也。本不生本無形者天地之本源若死之不生死之無形則與本不生本無形之本源殊異而有死則必有生 生者理之必終者也。終者不得不終。亦如生者之不得不生。莊列之言生死則大半本此意而敷陳之者也又莊列之近源爲老子老子書渾樸而莊子之知北遊篇。引老子之言生死。詞約而義至廣。其最要之語曰。精神生於道。形本生於精。而萬物以形相生。今爲解之。精神生於道者吾人精神之本原則所謂道是也形本生於精者形本即軀幹吾人之體軀則精神之所生也萬物以形相生者遺傳生是也僅此三語殆包括哲學學理之一大部老子誠我國思想界之雄也。雖然黃帝老子之言今見於莊列之書則不必問其果爲黃帝老子之言歟抑莊列之所託辭歟而皆視爲莊列之於生死作如是言可也。（猶之孔子述堯舜說今皆可視爲孔子說）莊列之言生死也以學理言較之感生說爲一大進步（感生說於神話時代無學理之可言至孔子始有學理耳）然其說祇行於一部之學者其範圍甚狹而不如感生說之大有影響於社會間。（漢時已脫離上古時限而漢高祖之生猶附會感生說其在人心間之影響可知）然余以莊列之言生死爲化生說而與佛教之言輪迴說殊異者何乎蓋佛教之言輪迴也以爲由於吾人所作之業而業爲吾人之所自作即輪迴爲吾人之所自轉而莊列則以爲一大造之機在故萬物之生也不得不生萬物之死也不得不死所謂萬物皆出於機皆入於機是也於是竊欲借阿里士多德之四種因說以說明之四種因者材料的形式的活動的究竟的究竟的即目的。茲勿論外。而取前三種以言莊列之理。則所謂萬物之種有幾。（莊子至樂篇種有幾列子天瑞篇同）種之總體即材料也種之類別若鼃蠙若程馬則形式之異也而取此材料屢變其形式而活動之者造化機也萬物皆由造化機之一大橐籥而成然或有生而無死有死而無生則材料當有時窮而不足於用故生必有死死必有生死則返其材料於造化機謂之反眞而生則其材料復由造化機而出不過變其形式已耳然形式雖變而材料則一故今日爲人明日可以爲牛爲馬爲種種一切之物而還可以爲人以是人之與物我之與人皆可相忘於無何有之鄉（此以表面視之與佛教之無我同而其本原之理不同）夫以有造化機之一大本原在則造化機爲主動者而我爲受動者而吾人於生死之前途一無可致力而但當聽命於造化機之所爲故由莊列之言則吾人所恃以爲安心立命者莫要於委心任運而順自然（莊子養生主篇云適來夫子時也適去夫子順也安時而處順哀樂不能入也又大宗師篇云今大冶鑄金金踊躍曰我且必爲鏌鋣大冶必以爲不祥之金今一犯人之形而曰人耳人耳夫造化者必以爲不祥之人今一以天地爲鑪以造化爲大冶惡乎往而不可哉畧舉如此餘不悉載）然此爲佛教之所不許蓋佛教因果連續未來之果即爲現在之因之所造故吾人於現生決無可委任之理即生前有不可不修之禪定是也又由莊列之言則古代中國之所命（孔子用之墨子排之）與希臘之所謂命（與中國之言同）其說皆得成立蓋不得不聽命於造化機者即命也（列子有力命篇楊朱尤傾於命說）而由佛教則所謂命之一說不得成立（袁了凡初信命說雲谷禪師駁之乃悟）何則吾人固不能不爲因果律所限似若有命者在然我之所以有此因果者皆由我自作之業則雖有命而命即我之所自造非於我之外別有一物焉操至高無上之權爲吾人之所不能不從者故謂佛教爲有命說寧謂之無命說又由莊列之言可謂之有宇宙論蓋有天地陰陽而後有萬物萬物即爲天地陰陽所造出之物（老子謂天地不仁以萬物爲芻狗由莊列之言則萬物直造化之一玩弄品耳）而佛教則於萬有之上不立一主體而主法無自性衆緣所生即轉輪迴亦屬因緣所生法中之事視莊列之言造物猶不免陷於一因外道之論故當謂之無宇宙論此佛教與莊列異點之所在也

今試畧舉莊列之言以證。莊子大宗師篇云。子輿有病。子祀往問之。曰偉哉。夫造物者將以予爲此拘拘也。子祀曰。女惡之乎。曰亡。予何惡。浸假而化（此所謂化即化生之義）予之左臂以爲雞。予因以求時夜。浸假而化予之右臂以爲彈。予因以求鴞炙。浸假而化予之尻以爲輪。以神爲馬。予因而乘之。豈更駕哉、（即上所謂形式殊異材料同一之義）且夫得者時也。失者順也。安時而處順。哀樂不能入也。此等語意莊列多有之 且夫物不勝天久矣。即上所謂以造化機爲主 吾又何惡焉。又子來有病。犁往問之曰。偉哉造化。將以汝爲鼠肝乎。以汝爲蟲臂乎。子來曰。父母於子。東西南北。唯命即命之說之從。陰陽於人。不翅於父母。彼近吾死。而我不聽。我則悍矣。彼何罪焉。夫大塊載我以形。勞我以生。佚我以老。息我以死。故善吾生者。乃所以善吾死也。又刻意篇云。聖人之生也天行。其死也物化。靜而與陰同德。動而與陽同波。不爲福先。不爲禍始。感而後應。迫而後動。不得已而後起。去知與故。循天之理。故無天災。無物累。無人非。無鬼責。其生若浮。其死若休。不思慮。不豫謀。又知北遊篇云。生也死之徒。死也生之始。孰知其紀。人之生。氣之聚也。聚則爲生。散則爲死。若死生爲徒。吾又何患。故萬物一也。是其所美者爲神奇。其所惡者爲臭腐。臭腐復化爲神奇。神奇復化爲臭腐。故曰通天下一氣耳。又同篇云。舜問乎丞曰。道可得而有乎。曰汝身非汝有也。汝何得有夫道。舜曰。吾身非吾有也。孰有之哉。曰是天地之委形也。生非汝有。是天地之委和也。老子云萬物負陰而抱陽沖氣以爲和同意 性命非汝有。是天地之委順也。孫子非汝有。是天地之委蛻也。列子天瑞篇云。故常生常化。常生常化者。無時不生。

無時不化。又同篇云。上畧久竹生青寧。青寧生程。程生馬。馬生人。人久入於機。萬物皆出於機。皆入於機。（莊子至樂篇同）周穆王篇云。老聃之徂西也。顧而告予曰。有生之氣。有形之狀。盡幻也。造化之所始。陰陽之所變者。謂之生。謂之死。因形移易者。謂之化。謂之幻。造物者其巧妙。其功深。固難窮難終。知幻化之不異生死也。始可與學幻矣。（按此知萬物爲造化之玩弄品而非萬物之所得自主）莊列之言畧如此。餘相似者多不及載。此非由其表面觀之近佛教。而其根本固自殊異之證哉。由是之故。故佛教及於人心之影響也大。而莊列之說。於人心之影響也微。蓋如莊列之所云云。則吾人善惡之與禍福。其間無一連鎖（莊列論善惡之言故寡）而茫茫焉任前途之所遭。故一變而楊朱之快樂派生。此固由莊列之說其理所當至於此也。而如佛教所言。則善惡之與禍福打爲一片。而不可離。故以人心上之效果而言。莊列蓋遠不及佛教之偉大。雖然莊列之言。以之實驗。殆悉合余嘗讀赫胥黎之進化原論有曰。今假有一馬於此。當其生也。則食草葉菽麥及其他之植物。以發揮其動力。而保護其生命。然此草葉菽麥及其他之植物。又以何物而營養其自己之本質乎。則不外吸收其土塊及空氣中之水炭酸阿母尼亞等之無機物。而及一旦馬之死也。經種種之變化、以至腐敗。於是其骨變而爲炭酸及硫酸石炭。其肉及其他物。變而爲水炭酸阿母尼亞等。其當初所吸收之物質。復歸於無機界而還原。莊列謂之反眞歸眞莊子大宗師篇云而已反其眞而我猶爲人猗列子天瑞篇云精神離形各歸其眞 而又爲植物之所吸收。以成植物之本質。而植物之本質。或又以供他動物之食用。由是言之。有機體者。從無機體成。而有機體復歸於無機體。無機體復成爲有機體。如是永刼循環而無休止。然則吾人之體質。庸獨非昔日死絕動物之一部分入於無機體中。而又從無機體出而爲今之有機體乎。此即近印度古傳所謂輪迴之理者也云云赫胥黎亦尚不知我中國有莊列之化生說若知之則必引莊列之說矣 是則莊列所謂青寧程馬鼠肝蟲臂之怪說。一證以此而其理亦已可解矣。又今科學家言物力不滅之理。耶烏齊 Lavoisier 氏以爲物質者萬古存在亘無限之未來。永得保續而無消滅之事。吾人所見爲消滅者。惟一物質集合之形態變而爲他一種物質集合之形態而已。此即所謂物質不滅之規則也。又麥埃爾 JR. Meyer 氏及赫努霍治 Heimholtz 氏發明物力不滅之規則。其言以爲凡於一系統中所有諸力之總量。若非受外來之感動。則其力之量常同一。無新力增加。亦無舊力消滅之事惟以此力變爲他力一形態上之改移而已而宇宙之一系統中蓋即不受外來感動之力者故得適用此物力不滅之一規則云云無論今時科學之言其精實固非莊列所能及然固可與莊列之言相印合者惟科學家之例但言可知之事理而不言不可知之事理故造物非其所論及而莊列則更言有一造物之本原耳要之莊列之言生死也於我國古代實別出於感生說思想之外而與感生說呈兩相對待之奇感生之說我國學者夙已定名而莊列之生死說尚無一定名之詞定名本屬學問上一至難事余姑名之爲化生說今畧引莊列之言以證。莊子大宗師篇云。若人之形者。萬化而未始有極也。又曰。又況萬物之所係而一化之所待乎。又云孟孫氏不知所以生。不知所以死。若化爲物。以待其所不知之化。已乎。且方將化。惡知不化哉。方將不化。惡知已化哉。又天地篇云。天地雖大其化均也。萬物一府。生死同狀。又至樂篇云天無爲以之淸。地無爲以之寗。故兩無爲相合。萬物皆化。又曰。死生爲晝夜。吾與子觀化。又知北遊篇云。人生天地之間。若白駒之過郤。忽然而已。已化。而生。又化。而死。列子天瑞篇云。故常生常化。又曰人自生至終大化。有四。嬰孩也。少壯也。老耄也。死亡也。以上畧引其言。此余名莊列爲化生說之義之所由取也。若夫輪迴之說。竊以爲始自佛教輸入之後。晉書載鮑靚生五歲。自言前世本曲陽李家兒。其父訪問之皆合。此蓋自西漢後佛教漸盛。於是民間有輪迴之說。而其源固非出自莊列也。（道家之說一變而爲修鍊蓋有名之爲長生說者矣）

（未完）

宗教

哲理

論信仰（「人性」雜誌主筆富士川游所著）

咀雪

宗教上之雜誌言信仰者多矣是爲宗教上之信仰與學問上之信仰全迥然有別也然世人以信仰僅爲宗教上之信仰斯誤甚已今就信仰之全體說明之

信仰者即德語之 Glauben 譯其意有信念之義而分自然的與不自然的之二種

自然的之信仰 Der natürliche Glauben 可補吾人知識之缺陷所謂學問上之信仰即此也

吾人者由眞理之認識得確實之知識因而吾人之知識所存在于實際之物體由相當之觀念而成立吾人認識眞理者

（一）由五官之作用而感覺物體

（二）由是所謂之印象由聯合作用而爲主觀之觀念

之二個之作用必要者也感覺(Die Empfindung)者爲認識作用之根本之原素有心理上所認明之事實然吾人五官器(觸神、視神、聽神、味神、嗅神、)之搆造固屬完全因是五官之作用感覺物體亦有一定之限界既限界于感覺之作用則所組立之觀念亦應有一定之限界

阿耳布里特、拉夫氏曰『阿拉由耳知識學(科學)者芝馬魯處爲覺官的認識』("Alle Wissenschaft ist letzter linie Sinneserkenntniss.") 無五官則無感覺無感覺則無認識無認識則無知識故吾人之知識其根本在于五官之感覺有次第感覺既有一定之限界前缺陷于外界之認識者必多

認識實在之物體最內部之本態吾人終不能也

吾人之認識多缺陷凡進于高度文明域之文明人種者其認識愈缺陷多認識不滿足由其五官作用所得之覺官的印象變更認識在于大腦皮質之內變更特殊之覺官的感覺聯合作用結合而形成觀念觀念結合而形成知識(Das Wissen)即吾人之知識前已言之矣有由存在實際物體相當之觀念而成立者與感覺認識及觀念之

不十分者同缺陷于知識不待言也補其聯合作用之不十分者通常之聯合作用引思想中之認識而形成新普汎之觀念像曰想像(Die Phantasie)想像者由既知之元素而形成造出新物(未知者)之觀念(即想像觀念)指精神的素因而言者也與想像力(Einbildungskraft)同想像也者補知識之缺陷必要而不可不明瞭者也

補知識之缺陷者尚有信仰(Glauben)之一觀念自心理學上而論之信仰者認爲眞理(Für wahr halten)認爲判斷(Zustimmen zu einem Urteil)亦無不可今于二現象之間有一定之關係以明認識之由來但其關係確得想像時即得認爲眞理時吾人信仰之此信仰者于日常之生活多遭遇知識學(科學)者爲信仰必不可缺之要件若其信仰關于原因之認識時而臆說(Hypothese)出此謂之形而上之信仰(Metaphysische Glauben)又假定共通之原因說明相關聯各種之現象時而理論(Theorie)出此臆說與理論者爲知識學上必要若此信仰者則知識學(科學)誠不完全

上所言者爲自然的之信仰茲請述學問上之信仰(Wissenschaftliche Glauben)

在各種之宗教現象說明所用之觀念名狹義之信仰此宗教上之信仰者(Religiöse Gl

auben)理外之信仰(Übernatürliche Glauben)與前言學問上信仰其原理有著明之差異處」宗教上之信仰者黑智兒謂爲神怪之信仰(Wunderglaube)信出于理外之事在吾人之理性上抵觸自然的信仰者不少此之謂理外信仰(Ueberglaube)

理外信仰者實不外迷信(Aberglaube)根本之形式即自然以外(理外)之力與現象而爲知識學(科學)所認識承認爲事實存在宗教上信仰常有之迷信者由知得之誤謬與想像之錯誤而起吾人明認背于自然律者多故迷信者非理性的也

宗教之說謂生存之謎者解釋吾人之理性而起必不解釋于自然以外之道途定教義或信條以爲神之法而整倫理定生活此爲凡宗教所普有者其信仰前已言之矣

理外之信仰由吾人之理性基于經驗眞理所認者多有所抵觸黑智兒等之諸家謂爲迷信中之至當者余不信也蓋背于五官感覺之認識固執不合于自然律之空想信物理上所未有之誣妄見于夢中之生活夫夢中者高等精神作用隱而無辨別之力五官閉而不能認識外界矯正之作用缺以此而致成迷信是與狂者等也此非有精神病意識之障碍而何耶

(完)

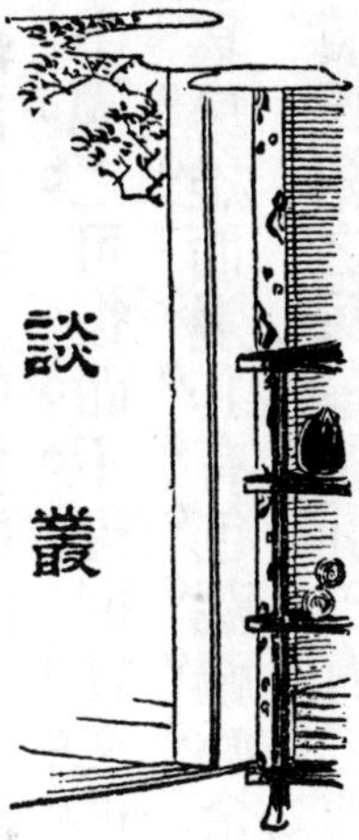

帝王思想論（无住）

探中國亡國之根原而舉其確鑿可據之一端則以近世紀無帝王思想之人才故凡其位置勢力不足以得帝王因而不敢存帝王之思想者。此固事理之常。不能責之也若夫其人已居乎可爲帝王之地勢而因進而爲帝王與退而不爲帝王而中國大局之興衰於是乎分於此而以其人無帝王思想之故遂至付河山於他人隸氓庶於異族論世者溯世變之所自來不得不歸咎於若而人是則數近世紀之人而可定罪者約可得數人焉。一李闖。李闖始終一草寇之所爲而已。使李闖而有帝王之思想者既已覆明之宗社而取而代之矣整頓而保守之蓋決非甚難之事也夫若是際明之亡神洲固已有主人矣誰得而瞰之者使夫愛新覺羅氏自滿洲之片隅起而掩有中

談叢

原也則李闖之無帝王思想爲之也一吳三桂三桂之晚年起事非其本意。其本意祇欲得富貴而已。以富貴之不能保計無所出而後敢決於一擲然而時已晚矣使吳三桂而有帝王之思想者方滿洲之入關根柢未固民心未順天下强兵皆在吳氏之手好自爲之定萬世之基不難也不爲之於始至於天下已平大勢已定而欲以一隅之地與據有中原之全局者相抗其敗宜矣吳氏敗而漢種之有勢力者乃悉鋤去亡國之局於以大定則吳三桂之無帝王思想爲之也一曾文正曾氏爲近時傑出之一人。其作事也先立一定之規模而運之以精思副之以實力其動也有法其進也有序固余平生所私淑之一人。彼李闖固不待言。亦萬非吳三桂之輕躁者可比。惜乎其心思早衰不敢再進一步而計較成敗難易之心思又太工曾氏者殆思有餘而氣不足之人然而中國之時局因此一大頓挫貽誤至於今日近之嘖嘖詬曾氏者誠非無故蓋以千載一時之機中國之可復而不復則曾文正之無帝王思想爲之也一今之□氏□氏世皆詆目之爲梟雄而疑其有包藏禍心余則視爲塚中枯骨偶乘時運之小兒者昔三國之始。袁氏紹之兵最强。其占有之地幾得天下之半。然袁氏固非英雄。其後與眞可稱爲人傑之曹操遇。遂至拉朽摧枯。一敗塗地。方袁氏之盛人之視之者罔赫赫然一世之雄也而其亡也忽諸則微時之倖而非眞才傑也與今之□氏殆爲一流之人騎虎難下今不殺人後必爲人所殺其身受戮而徒黨亦與俱殉此依氷山而不知崩壓之大禍已伏於其後者也雖其人曾不足惜然其所居之地位所有之形勢一擧手一投足而分天下之輕重焉盖進則足以致福退則足以蒙禍而某氏猶鷹飽則不動必爲獵人之所捕其理已明若觀火夫有機而不知乘有時而不知用而坐以待不測之變此天下之庸人也所惜者時機已失後雖悔之而不可及而大勢遂至於無可挽回其罪豈能爲後人之所恕耶其受唾罵必與中國歷史以俱終是則又□氏之無帝王思想爲之也夫國之存亡固非萬衆人之所得而爲其轉移之命脉往往懸於一二得時乘位者之手一二得時乘位之人而皆器小若是中國固代不如一代而抱帝王思想之人亦復代不如一代而遂至於絕迹焉噫吾是以知中國之亡也

或曰。子之言。以之抉往古中國所以致亡之根原誠中矣。然今者方欲黜專制。進國體

於共和民主而復獎人之有帝王思想也。毋乃與新時代之理相刺謬矣乎。曰。善哉子之欲於新舊之中而求其有一貫通之論理。是誠爲學者之最要點。顧余之爲是言也已早審其於兩者之間無刺謬之理在。蓋從表面以觀則所謂帝王思想者似與共和民主之理不能相容而試進而一研究之則所謂帝王思想者實與共和民主毫無相衝突之處。何則。以有帝王思想爲一大禁語者其因果由於何者乎則實由專制國則然耳。以專制國之內祇容一人得爲帝王而不容他人之得爲帝王於是有帝王之思想者從專制國君視之則罪人也若夫民主之國則所謂大統領者數年一任有抱大統領之思想者豈有視之爲罪人者乎彼爲候補大統領者固昭昭然在國人之耳目間又豈有以爲諱者乎若夫立憲之國君位或有一定臣民萬無得爲帝王之理然立憲之國其帝王之權限皆受限制則固不必以帝王爲特重之一位置而政黨之首領與內閣亦猶夫帝王也設有抱爲政黨之首領及內閣之思想者又豈有視之爲罪人者乎故曰以有帝王之思想爲一大禁語者蓋專制政府所特有之產物專制政府之制度銷而此爲忌諱之理亦銷此因銷則果銷之法而固毫無礙於共和民主之時代

焉願子之無慮也

況乎吾見今日之時代實當以有帝王思想爲一根本之要義何則古時操國家之主權者在帝王故所謂有帝王之思想者以今義換言之即所謂有國家主權之思想是也此國家主權隨時勢之變遷古代或在個人而今代或分而歸於團體之間然則以今時代言之一團體上之帝王思想實爲屬於此團體中之一分子所皆不可不有例若吾人以中國人種蓋從系姓上從歷史上從宗教文化上爲一固有之團體則中國之帝王不可不以中國人種爲之即中國之主權不可不歸諸中國人種是也設無此同一之思想乎則英國人可入而得中國之主權而有之俄國人可入而得中國之主權而有之德國法國美國日本國人可入而得中國之主權而有之如此則吾人何必言變法何必言維新何必言愛國何必言保種而教育更何從言（若無此國家主權之精神寓於教育之中則可謂爲奴隸之教育矣餘若政治等事理亦同此）政治更何從言即地理歷史種種一切學問更何從言故曰今時代必當以有一帝王思想爲根本上之觀念雖所謂個人之帝王與團體之帝王其義有別然此則可謂帝王思想因時勢之關係而更進一步而此思想之必要則今時代實更

切於古時代也

或曰。子謂帝王思想之進步也。在團體而不在個人。然舉團體而剖析之。仍不外乎個人。而以帝王思想之發達。凡團體中之個人。無不欲爲帝王。然則將使若者得爲帝王。若者不得爲帝王乎。則爭且亂矣。子且能以何道治之耶。曰然。夫甲欲爲帝王而乙亦欲爲帝王。則時間法得以應用。數年一任而爲帝王可也。然以竪而時間與橫之人數相準。其分配法仍不能遍及。則推選法得以應用。由推選而後得爲帝王。否則不能與焉。則人人亦但自勵其才能。積功績而祈爲衆人之所推選而已。而又何爭焉。且也今文明各國。實無以一國之權。無限制而獨歸諸帝王之個人者。若立法行政司法。皆有獨立之權。推之各事。亦各明定權限。於是帝王之位。其權已歸於消極。而又何事乎爭帝王之有。然則慮人人之有帝王思想。而疑天下之無道以治之者。抑亦計之過矣。抑夫從舊時代之事理而言。其必以有帝王之思想者。於其人爲不道德。而於世爲貽禍害乎。反之而以無帝王之思想者。於其人爲有道德。而於世無貽禍害乎。是則證之事實而殊見其不然。如必以有帝王之思想。而於其人爲不道德者。則在不道德之列者當首數商之湯周之太王文王武王等而何以是數君者古今皆頌之爲神聖而無異辭也又必以有帝王之思想而於世爲貽禍害者則吾見開中國人種數千年之基業者實恃有一二抱帝王思想之人最古者不必言自三代始湯武蓋有帝王思想之人也於是乎免中國於暴君之禍而開商周之局齊桓晉文蓋亦有帝王思想之人也於是乎免中國於夷狄之禍而開春秋之局三代而後劉項相爭劉素號有大志而項則存富貴還鄉之心是帝王之思想固劉强而項弱此項之所以敗而劉之所以成於是乎開漢之局後漢之季爲中國歷史上人才競爭一奇特之時期其時抱帝王思想之人亦最多若曹操劉備孫策孫權司馬懿等皆是於是乎開三國之局其後人才之薈萃莫如隋唐之際唐之開基也高祖無帝王之思想者而太宗則有之高祖之舉事則太宗追之也有太宗而於是乎開唐之局今之稱中國者輒曰漢唐無漢唐而中國或早歸於式微零落未可知也而中國之所以有漢唐則實恃乎數人之有帝王思想者爲之自唐而後有帝王思想之人寖少而中國亦漸以削弱而不振至於今而有帝王思想之人殆至絕迹而中國亦亡而不能再起然則中國實受有帝王思想者之福明

矣此可以破有帝王思想者於其人爲不道德而於世爲貽禍害者之說非也若反之而以無帝王思想之人於其人爲有道德乎則如前所數之人者使李闖吳三桂而有帝王之思想也則其所成就者當與漢祖唐宗比烈惟其無帝王思想故一則名之爲盜賊一則書之爲叛逆而已使曾文正而有帝王之思想者恐吾人今日直配之於湯武惟其無帝王思想故故譽之者半訾之者亦半而曾文正之人格究不能不以此而減其價値孔子稱管仲爲器小曾氏又豈能免是譏也而若今之□氏當分其人爲前半截後半截今則後半截未來雖尚未能懸斷然若其有後半截之事則前半截之所爲皆從而生色若無後半截之事則不過乘時而竊取權勢一佞倖容悅之小人而已其能免作國史者之直以斧鉞加諸其身哉（□爲人余著中國近世人物評論中詳言之固他日國史之稿本也）至若以無帝王思想之人爲於世無禍害乎則固如前所云中國以有帝王思想之人而盛以少帝王思想之人而衰以無帝王思想之人而亡有滅國覆種之患者必自國人有奴隸之性質始烏得謂之無禍害哉烏得謂之無禍害哉是又可以破無帝王思想者於其人爲有道德而於世爲無禍害者之說非也蓋以舊時代之事理論之亦可知一國之人於帝

王思想之有無而大有關係於其人種盛衰存亡之運矣。

若夫帝王思想之獘。則亦有之。如古之器小易滿之人。不度德。不量力。而竊假帝制以自娛。卒以此而致覆亡。又若今時。恃其權術霸氣。所至之處。輒欲破壞他人之局。而樹己黨之勢力。以自固其爲一黨首領之基。若是者。無論新舊之世。蓋皆足以敗事。雖然。凡學者所提唱之理論苟用之不當無一不足以致禍例若自由平等固含有不磨之至理然其中亦豈無患害者存實則天下固未有立一言焉至於若何用之皆見其有利而無害者如水火然豈無害人之事然其爲世之大用也自在未聞有因水火之有害於人而幷欲去水火而不用者若夫帝王思想已可認其有保衛國家種族之大用固未可以有一二致害之人遂欲屏棄其說而蹈因噎廢食之譏嘲也且吾見誤用帝王思想之人實可謂帝王思想其發達尚不能臻於完全之域若果完全其思想則必厚於德而周於事深於謀而宏於量以求其成功如是則又何害之有故幷揭其獘而言之。以告夫野心家之誤用其帝王之思想者要之一國之人其不可無此帝王之思想也明甚觀於中國所以亡國之故而益覺人種間以有此帝王之思想爲可貴焉

論中國人崇拜岳飛之心理（觀雲）

（附社會待英雄之禮）

號令風霆迅天聲動北陬長驅渡河洛直擣向燕幽馬蹀閼氏血旗梟克汗頭歸來報明主恢復舊神州　上岳飛所作。余嘗見日本人家懸此飛自書墨搨大字字勁詩雄。每一讀之未嘗不渢渢然懷思故國根觸盛衰興廢之往事而動憑弔英雄之慨於無已也又岳飛所作滿江紅詞云。　怒髮衝冠凭欄處蕭蕭雨歇擡望眼仰天長嘯壯懷激烈三十功名塵與土八千里路雲和月莫等閒白了少年頭空悲切。　靖康恥猶未雪臣子恨何時滅駕長車踏破賀蘭山缺壯志飢飡胡虜肉笑談渴飲匈奴血待從頭收拾舊河山朝天闕　蓋又未嘗不讀之而意氣飛動怦怦不能自已而喚起人生不可不自勵爲英雄豪傑之心夫時勢者最能動人心之物也時勢之感往往蓄於人人之心而發於一二人之口當南宋時宜其人人具有此心而欲一見之實事以爲快而飛即可爲代表當日時勢而實現其心理之一人宜乎飛遂爲中國人所崇拜之一大人物也。

岳飛之與金人戰也。以積弱之宋。而遇方興之金。其果能以飛所有之兵力。掃蕩悍虜。而恢復其疆土否乎。此史論上之一疑問也。近日本市村瓚次郎氏。以踏查史蹟。至中國今湖北河南陜西諸省。而過河南之郾城縣。著論謂岳飛之班師。在郾城而非朱仙鎮。（其論見史學雜誌十五編之二三號）據北盟會編繫年要錄諸書。皆載飛自郾城班師。其云飛進軍至朱仙鎮。距京師纔四十五里云云。蓋出自飛孫珂所著之金佗粹編。此係家集中誇大之言。因據史事上計算道里時日。斷爲至朱仙鎮之說爲不可信云云。以史學言。其言蓋多可取。果如是。飛當日者。不過有數次戰勝之功。而克復土地數處而已。金所有汴京之根柢。尚未動搖。所謂金軍皆預備迎降。取汴京直在指顧間者。尚不過描一將來之空想。而人人之所爲崇拜者。亦直哄動於虛聲而非事實。而飛享此赫赫之名。殆可謂在僥倖之列乎。是固不得謂苛待古人之論也。

雖然。余則關於此事。不欲置爲歷史事實上如何之一問題。而欲置爲國民心理上如何之一問題。夫以國民之心理上言。則飛固有可以致國人崇拜之理在。而國民之所以崇拜之者。亦不得謂崇拜之非其人也。則請言之凡時勢上發生一艱難之境則國人常喁喁焉捧心香而禱曰疇歟能濟此艱難歟則必天之生有是偉人矣夫以舉國人之心皆欲排去此艱難之境而又無一人焉能堪其任而奏功則其感艱難之苦痛也彌甚從而有一人焉能爲國人一釋去此艱難之境則國人之愛慕尊敬夫是人者自發於其心理之所不容已試思人當偶抱一病苟有能已之者自不覺深其感謝國人之負時勢上之苦痛於心也亦然此各國人所以無不有崇拜英雄之風其崇拜心之烈尙大有過乎我中國人殆可謂國民心理中具有一種崇拜英雄狂而此心理實能强固其國家維持其種族而爲國民勢力所由發展事業所由建樹之一原因雖其所以崇拜之者或不免過乎其人之實而以此崇拜英雄心爲國人之所必不可無故謀國者皆不欲鏟而去之蓋去此崇拜英雄之心則其國人即可至於萎謝落寞而一無志節氣概之可言馴至于滅亡而將無可救也而其所崇拜之英雄則常有二一成功之英雄一不成功之英雄其崇拜成功之英雄也則以若人者挽濟時艱出風濤之中而措之衽席之上國人於是由愁苦之一境而頓入於愉快之一境凡人之心理其感愁苦之情愈甚者則一旦消去其愁苦而其感愉

快之情亦愈甚此愉快心之發動必附於一事物以爲表顯之地而即以表顯於能釋我之愁苦而予我以愉快之一人爲最得人人心理之所同（此時又兼含一報恩之心理在故崇拜英雄實爲複雜之情緒所成）此成功之英雄所以致人崇拜之理也若夫不成功之英雄彼其人物之價值既足與成功之英雄等而其事亦駸駸焉前途有可以致成功之理於此而不獲成其非有人爲而爲之則將歸之天而羣弔其不幸焉其或有人焉而爲之則必歸咎於敗壞者之一人當其時於事實雖未得告成功而國人已懸擬其一成功之印象於心目之中而因其虛影一成功之想望而不得償則思之而倍有餘痛而遂欲昭顯此負屈之狀以澹其思之有餘痛之情而後國人之心始安此不成功之英雄所以致人崇拜之理也。是二者一則本於國人之有喜悅心而順而發之一則本於國人之有鬱恨心而逆而出之而要有可稱爲時勢上之一英雄出則無成功與不成功之差而其足以致國人崇拜之心一也。

以觀於近世紀。若法國之崇拜拿破崙。英國之崇拜訥耳遜。而現時若日本之崇拜東鄉皆然。而固不必遠證諸他國也。舉我國之人言之。韓非子曰。（五蠹篇）上古之世。人民少而禽獸衆人民不勝禽獸。有聖人作。搆木爲巢。以避羣害。而民悅之。使王天下。號曰有巢氏。民食果蓏蚌蛤。腥臊惡臭。而傷害腹胃。民多疾病。有聖人作。鑽燧取火。以化腥臊。而民說之。使王天下。號之曰燧人氏。中古之世。天下大水。而鯀禹決瀆。近古之世。桀紂暴亂。而湯武征伐云云。所謂禽獸也。食之腥臊惡臭也。洪水也。暴民也。皆時勢上所發生艱難之境而有能作居室化火食治洪水伐暴君則國人之所謂英雄而崇拜之也而時勢上艱難之境其狀態每若一波去而一波又來故但覺送前之一英雄方去而又望後之一英雄其來而國人幾爲迎送英雄之一事而忙煞是固非獨庸庸若吾儕之人望英雄也雖英雄亦望英雄孔子云微管仲吾其被髮左衽矣孟子曰五百年必有王者興其間必有名世出以其數則過矣以其時則可矣以孔孟之聖其有望夫英雄之心尚若是其切以是知因時勢而禱人物不得目爲國人之有依賴心也而當證爲人與人合羣之固有心是又不必遠證諸古代之人而可舉今日之時勢而論之夫今日者神洲欲暮大陸將沈凡吾人之所謂謳焉有思哭焉有懷若狂非狂若憂非憂非日夜望有一英雄者出耶自今以往其果有一英雄來拯吾之艱難乎否乎要之吾

人則固已準備崇拜英雄之壇坫而繞花爇酒焚香以待之夫以吾人今日不勝其欲得一英雄而崇拜之心因而知南宋時代亦不能無崇拜之一人物

則試即人所以致崇拜於岳飛之理而論之大抵人物之價值常受影響於其時勢故平易時代之人才其昭著每不及艱難之時代彼百物之定價常以豐而致賤荒而致貴人物之受平準於世也亦然當夫天搆奇局而人才或有歲差則人才之稍有遜色者亦能藉時勢反映之力而頓增其色例若明季之有鄭成功也其人才決非能滿乎吾人之意然而以明季時代之所關而論當日之人才已不能不舉鄭成功而崇拜之岳飛亦然今夫有平論岳飛之人謂飛雖稟性忠勇優於將畧然其人物亦不過如唐之汾陽等相比決非能如今日所崇拜幾可視爲千古無兩之人此其論固爲吾人所首肯然吾於此即欲援時勢能增人物價值之一例應用以爲評人物者不當但舉人物以論人物而當兼取時勢以論人物今夫以時勢言則南宋者殆可謂我中國自黃帝時之蚩尤夏禹時之洪水而後一大艱難之境也蓋前此中國之有外夷之患若五胡契丹等尚不過擾及中國之一方未有舉中國全土駸駸焉而盡將爲外人之所吞

嚆者有之蓋實自南宋始余嘗謂中國之歷史三古而後凡三大變一秦始皇之時代一南宋之時代一今日之時代是也而其間二者皆爲種族之爭且夫我種自黃帝以來未嘗有受役屬羈治於外人者積此經久二三千年自主之民族其不肯奉事異種人之一稟性已於歷史上有莫大之根柢其深固蓋不可得而拔故金人之在中國我種人實與之有不能兩立之勢而必欲掃除之以爲快當其時國人之對於時勢其心理決非如對於唐時中世之亂同蓋唐時中世之亂百姓或視爲與己無關之事而對於金人則國人固有一種族之見者存以國人對於時勢心理之不同故其對於人物之心理亦不同蓋當南宋之時人人固負有一異種人逼居之痛而望有英雄焉出而排除之而以其事之關乎戰爭則其所望者又不在文臣而在武將而試數當日武將之中若韓世忠楊沂中劉光世等其人才皆不及飛雖然使無絕特之武功飛亦未必遽能引動全國人之耳目也而當日者金以累勝宋以累敗之餘而飛獨能挫其銳鋒其進戰克捷則事實也今按北盟會編記飛班師前數月間之戰事如下。

六月十三日（紹興十年）岳飛統制牛皋敗金人於西京　六月廿五日岳飛軍統領孫顯

大破金人排蠻千戶陳蔡州界　閏六月廿日張憲克穎昌府　閏六月廿四日張憲及金人戰於陳（繫年要錄是日張憲復淮寧府）　閏六月廿五日岳飛將楊成及金人戰於鄭州克鄭州　七月二日岳飛將張應韓淸克西京　七月八日岳飛及金兀朮戰於郾城敗之　七月十日岳飛敗金人於郾城縣　七月十四日岳飛統制王貴姚政敗兀朮於穎昌府　七月廿一日岳飛自郾城回軍

是所記皆信史。與據金佗粹編出自飛家集者有異。而於一二月間其戰勝之功若此。誠可謂有破竹之勢者。論者謂金人方強而兀朮梟雄也。飛不班師亦未必遂能得志。夫飛固能梟兀朮之首而復燕南與否。此未來之事。固未能立一何等之證據。雖然。謂金以方張之國。其勢若必不能挫者。此亦未審之詞也。夫金人雖強。然其根柢決不得與今日歐洲列強之堅固者比。蓋金人之起也。與淸朝之祖先同（乾隆四十二年諭旨我朝得姓曰愛新覺羅氏國語謂金曰愛新可爲金源同派之證）皆始自滿洲。當其初實以馬賊跳梁。其後雖得乘時建國。而實帶有草寇之性質。在故其所遇者而爲弱國。則能滅人。設遇強國。亦遂爲人所滅。此有證也。方岳飛班師之前一年。蒙古已襲敗金人於海嶺。方是時。蒙古之勢蓋甚微弱。而金人已不能制終乃爲其所覆亡以是知金之立國盖甚脆弱惜宋以百餘年之太平人不知兵而遂爲所乘耳否則未必以辮子之虜（劉錡收金人於順昌見辮髮者輒殲之敵衆大亂此當日以辮子爲賊之記號也）遂能猖獗於中原也觀於與宋人連戰數載其初皆金人勝而宋人敗而後已駸駸乎宋人能與金人爲敵此即金人無能之實證當日實可得下非金人之强而由宋人之弱之一史斷而謂飛不班師不能逐金與謂飛不班師必能逐金二語於論斷上之效力等又曷怪當日之人心以屢勝之餘而遂懸一渡河朔擣幽燕直抵黃龍與諸君痛飲之一快事於胸中盖即以掃除羶腥恢復神州之一大事而與飛之身結合而爲一此則由於時勢而岳飛人物之價値爲之頓增而即所以能致人若是其崇拜之理由也

而不止此今夫人之所以崇拜其人者尤必視乎其人格而其中尤以有一種之志氣爲最具感人之力夫志氣爲不可得而見聞之物則往往現實於事實言語之間若飛之事實既彰彰在人之耳目不待再論而於言語之間飛亦有能動人者言語之重者爲文字故詩歌文章亦爲英雄能致人崇拜之一要件如崇拜屈原者實多由於離騷之辭是其例也飛雖不以文字鳴然如前所載之詩詞雖千載下讀之猶若與英雄之

靈氣相往來而有發動人志氣之能夫人類常以發動其志氣爲最不可少之物各國人多愛酒多愛詩以是知心理間不可不時時投以興奮劑也飛以武人而餘事又能爲此知人之所以傾倒於飛者固亦未嘗不爲其詞氣之所攝也況乎飛於言語之間若直抵黃龍府當與諸君痛飲之雄快十年之力廢於一旦之悱惻雖寥寥數語亦能深沁人之肺腑夫飛固非專以是重然有飛之事績而又有文字語言之文釆以爲之副則其大有力於致人之崇拜者固無疑也而又不止此蓋尤有能致人崇拜之一要件在無他殺身是也大抵英雄豪傑每以殺頭爲最能添其生平光彩之一物忍此數分之時間濺此一縷之碧血其所贏得於千古之價値無有終極直可謂天地間第一之幸運蓋無過於殺頭夫人往往有立一主義定一宗旨而以血灌之與不以血灌之於前途之收效懸殊彼基督教之能盛行蓋得力於耶穌之獻身贖罪者爲不少今地球上何之事由不問但以有一事由之故而流血至於數起即能引起人人之注意而視爲世界當研究之一問題甚矣人類間之血之可貴也原其故人之所以爲人必以有一生命爲之基本一失其生命則萬事皆休故人類早以關於生命爲一重大之事苟或有一人之死於非命即其事或全

係乎爲私亦必欲爲之昭雪其寃而若其所以死之故爲公而不爲私即能爲人羣間添一悲壯之心蓋死之事爲甚悲而其死也爲人人而死則其事又甚壯今人覩頹城荒苑則有悲心覩高山喬嶽則有壯心而英雄之死爲能合此悲與壯之二心理而爲一心理故其形容之辭往往擬之爲泣風雨壯河山人類間以有此悲壯之心理故實能變世界之乾燥而爲纏綿化宇宙之蕭瑟而爲崢嶸而其能感人悲壯之程度各有强弱不同之故即視乎其英雄所對乎一羣之功績與其所負於一身之苦痛各有其程度之不同而定而以觀於岳飛既以奉詔班師功敗垂成而使吾種人恢復中原之死靡他之一心受一莫大之頓挫人固盡已痛之而又以莫須有三字搆成千古之奇獄更使人於前事負痛之外更增一負痛之事而其情斯烈蓋統其事以觀實可謂中國之歷史上結搆一最悲壯之劇者此又所以能致人若是其崇拜之一理由也

故余論崇拜岳飛之理。以時勢上之關繫爲一主要之題而又附之以戰勝之事實及其人之志氣而終則至有殺身之慘合是數者而斷爲飛之所以能致人之崇拜者非無其故而亦不得議國人之崇拜岳飛者爲非其人也凡一國之人心無不受其影響於歷史蓋現在之人心即爲過去歷史之所産出而後日之人心又爲今日歷史之所産出故關於一國歷史上之案不可不研究而一決其是非蓋知其是則當奬而進之而知其非則又當改而正之此崇拜岳飛之事固宜付之一國之審議處而論定之也今之學者或謂因崇拜岳飛之一事件於是自南宋以來迄於今日人之對於國事皆有以和爲小人以戰爲君子之心近數十年與列强相交涉其失敗之原因即坐於此蓋即由南宋相沿之積習而固未始不由於崇拜岳飛之事之貽之禍者此主非崇拜岳飛論者也其言固非無一理雖然此言也吾以爲於心理上但見智識之一方而未見感情之一方以是進國民之智識則可以是强國民之感情則未可也夫國人之於智識固不可不求其進步故時勢既變則定和戰之是非亦不可不變固有未可執歷史上之成例以相衡者然一國所固有之感情則仍當保存之今之言國民心理學者咸以爲凡一國家之所以存立必有其國人從歷史所經過一種特別之氣質此氣質亡而國家亦隨之而亡例若國人有好戰之氣質者至好戰之心衰而其國亦就衰此常見之例也夫人民有自主之心而必不肯受異種人

之管轄此實今日列强所以立國之本我中國方患此氣質之尙失於薄弱幸而有之正當視爲國民心理上一至可寶貴之物而試一進探國人所以崇拜岳飛之原實不外由此種氣質之所發現吾以爲此從感情上立論必當獎而進之者也且夫論個人之人格智識與感情皆於心理上爲兩不可偏廢之物一國人之心理亦然必智識與感情均無遺憾而後國民進步之資格始備故若吾人今日之對於列强萬不能再演其昔日閉關自守排斥外人之一蠻風致自招滅亡之禍凡各國之來吾人正當歡迎而敬禮之而收交通之利益此智識之當進步者也然若各國之人而遂欲主宰吾之山河分裂吾之疆土則吾人雖流血曝骨以殉而必不可以一步讓此又全國人不可無此金石不磨湯火不變之感情者也試據此例以解剖義和團之心理其智識之闇愚萬不能恕而其感情之旺盛亦自足多固未可以一概之詞譽之亦未可以一概之詞斥之蓋存義和團之感情而補其智識之不足此即可定爲吾國人前途進行之方針者也然則由是而言必欲排去國人崇拜岳飛之心則必并國人所固有之自主心而隱受其損竊認以爲有害於國蓋今後但當加知識於吾國人固有之感情中而昔

日之感情則固大可用也

吾於此而得一吾國人固有愛國愛種心之實證今世之論者輒詬之曰中國之人民奴隸之人民也盡人可入而爲之君無已則引蒙古人之入主中國滿洲人之入主中國以爲鐵證此於事實上誠無可解免雖然吾於心理上則期期不能服是言嘗皇皇焉索之我國人心之中而求其固有愛國愛種之一證據與否今觀於崇拜岳飛之事而得爲我國人一洗此謗何則使岳飛之死而固無種族國家之關繫者存則必不能致國人之崇拜至於若是其崇拜之至於若是則崇拜之得當與否爲第二之問題（心理學多採材料於詩歌小說之中事實之眞否非其所問況若岳飛之本有事實乎）而此即可證爲有愛國愛種心之一標幟者吾甚願我國人益保此心理而大之果如此也則河山雖變而心理不變心理不變則我種人必有恢復神洲之一日而東亞大陸必歸於我種人爲之主焉此當於心理上勉我國人者也

余有論中國人崇拜關羽之心理及中國人崇拜岳飛之心理此其一篇也

附社會待英雄之禮　我國社會於待英雄之禮也蓋可謂缺試舉其一例今世界

之交通。實可謂食哥倫布氏得新地之福。哥倫布以赫赫之名。爲今世界之所崇拜宜也。然翻而觀之我國。可稱爲地理上周流之偉人者。若張騫若玄奘若鄭和等數子者。於未言維新以前。在我國皆泯泯焉。張騫或以史漢所載。知其名者尚多。若玄奘鄭和則幷其姓氏而無人道之。又若鄭成功。亦至近日隨民族之風潮。始有稱述之者。其前亦幾視與草寇一例。或謂以清朝在上故不敢談及非我國人之不知鄭成功也余謂不然實斷定爲中國人之智識不知鄭成功非爲滿洲壓力之故試觀今日清朝尚在何以獨敢稱譽鄭成功乎故知其人而固爲國人之所哀雖無論若何壓力必不能阻之其寂寂焉不復道及之者實由於幷不知其爲何如人也 凡此之類。其多不勝枚舉。余前作幾多英雄之復活失之簡畧俟後再補足之 設不遇今日之時機。民智稍開。恐隨歲月之久遠。而其人遂湮沒終古矣。英雄而有知也。其靈豈能瞑耶。又何獨待古人。然於數年內爲維新事。死難諸人。其在作官派一流之新黨。恐一口諸人之姓氏。即能爲其富貴功名之祟。固已懸爲齒頰間之一厲禁。而在野之新黨。亦復無何等之舉動。以表其紀念之情。若爲之作傳及輓詩與立墓碣及追悼紀念祭等諸事 恐以一身爲犧牲之人。而其姓氏不得一見諸中國史者。多矣。以今世界日進文明。凡利用記載之法。而謀人羣之利益者。其事亦日益加多。而我國今日死難之人。猶不得與乎其列。是眞世界文明。而我中國固猶守蠻風者。

也其文化之幼穉抑可驚矣以觀日本。對於維新有功之人。多祀靖國社。或贈位。或於其關係之地建立碑碣。或每歲爲紀念之祭。至傳記其人。更不待言。而中國。一不聞有此此何以慰死者之心而勸來者以鼓盪社會之熱心耶觀於我國對於古今之英雄可得下二語以一揭社會之短一社會尚無知英雄之資格自來惟英雄能知英雄能知英雄而後能惜英雄若其人碌碌焉一無英雄之性質則英雄之志事皆爲其所不解而以隨珠和璧視與瓦礫同價者多矣蠢愚之社會亦然此古今所以多霾滅之英雄也可慨也一社會之寡恩薄情今夫吾人讀史見有君之薄待其功臣者未嘗不爲之太息英雄之有益於社會也亦猶功臣之爲其君致力也彼且爲社會而耗其一生之心血或拋其百年之生命而社會視之漠然不思所以報之此寧得謂尙有人情者耶是二惡者我社會實皆蹈之此我國英雄之所以多不幸也且夫人類生存之道其最大之要件有二一對於生命百體之防禦如手足耳目相互之防禦是也一對於生命團體之防禦如一國家一社會一種族相互之防禦是也彼夫若動物者於百體互相防禦之事雖已發達而於團體互相防禦之程度蓋遠不及人類而於人類之中蠻野之社會於組織團體互相防禦之道又遠不及文明之社會動物之不勝人類而蠻野社會之不勝文明社會其故蓋由於此而於講求團體互相防禦之道尤莫要乎鼓舞社會之有英雄性而欲鼓舞社會之有英雄性必先尊重英雄之人蓋英雄者社會互相防禦之利器也凡一社會之發達實積幾多英雄之血之所成而此敬禮之事實不過社會出其區區以為購英雄之血之代價社會之敬禮英雄愈至而英雄之出其血以為社會造福者愈多彼蠻野之社會亦非無一二英雄之人偶發生於其間而以一般社會皆不知尊重之故遂至英雄以不適宜於其社會之故而至絕迹而其社會亦日益萎縮闇淡而不昌例若苗人。於其古代。亦有蚩尤之雄。（蚩尤固為苗種與否別一問題此但據古書以蚩尤為苗種耳）而苗人固未有記載之者。遂至一敗不振而英雄不復再生於其人種之間。若我漢種於古代已知尊黃帝堯舜禹湯等之為聖人而古人之行事其光明猶昭宣於今日（吾人去三代遠而於三代之事反若明亮於後世之事反若闇晦此關於記載之言大有不同故也）此中國於古代之所以稱為文明國也雖然中國承古代文明之遺固稍稍知有敬禮英雄之事然因不能如近世文明各國之敬禮其英雄者比吾人試入人國見夫峩峩銅像此非徒盡報答英雄之禮而又可視爲喚起其國人使發生英雄心之一種實物敎育觀者而至讀其國史則見其多表彰英雄焉誦其詩歌則見其多謳思英雄焉覽其人心風俗一切事物之間則又見其多紀念英雄焉如器物名其名或飾其肖像等事皆是而提唱天才保護論英雄獎勵論者若發明者之予獎勵金及詩人保護金又若巨金懸賞求探北極之人近日美國巨富卡匿奇懸巨額之英雄獎勵金求對於國家對於社會對於個人有拔羣獻身之功勞者予之其言又時時不絕於吾人之耳而返觀於吾國不必其果爲絕特之英雄焉但使其人不能與流俗同好而稍稍有與世殊異之處即不能容於其國日本人之才者多不能出國蓋爲其國家之所不能舍焉中國反是苟爲賢者多爲亡人即不然亦必窮居而不得志此可以覘國之興亡矣無有一人知寶愛人才者而殺之捕之竄逐之又窮之於其所往則不憚爲之天地閉賢人隱上下不交其象爲否蓋今日之謂也統觀我中國有史以來之社會惟唐虞三代之時頗能合於待英雄之禮如堯之舉舜湯之求伊尹高宗之求傅說文王之求太公等事是降至戰國餘風尙存至秦而後絕矣故其間社會之氣運亦最隆盛至其後則以奴隸之道畜英雄自漢之制科始科舉相沿直至今日王者所謂天下英雄盡入吾彀中者蓋實不外化英雄爲奴隸之法而社會亦以寖衰至今日而芟鋤英雄乃至乎其極欲求社會之不隳壞種族之不滅亡固不可得也夫個人不能離社會而存故雖英雄亦不能不有待

於社會英雄而無社會之助力則失其用武之地而落落焉無以告其成功然社會間而無英雄之一成分則其社會必爲他社會之所欺壓淩侮而遂至于滅國而遂至于滅種無英雄之禍乃至如是故兩者以相得而各能繁昌以相失而皆至覆敗英雄之不能無社會社會之不能無英雄其理固明於覩火矣我中國昔日之社會固爾爲爾我爲我而用閉門自立之政策者今則爲世界風潮之所衝激自玆以往欲圖生存之道已不能不棄其閉門自立之政策而用同舟共濟之政策蓋社會之文化將自此而更進一級而其有待於英雄之事亦自是而更多然則於待之英雄禮又安可不亟講於今後之新社會也（完）

附錄高青邱詠岳王墓詩

大樹無枝向北風千年遺恨泣英雄班師詔已來三殿射虜書猶說兩宮每憶上方誰請劍空嗟高廟自藏弓栖霞嶺上今回首不見諸陵白露中

小說

美人手

紅葉閣鳳仙女史譯述

第三十三回　痒俠客關懷兒女情　巧醫生難治精神病

却說瑪琪拖亞離了伊古那。一直跑到丸田夫人的府第。瑪琪拖亞是走熟了的。也無須傳帖。也不靠人引導。便自行踱進大門。恰好烏拉醫生從內進出來。想是要歸去的光景。兩人正正打了個照面。瑪琪拖亞笑迎着道。狠湊巧。幸得早來一步。遲點兒就不值了。此時可領我見見夫人嗎。烏拉醫生道。纔用了葯。本該令他寧息寧息。現刻畧早點兒。但你不比外人。夫人又想念得狠。姑且將就解禁。令你會會面。但有句話囑咐你若見了夫人。切勿題起美治阿士的事。須牢記着啊。瑪琪拖亞道。這是甚麼理由呢。烏拉醫生道。並非別的。因為題起美治阿士。便挑剔夫人的心。雖然夫人與他沒交情。但轟轟烈烈的一個女俠客你是知道的他自從聞了你及助摩祖說過他心裏不時熬着要出手替他們成全雖爲人家撮合姻緣本是好事但病體未癒怎禁得再一操心豈不是害了他嗎瑪琪拖亞點首道。曉得曉得我再不題你放心。烏拉醫生道。如此說。我喚那侍女領你到夫人處便了。說着。便先蹌上兩步。吩咐一侍女。先進內傳與夫人知道。不一會。侍女出。說道。請、瑪琪拖亞遂別了醫生。跟着那侍女。通過內堂。進至夫人的臥室。是時夫人斜躺在織花描金鐵牀上靠着白綾套枕盖着兩重織金鷁翎被見瑪琪拖亞進來、說道。我沒一天不惦着要見你那醫生硬自不許會客終日悶得謊照烏拉醫生的意思只怕來年三月也不得見一人面呢這醫生實在討煩我昨日捺着與他吵了一頓今日纔許我會會客呢說着、遞出纖纖弱指與瑪琪拖亞握握手瑪琪拖亞留意一視夫人的臉。覺其俏麗雖不曾減。但比先前所見消瘦了許多。心內想道。以他尊貴之體。若不是極意愛我。不輕容易肯出手相扼。這是夫人特別相待的心事了。不覺滿心歡喜。是時夫人。顫危危的把身子一抬似乎要起來的光景既而又躺下去。低聲問道。我自從那天見你狠想問你一件事那阿霞那近來怎麼樣呀瑪琪拖亞道夫人問霞那麼。他不日將結婚了。夫人驚喜道。啊喲、圖理舍譽肯荅應招贅美治阿士囉麼瑪琪拖亞忽憶烏拉醫生之言、心裏怦的一動。默想適纔醫生屢囑勿題及此事今被夫人開口先問、怎回荅他好呢、不覺一急愈沒法支吾得來不得已照直荅道不是美治阿士乃是與會計伊古那結婚夫人訝道。伊古那、你先前不曾說過霞那是一心一意鍾愛美治阿士的麼瑪琪拖亞道、雖是但年輕的女兒家那裡有定見。近來已兜轉心意允願與伊古那訂婚了。夫人道、雖然照我主意看來、霞那是應該配美治阿士的瑪琪拖亞見夫人念念繫掛着他兩人婚事。恐妨惹動夫人的俠情思量要設法消解之。因說道。美治阿士。此人斷不合與霞那爲婚。我是知道的。先日他有信來。約霞那要到公園一會。誰料他到時失信。累霞那白等了半天。因此霞那惱了。遂決了心夫人聽說。驚道。嗄、美治阿士有約不來。隨後他再有信來嗎瑪琪拖亞道。那裡還有連蹤影都沒有呢夫人大驚道。那就了不得美治阿士必定被人捕拿想要送信也不得了可憐他困着不知怎麼苦呢。瑪琪拖亞道。他怎的也不管了霞那已經絕望再也不必題了夫人勃然道。怎麼不管我想霞那絕望決是假的我是婦人家深知婦人家心事但凡初心鍾愛的人斷沒有能彀丟開的道理不過沒人替他方便他明知心上人受屈但沒法找得憑據代他開解心裡正不知幾苦如今爲嚴命所逼有口難言只得橫了心忍辱將就他決不肯丟捨初心移向別人這一對可憐蟲我誓必盡力成全於他纔了心願瑪琪拖亞見夫人動氣、心裏暗自着急。說道夫人俠義的心。雖屬可感、但第一件。他的蹤影。究竟不知下落。夫人縱然想要救他。也無從着力呢。夫人道。不錯。我一人之力。或者救他不得。必須要你帮助帮助。你若肯出力。保管霞那美治阿士這一對姻緣。必能彀成全呢、瑪琪拖亞道。夫人的熱心。我應該無有不從。但美治阿士此人。我始終信他是有罪的。夫人道。你不要執着偏見。胡亂疑人。你此後又不曾見他。不過聽着旁人所言。自己把私意來測度。或者美治阿士出脫之後。他有無罪的憑據。拿着見你。你便怎的。瑪琪拖亞道。此事我思着頗有點爲難。因爲伊古那同我是個至交。今朝我爲這件事。已經把他得罪了。他說我有意嘔他。幾乎動了眞氣。我正自後悔。如今再要我設法把他兩人拆離。實在不忍。請夫人不如丟手罷。夫人艴然作色道。哦、你這樣算是愛朋友囉嗎。我說你實在是害朋友不淺。既是至交。應該忠言勸告。替他想想這段是無意識的婚姻霞那既一心鍾愛美治阿士萬一這樁罪案將來剖白確是寃抑那時霞那必轉心回向美治阿士必與伊古那決裂這段婚姻必難到底你既是伊古那至交難道他成着一段必不到底的婚姻也不爲他可憐也不題醒一句這是朋友的交道麼你本是個聰明人虧你這件事也想不到瑪琪拖亞被夫人教訓一頓。啞口無言。默自想道。夫人所說。道理果是不錯。因問道。然則照夫人之意。有甚麼法子可能帮助他呢。夫人道。聞近來助摩祖同美治阿士狠要好相待如兄弟一般諒助摩祖必定知其下落助摩祖先日聞得受了傷。請烏拉醫生調治。如今聽說已經好了。祇有左手畧欠活動。此外都照往常一樣了。瑪琪拖亞道。如此說。喚助摩祖來當面一問。那就明白了。夫人道。但有一件煩費手他外體雖癒惟是腦盖當時撲得太傷把精神都打鈍了。問他從前的事一些兒都記不起我想你替我走走領着他到各處逛逛凡有他認識的人面的地方留心聽他怎麼說諒來用這個法或可觸起他幾分記憶今煩你到助摩祖家走一遭可能彀嗎是時瑪琪拖亞心意已被夫人說活動了。興興頭頭的答應道。去、去、說着立即起身告辭。要知助摩祖探出事情如何。再看下回分解。

第三十四回　受專差指環代符節　翻舊事狂士探癡兒

却說瑪琪拖亞起身將要告辭。夫人接着道。且慢。我想你平白地到助摩祖家裡。或者他的祖母不許你會面也未可料。瑪琪拖亞道。可是呢。先前我聞助摩祖病。我兩次到他家裡候問。他總說助摩祖睡着。硬自不許會面呢。夫人道。他不是不許你會面。因爲烏拉醫生這人。太於謹慎。屢次吩咐。不許與外人見面。他祖母愛孫兒自然要孫兒好。焉得不守着醫生的規矩呢。瑪琪拖亞道。今天若又是不許會面。那便怎麼處呢。夫人見說。從枕畔一小匣拿出個指環來。說道。若是仍不許會面。你給此指環與他看。說是。我有事託你來諒沒有阻擋的。瑪琪拖亞接着指環道。曉得。於是離坐。辭了夫人。遂踱出府邸而去。瑪琪拖亞套着伯爵夫人的指環。沿途想道。這指環究竟有此力量與否。雖不可知。但夫人一場心意。把這貴重之品交給我手。縱然事不靈驗。我也落得光榮。滿心自是歡喜。再又想道。聽夫人所說。這事總有幾分把握。雖然夫人不曾說明。但我也領會得幾分。今且到助摩祖家再算。急着脚。不覺己到門首。遂踱將進去。見了他祖母。便說要請見助摩祖。助摩祖的祖母道。有心了。屢次枉駕。實在是當不起。本該要命孫兒出來道謝。但他未十分痊愈。兼且醫生吩咐。不許同外間人相見呢。瑪琪拖亞道。醫生雖是這麼說。但我是受丸田夫人所託。要來領助摩祖到街上逛逛。令他觸動起平日的記性呢。他祖母道。正在爲此。不敢令他動彈。他自從一病。如今甚麼事都不記憶的了。瑪琪拖亞道。丸田夫人亦正爲此特地命我領他到從前所識的街道留心考驗他的記憶力你不信如今有夫人的憑據在此說着。伸出指環來助摩祖的祖母一見不覺嚇了一跳道。啊喲。原來丸田夫人認得相公的麼。他有講及指環的來歷嗎。瑪琪拖亞道。來歷倒沒有說他只命我給你看看做憑信呢是時那强情的老婆子好像被這指環的威光所攝急急向着裏屋助摩祖助摩祖。喚了兩聲助摩祖聽着跑出來領下掛着一條白巾把左手籠着一眼瞧見瑪琪拖亞驚道。啊喲。瑪琪拖亞相公哦明白了明白了我昨天沒有到銀行你想是來申飭我了。瑪琪拖亞道。不是。我不申飭你你病了整個多月可知到嗎助摩祖帶着點傻氣道聽見他們這麼說我是不知道的說着。把兩隻眼睛釘着瑪琪拖亞臉上瑪琪拖亞見他這般神氣覺有點與向來的助摩祖不同又見其臉色青白眼光挺露知他的病症未盡復元復問道。你病了許久吃了。許多葯實在難爲你我今天特地來同你去散散悶領你去買點好頑意兒助摩祖道。那使不得一出門祖母就狠狠的吆喝呢瑪琪拖亞道。我同你去是不怕的我已替你向祖母討過情了助摩祖聽說已經討過情。便安了心。立刻眉開眼笑的應道那麼大家去逛逛瑪琪拖亞遂携着他。出到街上。就近先轉過上布街而去。問道。你記得這條上布街嗎。助摩祖擧眼四顧道。哦、記得。記得這裡。再過點兒不是有一間高高的屋子的嗎瑪琪拖亞道。就是前個月晚上碰了歹人你替我僱了一輛馬車不是這條街麼助摩祖聽着。茫然全不記憶。低頭儘着尋思。瑪琪拖亞又道。就是那晚你在趕冰池回來路上遇着三個大漢躡蹤追着我你不記得囉麼助摩祖恍惚若悟。豁然曰。呀、記得了。你不是拉着一位狠標緻的姑娘同走麼瑪琪拖亞道。是的呢你知這個標緻姑娘的名字嗎助摩祖道。不知到。瑪琪拖亞道。他叫澤瀨阿梅呢。剛說着。順步已到了那鬍臉漢住屋的門前。瑪琪拖亞指着說道。你還認得這是誰的家嗎助摩祖打量了一回道關着門這不是沒人住的麼又想了想恍然道呀、記起了這是牛田的住屋瑪琪拖亞覺其記憶力猶在。甚是驚喜。復問道。牛田是甚麼的人呀。助摩祖道。是貴家婦人的馬夫一口絡腮鬍子長的狠可怕呢瑪琪拖亞道。那貴婦人是誰助摩祖把身子幌了幌腦瓜子搖了搖竟自想不得出搔着頭道。昨天還記得怎麼今兒就忘了呢是誰此刻再記不起了瑪琪拖亞聽着。呆了半晌。心裡甚是失望。未知那貴婦人究竟是誰且聽下回分解。

小說

飲冰室詩話

飲冰

蔣萬里以新游仙二章見寄。風格理想。幾追人境廬之今別離。亦傑構也。錄之。出門萬里行。海底計行程。至此別有天。島嶼不知名。爛爛珊瑚洲。紅海映鮮明。盤石矗巉巉。鐵網張錚錚。茫茫水連天。彼岸隔盈盈。海外大九洲。稗海環重瀛。朝發蒲昌海。夕止扶桑津。直以水爲家。逸情淩太清。排水駛如飛。跋浪偪長鯨。飄飄淩風舸。拍拍浪□平。淡淡天池水。颯颯天風聲。遙遙滄海島。耿耿天船星。掉入龍王宮。初蒞白銀城。次蒞爲黃金琉璃。又水晶。其上與天連。如日紅光呈。贈以明月珠。的爍更晶瑩。千里如一室。縮水神陰精。纖棹三神山。神山盡瓏玲。航行遍十洲。十洲各異形。挂席出南極。伏檻窺東溟。直指向蓬萊。途遇安期生。翼翼跨靑蛇。相從朝玉京。中途過沃焦。擧手挹山傾。北蒞聶耳國。領港前趨迎。北海逢盧敖。追逐太陰經。遨遊入元闕。遇順鴻毛輕。前探北極外。渲海

文苑

水泙泙。轉舵指向西。迴航到大秦。西南八百里漲海洶洶橫。西海聚窟洲。大木反魂馨。鳳麟洲宛在。淵嶽峙亭亭。仙藥續絃膠。鱗鳳自煎烹。何處挂星槎。明滅共揚舲。自是舟指南。旁向炎洲停。憑欄觀博物。異獸風冷冷。更南向火洲。洲火然熒熒。火然木不死。生意欣欣榮。南北物理殊。變化徹鯤鵬。高高金臺山。日月煥雕甍。天河相連接。牛斗犯不情。朝暮日回光。海市若建瓴。倒影成樓臺。城郭入青冥。風濤無極已。暗渡越零丁。舟非樟木爲。不與蛟龍爭。新遊歷幾時。滄桑三變更。蓬萊淺於昔。深谷欲成陵。手袖旅行冊口吸空氣餅叶并歸來了無恙。一笑天妃驚。右水底潛行艇

輕舉凌太虛。俯視絕飛鳥。九州不足步。飛騰躡天表。不似五雲車。亦具飛輪巧。凌空双翼垂。翩若孤鴻矯。一路扶搖上。天風一帆飽。途逢東海君。並轡青雲杪。天門閶闔開。地脊崑崙拗。軒軒有若士。倏入雲霄杳。聳身九萬里。絕頂崑崙慓。九層九重天。天竅明當道。雲氣五色迷。城闕環繚繞。盧堂光碧麗。淨室瓊華皎。金臺與玉樓。觸日錦雲遶。跨足乘白雲。揮手凌蒼昊。紅雲擁帝居。城外青雲繚。不見元君輿。聞聲□一掉。離披五色霞。爭似朝雲姣。景雲宮岧嶢。流霞室幽窈。祗映須彌山。不建赤城標。捉彼天中月。廣寒入

二

九八七四

夜悄銀色界茫茫白瑤宮皦皦丹輪玉斧修靜海金波淼清光共千里璧彩裝七寶月天宮殿高大地山河小瓊樓現彈指。金闕回縹渺下界如微塵萬頃琉璃晶鸞樹玉仙食靈藥白兎擣。香飄桂子秋。影沒閶浮曉。仙身若水晶皎潔素娥好。一曲紫雲歌。餘音尙嫋嫋。瞻彼明星山。天低隘太皓。晨光何熹微日拂扶桑早繞日行三匝東方影杲杲紅焰耀金門。宮殿原明瞭。陽光不著塵。野馬諸天少。天鷄鳴喔喔。織鳥舞縞縞。貫月槎如飛。開日樹盈抱。日月山何在天樞閟大造碧城十二樓玉京倚天窅蓮花盈十丈開遍仙人沼日輪轉無已。日會前迎昴。冥冥無色界空洞更窈篠飄飆九垓外。逸氣浩然浩。玉女笑投壺。天口火不燥。天公玉戲來一白煙塵掃歷遍諸星辰至是天亦老一星一世界元黃太初肇天河盡星氣世界遊難了世世有滄桑界界有煩惱太上若忘情天地同枯槁（右空中飛行艇）

文苑

專件

地球各國國名歷代沿革表

咀雪廬

吾每讀籍。輒患地名不齊。易亂耳目。遂攷羣書而輯是篇。恐淺學漏遺不免。不敢貢献。不過以爲作自課耳。表中歷朝時代。均注我國朝名于題下。不詳者闕如。五洲之中。僅得三洲。蓋歐洲昔時罕與我通。而美洲則素爲荒地。開闢未久也。恐閱者疑之。故先預告焉。若夫欲知國名之取義。則有拙著「世界國名釋義」也。(登游學譯編可取之參觀

許予附言

▲中國▲
支那●秦●設利迦●漢●震旦●梁

▲日本▲
大和●古●扶桑●古●三神山●秦●日本●唐

▲朝鮮▲
朝鮮●周●三韓●漢●高麗●五代●朝鮮●明●韓國●今

▲暹羅▲
暹羅斛●古●赤土●元●波羅剎●元●賧畯●闕

▲安南▲
交趾●夏●越裳●周●象郡●秦●大越●北宋●越南●明

▲緬甸▲
烏土●古●朱波●漢●撣●漢●驃●唐●緬●宋●阿瓦●明●阿臘干●明
秘古●明●緬甸●明末

▲印度▲
身毒●漢●天竺●三國●印度●宋●痕都●元

不丹
布魯克

里波耳
廓耳喀

阿富汗
扳克特利秦　大夏漢　罽賓五胡　吐火羅、嚈噠、唐
阿富汗明

俾路芝
思布闕　忽魯謨斯

波斯
包社古　碧眼波斯夏　安息漢　大食唐季　仍之宋　哈
烈元　大白頭闕　哈西斯坦

阿拉伯
條支古　大食唐　天方元　天堂闕　阿丹仝　亞俱羅

亞西亞土耳其
巴庇倫古　義拉阿拉比古　迦南夏　東羅馬漢　拂菻
唐　西里亞唐　突厥宋

以上亞洲共得十四國

澳大利亞
新金山闕　新和蘭

非利賓
小呂宋明　麥荊來今（聞屬美後改是名）

蘇門答剌
西珍

波羅州
波羅唐　浡泥宋　浮海泥宋　文萊宋　息力大山

噶羅巴
趿哇元　瓜哇明　渣華明

布哇
夏威闕　檀香山

以上大洋洲共得六處

埃及
埃及夏麥西古迤至比多

摩洛哥
紅帽回回國古

阿比西尼亞
馬八爾元哈北

亞德
安馬利

亞然
然貴巳

索發拉
摩諾哥巴達

蘇丹
尼結里(西亞)闕

塞內岡比亞
西尼降皮亞

奇尼阿
卜畿內亞

孔戈
下畿內亞 剛果

哥多番
痾耳達

桑給巴
老勃薩 磨鄰唐

奧林賚
橘河

好望角
加朴闕大浪山故喜望峰今

莫三鼻

馬生別給

以上非洲共得十五地

三洲共地卅有五所（完）

雜俎

詹詹錄

◎現代名人及君主之身長今查得其數名茲錄如下

六英尺一寸　現英國首相巴爾和氏　印度總督加拿卿

六英尺　大張伯倫氏

五英尺九寸　米國大統領盧斯福氏　莊毛利氏

五英尺八寸　英國皇帝耶德華德七世陛下

五英尺七寸　德國皇帝維廉陛下　俄國皇尼哥賴二世陛下　大張伯倫

五英尺六寸　日本皇帝陛下　法國大統領爾羆氏

五英尺五寸　米國富豪加尼義氏

◎醉時各國民之特性各俱殊異有奇妙不堪言者茲摘錄如下

我中國人醉時則自言自語

美國人醉時則必演說

法國人醉時則踴舞

愛爾蘭土人醉時則紛爭必始

德國人醉時則歌

日本人醉時亦然

西班牙人醉時則賭博

英國人醉時則暴食

俄國人醉時則春情勃然

意國人醉時則傲言慢話

◎花之歐羅巴　歐羅巴全洲花中有四千一百餘

雜俎

種莖分色列如左

白色之花 有一千一百九十四種占四分之一強其五分之一皆但香氣者也

黃色之花 有九百五十一種 有香氣者得七十七種

赤色之花 有八百二十三種 有香氣者得八十四種

青色之花 有五百九十四種 有香氣者得三十一種

紫色之花 有三百零八種 有香氣者得十三種

其他雜色之花 有二百四十種有香氣者得二十八種

新民叢報

明治三十一年十二月二十七日（第三種郵便物認可）（每月二回發行）

第肆年第壹號

（原第七十三號）

光緒三十二年一月一日　明治三十九年一月二十五日

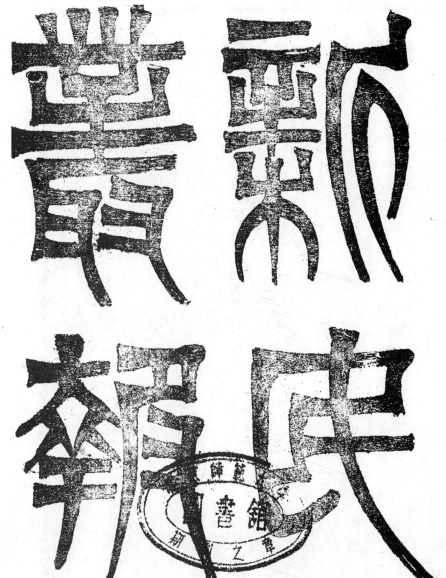

恭賀新年

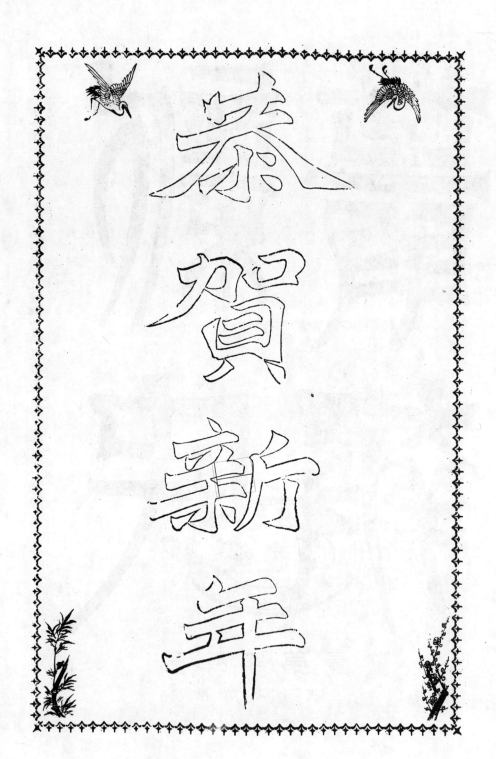

新民叢報第肆年第壹號目錄（原第七十三號）

目錄

報資及郵費價目表

	全年廿四冊	半年十二冊	零售
報資	五元	二元六角	二角五分
上海郵費	二角四分	一角二分	一分
上海轉寄內地郵費	一元二角	六角	五分
各外埠郵費	一元四角四分	七角二分	六分
四川、雲南、陝西、貴州、山西、甘肅等省郵費	二元八角八分	一元四角四分	一角二分

日本各地及日郵已通之中國各口岸每冊一仙

廣告價目表

洋裝一頁	洋裝半頁
十元	六元

惠登廣告至少以半頁起算刊資先惠論前加倍欲登長年半年者價當面議從減

編輯兼發行者 馮紫珊
印刷者 陳侶笙
發行所 橫濱山下町百六十番 新民叢報社
上海發行所 四馬路老巡捕房對面 新民叢報支店
印刷所 新民叢報活版部

宗教改革之偉人六祖

六祖俗姓盧名慧能廣東新興縣人弘闡禪宗
爲佛教改革之偉人如耶穌教中之有路德也

開明專制論

飲冰

（一）本篇因陳烈士天華遺書有「欲救中國必用開明專制」之語故暢發其理由抑亦鄙人近年來所懷抱之意見也……（二）本篇雖主張開明專制然與立憲主義不相矛盾讀終篇自可見其用意之所存……（三）本篇都凡十章爲釋者二爲述者二爲論者五皆用嚴正的論理法（演繹法歸納法並用）不敢有一語憑任臆見……（四）本篇以避文字複沓之病故多用附注附注與正文常相發明望讀者勿忽視　著者識

第一章　釋制

制者何發表其權力於形式以束縛人一部分之自由者也以其束縛人自由故曰裁制曰禁制曰壓制以其所束縛者爲自由之一部分故曰限制曰節制以其用權力以束縛故曰强制其權力之發表於形式者曰制度曰法制

(附注)制者之權力僅能束縛被制者一部分之自由而必非能束縛其全部分者文明之法制無論矣即最野蠻之壓制縱能擧一切行爲之自由而悉制之而意志之自由終在所制之外也則亦仍一部分也

(又)制必與權力相緣故凡制皆强制也今爲行文之便時亦用强制二字

制烏乎起起於競爭有以强制爲調和競爭之具者有以强制爲助長競爭之具者今分論之

競爭有二一異種類之競爭二同種類之競爭二者常並時而行如人類對於其他衆生則認彼衆生爲異種類文明人對於野蠻人則認野蠻人爲異種類文明人相互之間甲團對於乙團則彼此交認爲異種類如此者精細分析之殆不能盡而於一方面爲異種類之競爭於一方面又爲同種類之競爭如人類方與衆生競也而人與人亦同時相競文明人方與野蠻人競也而文明人與文明人亦同時相競甲團方與乙團競

也。而甲乙之內部。亦各各同時相競。於彼時也。其同種類之間。各么匿體能行競爭於秩序的。則其對於異種類之競爭必獲優勝。否則劣敗。何以故。必有秩序。然後彼此之行爲可以豫測其結果。而不至衝突。故必內部無衝突。然後能相結集以對外。故雖然。所謂秩序云者。非自始焉放任之而可以自致者也。其得之也。必以强制。强制者實社會所以自存之一要素也。所謂以强制助長競爭者此也。

（附注）或謂人類自然能調和。不待强制而可以爲平和的發達。此中國老莊一派之理想。泰西上古諸哲。亦常有持此說者。是未嘗爲歷史的研究。誤解古代社會之情形耳。又或謂自然界有天然之公例。可以有調和而無軋轢。人類亦當有然。此亦由前此「自然科學」尚屬幼稚。於自然界生存競爭相續不斷之一大現象。未嘗見及耳。今此兩說已屬陳言。久爲學界所否定。

若是夫有强制則社會存。無之則社會亡。就社會一方面言之。則雖曰「强制者神聖也」可也。雖然。有制者有被制者。其爲不平等之現象明甚也。於是乎被制者或立於不利之地位。輒相疑曰。强制者。對於社會雖神聖。對於箇人則蟊賊也。然此知其一未知其二也。夫不平等者。人間世必然之現象也。雖無强制的組織。而其不平等之各分子卒未嘗滅以不平等之現象爲由强制而來是倒果爲因也社會之有强制的組織。其性質原所以干涉社會中諸種不平等之關係。但其干涉也時或以「人爲淘汰」之作用。助長其不平等者使益趨於不平等。雖未始無之要其普通所行則多以調和不平等者而使之漸趨於平等有斷然也今羣多數之箇人以立於社會使無所謂强制的組織以臨其上則其間弱者之境遇必更有不忍言者何也。彼强者得伸其權力於無限而弱者遂無術以自存也故夫有强制的組織則箇人之自由雖不得不視前此而較狹而在此狹範圍內能藉强制之保障使其自由之程度視前此反更確實利害正相抵也所謂以强制調和競爭者此也

(附注)如前段所言則此文所謂强制者專指立於社會之上的權力而言可知非謂社會中之各箇人甲强制乙。乙强制丙也。故文中屢稱强制的組織。質而言之則指社會上之最高權力也

(又)因不平等故生强制非因强制故生不平等使人道本來平等則無所用於强制者抑無能行强制者故論者之所說實倒果爲因也。

(又)社會多數之箇人中。有强者。有弱者。甚不平等。且其不平等也無界綫自有强制的組織而强者弱者

皆爲被制者不過强者所占地位廣弱者所占地位狹耳其廣狹之懸絶充其量至於如一分與九十九分之比例可謂極矣然以有强制的組織故此一分之狹地位仍得保障故强制有益於弱者也若夫强者之地位前此不過爲事實的行爲及得强制的組織而始變爲適法的行爲故强制有益於强者也故曰調和也

(又)問者曰此皆就被制者一方面言之耳若夫制者(即握社會上最高權力者)甯非得伸其權力於無限乎應之曰斯固然也此其解釋非屬於制與不制之問題而屬於專制與非專制之問題故次章更論之

(又)若夫被征服之社會而征服者行强制於其全部此所謂競爭優勝之結果所獲權利也雖然實則强制之効用亦不外前此兩端蓋征服者之意不過欲吸納彼被征服者使爲我用蓋加入之於同種類者之一部分(其以若何之地位處置之勿論要之總欲使爲同種類之一部分也)而復以對於他之異種類也此所謂助長的也而被征服者之地位無論低微至若何程度但既有强制的組織以爲保障則固能立於其所立之地位此所謂調和的也

由是觀之則强制的組織無論對於社會對於箇人皆不可須臾離也明甚然必有所謂國家者乃得行完全之强制的組織而既能行完全之强制的組織者即其既有國家之實者也故言制必與國家相緣

論著一

第二章　釋專制

有國家然後能制能制斯謂之國家故得以制者之種類分別國家之種類

國家之種類大別凡二。一曰非專制的國家。二曰專制的國家。

曷爲非專制的國家一國中人人皆爲制者同時人人皆爲被制者是也。小別復三。一曰「君主貴族人民合體的非專制國家」。二曰「君主人民合體的非專制國家」。三曰「人民的非專制國家」。

曷爲專制的國家一國中有制者有被制者而制者全立於被制者之外爲相對的地位者是也。小別復三。一曰「君主的專制國家」。二曰「貴族的專制國家」。三曰「民主的專制國家」。

君主的專制者。普通所稱專制國。如今之中國土耳其俄羅斯等是也。貴族的專制者。如古代之斯巴達及希臘羅馬史上所常現之寡人政治是也。民主的專制者。如克林威爾時代之英國。馬拉丹頓羅拔士比時代之法國。乃至大拿破崙任執政官時代小拿破侖任大統領時代之法國。皆是也。其外形不同而其爲專制的性質則同。

(附注)國家之分類。泰西學者歷數千年。迄無定論。亞里士多德分爲君主國、貴族國、民主國。孟德斯鳩分爲公治國、君主國、專制國。(名稱依嚴譯「法意」)皆其最有名者也。而近世學者。述近世國家之分類。大率分爲專制君主國、立憲君主國、立憲民主國。吾以爲此分類甚不正確。何以故。專制者不獨君主國。而民主國亦有非立憲者。(有立憲之名無立憲之實。則等於非立憲也)故以論理學律之。實多剌謬也。吾之分類法。與前此東西諸學者之分類。皆有異同。其下「專制的」與「非專制的」之定義。亦異於先輩。

(又)「民主的非專制國家」尚有多種。一曰人民全體有直接參政權者。二曰不有直接參政權。而惟選出代議士者。乙種之中。復分兩種。一曰普通選舉者。二曰限制選舉者。此分類不獨「民主的非專制國家」有之。即其他「非專制國家」亦皆有之。今所論者專制也。故不詳及。

(又)克林威爾時代。大拿破崙爲執政官。小拿破崙爲大統領時代。所以命之曰民主的專制者。以其得任意蹂躪憲法也。專制非專制。一以憲法之有無爲斷。

由此觀之。專制者非必限於一人而已。或一人或二人以上。純立於制者之地位。而超然不爲被制者。皆謂之專制。

(附注)此所謂二人以上者。其範圍甚廣。如斯巴達握專制之權者。凡萬人。要不可謂非專制也。

(又)雖在非專制國。而其所謂統治權者。仍超然立於被制者以外。而不受他之束縛。雖然。不可謂之爲專制。何也。彼超然立於被制者以外者。乃指行使統治權之法人。而非指自然人也。(法律家言。謂尋常人類曰自然人。法律所認為與自然人同一資格者。曰法人。」如國家者法人也。國家之元首及執政官自然人也。國家之統治權無制限。國家之元首及執政官當其代國家行使統治權之時。亦可以無制限。然彼元首及執政官以自然人的資格立於國家之時。固不得不受國家之制限也。如彼欽定憲法之國家（例如日本）其憲法由元首頒布。似無制限矣。然其所以能頒布此憲法者。以其代表國家統治權而行使之。所謂無制限者。屬於國家統治權耳。非屬於元首也。若元首則當憲法既頒布以後。不得不行動於憲法範圍之內。夫固明有被制者存矣。故更得申言之曰。不能以自然人之資格超然立於被制地位以外者。謂之非專制。能以自然人之資格超然立於被制地位以外者。謂之專制。

夫既能以一人或二人以上純立於制者之地位。而超然不為被制者。則其人必能任意自伸其權力於無限。制者之權力既能任意伸之於無限。則被制者之地位。隨而不能得確實之保障。專制的國家所以劣於非專制的國家者。其原理將毋在是。雖然。專制尚有附加之定義。必悉舉其定義。然後其真性質乃可得言。

專制者。一國中有制者有被制者。制者全立於被制者之外。而專斷以規定國家機關之行動者也。以其立於被制者之外而專斷也。故謂之專。以其規定國家機關之行動也。故謂之制。夫制之定義。吾既言之矣。曰「發表其權力於形式。以束縛人一部分之自由者也。此定義無論專制的非專制的皆適用。特因其發表之之根本權所從出而別。冠以專不專之名云爾。若夫權力之必現於形式。固兩者所同也。權力既現於形式。則但使此形式一日未變更。則其行使此權力必一日遵此形式。循一定之軌道以行。而於此形式外不復加他種不正當之抑壓於人民。此所謂規定國家機關之行動者也。必如此乃謂之制。其由專斷以得此者謂之專制。

（附注）所謂不正當之抑壓者。謂形式所規定以外。復加他種之抑壓也。其形式所規定抑壓之程度若何不必論。就令所規定者爲日殺一人。則每年例殺三百六十人。亦謂之正當。若殺至三百六十一人。斯不正當矣。但使能於所規定形式外不別加不正當之抑壓。則被制者之地位仍可謂之有保障也。

是故有完全之專制。有不完全之專制。不完全之專制復分二種。甲種則未嘗規定國家機關之行動者也。乙種則雖規定之。而僅屬空文。未嘗實力奉行者也。甲種則其勢力之體不完全。乙種則其勢力之用不完全。不完全之專制非專制也。何也。專則有之。制則未也。

（附注）今日之中國。可謂之不完全之專制。蓋體用兩不備也。故今日之中國未可稱爲專制國。

故欲爲政論當先論有制與無制之優劣次乃及專與不專之優劣無制則國家一日不能存立故必期於有制不俟論也有不完全之專制亦有不完全之非專制苟爲不完全則無論專與非專而皆同於無制其比較之優劣無可言者苟完全矣則專與非專之異點非在所發表之形式而在發表之之根本權所從出夫以形式論則非專制者固能發表極良之形式專制者亦能發表極良之形式專制者固能發表極不良之形式非專制者亦能發表極不良之形式其優劣無可言也惟究極之於發表之根本權所從出則專制者雖有極良之形式一旦破壞之而被制者無如何也雖有極不良之形式繼續保守之而被制者無如何也非專制者則反是非專制之所以優於專制者在此點而已

(附注)今日中國之政府爲不完全的專制今日中國之國民乃欲求得不完全之非專制兩者皆同以無制爲歸宿也唯之與阿相去幾何一歎

第三章　釋開明專制

發表其權力於形式以束縛人一部分之自由謂之制據此定義更進而研究其所發

表之形式則良焉者謂之開明制不良焉者謂之野蠻制由專斷而以不良的形式發表其權力謂之野蠻專制由專斷而以良的形式發表其權力謂之開明專制

（附注）開明制野蠻制。不惟專制的國家有之而已。以公意發表良形式者。謂之開明的非專制。以公意發表不良之形式者。謂之野蠻的非專制。如美國當南北戰爭以前之奴隸制度。即所謂野蠻的非專制也。

然則何所據以鑑定其形式之良不良。實續起之一最要問題也。欲解決此問題。則不能專求諸形式。而當求諸形式所自出之精神國家所貴乎有制者以其內之可以調和競爭。外之可以助長競爭也。二者實相因爲用。故可以一貫之。而命之曰國家立制之精神。其所發表之形式適此精神者謂之良其所發表之形式反此精神者謂之不良。更申言之。則其立制之精神在正定各箇人之自由範圍使有所限而不至生衝突者良也雖有所限而仍使之各綽綽然有自由競爭之餘地而不妨害其正當的競爭者良也抑或雖甚防害其正當的競爭幾奪其自由之大部分乃至全部分而其立制之精神乃出於國家自衛所萬不容已則亦良也如是者謂之良反是者謂之不良於專制國有然於非專制國亦有然

（附注）內而調和競爭。外而助長競爭。其精神實相一貫。內有秩序。然後能競於外。調和所以爲助長之手段。前既言之矣。然一社會之所以必競於外者。大率有兩原因。一爲積極的。即進取的。二爲消極的。即防衛的。何以有進取的。蓋緣本社會內物力已竭。無所復容自由競爭之餘地。苟不拓之於外。則內部之軋轢將遂不免也。何以有防衛的。蓋緣他社會相逼而來。苟不排去之。則一旦侵入。而內部固有之調和。遂將被破壞也。然則助長外競。實亦調和內競之一手段也。故此二者之精神本一貫也。

（又）所謂其妨害其正當的競爭者。如政府重課租稅。或收種種事業專賣之權。於經濟界之競爭自由。甚加妨害。然爲國家財政上自活之必要。時或行之。所謂奪其自由之大部分。乃至全部分者。如人民有服兵役之義務。苟當服役年限內。不能有就他種事業之自由。是奪其大部分也。戰事起。驅國民以赴之。犧牲生命。動至十數萬。是奪其全部分也。然爲國家自身之存立。時或行之。故不能以侵奪人民自由與否。以鑑定政治之良不良。所當察者。其目的何在耳。若非國家自衛上所萬不容已。而濫行侵奪。則謂之惡政。如美國前此蓄奴之制。非國家自衛上所不容已也。於何知之。於其廢此制後。而未嘗傷及國家之生存知之。故彼制度謂之惡政也。

故在專制的國家。其立制者以自然人的一己之利益爲標準。則其制必不良。以法人的國家之利益爲標準。則其制必良。何以故。以「一自然人」之利益範圍無論如何總不能與國家之利益範圍適相脗合故若其全部分不相合則其利害全部分相矛盾也若其一部分不相合則其利害亦一部分相矛盾也既矛盾則利於此必不利於彼故若以「自然人」之利益爲標準以立法制無論如何必其有一部分不利於國家或全部分不利於國家也故吾得斷言曰凡專制者以能專制之主體的利益爲標準謂之野蠻專制以所專制之客體的利益爲標準謂之開明專制

（附注）此論惟適於專制的國家不適於非專制的國家蓋在非專制的國家則能制之主體即所制之客體也故雖以主體之利益爲標準不害爲開明也

吾欲申言野蠻專制與開明專制之異同吾得古人兩語焉以爲之證法王路易第十四曰『朕即國家也』（Létat cest Moi）此語也即代表野蠻專制之精神者也普王腓力特列曰『國王者國家公僕之首長也』（Der köuig ist der erste Dieme des Staats）此語也即代表開明專制之精神者也

（附注）腓力特列時代之普國固爲千古開明專制之模範路易十四時代之法國則非全屬於野蠻專制者不過其言爲野蠻專制之言耳當分別觀之

準是以談則國家所最希望者在其制之開明而非野蠻耳誠爲開明則專與非專固可勿問何也。其所受之結果無差別也但非專制的國家其得開明制也易既得而失之也難專制的國家其得開明制也難既得而失之也易非專制之所以優於專制者在此點而已

第四章 述開明專制之學說

世界上一制度之興。皆必有學說焉以爲之先河。故曰理想者事實之母也。開明專制之制度。中外諸國皆有行之者。今請先略述此制度所從出之學說。

吾嚮者下開明專制之定義曰。『以所專制之客體的利益爲標準。』斯固然也。然所謂客體亦可析而爲二其一。即法人之國家其二。則組成國家之諸分子(人民)也。故前哲學說之主張開明專制者亦分爲二其一。則偏重國家之利益者其他則偏重人民之利益者也

吾國先哲。儒家道家墨家法家皆好爲政談。惟道家主張非專制主義。儒墨法。三家皆主張開明專制主義而三家之中儒墨皆以人民之利益爲標準法家則以國家之利

（附注）道家中老子有百姓芻狗及法令者將以愚民之言，似亦主張專制，且主張野蠻專制者。但彼於此等言皆含菲薄排斥之意。故所主張者。實在非專制也。

益爲標準。

儒家首孔子。孔子言『天下有道庶人不議』，又言『民可使由不可使知。』其主張專制甚明。但又言『民之所好好之民之所惡惡之。此之謂民之父母』『天生民而立之君。使司牧之。豈其使一人肆於民上』。類此之語。不可殫述。盖孔子實注重人民利益之開明專制家也。孟子所謂『保民而王』。所謂『所欲與聚所惡勿施』皆率此義。而荀子於所以不能不用開明專制之原理。言之尤詳。秦漢以後二千餘年之儒者。其政論莫不祖述孔子。

（附注）荀子禮論篇云。『人生而有欲。欲而不得則不能無求。求而無度量分界。則不能不爭。爭則亂。亂則窮。先王惡其亂也。故制禮義以分之。以養人之欲。給人之求。』此以正式之論理學說明開明專制適於社會之原理也。

墨子「尙同」一義。實專制之極軌。而以「兼愛」「尙賢」等義調劑之。故墨子亦注重人民利益之開明專制家也。

（附注）墨子尙同篇云『古者民始生未有正長未有刑政之時。天下之人異義。是以一人一義。十人十義。百人百義。其人數茲衆。其所謂義者亦茲衆。是以人是其義而非人之義。故交相非也。內之父子兄弟作怨讎。皆有離散之心。不能相和合。天下之百姓。皆以水火毒藥相虧害。至如禽獸然。明夫民之無正長以一同天下之義而天下亂也。是故選擇天下賢良聖智辯慧之人。立以爲天子。使從事乎一同天下之義。』此亦以正式之論理學說明開明專制適於社會之原理也。

法家之持論。與儒墨異。法家者雖犧牲人民之利益而不恤者也。雖然。彼非無故而犧牲之。彼以爲必如是而國權乃成立也。是即泰西所謂「國權神聖論」一派之學說也。故法家者流。可謂注重國家利益之開明專制家也。

（附注）周秦間儒法兩家。互相排斥。無所不用其極。蓋由其論據上有根本之異點。自相持而不下也。然謂法家爲專逢迎時主。苟取富貴。則大不然。凡能成一家言。而言之有故。持之成理者。必其有一健全之理想以盾其後也。若徒爲取悅於一時一人者。必不足以成學說。法家蓋鑒當時貴族政治之敝。謂必須集權於一尊。然後可以成國家之形。此其論與歐洲近世史初期諸學說多相合。蓋社會之狀態同。故救濟之之法不期而同也。故吾謂法家非必野蠻專制者。而實爲開明專制者。管子商君韓非之書具在。可覆按也。

（又）管子法禁篇云。『有國之君。苟不能同人心。一國威。齊士義。通上之治以爲下法。則雖有廣地衆民。猶不能以爲安也。』此言秩序爲維持國家之第一義也。又法法篇云。『所以愛民者。爲用之故愛之也。爲愛民之故。不難毀法虧令。是失所謂愛民矣。』此言人民爲國家而存在也。又云。『民未嘗可與慮始。而可與樂成功。是故仁者知者有道者。不與大慮始。（房注云大猶衆也）此言立法權不可假諸民之理也。爲幼稚時代言也。又云。『不法法則事無常法。不法則令不行。』言法之必當有開明的精神也。姑舉一二。他不具徵。

泰西文明。導源希臘。而希臘實爲部落政治。未成一國家之形。又文學最盛而能傳於後者。厥惟雅典。雅典共和政治也。故其間如柏拉圖。如亞里士多德。皆排斥專制。雖然。亞氏嘗列政體之品級十。而理想的王政居首焉。是亞氏亦主張開明專制之人也。

（附注）亞氏第政體之優劣爲十等。（一）理想的王政。（二）純正貴族政治。（三）混合貴族政治。（四）立憲政治。（五）最適宜之民主政治。（六）最適宜之寡頭政治。（七）在民主與寡頭之間諸政體。（八）極端之民主政治。（九）極端之寡頭政治。（十）僭主政治也。其所謂理想的王政者。謂得完全之聖主以總國權也。即開明專制之意也。亞氏以爲此殆非人間世所能致者。故名之曰理想的王政。

（又）羅馬亦爲泰西文明之先導。但羅馬人重實務。其關於政治之學說。無甚表見。故略之。

於近世史中爲政法學先登之驍將者麥加比里也而彼實絕對的主張開明專制之人也其言曰『爲君者唯使國家陷於危亡斯謂之惡苟有可使國家安富尊榮者無論造何種惡業不得以惡論』又曰『當國家危急時何者爲正義何者爲邪慝何者爲慈悲何者爲殘忍何者爲名譽何者爲恥辱舉全國人民芻狗之犧牲之以爲救助國家生命維持國家獨立之用不爲過也』彼著書數十萬言其持論大率明快而峭刻與商君韓非深相類當近世史之初影響於各國者甚鉅未幾大遭排斥至近今二三十年間其價值復顯於學界。

（附注）麥加比里意大利之佛羅棱人生一四六九年卒一五二七年著有「君主論」(The Prince)及「論叢」(Discourses)等書其研學之方法專趨重於「歷史的」其言曰『凡在古者一時一地有一事焉與今日之事有同一之動機者皆可以同一之方法解釋之故鑑往知來學問之要也』彼蔑視希臘之政治而崇拜羅馬之政治其言曰『希臘之雅典斯巴達人皆缺政治的智識是以失敗羅馬反之是以成功』又曰『使亞里士多德目擊羅馬政家之伎倆則必將盡棄其宿論』彼又言『國家無論對外對內皆無所謂道德無所謂宗敎無論爲君主國爲共和國苟值國家危急之時速棄汝信仰擲汝道德勿躊躇也』又曰『君主爲維持其權力雖將一切善事拋棄亦所不辭』彼又持性惡主義謂『人類者不能合羣惟務利

己之動物也。故君主與其使人愛。毋甯使人畏。』其持論之詭激。大率類是。與商韓六蝨之論。可謂不謀而合。此其爲極端過激之論。固無待言。但其時當羅馬解紐之後。全歐棼如亂絲。各王國之基礎未定。而彼生於意大利。當羣雄之衝。深憤慨於因循首鼠之政術。故激爲此言。彼旋當政局樞要。亦實能行其所見。故麥氏之時代。實適於行開明專制之時代。麥氏之爲人。亦適於行開明專制之人也。其學說亦能發明眞理之一面。後經霍布士之改良。更現光明。而近世史初期國家主義之勃興。其受麥氏學說之影響者頗多。又史家所同認也。

同時。搯擊麥氏不遺餘力者。曰波丹。而彼亦主張開明專制之人也。彼之學說。最有價値者。爲「主權論」。彼之言曰。『主權者。統治人民之最高權力。而非法律所能拘束者也。此權力爲獨立國所不可缺之物。此權力之存在。即國民的獨立之表徵也。』而其論此權力之所屬。則舍君主外無他焉。故曰。『君主者。法律之主人也。』此其說皆與麥氏無大異。惟加明晰耳。其大異於麥氏者。則曰。『君主一切無責任。惟有道德上之責任。』故麥氏猶有近於野蠻專制之嫌疑。波氏則純粹的開明專制也。

(附注)波丹法國人。於一五七七年著一書。名曰「國家論」(De Repudlica)其自序云『余深鑑我國內亂紛擾。王權之基礎動搖。故著此書。發明國家之理想與政治之公例。』其所以自負者可見。其書即以擁護君權爲宗旨也。惟書中痛駁麥氏「國家無道德」之說。麥氏之名譽。爲之大減云。最近兩世紀間。政治學者。有常稱道之一語曰。『國家者家族之拓影也。』（國家二字家族二字之大書也）此語實自波氏創之。彼認王權爲由家長權而來也。其學說之結果。造成路易第十四時代之法國。

在英國代表開明專制主義者。霍布士也。彼以大哲學家之腦力。用正式論理法以證明君主當有絕對的權力之理由。視麥氏波氏又進數武焉。其言曰。『最初之社會人人競伸其野蠻自由於無限。故有爭亂。爭亂非利也。故有民約。民約者。彼此胥謀結契約。以立國家。乃各願自殺其自由權之一部分。畀諸國家也。而君主者則受其所畀而代掌之者也。其拋棄此一部分之自由也。將以有所易也。何所易。曰以平和易爭亂而已。故既拋棄之。則不得復收回之。若收回。是願自立於契約之外。而取爭亂也。』霍氏以此理論。證明君主所以得此權之由。於是波氏之主權論。價値益增。

（附注）霍氏學說之概要。見拙著「近世歐洲四大家政治學說」中。（坊刻飲冰室文集亦有之）今不贅述。

大抵霍氏根本理論。與荀卿學說最相同。其說前後爲兩截。若不相屬者。而前截爲盧梭學說所本。後截爲伯倫知理學說所本。

同時在德國主張開明專制主義者倭兒弗也倭氏亦哲學鉅子。其論政治也曰『人人皆有自發達其體力意力之義務同時有不使他人妨吾發達之權利而代人人保此權利督人人履此義務者國家也故國家爲助長箇人發達之故有干涉之之權利且有不可不干涉之之義務』此其論視前三子更有進矣。何也彼等皆以專制爲手段而倭氏則以專制爲責任也然彼謂國家所以有此責任者乃以助長箇人發達故則已屬於注重箇人利益之專制派矣此又其所異於三子也。

(附注)倭兒弗者。德國人康德以前之大哲學家也。(本報曾登其遺像)生一六七九年卒一七五四年。此其言「人人有自發達其體力意力之義務同時有不使他人妨吾發達之權利」與所謂「人人自由而以不侵人之自由爲界」者。意味似同而實有異。蓋彼就消極方面言之此則就積極方面言之也言人人自由苟有人焉曰我不欲自由則亦可也故曰消極也倭氏之說則人人對於道義上有不可不自由之義務。故曰積極也不侵人自由我以好意自限制其權利耳故曰消極也倭氏之說則我因履行我義務故必不容他人相侵故曰積極也此極邃之哲理也。

(又)倭氏以國家干涉箇人爲不可不履行之義務。此說自十九世紀末葉以來日增勢力

與倭兒弗並時。同以哲學家而倡有力之政論者。實爲洛克。洛克宣播自由主義之天

使也。自洛克以降而倡三權鼎立之孟德斯鳩。倡民約之盧梭。倡永世大同之康德。倡最大多數最大幸福之邊沁。以及先後並時汲諸氏之流者。莫不以自由爲旗幟。於是開明專制主義。被擯於學界以外者殆二百年。

豈惟二百年。自今以往。吾信純粹之開明專制論。將絕跡於學界矣。雖然。十七八世紀之學者謂『國家者爲人民而存在者也爲人民利益故方便以設置國家故人民者目的也而國家則借此目的之手段也』十九世紀之學者謂『國家固爲人民而存在人民亦同時爲國家而存在國家於一方面爲人民謀利益於一方面亦爲自身謀利益若人民利益與自身利益不兩立則甯先自身而後人民故國家者目的也而人民則有時可以爲供此目的之手段也』此實近數十年思想變遷之大潮流也以此之故其對於「制」之觀念亦一變十七八世紀之學者謂制也者以人民之讓步而設置者也消極的精神也十九世紀之學者謂制也者以國家之進步而設置者也積極的精神也蓋麥波霍倭諸說。與洛孟盧邊諸說。雖同爲陳言。而比較的受歡迎於社會者。甯在彼不在此也。噫嘻。純粹的開明專制論。雖絕跡於社會。而變相的開明專制論。其

發達正未有艾耳

抑一學說之起恒應於其時代之所需熟察古今中外之歷史開明專制論之最有力者總在左之諸時代

(一)當國家民智幼稚之時此學說最有力　以人民未有立法之智識且未有自治之能力也

(二)當國家貴族橫恣之時此學說最有力　以國權不統一易生破裂且爲被制者計與其被制於多人毋甯被制於一人也

(三)當國家外競劇烈之時此學說最有力　以非有强大之中央政府則不能厚集國力以對外且行政機關不敏活易致失敗也

我國春秋戰國時代及歐洲十五六世紀時代則此三現象皆備焉開明專制論所以爲政界上獨一無二之學說職此之由若現今之歐洲則前兩現象既已消滅而第三之現象且更劇於前故變相的開明專制論方日起而未有艾也

(附注)儒家之開明專制論純以人民利益爲標準其精神實與十七八世紀歐洲之學說同法家之開

明專制論。其精神則與十五六世紀歐洲之學說同。現今歐洲學者。則謂國家一面爲人民謀利益。一面爲自身謀利益。是調和儒法之說也。其言若國家人民利益衝突時。毋甯犧牲人民以衛國家。似頗傾於法家。但何以重視國家如是之甚。則以國家爲人民所託命也。是仍傾於儒家也。故曰調和也。

（未完）

上海領事裁判及會審制度

希白

比者國權思想稍發達。朝野上下。漸知領事裁判權爲國恥。竊竊思拒回之。如前年水兵殺人案。去年擅押婦女案。其刺激尤烈者也。夫拒回領事裁判權。必與國法之完整國力之充實相俟。固非空言所能取辦。然即國法完整國力充實而其中之轇轕。尚不可僂指。未洞悉其癥結。則外交上未可保不敗也。又即在國法未完整國力未充實之時。此權未驟能拒回。然苟能洞悉其癥結。則就中可以保持我未失之權利者。抑亦不少。而不然者。一事之失。遂授繼起者以先例之可援。累轇轕以轇轕。非徒損現在之面目。乃益以盤根錯節。貽諸將來。是烏可以不慎也。夫一切事皆若是矣。而領事裁判。其一端而已。吾友希白。因感去年上海法廷滋擾之事。乃出其疇昔所研究。竭兩浹旬之力以成此文。吾受而讀之。乃始知上海領事裁判及會審制度之內容有種種複雜之結搆奇異不可思議者吾舊日未嘗夢見抑當亦擧國所未夢見也而考其所以致此之歷史則吾前此外交官及地方當局其顚倒昏繆亦有奇異不可思議者嗚呼。彼全無心肝。視國事如秦越。固不足深責。抑亦不學無術於他人之所以謀我者毫無所感覺雖有忠者亦愚弄於他族耳嗚呼學之不可以已也如是夫抑吾更有一言。今後之中國決當出一鬨之時代以入於研究之時代以云研究則條理萬千悉踏實地絕非可徒恃一瞥之感情無根之理想而欲集事也又非可以囫圇概說而能得其條理也。即以政治的方面論所當研究之箇箇事件。固已無量。而此文所標之問題。即其一也。吾敢證此文爲此問題空前之作吾願當局者精讀之吾願國民之有國權思想者皆精讀之如曰此不過一局部之事。吾不屑屑意也。則試問安有全體而非由一局部搆成者普天下之學問何一非研究一局部者以云限於一局部而怠於研究則亦缺研究的精神而已惟此文多述法理。未治此學者。驟讀或難索解。顧吾信眞有研究的精神者。必不厭之。

飲冰識

一本論之作偶因此次鬧審事件[illegible]所感觸不忖譾陋竊取此問題蒐索材料草成此稿志在說明其性質冀引起一般學者之研究非敢云下解決也

一關於本題材料尙苦網羅未豐良用歉然然供我參考者則俄人馬丁斯著國際法（日本中村進午譯）英人威斯特懸著國際法要論（深井英五譯）英人賀羅著國際法（立作太郎譯）德人李師德著國際公法（中村進午解說）日本中村博士著新條約論及口授講義高橋博士著平時國際公法論秋山博士著平時國際公法末岡博士著比較國法學神西由太郎著國際警察論東亞同文會編輯東亞關係特種條約彙纂及其他雜誌等凡十餘種一字一句具有本原既非嚮壁尤不敢掠美也

一本論以四節搆成第一節領事裁判所之沿革及解釋第二節上海領事裁判之搆成第三節領事裁判與會審公廨之權限第四節結論（比較列國之會審制度）

著者識

第一節　領事裁判之沿革及解釋

一　其沿革

世界之有領事裁判。實自中世以還耳。希臘羅馬時代。互市未盛。並領事蓋無存焉。十字軍興。東西兩洋交通頓開。耶回二教接觸逾厲。時則南意大利自由都市之人士。聯翩接武於西陵 Sguien 巴勒斯坦 Palestine 小亞細亞埃及之間。其民富於團結力。能研究自殖條理。其在異域也。利用國教之差異。乃主張個人權利及自由。加以彼時法律上所謂「屬人主義」者。（其解釋詳後）方見實行。益得藉口有詞。冀脫異國文網。其視所淹留之官吏及法令蔑如也。後此所謂領事裁判者萌孽於斯矣。同時南歐諸商業港。受貿易交通之影響。漸生出一種之商事慣習法及訴訟條例。以行於法蘭西西班牙意大利三國僑民之間。凡遇訴訟。準用此法。且在商業團體中選人為裁判官。其裁判官命曰領事。Consules des Mnchands 領事之名義。實濫觴於此。由此觀之。則領事者。最始而帶有法官之性質者也。浸假此制度由南歐以徧及東方諸殖民地。凡歐人足跡所至。靡不有之。是為領事裁判發達之第一級

迨十字軍失利。歐人占領之土。漸經諸回收復。前此勢力始衰落矣。顧惟此制度。歸然獨存。未嘗稍變。夫以耶教人掠回教人之土地。故回之仇耶。幾不共戴天焉。乃獨於此

事寬假之何也。余推當時回人之觀念。厥有兩種。一則視本國法爲神聖。謂用以支配異教野蠻人。是自汚褻也。二則其民自顧。不喜經營海上商業。又乏此能力。然又以通商有利於我。不欲廢止之也。無已則委任諸歐人爲得計。殊不知由前之說。所謂不受回回教國法之支配者。正歐人之所期也。由後之說。已委任其營業自由權於歐人。則關於其營業上種種之特益。不能不加予以確實之保障。坐此原因。故國交上雖嫉歐若仇。獨商業港僑寓之歐民。乃始終晏然自若。試考當時亞拉伯土耳其及其他諸小國。豈聞有頒布禁令。若今美國對待華傭者。以是而限制歐人之移住乎。不惟不限制。直保護之獎勵之而已。故歐人勢力在於一方面。則蒙其扶植之反響。而日就磅礴。在於他方面。則南歐都市暨商業共和國。利用此機。與土耳其帝締結正式之保護條約。經此種條約累訂而後。昔之所謂領事裁判者。不過限於商事有權。乃一度擴張而入於民事。更一度擴張而入於刑事司法權。盡奪之不已。繼進而謀其行政行政權中。若警察權之最要者。且並歸其掌握中矣。是爲領事裁判發達之第二級

此制本濫觴東歐也。浸假而波及西歐。當十五世紀之初。英國嘗有駐意大利領事。而

其權限亦與在回教國者無殊蓋並掌完全之裁判權也自玆以往英人之派往瑞典那威丹墨諸國者尙循玆例及十五世紀末而歐洲之領事制度爲根本的變更蓋列邦君權漸趨穩固法律上屬人主義寖以就衰屬地主義代之而起屬地主義者謂不問人之國籍但住居於某國之領土內即受治於某國之統治權此原則既變更各國乃紛紛自撤回其領事裁判領事裁判權於是悉掃蕩於歐地惟在東洋諸國不獨舊有者膨脹未已且繼起者孶乳逾多自一千五百二三十年間法人與土耳其訂約確定此權已而英俄繼之十七八世紀之交蔓延波斯蔓延我國蔓延日本（日本現已撤去其說詳後）暹羅摩洛哥港支巴爾及巴爾幹半島之塞爾維亞羅馬尼亞等國凡謂非耶穌教國者殆無不有焉是爲領事裁判發達之第三級

二　其解釋

國際法學者爲領事裁判權之論據其重要者有二說

第一說曰領事裁判權者耶穌教國所以待異教國而特設之制度也質言之則耶穌教國爲文明國非耶穌教國爲野蠻國野蠻國之政治及法律皆不完全人民又未開

往往有仇視外國人之意。故特派領事。駐紮於其地。其圖本國工商業之進步。尙屬第二著。而保護僑民之身體榮譽財產。實第一著也。故便宜上使領事與公使有同一之權。得直接與其地方長吏交涉。故在東方諸國之領事。與在歐美諸國之領事。二者之本質。不可同論。此俄人馬丁斯之說也。凡舊敎派之言論類如此

第二說曰。領事裁判權者。惟文明國對於文明國始得行之。如土耳其波斯支那日本暹羅非不皆文明國。惟東洋之文明。與西洋之文明。淵源既異。斯一切之感情風俗習慣隨之而殊。就令其國之法律公平。然而我文明發生之新奇利益。非必彼文明之所同認。故我之與彼。終不免有隔膜之嫌。故諉諸彼以代我謀。毋甯我之自謀。較爲得所。此領事裁判權之所由設也。夫領事裁判權。不過僅有裁判之權而已。而其他輔我裁判種種之權力者。此由於我與彼締結條約。依其援助。譬若移交犯人一類。假令我之犯人逃至彼之內地。使彼之警察制度不完備周密。則一爲慮其不能執交於我。而我之裁判。不可實行。二猶慮其當道者不通我國情。或視我犯人所犯之案。以爲無罪。秘匿不交。或値我移文查案。而彼疲緩不應。如是則雖曲在彼。而棘手在我矣。彼今之東洋國

者。皆無慮有此二端之患使我之領事裁判權得以圓滑進行。如是謂之非文明國可乎。此英人威斯特歷之說也凡新教派之說類如彼（馬氏威氏。皆世界著名國際法大家。現均生存。而馬氏正昨充日俄講和頭等參贊者也。」

由上二說。理解各殊。持論適成兩極端的反對。如威氏說。雖力爲東洋諸國辯護。然而執文明異類之說則西洋國待東洋國既所應有東洋國待西洋國胡乃獨無試以此詰威氏當亦難自解也一言蔽之則領事裁判權者實不平等條約之結果也但如馬氏說惟限定耶教國對非耶教國。此其義未免太狹，日本則曷嘗爲耶教國乎顧自與諸國改正條約後已拒回領事裁判權矣不甯惟是光緒廿二年之長江通商條約彼反在我國而設定之矣然則可見非耶穌教國無必應受領事裁判權之理又非耶穌教國而亦未嘗不得爲領事裁判權之主動者也（主働與受働。爲相對名詞。如彼之領事。在於我國而有裁判權者。則彼爲主働的。我爲受働的。）馬氏豈不陋歟。故他日我國能拒回領事裁判權與否或能更進而設定領事裁判權於他人之國與否是在國之自强而兩種論據均不足泥也

惟曾通人有誤會治外法權以爲即領事裁判權者此不可不辨。雖然是不得責我國人之法律知識幼稚爲然也。余見日本人。亦恆有之。故高橋（作衛）博士之言曰。治外法權

化。之意義。本極囫圇。故易致誤會。秋山雅之介博士又言曰。治外法權正確之意義。本無定解。故學者每多歧說。又曰。領事裁判權。普通亦謂之治外法權。然則治外法權與領事裁判權之相混也久矣。余今據中村進午博士之解辨。信爲平易簡當者。譯述以充之。就此足以證明治外法權與領事裁判權之差異也。

氏之言曰。治外法權者。立於統治權以外之權也。近世國家盛行屬地主義。凡一國之統治權。其支配力及於全國領土。但住居於國之領土內者。不問其是否何國人。而統治權之效力一切及焉。質而言之。則無論何人。居某國之境內。即服某國之法律是也。乃有特別之人。雖居人國。而可不服從人之統治權者。是即曰有治外法權。故治外法權可斷爲立於統治權以外之權者也。享有治外法權之人物。第一國王。第二公使。第三兵隊。第四兵艦。除此而外。無得濫邀治外法權。此治外法權沿革於古代屬人主義而來。而今日則不啻成爲屬地主義一種之例外。案治外法權之文字。爲 Exterritorial-ity 其 Eex 之意義。言在外也。Territory 則源於拉丁文之 Aerre 言土地也。變爲應用。則 Territ orial 言土地的也。再變爲名詞。則 Territoriality 言土地的統治權也。合之 Eex

則爲 Eexterritoriality。此治外法權語源之由來也故余解爲立於統治權以外之權正與語源之本意脗合然則治外法權必在外而後有之如一國之國王常有不受本國法律之羈束者此國內之擬制非得論之於治外法權也若夫領事裁判權之文字則爲 Consnlar Jurisdiction 合領事 Consul 與裁判所 Jnrisdiction 二者之意味而成之者也比而同之其相失也遠矣此中村博士之說也。

余又得諸高橋博士凡以四端區別之如左。

一 治外法權通常不受治於外國(駐劄國)之法律然領事裁判權惟關於裁判而有不必遵守外國(駐劄國)法律之權此區別一

二 治外法權其不受治於外國法律則惟有消極的 negative 及受働的 Passive 之意蓋如國王公使居留外國雖非外國法律所能約束然又不能在於外國以己之法律約束他人(即本國人亦不許)所謂消極而受働也若夫領事裁判權則關於本國人民間之相涉案件得用己之法律以爲裁判是明明積極的 Positive 他働的 ctiv-ely 有在外國執行本國法律之權此區別二

三　治外法權因國交之禮讓當然授受然領事裁判權則非有條約之規定殆不能成立此區別三。

四　治外法權惟前所列特別之四種人物方能享有然領事裁判權之權利則普通人民並及之蓋人民遇有相涉案件可不仰外國之裁判而仰己國領事之裁判是其所收得之權利也此區別四

由此觀之。則領事裁判權之解釋。較然易明。然余更斷定之曰。治外法權者平等權也苟兩面皆平等國（凡獨立國即平等國）則當然授受此權雖天下之至强而莫能靳之者領事裁判權不然惟以不平等國相待然後要求結不平等之條約夫如是乃至發生此權也如以吾國論則所謂治外法權者無論彼之來我國我之往彼國皆交互而有之若領事裁判權則但見彼之至我國者爲有而我之至彼國者爲無二者比較前爲平等而後爲不平等至相反也故近數年來。吾國流行之語曰收回治外法權。斯語也爲悖夫論理。而不足見諒於通人也。夫治外法權之不可收亦不必收揆諸以上諸義章章明甚使眞有坤輿混一之一日。則世界惟我獨尊。並無他之獨立國與我對待。則其時此名詞自絕跡於天壤抑無待加人事以圖收回然則其意莫非指收回領事裁判權乎。然謂之收回領事裁判權。又毋甯謂之拒回領事裁判權。蓋主動者在他而受動者乃在我也。但收回二字。慣用已久。仍之無妨。余姑如其說以解釋之。則必曰彼之能在我國享有此權者。我當初之條約予之也。我昔日予之。而今日取還之。是明明反客位爲主位。觸論理之公例矣。然猶幸無大過。故甯曰收回領事裁判權。而必不可曰收回治外法權。凡學問上之術語。不得不審也。據鄙見所及。願與世商榷之。

第二節　上海領事裁判之搆成

領事裁判權之侵入我國也。自道光廿二年之江甯和約也。斯約之第二款。開放五口。而上海與焉。其末段云「大英君主派設領事官住該五處城邑專理商賈事宜」者。即設定領事裁判權之基礎也。乃翌年八月望日。在廣東虎門廳畫押之追加條款。（此條款共十六款以爲江甯和約之附約）其第六第九款之末段。與第十款之前段。益證明之。是以論領事裁判權之侵入者。必溯自英人。（或援康熙廿八年之中俄尼布楚約。與雍正六年之恰克圖約。以爲託始。此俄人馬丁斯之說。其說不確。）而英之實行領事裁判者。尤先於上海及其他四口。抑四口之繁盛。皆不如上海。故上海一埠。不特爲領事裁判權昔日之濫觴。而且爲現時之燒點矣。故余欲研究上海。以概見全國。抑領事裁判。自英人作俑而後。瑞挪繼之。（道光廿七年瑞典挪威條約。）俄羅斯繼之。（咸豐元年伊犁條約。）法蘭西繼之。（咸豐九年天津和約。）美利堅（同上。）德意志奧大利荷蘭丹墨意大利比利時西班牙葡萄牙秘魯巴西等十餘國。先後援最惠國條欵。（即利益均霑之謂。）繼之。惟吾同洲國之日本。初於同治十年七月。互結之修好條約。其時爲雙務的領事裁判權。雙務云者。謂雙方交有其義務也。蓋彼之領事在我國者。我當以裁判權畀之。而我之領事在彼國者。彼亦當以裁判權畀之。彼此各踐其義務也。乃經乙未講和而後。翌年日使在北京締結之通商行船條約。因於約中第二欵。

日本皇帝陛下。酌視日本國利益相關情形。可設立總領事副領事及代理領事。駐中國已開及日後約開各口岸城鎮。各領事等官。中國官員應以相當禮貌接待。并各員應得分位職權裁判管轄權及優例豁免利益。均照現時或日後相待最優之國相等之官。一律享受。

清國皇帝陛下。亦可設立總領事副領事及代理領事。駐紮日本國現准及日後准別國領事駐劄之處。除管轄在日本之中國人民及財產歸日本衙署審判外各領事等官應得權利及優例照通例給予相等之官一律享受。云云由是在日本方面則明認有領事之裁判管轄權矣。而在我國方面又明云除管轄在日本之中國人民及財產歸日本衙署審判外。而後領事享有權利矣故昔則爲雙務的。彼我共有之。今則爲片務的。惟見我有受之之義務而已。

各邦領事裁判之搆成制度雖各根源於本國法致有不同。略類別之則爲三大法系。法系者。法律之統系也。如人之有族姓然。現今各國法律。有特別發生者。有沿襲前人者。若所沿襲同。則其法系同。如歐洲大陸諸國。皆同出於羅馬法系者也。此所論者。爲專關於領事裁判之法系。非泛指一般法系及新進之日本國。

（一）法蘭西法系。

法國領事裁判之法源。厥濫觴於千六百六十一年著名之海上法。而其後千七百七十八年。有領事裁判職權規則。千七百八十一年。有領事裁判法。千八百八十三年。有法蘭西領事改正搆成布告等。皆以前海上法爲基礎。而次第訂正增修之。乃完成今日之制度。其裁判管轄區域。隨領事之管轄區域。定其範圍。惟民事商事涉訟案件。限得爲第一審。即以領事及陪審官二名會審之。其陪審官。由領事自商民中挑選。但有參預權。無判決權。若判決仍歸領事專主。迨第二審。則移於國內之仙澄地方裁判所。（此惟在於我國者爲然。若在土耳其波斯者又別。）第三審。則巴黎大審院。此就民事商事案件而論也。若論刑事。因犯罪案情之輕重。而權限之寬狹分焉。犯違警罪者。自初審至終審。由領事專斷。不用陪審。不許控訴及上告。犯輕罪者。與前之民事裁判同。置陪審。而領事自下判決。犯重罪者。領事僅作豫審。其公判以合議裁判開之。判決出於合議。領事不能擅斷。上訴衙門。則赴於本國南部之耶（「耶」地名）裁判所。斯法國制也。其他意大利比利時德意志三國。皆出法蘭西法系。（言三國關於領事裁判之立法。均出法國統系。）故其大致。即與之相同。惟德意志千八百七十九年聯邦帝國法律。定領事裁判之終審衙門。爲帝國高等裁判所。邇來已改歸於來普提嘻之帝國裁判所。

（二）英吉利法系

英則與前之四國特殊。而爲獨立一法系者也。其關於領事裁判之法令。則於千八百六十四年。千八百六十五年。千八百八十一年。曾三度發布。據此等法令。則亦每一管轄區置一領事裁判所。其編配之制。與法國無大相差。惟領事之權限。不論民刑大小案件。均只得行第一審。民事除領事外。置二名或四名之陪審官。陪審官。從領事本管內選出。但乏員時。領事可爲專斷。刑事亦然。惟刑事最重證人。非有證人五名。到堂宣誓後。不能開審。其證人每年由領事在本管內商民選補。斯亦普通辦法。不過大同小異者也。若其特殊之點。乃在上級裁判所之組織。彼之上級裁判所。與彼國內之通常裁判所。無銖黍之差。而又非設於國內也。而就近設於人國。一在土耳其之君士但丁堡。一即在吾國上海。在上海者名英皇陛下高等法院。其裁判長與裁判官。皆英政府所特命。專審理領事裁判第二審案件。凡上海及上海以外各地。朝鮮各口之領事裁判所。均歸其管轄。斯不啻爲彼清韓間司法事務之中心也。由此觀之。則他國司法權在我國者。不過其初審之裁判。而英則及其第二審也。他國不過以領事兼法官。而英國則以領事兼法官之外。復有專務之法官也。質而言之。則英國在上海之司法制度。與其在殖民地者無以異。與其在本國者無以異也。蓋至是而此制。極發達。極完全矣。嗚呼。此眞足怵吾心目者也。

（三）俄羅斯法系

俄雖亦有特別之制。然其法源。除在波斯者。爲根據於本國商法。固有一定。此外在土耳其。在吾國者。均無一定之法源可考見者也。惟在吾國之制。其實以在波斯之制爲模型。請先言波斯。俄國在波斯之裁判制度。有第一審裁判所兩區。一名俄羅斯領事裁判所。一名俄羅斯公使館裁判所。前者審理住居於領事管轄內之人民相涉案件者也。後者審理住居於領事管轄外之人民相涉案件者也。兩裁判所。所長各一人。前者以領事官充之。後者以公使館年長譯員任之。陪審官二人。就地商民中互選。惟錢債細故。在三十盧布以下者。不用陪審。領事一人專決。第二審亦在公使館裁判所。然其組織。與上間然。其所長任公使館年長參贊官。同時兼波斯總領事之職。陪審官由公使選擇。以在鐵蘭都城居住之俄國商民當之。參考俄國商法法典二千一百九條以下。此其一斑也。在吾國者。雖不詳悉。然既云以在波斯者爲模型。則必同於波斯之點甚多。惟有獨異者。則領事專審權限。視他尤狹。蓋他則錢債細故。非達三十盧布以上。免置陪審。而此則除審理水夫船員外。無事不要用陪審焉耳。

(四)日本

日本之領事裁判法。發達最遲。自明治三十二年法律第七十號始有頒布。其與前
諸國差異之點。則在採用單獨制。不設陪審官。而以館員及警察官分司檢事書記
執達吏諸職。不論民刑事件。均領事可以專決。其權限在國內區裁判所與地方裁判
所之間。然要以無背國內法令(法律命令)條約及慣例爲斷。又刑事有特別制限。案情輕
者。(日本刑法上之輕罪者。)不必豫審。案情重者。(日本刑法上之重罪者。)僅豫審之移於長崎地方裁判所爲公
判。人民之控訴及抗告。亦呈出於長崎地方裁判所。此該法第六條至十七條所規
定者也。

總上諸國比而論之。其共通之點固甚多。然尤以領事兼任裁判官爲其適例。蓋恰符
於領事裁判權之名義。本無相差者也。獨英國之高等法院。最奇妙不可思議。蓋純然
一國內裁判所。用以管轄領事裁判。而爲其上級裁判者也。此其性質。不可謂非從領
事裁判權之結果而生。然他國亦有上級裁判。莫不移之於國內。就論俄國。雖附隨於
公使館。而卒未嘗獨建裁判所。故以視英國之在土耳其在上海者。猶非其比也。然則

英國之領事裁判權猶得僅以領事裁判目之已乎。余聞勒德氏之言曰。英人在上海之有高等法院也。其權不可謂之領事裁判權。其地不可謂之領事裁判所。實則英國國家直接行使之特權也。（此語嘗揭載於日本法學協會雜誌第二十一卷三號雜錄欄中。）質而言之。即英國司法活動之主權及於我上海而已。夫上海不過居留地。與香港之性質大殊。香港則英之屬土。而上海仍我之屬土。我之主權所能及。即英之主權不能及。法律學者恒言國家主權之範圍以領域爲界。故如英之在我上海設立裁判所。則明侵犯我之主權。是不以居留地待我。而以屬土待我。其咄咄逼人有如此者。言念及此。安得不動魄而驚心也。或謂一般之領事裁判。孰非侵我主權者。故有領事裁判權。即不能主張領土主權。二者之性質不相容。如冰與炭。雖然。形式之間。比較的猶見尊重。夫未特建裁判所。則仍未眞箇滅盡我之主權。二者雖非性質相差。而程度有判。已不能同一視矣。

雖然。英之特建裁判所。又非無條約以爲之根據也。英雖至强。亦安能以無道之手腕。破棄條約。直接加威力於人國。此必經我之承認。而後能措置之者也。余案天津和約之第十五十六兩欵。一曰「英國屬民相涉案件。均歸英官查辦。」再曰。「英國人民。

有犯事者皆歸英國查辦」据此兩欵即可爲其設立裁判所之根據也十五欵「英官」二字極爲普通領事可稱官而裁判官又豈不可稱官不明定曰領事官是範圍涉於廣漠顯授之以柄十六欵「英國」兩字經光緒二年煙臺會議第二章第二項據英文原約追加解釋則原是繙譯者之訛其中固載明除領事外有「他項奉派幹員」是隱指彼之高等法院裁判官而言之也故無怪本項中段乃有云「前經英國議定詳細章程並添派按察司員在上海設立承審公堂以便遵照和約辦理」者其承審公堂明謂高等法院按察司員明謂高等法院裁判官而以爲遵照和約辦理者則可見彼之建置高等法院爲根據於前擧之天津和約之第十五十六兩欵斷然無疑夫安得曰非由我承認也彼昏不知倒授阿柄吾實爲之其又何尤雖然目下唯一之英國猶易忍焉耳寖假虎狼各國殆均尤而效之其又將何如夫領事裁判之制以行政官兼任司法原非衷於法理適於實際殆各國便宜上不得已之所爲故如英之獨有高等法院以總攬之一切得就地受成於純粹獨立之司法機關其於法律保護之間易臻周濩故各國莫不誇爲善制歆羡之而欲模倣之者且駸駸焉頃此種政論之發

表己數見不鮮矣倘一旦紛乘利益均霑之說擁逐而來則上海一區固同時有十餘國之裁判所試問斯時之上海復成為何人之上海乎此余之所大不忍言也。吾國有一慣用語。曰「萬國公地。」此語源不知本自何來。然據余所見。則地者國家之要素。領地權者。乃國家統治權所及之範圍。斷無有以一國之土地。而可任萬國公有之者。故世人每呼上海為萬國公地。此極不祥之語。固示瓜分之兆也。然如前論。假定上海眞雲集至十餘國裁判所。斯又大不幸果成了萬國公地 此語可當佳讖矣。

以上所論。則就彼之司法裁判之部分言之也。此外尚有行政裁判焉。世之論領事裁判者。原無涉及行政裁判。抑行政裁判為特別裁判。司法裁判為普通裁判。兩者不容相混。惟實際之上海領事裁判。確見其濫及行政裁判者。故亦不得不並敍之。余查一千八百六十九年同治八年十二月二十一日。有英俄德法美五國調印畫押也。之覺書。覺書者。條約名稱之一種。所以證明權利義務互誌不忘之意。此覺書之根據。見日本法學協會雜誌第二十一卷三號雜錄欄中。此覺書也其重要目的則為組織彼之行政裁判。故所定制度。以在領事團中互選三人任裁判官。專裁判人民控告上海行政廳事件。如法家所謂「行政訴訟」者。夫行政廳非謂我之上海縣也。蓋指彼之工務局言之也。彼工務局一如地方團體之市參事會有施政權。而其他之市會有議事權。我上海人慣稱之曰議會者即是。大凡外國人居留地之制度。莫不自建市制。於此足徵其自治之嚴。但吾人每不明其性質耳。此種之行政裁判原因。市制既立。慮市參事會之「行政處分」不當。而人民得向此呼籲焉。故又以領事爲兼任。實亦愼重保護旅民權利之意也。觀於此點。而謂彼之領事不兼有行政裁判權不可也。吁鄰之厚。我之薄。有國家主權思想者。能勿歌抱蔓而涕承睫也

（本節已完下節續刊）

論著三

養氣說

佛蘇

天下無危險之境。惟吾心矜躁。足以使天下危險。亦無紛擾之事。惟吾心淆亂。足以使天下紛擾。蓋以國家之大。事物之繁、新舊過渡之起伏。社會心理之出入。種種現象。胥包孕於一天演範圍中。據論理學推之。其不能有靜而無動。有安而無危。有調和而無衝突也。可斷言矣。雖然、賴有人焉。默操其維持秩序之權。使之返動而還靜。轉危而爲安。主持調和而解釋其衝突也。以吾心之純一。理萬物之紛繁。以吾心之和平。制萬物之暴戾。然後森羅萬象。皆環列以聽命于吾心。倘吾心而亦爲之淆亂焉。矜躁焉。則不獨社會無安寧。人心無靜定之一日。且得此吾心之淆亂之矜躁。以益其抱薪救火之氣燄。推波助瀾之風潮。其影響所及。即謂社會之危危于吾之一心。人心之亂亂于吾之。一。心。不爲苛論。救國之志士。其忍造此禍害耶。其肯負此惡名耶。雖然、欲祛此禍害。則宜求一針灸相當性質適宜之聖劑以醫之。其聖劑如何。即聖賢所挾以爲入德之唯一法門。今人所斥以爲老生常談者曰養氣也。然聖賢性理學問精粹微奧包涵萬有。條理縱橫、所謂養氣者、不過博厚高明中之一階級工夫而已。至其養氣前之若何豫備。養氣後之若何作用。非尋常楮墨。所能摹寫、亦非末學。所能窺測。且先聖先賢之遺編鉅帙、其闡明身心性命之學者。浩瀚汪洋。聽後人之吸取。持原以往。應用無窮。亦不須今日再喋喋贅述也。愚今日之所以專就養氣一方面立言者。實因爲簡單直截、易于下手起見。且確見養氣二字。爲醫今日中國對症下藥之方法也。夫中國近來之人格其貪汚卑劣。苟竊利祿。沉溺宦海之一派。冠帶中人。無論矣。其禁錮閭里。保全衣食。絕不知所謂愛國之舊社會中人。無論矣。其狼狽于複襍社會之交、無學無術。半文半野之鄉愿派中人。無論矣。若稍有文明思想者。其多數人之學風。之心理。皆主張鼓氣主義、而略治理主義。平日書報之所鼓吹。團體之所激勸。私心之所期許。亦皆歸納于用氣之一途。或於存養省察之功。絕未體會。遽希經營天下事。且希經營驚天動地之事。識不足以察其變而窮其理。學不足以裕其體而妙其用。故其遇一問題也。思想擾亂。情狀張惶。行爲竭蹶。而徒爲此問題所搏擊。所束縛。或尚未入研究時期而即批評。或尚未入建議時期而即取決。或尚未和平判談而即頒宣戰書。一時熱度萬丈。論鋒百出。不獨局外之評議不見採納。即同類中之稍有持重者亦不能容喙。不獨道德之談不能感勸。即利害之說亦不能動搖。甚或拋棄團體自由個人生命悉以殉之而究之其所遇之問題。或焦頭爛額不如曲突徙薪。或萬馬犇馳不如輕車一使。縱或有極當抵抗之事。或亦因操之過激。持論不當。而失其原理者。嗟呼有愛國之血忱。而不能收救國之實效。豈非不善養氣之過耶。

昔孟子者善于養氣之專門家也。其答公孫丑之問曰、我善養吾浩然之氣。其所以有浩然之氣者。全出于其善養中。嘗按其進德之次第。在配義與道以不動其心。在不動其心以持其志。在持其志以無暴其氣。故無氣也。至大至剛。直養無害。塞于天地之間。孟子當日之所以能玩諸侯于掌卜闢異說于末流言論自由行動自由著作自由大張民黨之旗幟與千年積威之專制政體宣戰使各國君主貴族望風歡迎甘受其監督指揮而不敢抗者非全恃此配義與道之氣耶若徒自其具體的發表之行動觀之其資格不過一朝齊暮楚之游歷人員其地位不過一完全在野黨之首領其本領不過長于雄辯學其建白不過優于政治談絕無一可以震炫世主耳目之術學及技藝。且當君權橫絕之日而彼貴民輕君以伸民權當國家主義達極點之時而彼黜功利斥戰爭以講大同博愛主義當豪强兼併土地壟斷之時而彼欲制民產正經界以厚恤勞働社會事事與當日一般心理一般政策極端反對而批鱗逆鋒犯盡忌諱其平等自由之風骨絕不少貶一則曰說大人則藐之再則曰在彼者皆我所不為也吾何畏彼哉。種種度態種種行為絕對强硬威武不屈何非由善養浩然之氣之所睟盎哉。嗟呼排專制倡民權主張平等自由乃我國歷史上之優先權戰利品特患後人拋棄其精神界的活動之前提而徒裝飾其形式上之傀儡以自驚絕技也敬告國人毋徒歡迎歐化以福祿特爾盧梭拿破崙華盛頓等為共和之開幕也毋妄謂急進改革競爭權利為有舊道德與新道德之異同也毋徒乞靈于尾首分裂詞旨出入之譯筆以吸收不適時宜已歸劣敗之一切學說而抹煞中國犖犖數大部所遺傳之聖經賢傳千百先儒所推闡之精理名言也。倘今日有人焉。能如孟子之養氣。先立身于不敗之地。無論天下如何危險之境。如何紛擾之事。而我能以沉幾審變之精神鎮定不移之識力與之相持。雖天演動機不無隨時隨事之變遷。亦決不能有逸出範圍之行動也。急進何妨。競爭何妨。盖欲使天下無危險之境。無紛擾之事。我雖無權。然據物理學推之。天下萬物皆須人力支配。則挽迴此危險。整齊此紛擾。我有權也。故凡一事物之來。宜使我虛靈不昧之天君。居主判之地位。掌施治之權力。以發布一切命令焉。倘稍有一外來之客感。佔領于我之腦中。則其虛靈不昧之天君。失其主判之地位與施治之權力。而百官四體。即皆無所遵循。無所統治。各交戰于一紛紛擾擾之社會中。而晦塞之象。于是夫生。侵犯我。揶揄我之邪魔。即百出其技以與我爲敵矣。先儒有言曰。身心若無安頓處。則惟有擾擾于利害中而已。吳康齋 又云。胸中膠擾駁雜。如何窮得理。朱晦翁 又云。涵養到着落處。心便清明高遠。程明道 此皆足以與養氣之說相發明者也。

悲夫悲夫。中國前途之危險。有不可思議者。數十百年積弱之國體。望此少數人恢復之。數萬萬錮蔽之人民。望此少數人教育之。世界各國數百年所發積之術學技藝。望此少數人吸收而採用之而其建設之時期又異常迫促詔書旁午百度維新若荒廢寸陰則時局有江河日下之勢而其阻碍我之建設又異常紛繁外界時有要求國內時有騷動若一事決裂全體受無窮之損傷吁一掬之腦筋何堪此萬感之摧殘哉若猶不能時時養氣務遠大之雄圖。徒見一事之刺激于其腦中也即奔走呼號奮不顧。身則其氣日洩日潰無可保存後來非精神戕賊淪落枯槁或思想幻遷遁入寂滅矣。其中原因殆心理學所研究已盡者嘗見有一二年前之熱血少年事無鉅細。挺身任之若此事有無成立之理由。及所獲之價值。與精力之消耗。是否可以抵償均不暇過問甚或甘以室家生命財產爲孤注。其血忱不爲不厚。其目的不爲不堅。迫其後或屢遭失敗。或理想啓悟。或因游歷世界而知秩序。或因他人忠告而長學識。遂事事有許多學說。許多政見。大悔前日鼓氣之誤事。在局外人或訾其退化。或薄其拘謹。而不知血氣退步正其道義進化也行爲拘謹。正其識見純靜也。且訾彼者或一二年後。亦如彼之變遷一般甚或變爲無意識之墮落此等例案不勝枚擧。可知用氣之事。終無久持之理不過各個人腦想有敏鈍因此進化有遲速而已八大行星之環繞也。瞬息萬里。

而有一定之軌道。汽車汽船之飛馭也。奔突無前。而有一定之線路。飄風驟雨不終朝。溝澮皆盈而立涸。若長江大河。則日夜横流矣。燈光易滅。竈火易消。若日月光芒。則照耀古今矣。何也。養之有素。故用之不竭也。據以上學理、事理、心理、物理、推之。養氣之說。爲人人極難研求之學。即爲人人極當研求之學。若能一事也不放過。一時也不放鬆。劉蕺山 或防之於未發之前。或制之于臨發之際。或悔改於既發之後。錢緒山 以養氣爲第二生命。則庶幾焉。雖然、此中有一大駁擊也。蓋中國素以治清靜爲學說。不競爭爲政策。事事隱忍。尫弱不堪。馴至外患內憂。潰敗不可收拾。猶安之若素。舉國荒嬉。迨近數年。斷落多數志士之頭顱。賠償無限國民之膏血。始購得今日之動機。人民稍知氣憤。若即從而鉏鋤之戕伐之。中國不仍復舊觀乎。又豈不知各國文明發達史。必經過惶恐時期。而後人心定乎。曰。此言左矣。前日之所以鼓氣者。恐中國無氣之可用也。今日之所以養氣者。恐氣之濫用也。日前若不大聲疾呼。警醒其夢寐。則人人沉埋于舊社會。誰知天賦人權之可尊。若始終大聲疾呼。姑無論積久生玩。置若罔聞。且恐嗤我爲妄。爲驚擾。失後來之信用矣。無前之鼓氣。則養氣之說。無所附麗。無後之養氣。則鼓氣之說無可歸納所謂相反而實相成也至若恐造成清靜無爭之結果此尤大謬蓋養氣之說原欲養成浩然之氣以擔任偉大之建設此積極的學說非消滅其浩然之氣也若他人畏浩然之氣難養。即因難而阻。不復與聞家國事。此等不明道義不受磨勵之人自然劣敗非他動力之所擊敗者試觀現今。不論何等社會中必有一派韋脂取容。依傍牆壁之人。事事不敢露頭角惟俯從一二有骨力者之指揮若斥其爲畏葸耶則謂天下事如何困難如何危險動引許多往事以相戒夫彼等人之價格。固人人皆鄙其爲無氣者。但彼等人。雖不能建設一事亦不至破壞一事雖不能爲道義上之競爭亦不至爲血氣上之競爭功過足以相抵且既能受人之支配或甚可分任一部分職務其能力限于天資自知推轂。此亦最可敬佩者。若必鼓之以氣强任大事則束手無策而已甚或繼之以死而已又於事奚補哉況世界無論何等共和國家共和社會。對于職務上。祇能博一少數人之活動未有人人自詡華拿（按華拿之種種言行絕對有秩序非不受制裁者他日當詳論之）人人必當總統而可以組成一機關者故愚今日之養氣說。無論施之何人。确無弊害也然愚尤有一最傷心最注意之處者。近來各志士。知鼓氣之學說。不能久倡。乃各安緘默。專求實力。自謂方針進化矣、雖然。其日前之書報正影響于社會有如海洋之中動機無限一時狂風雖息而怒濤尙澎湃于中流聲浪尙叫號于四岸仍時時有覆舟之危境焉、操舟者毋謂吾職已盡吾心可安也。夫倡學說者亦然。倘此種學說已得勢力于社會。雖主持此學說者。一時寢其原議、然被動者腦筋單簡、猶時時步趨于此範圍中。視此學說爲神聖不可侵犯。有永久繼續之性質焉。故今日有言責者。仍當多出書報指揮輿論。黜華崇實正本清源庶日前之學說可孕成一美碩結果矣。據此推之。養氣之說、烏容緩耶。

按以上所陳。係渾括立論。或猶不足以令人警省。茲再將不能養氣者之大害。略證數端于後。

一朦蔽眞理

凡天下事。莫不有一定之眞理。必腦想勘推。而後眞理顯。必心氣靜定而後腦想靈。若遇事不能養氣。則輕躁浮蕩之情。交戰于腦。無主帥之可服從。雖極顯明之理。或易朦蔽。況內容複襍乎。雖日用酬酢之中或多顚覆況大廷廣衆乎。荀子云。冥冥而行者。見寢石以爲虎。見植林以爲後人。厭目而視者。視一以爲兩。聽漠漠以爲洶洶。何也。官亂其明也。飲氷室主人云。「指鹿可以爲馬。研碧可以成朱。若循此昧瞶者以爲良知之作用。其誤謬將不可紀極。」此亦恐無存養之功者。朦蔽眞理也。故心有所忿懥恐懼好惡憂患。則皆不得其正。必文理密察。足以有別。然後爲天下至聖也。況當今日環球交通。非一國之學理學說所能推行盡利。且國際秩序。非一國之勢力意思所能自由行動。倘無一堅卓不破之識見。可爲援據。其不劣敗于舞臺者幾希矣。嘗見有憂國過度之士。積熱成狂。眞理每爲感情所擊退。或誤以有利益之事爲損害。或誤以篤實之人爲奸佞。甚或其對于國內也。見當道或破格求才。則謂爲牢籠手段。見其津貼學堂。則謂爲文明壓力。見其極力鍊兵。則謂爲專防內亂。其對于外界也。見其用正當感情。則謂爲吸收心理。見其尊我國權。則謂爲壓制民黨。見其享條約上本應得之權利。則謂爲實行瓜分。種種觀念。無非由不能養氣。專欲以熱度救國之所致。故眞理不能勘推也。殊不知天下事。若不憑眞理進行。處處阻碍。如未成交戰團體。則不能反對政府之職權。如未能收回權利。則不能不受外界之刺激。倘能擴充實力。則任所欲爲也。嗟呼。

國家危急外侮橫生鶴唳風聲驚魂動魄此愛國男子慷慨悲號百感交集之傷心情景也驚擾恐怖又何待言雖然此種感情祇能充精神界的熱力若外部的發表之行爲則純當以眞理爲標準也

二破壞事實

夫中國前途危險。固人人所知。然有不盡然者。自外界一方面觀之。則從日俄勝負結果以來。東亞之天日一開。各國對于中國競爭之權力一挫。瓜分界綫全行擾亂。自內部一方面觀之。三五顯宦。勵精圖治。鍊兵興學實力漸生。以現近之中國與三年前之中國比較之。則大有悲觀樂觀之懸殊者。倘全國從此一心。整綱飭紀。力做文明政治界、教育界、軍事界、實業界。面面經營。面面擴張。中國十年後國體之內容果何如。對于國際上之資格果何如。知耶否耶。且更可決定中國十年內外。絕無重大外患。不過條約上是否履行。有問題發生而已。然外交若稍能得人。亦不足爲慮。可慮者、內地之騷動耳。百夫發難。各國即郵電紛馳。艦隊飛集。若稍受損害。輕則金錢。重則鑛路。作賠償禮物矣。且禍機一發。騷動必不止一次。賠償亦必不止一次。彼時中國國體之內容果何如。對于國際上之資格。又果何如。知耶否耶。故有救國思想者。必以養氣持己。毋妄爲秩序外之衝突。且宜監督民氣。毋妄爲熱度上之鼓吹。庶不至造國內之禍端。然此非謂激烈之不當用。徒服從政府也。但用之貴有權衡耳。愚每見近來之主張激烈者。每一發難。許多遷怒。許多旁及。必致摧傷全體一切實行而後止。即如東京留學界此度之風潮，對于中國前途之損害。固不待言。其更可駭怪者。內地某省學堂亦有一波又起之象。欲勒退日本敎師。何其團體感情。如此雄厚。豈八千子弟。尙不足以一逞。而更須國內爲聲援耶。且近來各國之交戰也。其居留內國人民。尙不追放。絕對保護。惟有偵探之嫌疑者。不在此例。豈今日某省所聘之日本敎師。爲其文部省之奸細耶。此百思不得其解者也。合此兩事觀之。使非有種種之他動力障礙于其前。則充東京衝突者之氣燄。不難將留學界一掃而空。又充某省衝突者之氣燄。不難將該省全體學堂一掃而空。衝突一次。即擧一切實行。欲殄滅淨盡。世界果有此戾氣耶。他如各省學堂。亦常有衝突。憑各報章之所聲告。難免三月內。不有此等事實。若衝突一次。則其學堂必暫停辦。甚或長此消滅、徒知以破壞爲破壞。從不見因一次破壞後。而能激發精神。以破壞爲建設之過渡者。敬告志士。日後若萬不得已而有衝突之事。總當就事論事。萬不可輾轉蔓延。且尤當以衝突補助實行之發達。若對于實行上無利益。萬不可輕暴起事。

三解散團體

恆言曰。中國人無三人以上三月以上之團體。按此言若爲中國人全體而發。則大謬。然爲一派不能養氣之人而發。則或不謬也。蓋團體者、以義合者也。責善則離。友數斯疏。施之于觀摩切磋之地。尚如此。況共處于利害之交乎。今人之結團體也。不必其肝膽同。而惟求觀念合。不必其目的同。而惟求感情合。不必其實行同。而惟求言論合。種種弊害。不能愼之于始。固無論矣。及其既結也。則每以一語起衝突。一事起衝突。團體愈多。則衝突愈多。何也。聚不善養氣之人于一社會。或望之過奢。或責之過嚴。或小事吹求之過刻。而皆不能反躬自責。故詞旨易忤耳。嘗見有昨日稱爲知心。握手出肺肝相示。其志趣。其文章。其行爲。處處脗合。恍若構成一堅固團體。而今日以片語之隙而成仇憤者。甚或今日在此團體內。共禦外侮。明日即改入彼團體內。而攻擊此團體者。

夫使其果爲政見上學說上之攻擊固無必埋身于一團體中之理無奈失彼此尙未研究至政見上學說上而卽攻擊也且對于政見上學說上卽有衝突亦不過一時心理與事勢有變遷而已而個人與個人之感情未見必有變遷若異日心理彼此相合時又安見其不仍可表同情耶夫國家者多數團體之集合體也一國中斷無一單獨團體存在之理且無一單獨團體可以救國之理旣如此則彼此各歸納于救國之一途而已各不直接妨害其權力之進行而已未可以方法不合而卽仇視也夫日俄兩國交戰于旅順時此所謂誓不兩立之大仇也然當其旅順陷落開城條約成立時乃木將軍與斯將軍相會于軍中彼此情義異常懇篤握手言歡贊不絕口氣概何如彼之雄偉耶胸襟何如彼之濶大耶若謂俄人迫而出此耶然日人固握全勝之勢者若謂日人出于持盈保泰之見耶然俄人固散盡無限之權利者彼此當殺機莫遏之時何一相會則雍容于樽俎之間毫無暴戾氣習可知文明競爭祇有秩序上之衝突而無意氣上之衝突祇各保守其權力行動之自由而無必摧傷他人權力行動之自由之理況同爲一國人同爲救國而各生意見哉故願有團體主義者對于同一之團體

則當和衷共濟。置腹推心。對于他種之團體。亦萬不宜有戕害之心。不相毀薄。不相師。此處黨派時代之要訣。不然則對于外界而國內無團體。對于政府而民黨無團體。對于彼黨而此黨無團體。必致全國無一團體而後止。此不能養氣之大害也。

四賊害身體

近來熱度過高之士。終日愁憤交縈。以致身體羸弱者甚多。甚或慷慨赴死。絕不顧忌。此誠足以驚天地而泣鬼神也。但後人效法其殺身成仁之心。對于事實上以實行救國。則前途之大幸。若必戕害身體。則未免過于偏急。使其人能如佛道之破空死生。視軀殼如塵埃。則一死固絕無罣礙。或厭世思想過重。不願受世間之煩惱。則亦已矣。若既墮落於狹隘之國家思想中。則宜出死入生。必達其目的而後止。或擔任鉅艱。民社攸寄。或時窮勢迫。杜絕生機。則亦順受其正而已。至如時局尚有可維持之機。自問尚能勝維持之責。而必取狹義救國之策。冀以一死激發後人。姑無論後人未必能步趨芳躅。即有所激發。而實力不足。亦不過增一時之熱度而已。且其影響。係發生于間接。又何如自我身實行救國。收直接之效果耶。故有救國思想者。總宜時時養氣。以保全此心魂與軀殼之二大生命。如國家愈危急則愈當磨厲精神。擴充體育以爲摩天之一擊。不當戕害此救國之主動物也。試問古今建大功者何人不精神矍鑠哉。且當知危急之事。斷無徒以憂憤可以解釋者。彼憂憤自憂憤而危急自危急耳。如敵軍壓境。惟有交鋒之一法。倘事權不假則盡我區區能力所及之義務而已。哀痛奚爲者。賈生之痛哭流涕。不能感動文帝。屈子之憔悴枯槁。不能啓悟懷王。而二子者卒因此自殺。未能有所建設。徒留數篇遺文。博後人一嘆賞。此亦何必天生此才耶。蓋人生祗此細膩之腦筋。時時運用。尚虞不給。況時時以憤怒之氣刺傷之耶。縱或一時不即夭折。然氣息奄奄。與薄暮餘霞同一般悽愴。其雄圖尚足以一逞哉。甚或數年後手握事權。可以有實行之展布。徒以精神頹喪之故。不能勝任。此尤足令英雄短氣。他如知識初開之髫齡。體質尤弱之閨秀。近來亦頗有共逐中原之概。吁亦徒自戕其身體而已矣。何堪此劇戰之風雲哉。愚今日有一保全身體之要訣。以告國人。夫事機無論若何危險。若何慘痛。然腦中總當作一樂觀悲觀兩境之想。若單作悲觀。試問中國何事能如人意則片時可以戕生矣。倘更能無所謂悲觀樂觀。惟知腳踏實地逐漸進行。毫不驚擾。

雖他人歡聲雷動也。而我無矜張。雖他人泣聲震天也。而我無憂戚。此等純粹學問。尤不可及。譬如兩軍交戰。礮彈如雨。避無可避。惟有向前進擊之策。涵養至此。則未有不能成大功者。保國保身相助爲理。此未可以苟全生命訾之也。

論著四

讀歷史上中國民族之觀察系論

觀雲

戎狄爲古代原住中國之民族　漢種者非由夷狄之一種而進化者歟

近日飲冰室主人著「歷史上中國民族之觀察」文。炯眼鉅識。啓學者研究國史上觀察我國古代人種無限之法門。其價値固無待余之言矣。余關於此事。亦抱有一種之見解。稍稍與飲冰室主人有異。夫余之所見。固爲眞確乎否乎。茫茫古代之事。余亦不敢自決。顧所見之眞確與否。不問學者皆當各抒其所見以貢獻於世。而待人之採擇。此忠於其學之本職焉。因畧述其一得之微。和而不同。學者或取飲冰室主人之言。與余之言參觀而互究之。亦有可藉以窺我民族由來之根原。固若何歟。

中國歷史上之戎狄其一。余以爲戎狄者。非外來之種族。而原始居住中國之古民族。

之說是也左傳哀十七年衛莊公登城以望戎州曰我姬姓也何戎之有焉又戎州人攻之又公入於戎州己氏此戎州即戎所居之地而己氏即戎人（左傳注己氏戎人姓）是戎爲中國土著之一證戎之始住於戎州不可攷然觀左傳隱二年公會戎於潛又七年戎伐凡伯於楚邱潛魯地陳留濟陽縣東南有戎城而楚邱者衛地在濟陰城武縣西南是戎之錯居於魯衛之間久矣以此爲例而推其餘則凡歷史上所書戎狄之國即可知爲戎狄原居之地其與漢族相戰爭也爲同一國內民族之爭鬭非若後世五胡契丹回紇蒙古滿洲之自外侵入者比雖然謂戎狄居於中國而其種族即限於中國此決不然若中國及中國塞外之地無不有戎狄之種族在其在中國者已多自能建國最强者若中山幾與六國相抗衡而在塞外能建國而以强大著稱者則始自冒頓余以爲居中國之戎狄與居塞外之戎狄人種同一而部落不同一見於春秋戰國之戎狄非自塞外侵入而原居住於中國戎狄之部落也至冒頓興起於塞外非由居住於中國之戎狄爲漢族之所迫自竄於窮北而立國者蓋原居住於塞外戎狄之部落也其部落之分裂不相統一由來久矣太史公之言爲最能道其眞相者曰各分散居谿谷自

有君長往往而聚者百有餘戎然莫能相一（見匈奴列傳）今觀戎狄之名見於古史者累累蓋皆一部落之稱而其部落即爲其原居之地（若塞外之戎狄或有逐水草遷移之事而中國之地利不同其居住於中國之戎狄爲土著種族而非漂流種族可知）故余以爲戎狄者即原始居於中國之古民族也

人或有疑之者。以爲戎狄之名。不見於秦以後。秦以後即變而爲匈奴。蓋自始皇築長城盡驅中國之戎狄於塞外。中國自是無戎狄。而春秋戰國時之戎狄。蓋亦自塞外侵入僭居於中國。而後復驅之於塞外者。余以爲不然始皇之築長城蓋限塞外之戎狄而非盡驅中國之戎狄於塞外也夫戎狄之在中國其見於史者已有數千年之久所占處之區域甚廣欲一舉而盡出之於塞外決非易易若始皇而果有其事。必當有如巴比侖之遷猶太種族用種種之虐刑今觀之史一無記載及此故知始皇無驅逐中國戎狄種族之事是時戎狄種族之在塞外者已漸强盛故始皇築城以備之蓋欲限塞外之戎狄使不得侵入而已夫始皇既無驅逐中國戎狄之事則在中國之戎狄亦必無自棄其數千年之根柢而自竄處於窮北荒瘠之理然則中國古代之戎狄至是將安往乎而不復見於史冊也曰沒入於齊民也夫豈特戎狄至是而不見於史冊中國自黃帝堯舜以來相傳之古國亦至是而遂絕迹於歷史間盖當戰國之時大并小强兼弱至始皇一統凡漢種所建設之國家與夫戎狄之部落皆至是而俱盡古代諸侯王之子孫旣已降爲庶人而戎狄之酋長亦不能援後世土司之例由是其下皆爲氓隷而其上祇有一君中國歷史以是爲分古今之一大界限而戎狄之名亦至是而自爲一起訖其後不復再見職由於此然而其人則固在黔首之中而非中國古代戎狄之種族至是而盡亡於塞外也此余關於歷史上戎狄起滅之見解也

按戎狄諸國當春秋時已漸爲漢種國之所覆亡不自始皇始也若晉滅赤狄東山皐落氏潞氏甲氏留吁鐸辰及白狄肥鼓等諸國是。然則將謂當日者盡驅其人於塞外乎抑其人自竄於塞外乎否則盡其人而殲之乎殆皆不然盖其國旣滅而其人則沒入於中國齊民之中窃以謂凡戎狄之不再見於中國史者皆同此例至塞外居住之戎狄未嘗爲漢種國之所滅故自冒頓起而匈奴始大非中國之戎狄竄於塞外而建國者此塞內外戎狄種族經歷史之不同也（顧棟高謂赤白狄始合而終分其說非是容別論之）

又其一余以爲漢族者非由夷狄之一種而進化者歟之說是也夫戎狄旣爲中國古

民族之說定然則戎狄自戎狄而漢族自爲漢族乎抑漢族之與戎狄其原始出於同一種族而後分爲兩種族乎是兩說者余從前說則寧從後說今夫漢族其原始之來歷不詳而可認爲漢族之標準者惟姬姓（無論當周代時於姬姓國之外若齊姜陳嬀等皆爲漢族然以姬姓之標準爲最著故用之）姬姓盖始自黃帝故言我種族者必以黃帝爲始祖然追溯黃帝以前中國之古帝王則有神農而神農爲姜姓其後爲四岳而姜戎所有之姓也姜戎左傳以爲其先四岳之後也然則齊許等國其後爲漢族者其先固戎人矣又追溯神農以前有女媧有太皞女媧太皞皆風姓而風夷所有之姓也東夷九種之中有風夷然則任宿須句顓臾等國其後爲漢族者其先又夷人矣（按任宿須句顓臾皆在今山東境確爲東夷之種然其後固同爲漢種）於是讀史者不得不立兩說於此一黃帝爲漢種而黃帝以前中國之古帝王皆爲夷狄人種一太皞女媧神農黃帝實爲同一種族其後皆爲漢族其先皆出自夷狄種族此兩說中惟黃帝之與太皞女媧神農固爲同一種族歟否歟其問題今尚殘留然自當以同一種族之說爲近是即不然而認黃帝爲一新種族亦必多少與太皞女媧神農諸古帝有血統之淵源是則仍當認黃帝之與太皞女媧神農其原始爲同一之種族而太皞女媧神農之子孫

在今日固與黃帝之子孫不能分別而同屬於漢種之中而太皞女媧神農攷其姓固與夷狄相通此則漢種之原始與夷狄爲同出一種蓋已有明徵也

然則曷爲而有戎狄之名乎曰此人種進化者鄙人種不進化者之稱換言之於同一人種之中文明之部落賤視其野蠻之部落而予以一個之稱號以爲言語上之標識者猶今日維新之人稱其內地不開通之人爲舊黨無以異。或曰。是言也。得毋與後世稱戎狄之義大相刺謬矣乎。曰然。請言之。夫後世之言戎狄也大抵含有二義一以地域言即以處於中原者爲華族而以處於四裔者爲戎狄所謂東夷西戎南蠻北狄是也一以種族言即我自稱其種族爲諸夏而以非我之種族爲戎狄是也而以余原古代戎狄之命名若必限以地域限以種族則其間多有矛盾之理在故竊以爲原始之稱戎狄蓋由於部落之文野而起即同一人種之中於其中之一種挺生聖哲如古之太皞女媧神農黃帝等而立文化緐制度其餘之種族尙守其樸野蠻陋之風而衣服不同飲食亦異風俗習慣駸駸乎分而爲二於是同一種族中區別爲兩種之勢成而文明者之對於野蠻乃產出一戎狄之稱（按文明之人辨別之意識增長其言語亦從而加多爲代表其辨別之意而產出一用語故有此稱）而非原始立此稱名以畫爲地域上之標識種族上之標識者若謂以地域言今觀楊拒泉皐伊維諸戎皆在今河南府境與周近長狄在今山東濟南府境與齊近根牟在今山東沂州府境與魯近而衞尤與戎狄密邇故春秋時屢有戎狄之患夫周齊魯衞所謂居中原之地者而戎狄亦居其間是知原始之名戎狄非專用爲區別地域上之標識者也又若謂以種族言今觀風姓有任宿須句顓臾諸國而夷亦有風姓姜姓有齊許申萊呂紀向州鄣厲逢等諸國而戎亦有姜姓尤可徵者姬姓之爲漢種而非戎狄明矣而鮮虞大戎驪戎亦爲姬姓此則同爲漢種之中亦有稱之爲戎狄者是又知原始之名戎狄非專爲區別種族上之標識者也雖然。凡一名詞以沿用既久經其間種種之事變則其所包含意義之範圍亦從而廣濶故以後世所稱之戎狄言則區別地域與區別種族之兩意義亦未嘗不攝有於其中蓋當日開化之種族如太皡神農黃帝之後多以中原之地形利便爲其原居之一中心而四裔荒僻爲當時開闢之力之所不及而其餘不開化之種族反是以交通往來之事少多與其舊日之土地相習而爲其四圍之地勢所囿故向居於四裔者仍安居於四裔即散布於中原之種族亦多伏居於山谷之間而中原形便之地獨爲漢種之所占猶後世開化者之多住都市而不開化者之多住鄉僻因是而戎狄之名遂兼有一地域上區別之義又其時開化之種族如太皞神農黃帝之後以倫理同一政治同一法制風俗等種種同一故易相吸合而成爲種族而其餘不開化之種族反是因襲原人時代之習俗與文化人之風尚懸殊戎子駒支所自稱爲不與華同者故不易接近有則惟有相衝突而已當時以蠻野種族屢爲文明種族之害故漢種人皆有逐戎狄之思想（堯北敎平八狄則知漢種之對戎狄於古蓋有二策一拒之使不爲我害一敎之使同化是也）蓋由文化上之隔離積久遂成爲種族上之隔離因是而戎狄之名又兼有一種族上區別之義然余以此爲一名詞經過事變程途中所發生之廣義而戎狄濫觴之名不過爲開化種族區別不開化種族之一標號而已雖然以種族分科之例言之萬物之初實皆同出於一原其後以漸變頓變（頓變者以氣候地理人事等一個之原因而生急速之變化者如中國神農黃帝時代突然脫離上古之習俗可稱爲一頓變之時代又若今時與歐西交通而有變法維新之事亦一頓變之時代也頓變與漸變不同古今萬物之變遷無不含此兩種之改變法而成）之故有一大分別之界限遂不得不認爲兩種族故漢族之與戎狄以理論言之實當認爲兩個之種族漢種爲古代中國住民種族中之進化者戎狄爲古代中國住民種族中之不進化者然追溯

之於古代住民之中則余以爲漢種之與戎狄實爲同一種族惟於其後有進化與不進化之別而已

按謂夷狄之稱以文野言者春秋亦用是義僖二十七年杞子來朝傳曰杞用夷禮故曰子是即所謂諸侯用夷禮則夷之進於中國則中國之盖野則謂之夷狄文則謂之非夷狄一文野上之區別而已若謂以地域言則秦承周之後居文武之舊都當謂之中國矣而春秋乃貶之爲夷狄（公羊僖三十三年晉人及姜戎敗秦於殽其謂之秦何夷狄之也）又楚地固夷狄矣而邲之戰晉變而爲夷狄楚變而爲君子（春秋繁露竹林篇春秋之常辭也不予夷狄而予中國爲禮至邲之戰偏然反之晉變而爲夷狄楚變而爲君子）是知區別戎狄之不專以地域言也又若以種族言吳魯周皆同姓宜吳之不得目爲夷狄矣而春秋乃貶之爲夷狄（公羊昭二十三年吳敗頓胡沈蔡陳許之師于鷄父此偏戰也曷爲以詐戰之辭言之不與夷狄之主中國也然則曷爲不使中國主之中國亦新夷狄也又定四年蔡侯以吳子及楚人戰於伯莒楚師敗績吳何以稱子夷狄也）是又知區別戎狄之不專以種族言也盖秦雖居文武之地而以雜戎狄之俗故擯之爲夷狄吳雖爲泰伯之後而斷髮文身其禮儀不同上國故亦黜之爲夷狄然則孔子之意其即以文爲非戎狄野爲戎狄若戎狄而文則戎狄即中國而無夷狄之名中國而野則中國即戎狄而有戎狄之

稱矣余以爲孔子春秋所用戎狄之義其有合於原始戎狄命名之義歟

是說也。或有聞之而大怒者。曰若是是將夷吾之祖先於戎狄也。曰然吾且重益子之怒夫以今日進化論之理言之豈特戎狄吾人之祖先即一種之類人猿是也當猿爲人祖之說之初出也一時人心間之反響咸以爲儕吾人之人類於物類則人類之聲價不尊遂不覺其刺謬於吾人之耳而期期不敢奉是言以爲然其中基督教會中人以破壞其上帝造人之說尤抵死欲撲滅此說以爲快然經學者諸家之攷察其根柢益見確鑿至今日而反對之聲且銷遂一反從前之心理以爲人類之先爲動物人類之價值初不因之而滅且因之而增蓋動物以不能進化之故故至今猶限於動物而人類以能進化之故此其靈智之所以爲萬物長而吾人人類之可尊蓋未始不由乎此也然則吾亦欲取是說以解吾之言蓋戎狄以不能進化之故故不免冒戎狄之稱而吾種之祖先以能進化之故遂能出乎戎狄之上而別爲一文明之種族而於其始之與戎狄同種何害焉夫謂一人種之初突然由天降生此雖足自尊其祖然其說固毫無價值於今日之學界故不能不從進化之言其初則由動物而進於人類至旣爲人類而後則又由野蠻而進於文明。此進化上天然之階級。一無可超越者。故吾人不必諱其始之爲野蠻種族也。所爭者能進化而爲文明種族否耳。且謂吾種族中固無戎狄之血統乎。吾請從歷史上證其必有。不言其他。即吾人通俗所知百家姓中第一姓之趙。已有戎狄血統之明證在。攷之史。趙與秦同祖。其祖先實不詳。或謂顓頊之苗裔也。其果然乎否乎。就令其然。而趙氏至衰之世。從晉文公重耳出奔狄。狄伐廧咎如。廧咎如者。隗姓。赤狄之種也。狄得廧咎如之二女。以少女妻重耳。長女妻趙衰。按史記趙世家云以少女妻重耳長女妻趙衰然晉世家反之謂以長女妻重耳少女妻趙衰同一史記而自相矛盾若此太史公全部史記類此者甚多按左傳云以叔隗妻趙衰公子取季隗今取其有兩書相同者用之故定爲此說初重耳在晉時。趙衰前妻。亦生趙同趙括趙嬰齊。而狄女生盾。盾生朔。當晉景公時。屠岸賈誅趙氏。殺趙朔趙同趙括趙嬰齊。盡滅其族。惟趙朔妻有遺腹孤。程嬰杵臼匿之。乃得免。即趙武也。其後嗣趙氏。復大昌。由是言之。趙氏中絕。今之趙氏。皆朔遺孤武之後也。而武之父爲朔。朔之父爲盾。盾之母即狄女也。此趙氏承戎狄血統之可攷於歷史者。又若晉文公之子孫其在漢種中必多而文公之母固所謂大戎狐姬生重耳者是亦戎狄之血統也其餘不及覶引 今我種人。溯其祖先。又豈有不與趙氏結婚者乎。夫此猶據有歷史之後而言。若夫未有歷史。於太古茫茫曉雲之中。其

系統之果出戎狄否歟不可攷者甚多要之我種人中有戎狄之血統則據趙氏之史案已得鐵證是亦可無惡於認戎狄爲同種之說焉

余故揭是二義。一以戎狄爲原居中國之種族一以爲漢族者其原始與戎狄同種蓋即由戎狄而進化者果抱此二種之見解以讀中國之古史則其於觀察點必有與前人異者或者因此而得發見幾多之新事理以爲攷我國人種之一助乎未可知也若夫關於古史上全體民族之論。余別有中國古代民族攷茲不及陳。

余之標此二義也其將於日後更變其說與今日之所見有異乎（大抵一己所立之言隨歲月之經過不能不有多少之變更如前日余作中國人種攷主張西來之說近於此說亦頗有疑謂不過是備諸說之一說而已故余關於中國人種之見解已與前日有異但不及再著爲文以申明之附識於此）或益益攷据而得事實以證今日之所見爲不謬是皆非今日之吾之所得而知余但述今日區區之所見而已願飲冰室主人之還有以教我并望當世學者之質正焉。

附識　按太史公亦以匈奴與漢族爲同一人種。然以匈奴爲夏后氏之後。此當不然。主是說者。引樂彥括地譜云。夏桀無道。湯放之鳴條。三年而死。其子獯粥。妻桀之衆妾。避居北野。隨畜移徙。中國謂之匈奴。應劭風俗通云。殷時曰獯粥。改曰匈奴。據樂彥說。獯粥爲桀子之名。其後以名其族。然晉灼云。堯時曰葷粥。又太史公五帝本紀黃帝北逐葷粥。是葷粥在黃帝時已有之。即此可見其爲中國之古種。而非始自夏桀之後明矣。又太史公作文之一大病。上下文意多刺謬。余讀史記。每以此爲苦。試揭匈奴列傳開首數語云。匈奴其先夏后氏之苗裔也。曰淳維。按匈奴以天爲撐犁土耳其語騰里淳維者非匈奴之自指其種爲出自天者乎特別致之 唐虞以上有山戎獫狁葷粥。上既言匈奴爲夏后氏之苗裔。則匈奴當自夏后而始有之。而下忽云唐虞以上有何云云。又本傳前云匈奴無姓字而下云有呼衍氏蘭氏須卜氏此三姓皆貴種也前後文竟不一顧眞可謂奇 其詞意離奇惝恍。令人墮於五里霧中。而不知所從。要之太史公文。其氣韻固可謂極文辭之美者。而其前後刺謬。脈胳不清。則必不可以爲訓也。因其論匈奴爲出自夏后之事。適與其文字有相涉者。茲附及之。

（完）

◉前號正誤表

（篇名）	（葉）	（行）	（誤）	（正）
維朗氏詩學論	一	五	不能 脫不字	不能不求
仝	二	五	易人	人字衍
梭格拉底之談話法	五	一三	若	苦
社會待英雄之禮	二八	七	待之英雄	待英雄之

過去一年間世界大事記

飲冰

過去一年三百餘日間。而地球上一舊國亡焉。一新國建焉。其他各國內治上外交上。爲著大之變遷者。且以十數。嗚呼是可謂多事之年也已。抑亦世運以懸崖轉石之勢。其變化之激烈。有不得不然者耶。甯得曰與我無直接關係。而秦越肥瘠相視也。今以紀事本末體。述其犖犖大者如干事。

第一 瑞典那威之分離

(甲)前記

兩國聯合之由來 那威舊屬丹麥。既四百年。至一八一四年。丹麥以維也納列國同盟會議之壓迫制之以與瑞典。那威人民大反抗。主張自制憲法。自選國王。於是瑞那間遂動干戈。時瑞典王比爾訥洞察形勢。爲調和之策。乃從那威人民所希望。許其自立國家。自制憲法。而以瑞王兼王之。於是於國際法上現出一種新式之國家。即所謂物合國 Peaeunion 是也。物合國者物質上的連合之意也。即兩國家於其內部各爲自治。對於外部則全然合一。國際法上認爲唯一之權利主體者也。世界上此種國家僅有二。其一瑞那。其他則奧匈也。然瑞那之成立先於奧匈五十餘年。今瑞那既分。則僅餘其一耳。其成立實以一八一五年八月。

兩國聯合之困難　聯合案雖明言出於兩國民自由意志。實則被迫於外界。不得已耳。察其內部。則兩國實無可以聯合之要素。蓋徵諸既往之歷史。兩國未嘗同戴一政府。又未嘗互爲主屬。而國民性質。又各異其揆。就政治方面論。則瑞典君主貴族政也。那威民主政也。就經濟的方面論。則瑞典重農業而主張保護貿易者也。那威重工商業而主張自由貿易者也。以此之故。兩國間利害動相背馳。軋轢之伏機。九十年來。殆如一日。

外交權問題　瑞那兩國古來之政治思想。皆以外交事務屬於國王之私權。國王則經由外務大臣以行使此權利。幾於認外交官爲非國家之代表。而國王箇人之代表也。而物合國在國際法上認爲唯一之權利主體。則其外交權之不可分更甚明。故那威從丹麥分離後。此權晏然入於瑞王之手。如是者數十年。迨一八八五年。瑞典始頒一法律曰。外務大臣對於瑞典之國會而負責任。（疇昔認爲國王代表而非國家代表故對於國會而不負責任）於是那威人大激昂。蓋那威之內閣無外務。瑞典之外務大臣。即攝那威之外交事務者也。今僅對瑞典國會而負責任。對那威國會而全無責任。是不啻剝奪那人外交上種種之權利也。此那人所持之說也。雖然。外務大臣者。瑞典之閣員也。瑞典閣員無對於那威國會而負責任之理。此瑞人所持之說也。如是相持者歲餘。不能決。那人又特別設那威外務大臣之議。雖然。以國際法上獨一之權利主體。而有兩外交機關。是亦不可行。於是那人建議。悉歸失敗。

●●●●特設領事官問題　外務大臣問題失敗。領事官問題繼之。此問題實由那威海運業發達之結果。自然而生者也。蓋瑞典採保護關稅主義。那威採自由關稅主義。其利害關係。自不相容。而那威海運業。比諸瑞典。其盛大蓋三倍。那威於領事行政。負擔其經費之半。而領事官之任命。乃由瑞典國。而非由瑞那聯合國。此那人所大不平也。故一八九一年此問題漸爲實際問題。那威特設委員會以研究之。決議自設領事。自此瑞那兩議會爭論紛紛。波瀾萬丈。直至一九〇一年由瑞典發議開兩國聯合委員會。以審議此事。其決議大略如下。

(一)兩國各設獨立之領事官。該領事官各屬於其本國政府。

(二)兩國領事官對於外務大臣及其他外交官之關係。由兩國議會制同樣之法律以規定之。但此法律非經兩國之同意不能廢止變更。

此決議於一九〇三年十二月通過聯合議會。經國王裁可。於是十年來之爭端漸息。

(乙)本記

瑞典之食言　自是那威政府。遂汲汲制定法律。以一九〇四年五月草案成。以正式致諸瑞都。而瑞典之覆答。逾時不至。且前外務大臣向表同情於那威者。忽辭職。首相波士的林兼之。那人大失望。迨一九〇四年十一月覆答至。則與草案之精神大相剌謬。謂凡領事官之任免及監督。皆屬於外務大臣權限。那人大恚。

那威之強硬及瑞那之衝突　一九〇五年(即去年)三月那威內閣總辭職。米京遜氏爲首相以非常强硬之決心。對於瑞政府。謂依一八一五年之協約。那威可不俟瑞典之同意。而有派遣領事之權。遂制定法律。以全院一致通過於議會。時五月十八日也。既決議。以草案上國王。二十七日國王拒絕不予裁可。那威內閣引責辭職。不許。前此那威之保守黨。刻意欲維持兩國之聯合。至是鑑已往之失敗。察大勢之所趨。遂擲棄黨見。與急激黨相提携。捧强硬之決心爲後府後援。

分離之宣言　六月二日首相米京遜臨議會。報告國王拒絕裁可之事。國民代表者。咸以王之決心與國民之希望。全相背馳。不得不出最後之手段。自六日下午至七日黎明。徹夜開會。以議分離之舉。其日午前十時。再開會。首相米氏代表全閣員而報告於議會曰。國王陛下對于此事件之態度。全與立憲精神相反。現內閣不能任其責。謹辭職以聽處置於國民。於是議會以非常肅穆之態。宣告阿士加陛下已失那威王位。瑞那聯合亦同時解體。以前內閣員組織假政府。使於現行憲法及法律之下。暫時行使王權。且上一奏議於前王。謂此舉純爲自由獨立起見。非有所憾於王室。亦非有所憾於瑞典國民。故願戴阿士加陛下一子爲國王。此奏議除五名之社會黨員外。其他議員皆熱心贊成。八日創設外務省。九日懸新國旗。於是九十年來相提携之姊妹國。一旦絕緣。

●●●●兩國間之危機　七月二十五日瑞典政府提出分離案於國會。全體一致否決。其結果致瑞典內閣之動搖。八月二日。新內閣成立。那威則以八月十三日提出分離案。行全國國民投票。贊成者三十六萬八千二百票。反對者僅百八十四票。而瑞那兩方之報紙。頻比較兩國之軍備。蓋據最近統計。瑞典步兵七五六〇〇、騎兵二五〇〇、砲兵四五〇、總計七八五〇〇人。砲二四〇門。那威步兵五五、一四〇、他種兵一四八七八、總計七〇、〇一八人。砲一八六門。而瑞典軍艦總數六十五隻。內甲裝者十一。那威軍艦總數五十一隻。內甲裝者四隻云。

●●●●分離之協商　卒乃兩國互派委員協商分離善後事宜。八月三十日會議於卡爾士達。因破壞要塞一條。相持不下。戰機殆將破裂。至九月二十三日。兩國卒以交讓精神。結協商案五條。(一)兩國有爭議。委之於海牙之仲裁裁判。(二)設定中立帶地。兩國各破壞要塞。(三)畫定牧畜權之地域。(四)貨物通過國境。不增稅率。(五)航路依各國成例。而兩

國舊有之利益互相尊重之

分離之確定 瑞典議會卒承認此協商案十月十六日決議解瑞那之結合國王阿士加旋以正式公文承認那威獨立通告列國同時致一書於那威議會之議長曰貴議會爲不法的決議乃至並寡人本有之否認權亦侵及焉寡人覥然擁虛器於其上更胡爲者以此之故謹揮老淚與所愛之國土人民告別若乃卿等盛意欲戴寡人之血族以作新君懼徒生猜嫌非兩國之福謹辭初分離問題之初起那威國民中或主立君或主共和論爭頗烈卒以十月三十一日議會對於二十九票而得八十七票之多數決議迎立丹麥之卡爾親王爲那威王

結論 嗚呼昔也瑞典不費一鏃之矢而得統治權於那威今也那威不流一滴之血而得自由權於瑞典九十年間殆如一夢豈所謂天道好還者耶雖然似此平和高潔之革命抑亦有史以來未之前聞矣無他其自治之有機體本已發達完滿時機既熟而人事適與之相應也

記載

第一　摩洛哥事件

日俄戰爭之影響　語曰。牽一髮而全身動。其今世界之謂乎。日俄戰爭之影響。不徒及於亞細亞歐羅巴。乃間接而波蕩於亞非利加之一隅。

摩洛哥之位置及其與列國之關係　摩洛哥。非洲西北隅一帝國也。名雖爲帝。實則其君主之權力。時漲時縮。所及者僅全國四分之一。此外諸地。則無量獨立之部落相對峙。相鹵掠。實迷信腐敗之淵藪也。顧其雨量多。地味饒。且富於金礦。故歐人冒險者頗往焉。其良港灣惟丹治耶一地。外國貿易亦蹋蹐於此港及其附近。雖然。此港實當齊布拉達海峽之衝。爲地中海之西門。與亞爾治耶相屬。又與西班牙隔一衣帶水。遙遙相望。彼齊布拉達者。英國所恃以制地中海海權者也。彼亞爾治耶者。法國之領土也。故英法班三國。皆與此地有非常重要之關係。

英法班之相持　地中海以南。撒哈拉沙漠以北。拿安岬以東。波翁岬以西。一片大地。總名爲馬格列布。盖日沒之義也。摩洛哥、阿爾塞利、條尼士三國在焉。法人既奄有阿爾塞利。占此大地之中央，復進而東。以條尼士爲保護國。於是更欲進而西。植勢力於摩洛哥。此自然之勢也。而法國若實行此政策，則首蒙其損害者英班兩國也。西班牙與摩洛哥隔一葦之海峽，常欲掠奪之以自固。當一八六〇年一八八四年嘗兩次署其沿岸之地。其野心可見。今雖國力未充，而跛不忘履。惟欲摩人保持現狀，以待將來可取之機。故法人所主張摩洛哥內地門戶開放政策，班人所大不利也。（一九〇一年班之政治家錫爾烏拉嘗云有人於此謀開一街道而危及我不動產之安全則我有反對開此街道之權利街道指摩洛哥不動產指西班牙本國也）英國在摩洛哥，其商業上關係頗多。蓋英之貿易額，視法之在摩者多三分之二也。不甯惟是，其於戰略上更有重大之利害。英人欲握地中海海權，當一六六一年既取丹治耶（即摩洛哥唯一之良港）於葡人之手，越二十年而失之。其根未嘗一日忘也。未幾復得齊布拉達。（丹治耶對岸）今以爲海軍根據地。地中海西門之重鎮焉。雖然，其食糧飲料不可不仰給於摩洛哥。苟有他國焉在摩洛哥沿岸別得海軍根據地，則齊布拉達之戰略上價值爲之頓銷。故爲英人計，能奄有摩洛哥上也。即不能，亦不可使入於他國勢力範圍。（英名將訥爾遜常曰丹治耶不可不常在弱國之手）故英人之開闢商地，雖唯力是視，獨於摩洛哥內地之門戶開放，則不甚表同情也。

狄爾加士之政策　法外部大臣狄爾加士。當代第一流之外交家也。就職以來。以經營摩洛哥爲重要政略。然此地既與英班有密切關係。法人欲得志於摩。不可不先與彼兩國協商明也。會英杜戰爭起於南非。狄氏利用此機。謂英人不遑北顧也。欲圈出英國而專商諸西班牙。一九〇二年十一月。法班兩國成一秘密協商。大約舉摩洛哥中分南北。班取其北。法取其南。而以丹治耶附近爲中立地。免太觸英忌。其他種種條件。秘不盡傳。此密約將次成立。而班人抱將來之希望。不欲法人獲特別權利也。又無圈出英人之決心也。卒反對分割之議。而狄氏之計畫遂空。

英法協商之成立　狄氏見班人之不足與謀也。乃轉而求助於英。英人首欲得丹治耶以與齊布拉達相特角。法人憚海峽控制權。盡落英手也。堅不許議幾破。時一九〇三年三月也。翌年卒以埃及問題摩洛哥問題相屬解決。英國在埃及。法國在摩洛哥。皆宣言無變更其國體之意。惟法國認英國在埃及有優越之權。凡英對埃之一切行動不妨害之。英國認法國在摩洛哥有優越之權。凡法對摩之一切行動不妨害之。而兩地內地。皆取門戶開放利益均沾主義。又此兩國之關稅租稅及汽車脚價。常使平均。又丹治耶一帶地。不得築壘寨及其他關於戰略上之工事。此協商案以一九〇四年四月八日發布。法國旋以商諸西班牙。其年十月法班協商成。法人得此兩協商以盾其後。遂欲漸漬其勢力於全摩。期以若干年使成爲完全之保護國。德國之霹靂手段　德法仇也。德皇又當代唯一之野心家也。又憾法人於此事件專商諸英班而視德若無物也。自其協商之始。既不慊之。而苦於發難之無名。且憚俄法同盟之不易侮也。及去年春。俄軍連敗於滿洲。旅順亦既陷落。德皇覬法之孤立也。突以三月下旬巡行地中海。途次忽幸丹治耶。與摩帝相見。雖登岸僅二小時。而備受摩人之歡迎。舉都若狂焉。德皇此舉。如神龍出沒。不可方物。而其本意在諷示摩人以德之可恃。間接以妨害法人在摩之舉動。章章不能掩也。各國對於此事之批評　德皇此種奇異之舉措。忽聳動全世界。各國報紙。紛紛議論。而最憤激者。厥惟法人。不俟問矣。英人亦滋不慊焉。英后同時亦巡地中海。而避德皇不與相見。英皇復微行巴黎。與法大統領會晤。此實英法兩國對於德國而爲示威運動也。雖然。英人之必不肯賭國力以助他人保優勝之地位。不待言矣。英皇此舉。毋亦

記載

市不費之惠於法云爾。於是德相彼羅氏在議會關於此事件而演說曰。德國絕無侵略摩洛哥之野心。惟欲保護商業上之利益而已。且德與摩一切商業上交涉。不欲介於他國以行之。惟欲與摩帝直接行之。此德國之志也。

●德報之言● 德國半官報對於法國諸報之攻詰。夷然答之曰。『英法協商。未通告於我德。我德雖無以第三國之資格干涉他人協商之權利。雖然摩帝之主權。與法國之權力果無衝突否乎。吾不能無疑。抑法人行保護權於條尼士。而該國內他邦商業利益全被排斥。摩洛哥得毋有同一之結果乎。此亦第三國所不可不慮及也』法之各報。舉英法協商中開放門戶之語以相難。德報答之曰。吾不知有英法協商。吾不認法人有若何之地位。吾德人與摩洛哥交涉。不必經法國之手。猶吾皇由伯林赴丹治耶。不必經巴黎也。

●德國第二次霹靂手段● 德人所藉口者曰摩洛哥開放門戶之不確實也。法人欲釋此蒂芥。乃以四月十四日。用正式之照會。致法使。爲確實之保證。且叩德人用意之所存。乃德人遷延不答。忽出不意。命塔丁伯哈爲駐摩公使。塔氏者。以熟諳摩洛哥情狀聞於時者也。其任之也。將使摩人益暱德而疏法。說摩帝使與一八八〇年參列馬德列會議。此會議即瓜分非洲之會議也諸國相謀。再開第二次會議。毋使得有一國焉獨占優勝之地位。摩帝大感之。

狄爾加士之末路 時法人方提出改革案於摩廷。德使塔氏。勸摩帝退還之。而別開列國會議。英人見德人之燄日張。而法人之氣日苶也。乃急遣特使羅梭氏適摩。思有所調停。塔氏於其未抵摩都之前二日。且脅且誘。竭種種之力。勸摩廷使決定會議之舉。摩廷亦思乘列國相爭。以苟延殘喘於歲月也。乃采其議。以五月廿七日牒告法國。謂以他國代行改革內政之業。非民意所許。同時通牒各國。乞開會議於丹治耶。以討議摩洛哥改革案。於是一年前由英法協商案內法國所得之利益。遂盡爲德人所破壞。所贏得者確定英人在埃及之地位而已。狄爾加士數年來所苦心經營。竟如一夢蓋狄氏之主持此政策也。閣員中自初既有不表同情者。至是益責其種種失機。嬉笑怒罵之言。不堪入耳。六月六日狄氏遂引責辭職。首相盧威兼攝外務大臣。計狄氏當外交之衝。既已七年。親俄暱英聯班。拔法國於孤立窮蹙之地位。而進諸高明。以破壞

俾士麥之陰謀（俾士麥晚年政策全在代法人之交使之孤立）其手段之敏功績之偉有令人驚歎者今以此見排於政界識者爲法廷惜之

●德法協商　新外務大臣盧氏。一反狄氏之政略。願放棄已得之摩洛哥保護權。與德國爲平和協商。受任之當日即與駐巴黎之德使會晤。爾後復頻數會晤。六月二十一日照會德使。陳法國所主張。同時適法之陸軍大臣有類於挑戰的演說。兩國人心皆大激昂。及廿七日德國覆牒至。七月八日協商成。法人撤回抗議。願豫列於列國會議。德國亦願於會議時尊敬法國在摩洛哥正當之利益及各種條約上之權利。法人雖不慊焉而無如何也。

●列國會議　九月二十八日兩國遂協定會議之範圍。定開議於西班牙之亞奇的拉士。英與班美諸國皆與焉。今會議方進行中。而兩國衝突之報頻聞。未知結果之何若也。

●結論　此事於我國毫無直接間接之關係。雖然。此事世界大事也。抑亦有重要諸點。可爲我國鑒者。(一)觀此可知甲國之事而乙丙諸國標以爲目的物而協商之者即不認中國爲完全獨立之表徵也試問嘗有以英國爲目的而德法協商者乎有以俄國爲目的而英美協商者乎故觀英法法班德法之協商則知摩雖未爲法之保護國而各國固早不以獨立國視摩矣舉較近之例則朝鮮是矣光緒十一年則中日協商也光緒廿二年則日俄協商也最近則英日協商也皆以朝鮮爲目的物也明夫此則當思美國宣言門戶開放時其目的物爲誰兩次之英日同盟協約其目的物爲誰是安可以不悚也(二)觀此可知列國乘帝國主義之高潮各狡焉思啓其野心之蓬勃其手段之詭異眞有龍拏虎攫之概現象瞬息百變出人意表苟非有銳敏之眼光老練之手腕必不足以立於外交之衝以保持國家之地位名譽而吾國之養成此才當由何道也(三)觀此可知列强之中惟德人更有不可思議之氣象一舉一動莫不有機心存於其間而其精思雄力辣手急才皆足與之相應惟如是故於其一舉一動皆不可不加特別之注意自日俄媾和以後彼之對於我忽若棄其强酷政策而執懷柔政策其用意所在不可不熟察也嗚呼毋曰一池春水干卿甚事雖區區之摩洛哥事件抑亦前事之師耳

(未完)

美人手

紅葉閣鳳仙女史譯述

第三十五回 追憶賊蹤看傻者說 熬心婚事怕聞友言

却說瑪琪拖亞。一心一意。欲查出那澤瀨娘同伴的鬍臉漢的根底，故特意問牛田是甚麼人。僥倖助摩祖答出是貴婦人的馬夫。以爲今天總查得點着實的影子。不意再問那貴婦人是誰。助摩祖竟說不出。依然是趁得個空心。中大是失望。不得已遶過彎子。再向別處一走。心裡想道。圖理舍譽銀行是他最走慣的。不如領他到那邊去。或者倒有些料不到的事想起也未可知。於是邁步抄過馬的盧街。一路上瑪琪拖亞又問道。丸田夫人你可認得嗎。助摩祖道。何止認得我祖母同夫人實在相好得狠呢我祖母見着夫人都是照直喚他乳名絕不講客氣的呢瑪琪拖亞聽着駭道。怎麼呀。汝祖母時常直喚夫人的乳名助摩祖道。怕甚麼我祖母是夫人的乳媽。夫人是我祖母褓養大的瑪琪拖亞道。就是乳媽他如今做了夫人。也該讓讓他。一路跑。一路說也記不清許多閒言看看已走到圖理舍轡銀行門前瑪琪拖亞也不客氣。攜着助摩祖一直跑進裡面到了賬房見了伊古那。對着他耳朶邊說道日前金庫被盜的事情聞說助摩祖那厮知道幾分。故而今天領他來若照平時那厮清醒醒的未必肯說幸虧此刻他帶點儍病不論甚的想着儘說倒還有點用處我如今領他到各處去試試他你說好不好呢。伊古那自從那天被瑪琪拖亞搶白了幾句心心念念祇盼着吉期恐怕婚姻變卦不到手一聞題起美治阿士有關係的事故就像搗杵搗着心坎血潮振盪起來是時聽了瑪琪拖亞的言心裡狠不舒服也不回答有意無意的畧畧把頭一點却說助摩祖。進到賬房好像腦裏有許多事物感觸東張西望似有領會忽然探首瞧着鐵櫃驚叫道啊喲怎麼這幾個字都變了昨天不是用着我家姑娘的名字麼瑪琪拖亞道你怎麼知道助摩祖道。我那天沒有人在的時候也曾念過來呢瑪琪拖亞道。念他做甚麼。想是誰托你念給他聽麼助摩祖道。那也記不清祇記得我是明明念過的既又曰。是呢。似乎有人托過我呢瑪琪拖亞急問道。誰托你呢。助摩祖道。誰呢。說着。低着頭抓着耳朵儘想然終想不出瑪琪拖亞又道。我且問你往日銀行散場之後。你有進來這裡沒有。助摩祖答道。有、夜裡人靜後約十點鐘時分這裡常有耗子跑出來窸窸窣窣我鑽進鐵柵裏看看見那鐵櫃蹲出個和尙來實在怕人呢瑪琪拖亞同伊古那聽着不覺神色一動。面面相覷。復向助摩祖睜着眼睛問道。你怎麼夜裡跑進鐵柵裏去。助摩祖道。就是那一天夜裡十一點鐘進過去這鐵柵裏堆着許多字紙一片片都像是手掌兒那麼大的呢瑪琪拖亞想道。他無故跑進金庫裏邊又見那甚麼和尙甚麼掌兒大的字紙這和尙雖料不出是甚麼東西那掌兒大的字紙不分明是鈔票的模樣麼既看得那麼親切諒來必有點古怪或者失竊之事就是他傳遞也不可知欲待細加盤詰覺他問非所答漸離了題知他腦復昏亂不得已暫把本題推開問些沒要緊的話候其腦力漸復又慢慢拍到本題但無論何法助摩祖祇是搖頭掉腦絕想不起瑪琪拖亞沒法祇得丟下不問讓他尋思好一會兒助摩祖忽開口道那個荷理別夫大尉近日沒有來嗎他的鐵匣子不是被人家偸了嗎瑪琪拖亞道。你知道是誰偷了麼。助摩祖道。知道的就是養馬那個人呢。瑪琪拖亞驚道。甚麼呀。就是養馬的牛田麼。助摩祖點首道。是的是的就是那牛田偸了。瑪琪拖亞道。還有呢。當時不是有一位姑娘同彩兒嗎。助摩祖道。那却不知道。但知道偸鐵匣子的是牛田。那是的確的。瑪琪拖亞聽說。心裡盤算道。那鬍臉漢與荷理別夫因甚的過不去。要這樣害他呢。盜這鐵匣子諒助摩祖那厮必是個同謀的。但還有一個斷手的美人。究是誰呢。不是澤瀨阿梅。經已查探明白。莫非澤瀨阿梅之外。還有甚麼姊妹甚麼親戚不成。他如今鐵匣子已得手了。手釧也奪回了。諒然早已跑向外國去。這樁事料來破案也難了。想罷。對伊古那道。你聽見嗎。然則這案情與美治阿士是無關了。伊古那怔了怔道。焉知美治阿士不與牛田同黨的。瑪琪拖亞道。彼此沒得憑據。也難決好歹。我總要翻出個底兒來。伊古那道。能彀翻得出。我狠望你。我向來本說美治阿士無罪。被你們的議論所擋攪纔弄得沒主意。如果確鑿找得出沒罪的憑據來。那是我最盼望的。伊古那嘴裡雖這般說。心裡打算道。若果翻出無罪的證據來。霞那姑娘的心。必然回向舊人。我這段姻緣豈不是白白斷送了。但這個主見不能告人。祇有苦在心頭。萬分懊惱。是時三人。

默然停了一會。瑪琪拖亞覺無甚話說。遂携了助摩祖的手。踱出銀行。又到街上去。未知這回在街上又探出有何異聞且待下回分解。

第三十六回　扶病嬌娃再翻情愛　受傷驀地陡觸遺忘

却說瑪琪拖亞携着助摩祖的手。步出銀行。剛至門前。忽見阿霞那扶着他保姆。像是要出門的光景。瑪琪拖亞久未與霞那相見凑巧此刻碰着。自然要殷勤一回。是時瑪琪拖亞急蹌進幾步。呼道。霞那妹子。那裡去。霞那聞喚。回頭一睇。覺其容色銷減了好幾分。臉帶青白。眼胞兒浮腫。記起班門內的議論。知他為愁哭之故。瘦損到這步田地霞那見是中表瑪琪拖亞。兩頰間强掙出點兒笑痕。有氣無力的答道。今天去找畫師描個小影。瑪琪拖亞道。可巧我也閒着。陪着你走走道。我還有點話兒要同你說說呢。那保姆聽着。瞪了霞那一眼。轉面代回答道。相公同行。好是好的。但姑娘此刻實在不是找畫師。實在欲訪丸田夫人。因為適纔夫人到來。說要會我家姑娘。究竟不知因甚事呢。瑪琪拖亞見說。心裡一跳。想道。我頃自夫人府中來。夫人纔臥病着。怎能彀到行裡來呢。因問道。是丸田夫人自已來麼。保姆道。是的。就是夫人一人。并沒有帶隨從。他硬要請姑娘相見。說有話要同姑娘商量。主人好容易纔把他推斷。主人說他勢位比主人的門戶大。恐妨惹姑娘染了習氣。故不肯給姑娘來往呢。看官。你道丸田夫人因甚事猝然獨自來訪霞那呢。驟看來。覺得狠奇。但細細一想原因。實在并不希奇。怎麼解呢。日來夫人爲着霞那婚姻。刻刻在念。這情景於前回烏拉醫生口裡已把心迹透露出來。今番會着瑪琪拖亞敘了一番說話。愈把他熱血激動。瑪琪拖亞去後他困臥牀褥。左右思量。更按擦不住。故掙扎起。急急要尋找霞那。他的來頭。就是這個原故呢。

却說那保姆又問道。相公夫人究竟爲怎的要見姑娘呢。夫人不是相公認得的麼。聞夫人說道。他今番求見姑娘的意思。相公是知道的。又說相公也十分贊成。實在是甚的事呢。瑪琪拖亞見問。知道事不能隱瞞。因直對霞那道。這事本不該對你們說。實在夫人的意思。決定美治阿士無罪。要盡力設法救他呢。霞那忽聞提起美治阿士名字。在心裡拍鹿一跳。獃獃站着。臉色更青白起來。保姆道。相公向來不是信美治阿士有罪的麼。怎麼也贊成夫人之意呢。瑪琪拖亞道。美治阿士有罪沒罪。不過照我私意所測度。實在沒有憑據。如今夫人挑上肩來決意要救他。我也勸不過來。霞那聽說。默然如有所思。好一會兒。低聲問道。然則照丸田夫人主見。美治阿士現在何處呢。還在此巴黎城內。麼瑪琪拖亞道。夫人說。美治阿士一定落了讎家之手。被困不得出。連消息也遞不得點兒出來。想那天公園失約。就是當這個原故。要之仍沒得眞下落。恍惚這點蹤影，是從助摩祖探聽出來。可惜助摩祖碰傷了腦壳子。把前事都忘了。你看他憨癡癡的，有佮法呢。保姆道。助摩祖怎能彀知道呢。瑪琪拖亞道。那却不曉得。據夫人所說。此事惟有助摩祖知得透亮。他沒受傷之前。曾對夫人說過。故此夫人起念要救美治阿士呢。霞那聽着。顫聲問道。然則助摩祖。料定美治阿士是無罪的。麼瑪琪拖亞道。照助摩祖的意思。那椿事。與美治阿士實一點兒沒干連。霞那聽至此。把舊日情愛的根苗。一時翻動。他自從公園失約以後。美治阿士與他絕了消息。這點惱怨的相思也漸漸橫了心拋撇。却日前他父親把他轉配了伊古那。他也沒得說。惟有暗自落淚。傷此身命。如今忽聞了這番說話。知到美治阿士幷非有意負心。又聞他屈陷在讎家。而且他幷沒有罪。不覺心裡無限的酸楚。好像要替美治阿士把苦擔子挑了過來。這點凄涼兒着心坎兒實在難過。祇見他低了頭。蹙着眉尖。青白的臉兒漸漸紫漲起來。瑪琪拖亞見他這般情景。知道說話造次。觸起霞那心事。深悔孟浪。搭趔着道。那也說不定。不過各人有各人的意見罷咧。我如今怎的也不說。祗因你問及夫人來意。我姑就所聞通你個消息。至於要見夫人與否。這是你的主意。我也不管。我如今要向那大路去。送這傻子回家、我也不追陪了。說着。携了助摩祖的手。轉向比古尼街而去。却說助摩祖隨着瑪琪拖亞到了比古尼街、剛打從一家門前經過、這家第宅甚軒敞。鐵柵欄外。圍着四面高墻。助摩祖一見。心裡忽若有所觸。叫道。這裡是了。這裡是了。就是在這個屋子裡頭了。瑪琪拖亞見他指着那家混叫。心裡疑怪起來。問道。你說那家怎的。助摩祖道。美治阿士相公就是困在這裡樓上了。瑪琪拖亞益驚疑道。甚麼呀。美治阿士就在這屋裡。助摩祖道。是的。是的。到如今我纔想出來。我栽下來碰懵了。就是在這圍墻呢。我還記得昨天晌午在這裡街上閒逛。碰見美治阿士相公坐着一輛滿新的馬車。跑進這屋裡。後來歇了一點鐘久。那馬車換了別人乘坐出門去了。我就料到美治阿士相公一定上了人當。困在屋裡。到了晚上。心裡放不下。我就在人家借了一輛繩結梯子。爬上圍墻。要探探他的動靜。恰好爬到墻脊。美治阿士相公在樓上窗戶站着。正正打了個對面不想後頭來了個甚麼東西把我一扯就連魂魄都扯了出來以後如何就不知到了瑪琪拖亞道。你這話。莫非是做夢的麼。助摩祖道。我記得狠清切那裡是夢瑪琪拖亞道。那繩結的梯子你從那裡借來呢助摩祖道。這却記不起但記得梯子搭着那畸角兒把灰泥拉塌了點子說着。仰首察看墻頭指着道這缺處就是了瑪琪拖亞道。美治阿士在這屋裡。你確記得沒有錯嗎。助摩祖道。確記得斷然錯不了瑪琪拖亞見說。自想道。聽助摩祖這一頓話。確確鑿鑿。不像撒謊。況且那天美治阿士坐着双馬車正在前街拯着事體暗合諒來總有原故但因何受困是他自己投進羅網抑或墮人奸計的呢又如今事隔多日美治阿士還在這屋裡否呢若要救他用何法纔能彀把他出脫呢未知瑪琪拖亞。想出個甚麼計策來。且聽下回分解。

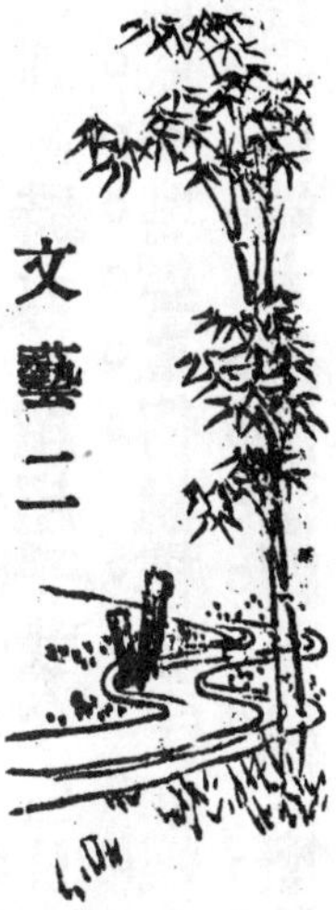

文藝二

飲冰室詩話

飲冰

南海先生在美洲近寄數詩。其一題云。『陳登萊及門人陳繼儼。募修白沙先生嘉會樓。楚雲臺。求題二額。追思與簡竹居舊游。寫寄二子』詩云『世界之學派。心物別兩支。希臘。索格底。印度釋牟尼。神我標妙諦。一切相棄遺。耶氏言靈魂。佛說出餘枝。大概古教主。靈明多主之。開口講明德。大學第一辭。孔道雖兼賅。作聖貴睿思。萬物備於我。孟氏發精奇。象山遙接緒。指心之論師。江門風月深。靜中養端倪。得此把柄入。萬化皆我隨。天地可闔闢。世界等塵微。渺絕姑射仙。綽約冰雪姿。大教移薄海。姚江醱其醨。尚想楚雲臺。妙契出希夷。吾緬鄉先生。嶺學光在茲。疇昔曾齋心。超出造物兒。既現救國身。未肯脫垢衣。不忍心難絕。且復隨慈悲。大地無不到。現身無不爲。猥以行患難。美洲道逶遲。前遊二十年。黃雲紫水湄。吾友簡朝亮。碩德竹猗猗。攜手登釣臺。展賞謁遺祠。

撫摩碧玉珪，瓣香獻所思，躊躇嘉會樓，尙想舊風規。圭山端以直，紫水淸以漪。方今易新世學風盡掃披舉國飲狂泉功利醉于飴誰肯搜文獻拂拭有道碑我過歐列國好古賢是希壞宅千百年修舊加敬之豈料兩陳子。古義照鬚眉。慨修前賢蹟。命我題其楣教宗有運會盛衰可感欷千年太平後心學重張施中國學必光視我白沙詩』吾先生夙以陸王學迪後進。而尤契白沙。蓋十年西樵。所證略同。也讀此詩猶穆然想見萬木講學時爾。

其二題云。『吾曾經滑鐵盧。見擒拿破崙處。及在巴黎。觀其陵墓旗旌紀功坊。壯麗甚矣。及遊蠟人院。見拿翁帳中殗殜狀。爲淒然於盖世雄也。賦詩寫寄任弟。』詩云『滑鐵盧中龍血黃囚龍荒島太蒼涼萬里戰雲收絕海十年覇業對斜陽旌旗慘淡藏歸櫬觀闕華嚴指古坊最痛總帷殗殜處奈何低唱月微茫』

其三爲巴黎登汽球歌。詩云。『超超乎我今白日上青天杳杳乎俯視地上山與川身輕浩蕩入雲霧脚底奇特聳峯巒巍樓峻宇如蟻穴車馳馬躍似蟻旋千尺銅樓宇內高第一下覽若揷尖筆端大道蕩蕩轉羊腸幺麼牌坊拿破崙青綠邱壑大如掌乃是廿里哀倫大公園。巴黎天下大都會。百萬戶口繞風煙。人民城郭數歷歷。廻風飄飄天上船。渺渺青霄游倘怳。不知是何世界何川原。德英羅馬皆冪冪。埃及突厥何圈豚。或者已度東亞海。臨睨禹域爲潸然。或者去我惡濁世。突出諸天之外焉。諸天世界多樂土。一星一界何殷繁。禮樂文章皆別特。七寶絢爛生妙蓮。音聲有樹樂自發。其論微妙入神顚。其俗大同無爭鬭。其世太平人聖賢。神瀵飲罷顏色好。香積食旣善見宣。但有喜樂無哀怒。長壽無量億萬千。忽視地球衆生苦。哀爾多難醉腥膻。諸天億刼曾歷盡。無欣無厭隨所便。不忍之心發難滅。再入地獄救斯民。特來世間尋煩惱。不願天上作神仙。復從虛空降塵土。廻望蒼蒼又自憐。問我何能上虛空。汽球之制天無功。汽球周圍十餘丈。中實輕氣能御風。籐筐八尺懸球下。圓周有闌空其中。長繩絙地貫筐內。繩放球起漸漸上蒼穹。長繩一割隨風蕩。飄飄碧落游無窮。吾後登者球墮地。諸客骨折心忡忡。吾女同璧後來遊。球不復用天難通。我幸得時曾升天。天上舊夢猶迷濛」

其四爲加拿大海島臥病歲暮感懷五首。詩云「東遼鼙鼓人中立。西藏風雲我不知。絕好江山誰筦領。空看書畫想迷離。從何說起中朝事。日飲亡何長夜悲。忽念祖宗開國略艱難百戰是何時」一入道山川磨邏毒舊封箕子不神靈殷商血屬惟存汝晉楚干戈可有名保護有人寧遣使。太平無事可裁兵。漢陽姬氏於今盡周鼎摩挲目不瞑」一王母瑤池麗上清蟠桃正熟賜飛瓊鈞天廣樂聞同醉驪火燒烽不少驚欲勸長星來飲酒更增圍獵一開營海枯天隕生何世哀我蒸黎痛失聲」一華胥夢入境迷濛又隳迷途大霧中衆瞽啾啾同論日羣雌粥粥乃無雄狂泉大飲奇歌舞博夜摸行失北東獨有餐氈北海者冰天雪窖臥書空」一縱橫宙合周寰宇飄泊身名度落機澤畔行吟無遠近海邊齧雪太支離一年垂盡陰陽戰萬樹僵枯雲物悲誰識伍胥吳市日鬢鬚全白異當時

平說（續第七十一號）

寅白

外篇

中國無事不可亡。而最足以召亡者則莫兵若。此近今之政治家。所以以講求兵事爲急務也。然驟以東西列强之軍國民。望之中國。則恐有所不及。故今日之急務。惟在振刷精神。採擇新法。積十年之精力。練百萬之死軍。以救其亡。死軍者何。立必死之法。作敢死之氣。而使之不得不死也。是以有進死無退生。有死地無生地。惟當進死以求生。斷無退生而可以求生也。惟據死地以求生。斷無求生地而遂可以得生也。此謂必死之法。而後敢死之氣。可以不餒。噫、不死于敵則死于法。死等耳。自非概無知識。而斷未有不知所擇者也。是以有城存與存城亡與亡之令。自可振其頹墮之風。有兵盡添兵將盡添將之諭。自可立其勇往之志。人才雖少。不恃棄軍失地之臣。天地雖寬。不赦失伍離營之卒。于是而必死之法立。與其死于法而且失其名。不若死于敵尚未必至死。即死亦不失名。此不待知者而決之也。且人之不致死于敵者。爲其退可以生也。彼既知退無可以生。則求生之道。自不得不變而致力于敵以求之也。故求生則必不生。致死則必不死也。況中國人心奸猾。民質卑弱。無禦外志。無愛國心。使非有必死之法以驅之。彼安往而不民。安往而非國哉、然而立必死之法。則必自大臣始。是故名城要鎮。砲臺船塢、其生所也。即其死所也。其死所也。即其生所也。固其一身之存亡。系于名城要鎮砲臺船塢之存亡。名城要鎮砲臺船塢之存亡。亦關于一身之存亡也。彼即不重名城要鎮砲臺船塢之存亡。未有不重一身之存亡也。此之謂死軍。此之謂死法。

世局既變。國勢因之而變。地利亦因之而變。故居近今之世。而欲論中國形勢。則固非長江天塹四塞河山之說之所能盡也。蓋自輪船鐵路創修以來。化險爲夷。擢難爲易。于是考究一國之形勢。又不得不先審察夫世界之形勢矣。中國西北邊塞。東南海防。苟屬要區。俱被侵奪。而猶不急整理軍務。不幾國非其國哉。固必設陸軍省以統率內地陸軍。不委節制于行省。而後無我疆爾界之虞。必設海軍省以總領一國水師。而決勝負于海洋。庶幾無我郤彼前之慮。或謂濱海要地。爲列國割據。然使內力充實。自可次第收回。但須遣一价使。以理相諭。期于必取。彼西人有知揆度事勢。未必遽棄和平。願以兵戈相見也。即或不免戰爭。亦所不避。盖非奪回數處海峽海軍即無根據地。而益無以自立矣。然此特先以自固也。至于日後展擴壯圖。則又別有所在也。噫、但願當國大臣。自今以後。漢家土地。不以尺寸與人。庶後來者亦有所藉手矣。一寸山河一寸金。諸公亦計及之否耶。

中國自立國以來。朝廷典制。無有公法私法之別。盖一統時多。分立時少。一統自治之法繁。分立交際之事簡。此公法之所以不立。而遂以自治之私法。爲通行之公法也。不虞竟有修明法典之列强。環伺其側。以破其獨立之界也。是講求公法。豈非近今之急務哉。然愚以爲能受講求公法之益者。則又別有所在也。何者、中國昔與列國訂立約章。一則以中國不諳公法。肆其欺侮。再則見中國勢屈。恣其要求。遂屏之公法之外。然當困弱之時。即有通明公法之人處之。彼亦必不確守公法以相待也。□氏論西國交際之義。以爲兩平等相遇。無所謂權力道理。即權力也。兩不平等相遇。無所謂道理。權力即道理也。固公法之行不行。亦惟視其國勢之强弱以相衡也。苟無有能行公法之實。彼必不予以共守公法之名也。固夫國家不能自立。不能自强。以期至于可實行公法者。而曰確守公法。幸有公法。未有不爲彼之所竊笑。而我日益以危矣。

至於私法之立。又不能備具。何者、中國不立憲法。遂有遊于法外之人、君主大臣。可置弗論。即職官小吏鄉紳土豪。無一非法之所不及加者也。即有萬不得已。亦無不曲全以出之也。而實能正法典者百無一二焉、噫。有治人無治法。遂爲我中國經世之名言也、雖然。法豈果不足以治天下哉。固必以立法權歸之人人。而後無人可逃于法之外。即有一不守法者。而人人得以不法罪之。蓋不守法之人。不及守法之人之衆。彼守法者必不願人之亂其法。不守法者亦知違法不足以自存。遂亦相率而入于法矣。此歐美列强之所以同受治于憲法之下也。

子產鑄刑書以治鄭。商君變法令以强秦。固必立一定之法。而後趨向端。亦必守一定之法。而後志意定。此近今中國刑律之所以羣議變更也。中國刑律。比之西國。實爲嚴峻。然究未足爲嚴峻也。舞文亂法。上下相制。按律定罪。輕重自由。固無一可出于法者。

即無一可入于法者也。尚得謂之嚴峻乎。且中國人心澆漓。民志渙散。解脫是務。督責無聞。上下因循。痿痺不振。能行嚴峻之法令。未始非救時之良策也。然特以輕重失宜。不當其罪爲慮耳。固必削繁就簡。删雜提要。正其條欵。定其義例。無使刑幕吏胥得以一字一句。增減其罪。立一新法。期令必行。罪歸衆議。無有定名。刑歸司法。無得妄用。庶可以除國家之宿弊也矣。

立法行法之權分官民無抵拒之患。治內治外之制一。國權無散渙之虞。

古之外交以權宜。今之外交以實際。古之外交借助于人。今之外交全恃乎己。故必先立其可以外交者。而後外交固。而收其益。否則適足爲餌敵之資也。中國以一統之建國。外交之道。素未講求。即有一二交涉事。不過偶值本國分裂。外部橫肆之時。以權濟其變。而謂爲外交之政策則不可也。是故春秋朝聘。半屬虛文。戰國從橫。全無定義。他若唐和回突。宋合遼金。偶值艱難。遂相接納。其可稱外交政策者。惟吳漢通好一事而已。固古昔中國之外交。謂之無足重輕可也。而今則壞其夜郎自大之封域。變爲列强爭競之劇場。于是大臣應變之方略。又不得不趨之外交政策矣。然究其與古昔相異者幾何哉。蓋皆不知以內治濟其外交。而欲以外交補其內治也。今試略舉一二焉。曩者中日之役。中國勢危。而交俄敵日之政策出矣。密約即結。俄與德法代爲索還遼東。計亦得矣。而無何則旅順大連灣膠州威海衛廣州灣。相繼割于俄德英法矣。較之割棄遼東果有異乎。而且不止此也。今則東三省幾全失于俄矣。蓋昔之所以代爲索還之舉。即爲今日取之之計也。而中國交英日以敵俄之政策又行矣。而中國外交之變異。又方始矣。總之遼東之地。失之于俄。失之于日。于彼皆有絕大關係。並非我中國政略之驅使之也。推之列强交涉之事。大抵類是。可不悟哉。故中國不能自强。而欲以交際行其失于彼取償于此之計。蓋未可也。又如德之畢士麥。意之嘉富爾。固近今第一之外交家也。畢聯俄以敵法。嘉聯法以敵奧。皆內力充實。謀敵外邦。欲借强鄰之聲勢以爲助。非全倚其兵力也。意國勢稍弱。聯法拒奧。以求統一。法皇背約私和。嘉相憤恨。謀遂中止。必待再割地和法。始克如願。固以嘉相之才。內力未足。欲有所依倚于法。猶不可得。況遠不相及者乎。故夫國家不能力修內政。擴張權勢。而欲以狡黠之智略。濟其以外制外之政策。未有不因之致有大咎也。

處世界商戰之世。而不經理商政。其國必亡。此近今中國經世家之所以競談商學也。然愚竊有棄本逐末之慮。何者各國大小學校以及海軍陸軍專門學校皆可略爲變更而通行之者也。至于商學。則皆有內己外人之義。固非可以入東西學校數年而可以蕆事者也。故出洋留學者。可以考究世界通商之法例義理。而欲本國商業之隆盛。則惟于內地加之意也。中國各省物產豐富甲于地球。凡人生利用。無須求之于外。特培植未得其法。暢消未得其便耳。是故建學校以講明物理。設報館以論說事勢。此收益于虛說者也。濟之以船舶鐵路之流通。輔之以郵便電信之消息。此取効于實際者也。虛說之理。精益求精。實際之事。通益求通。總期適於利用。務于精進。外入漸少。內出漸廣。設大公司于中央。以推助商民起落之勢。設總領事于別埠。以保護客民競逐之權。合內地生產物力以爲戰。足以橫行于各洲。合中國官民才智以相爭。足以雄視夫異種。幾見二十世紀中。我國不戰勝地球奏凱以歸也哉。

噫、中國之商也。在內則乘潮逐勢。直同刼奪之行。漲落風收。又有敗亡之慮。眞贋莫辨。不憚相欺。彼我見存。不求公益。在外則祖國頹擢聽之自爲生死。外人妬忌使之。漸即

雜纂

消亡。如此而欲自存于競爭之世。亦已難矣。故夫商學不興。商政不舉。我國民其日就沈埋也。

雖然、中國之民也。性惟嗜利。倘善經營。質本倳勞。可趨實業。固講求工商之學。我國民或易爲功也。

分利之人衆則國亡。生利之人衆則國興。故人衆之國。易以亡亦易以興也。今日欲救中國人滿之患。其惟振興工業乎。中國之工業。一患于官吏之少變通。再恨于人民之安故技。然而我國民之特性。勤苦縝密。特患無術以導之耳。是故工之麤者。則有開闢地利服事勞役之事。工之精者。則有改良製造使任機器之行。在度其民性之麤愚細密而分用之也。中國地閉珍藏。徒傷貧病。人愚物古。難鬥新奇。東南競于虛華。西北等于封鎖。竟使寥寥大地。化爲石田。蠕蠕行人。淪于游手也。安得講求實業之官吏。以一振作之耶。固必盡用其民之才力。莫之或棄。雖愚民女子。亦必命之輕且易之工役。庶乎添一生利之人。而即可以減一分利之人也矣。近今百年。美國以振興實業。遂臻極盛。德國繼之。我國家獨不可仿而爲之耶。愚敢告主持歐化主義者。當以振興實業爲第一策也。
勞敎定而國富。國家無分利之人。死敎定而威行。營伍少敗軍之士。此管子之政畧之可通于今者也。
無益之物者。食財之蠹也。無職之民者。亂羣之莠也。皆國家之所宜禁也。
墨子兼愛。爲合羣之要言。楊氏爲我。爲外交之定旨。他如孫子治兵。商君任法。李悝地力。白圭貨殖。皆可通行于今者也。豈發明舊學之果不可以治中國哉。
中國人好名亦最好僞。惟其好名之至。不問名之何自生。而遂日爲僞之務。此人士之所以多。而名士亦隨之而貴也。論孟未明半部。史鑑不識何書。是之謂士。琱字琢句。自許奇文。究史研經。輙矜特識。是之謂名士。國家之所養者如此。所重者如此。此下之所以多游食之人。而上之所以乏石民之用也。故作僞沽名者之不絕于天壤。我國家其未有瘳也。噫、西天有國。游士頻來。東海不波。異才畢集。値我國家存亡呼吸之秋。幸勿爲作僞沽名之續也。
無形之文明。西不及東。有形之文明。東不及西。日儒已言之矣。故夫憲法平權强權以及理化之學說。皆我中國未發見之義理。而西人獨得之思想也。然我國民之特性。輔之以十餘年之精力。亦無難吸取而輸入之也。故留學歐美。學習專門。我國家最宜獎勵年遠者。濟之以官費。學成者官之以清職。限以十數年。必有成就。明哲之士。所在樂往。但使千百人士。學成歸國。啓誘國民以固有之精神。運動新來之機智。或者不及百年而可以橫絕五洲也。至於軍制學制。皆宜參考斟酌。務使盡善。不必彼是我非。惟在絕力實行而已。特其最可貴者。則我中國素未有之義理也。不然、中國豈少不中不日不歐不美有外觀無實益之學士哉。

人必有所自守。而後立乎紛亂之世。而不爲所搖。此新舊學說之所宜辨也。舊學者、中國固有之學說也。中國立國數千年。爲列國文明之祖。必有確自樹立者存。特學者研究未深。其義遂日晦也。故夫名哲學說。歷朝因革。內地形勢。行省習俗。吏戶兵刑之政典。農商工役之事業。皆其所宜講求也。必能確知其是非。明辨其利弊。是之謂舊學。新學者、西國輸入之學說也。西國百年之間。雄視五洲。遂臻極盛。亦必確有樹立者存。此其立法行政兵制學制商務實業。皆所宜講求者也。然以西學化中國。必使變革因仍。

兩得其宜。此又新學者之責也。是之謂新學。蓋將伸中于西。非謂化中爲西也。愚且譬之曰。中者夫家也。西者婦家也。爲新學者兩家之媒也。將使西之遠嫁于中也。然必使其夫家足以使任之也。使其夫家敗壞而不自理。則拙婦必有不安于室之一日也。此又舊學者之責也。故新舊學者。可以兩相用而不相背也。蓋必擴清舊獘。而後可次第舉行新政焉。爲新舊學者。但求其學之有益于中國、亦無所軒輊。而無須互相非毁也。各求有是而已。各有所自守而已。不然、以腐敗之舊學。與虛華之新學。各樹一幟以相矜焉。未免爲西人之所竊笑。而適以速中國之亡也。豈不哀哉。

今日有志之士。見夫中國政治敗壞已極。羣起而憂之曰。必亡必亡。愚則曰君輩欲亡則亡。欲存則存。蓋中國之存亡。係于存亡其國之人士也。何者、任存亡之責者。非獨此二三當事之大臣也。彼老耄迂腐。坐以待死。亦何足責。但願繼之起者。非此等類。則日後之所建立。豈猶今比哉。然而所以能幾於此者。則一言以蔽之曰務實也。人立實志。士求實學。父兄師保各行實敎。農商工役各趨實業。務實士民。布滿區域。十餘年後。彼老耄迂腐者死。而務實者繼之。豈猶有必亡之理哉。故中國之存亡。不必責之少數之官吏。而宜責之多數之國民也。彼固所以收奴隸之局。而我所以建新國家之基也。可不勉哉。愚故曰、中國之存亡。係于存亡其國之人士也。

關鍵者所以握進退之權也。樞紐者所以運上下之機也。有志維新者。如欲執中國之關鍵。察時世之樞紐、則愚言或未可盡棄也與。

凡此皆經世之理想也。草廬問答。聊述素懷。江海上書。僅知大勢。至于施行次第。布制適宜。端重心裁。休憑口說。噫嘻、今是昨非。千年夢醒。出奴入主。萬里風行。種族蕃昌。庇蔭不求異類。江山美麗。形勝豈讓他洲。海播九州。天鍾一國。但願十年虎伏。漸噬全球。千歲鶴歸。重遊大地也矣。

春季閒寂著平說一書兩月有餘始獲成草其脫落新義固知不免抄襲舊說則所不爲即有一二偶同皆原淺尠所致愚少孤弱長無遠志然其留意書史亦既有年宅心山水已非一日雖無世界思想幸非鄉曲小儒庶幾汜上老人時爲敎戒桑間逸士不棄樸愚同志諸君諒其許我此篇本極淺陋無足奇異然非學識稍高遠者愚亦未敢概爲說道也姓名字人亦號兀子自號夷白生時年二十有五書既成自跋其後

(完)

東洋 教育掛圖 無雙

陸軍示教掛圖	自第一輯至第三輯	各一輯五張一組	各一輯金貳圓
海軍示教掛圖	同	同	同
天地現象掛圖	自第一輯至第五輯	各一輯五張一組	各一輯金貳圓
地文學示教圖	自第一輯至第二輯	同	同
世界地理示教圖	自第一輯至第三輯	各一輯七張一組	各一輯金貳圓八十錢
人體生理解剖圖	廿張一組	完結	金八圓
世界人種風俗掛圖	自第一輯至第三輯	各一輯五張一組	各一輯金貳圓半
工業示教掛圖	自第一輯至第三輯	同	同
農業教授用掛圖	拾張一組	完結	各一輯金四圓
家禽家畜正圖	自第一輯至第二輯	各一輯六張一組	各一輯金貳圓半
世界哺乳動物正圖	自第一輯至第四輯	各一輯五張一組	各一輯金壹圓半
植物正圖	自第一輯至第十輯	各一輯五張一組	各一輯金貳圓
喰蟲有感植物正圖	五張一組	全	金貳圓
有毒植物眞圖	五張一組	全	金貳圓
救饑植物正圖	同	同	同
有益鳥眞圖	三張一組		金壹圓半
鳥類正圖	自第一輯至第二輯	各一輯五張一組	各一輯金貳圓
蟲類正圖	自第一輯至第四輯	同	各一輯金貳圓
稻作害蟲驅除法圖	五張一組	完結	金貳圓

農作物病害豫防法圖	五張一組	完結	金貳圓
漁業示教圖	五張一組	完結	金貳圓
養蠶示教圖	八張一組	完結	金參圓
爬蟲類及兩棲動物圖	自第一輯至第二輯	各一輯五張一組	各一輯金貳圓
甲殼類正圖	五張一組		金貳圓
菌蕈類正圖	自第一輯至第二輯	各一輯五張一組	各一輯金貳圓
貝殼類正圖	二張一組		金壹圓
前世界動物圖	三張一組		金八拾五錢
魚類正圖	自第一輯至第二輯	各一輯五張一組	金貳圓
海獸類正圖	五張一組	完結	金貳圓
熱帶植物圖	自第一輯至第三輯	各一輯五張組	各一輯金貳圓半
體寄生蟲及黴菌圖	自第一輯至第二輯	各一輯五張組	各一輯金貳圓
下等動物圖	五張一組		金貳圓
植物解剖掛圖	十張一組		金參圓八拾錢
眼病トラホーム豫防法圖	參張一組		金壹圓貳拾錢
救急治療法掛圖	六張一組		金貳圓
支那歷朝帝王御影	全一張		金八拾錢
兵式柔軟體操圖	全一張		金四拾錢
銃砲古今沿革全圖	二張一組		金壹圓四拾錢

礦石實寫標本圖	全一張		金參圓
世界列國旗章正圖	全一張		金五拾錢
列國帝王軍隊服裝圖	全一張		金七拾錢
世界人種相貌圖	全一張		金七拾錢
世界發明元始家列影	全一張		金七拾錢
古今軍艦沿革圖	全一張		金參拾五錢
貨幣古今沿革圖	全一張		金參拾錢
帝國陸軍服裝圖	二張一組		金貳圓
列國勳章精圖	全一張		金八拾錢
物理學示教掛圖	自第一輯至第二輯	各一輯五張組	各一輯金壹圓半
博物集覽全圖	三十六張一組		金七圓
各國貨幣全覽	全二張		金壹圓半

本館製造教育專門著色圖畫儀器帝室寵賞。名聲藉甚。亦技備巧妙。貨眞價廉。稱東洋無雙。無論本全國。及朝鮮臺灣。大中小學堂無不採用本館圖畫者。本年更欲拓販路。對中國增設新場，裝置精良大印刷機。準備已成。館運旺盛。特爲中國四方君子賞鑒。製圖畫目錄大畧如以上。東京造畫館主

九卄

一本館書畫目錄壹冊。函致有命。不論遠近。即呈。來函一切要照左記本館所在地。書字無誤

〇日本東京市京橋區出雲町壹番地

東京造畫館

●電話新橋七百二十三番

三松堂編輯局編纂（新出）

講堂教授漢譯 暗射世界大地圖

◎縱五尺　横七尺全一枚大掛圖
◎石印着色　定價金參圓五十錢

三松堂編輯局編纂（新出）

教科適用最新漢譯 五大洲全圖

◎石版加彩色　定價金壹圓七十錢

日本　吉田晋先生新著（新出）

漢譯世界大地圖

◎石版加彩色　定價金壹圓貳拾錢

三松堂編輯局編纂

支那帝國十八省分圖

◎石版加彩色　定價金六十五錢

三松堂編輯局編纂

清國練習用白地圖

◎學堂用全十四張　定價金四拾錢

三松堂編輯局編纂

最新漢譯滿洲全圖

◎石版加彩色　定價金四拾錢

發行所　日本東京京橋弓町　三松堂書局　清國上海　科學儀器館　文明書局　◎有正書局　◎教育館

看！看！看！

分類精校飲冰室文集

洋裝精本 二大厚册

飲冰室主人之文其價値久爲舉國所同認無俟喋喋本局前得著者許可編輯成編裝釘兩函十六本旣已風行海內復經坊賈翻刻射利譌誤滋多讀者深以爲病本局今當三版發行之時特將前編分類精校並續輯癸卯甲辰乙巳三年近作及作者所著單行本向未登入報章者一切搜羅無遺全書凡壹百捌十萬言視前編約增一倍分類編排用五號字校印悉心校勘一無訛誤

現已出書

總發行所上海廣智書局

明治三十一年十一月二十七日（第三種郵便物認可）（每月二回發行）

新民叢報

第肆年第貳號

（原第七十四號）

光緒三十二年一月十五日　明治三十九年二月八日

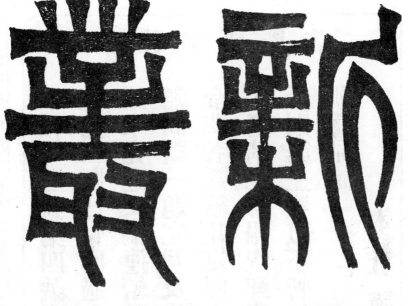

本社緊要廣告

本報第三號第四號現已定稿第三號已付印過半本號諸未完之文稿連續登載絕無間斷一題完乃及他題免令閱者斷續凡定閱全年半年者請先將報費郵費付下否則第三號以下暫行停寄祈爲見諒

本社謹啓

新民叢報第肆年第貳號目錄（原第七十四號）

目錄

報資及郵費價目表

	全年 廿四冊	半年 十二冊	零售
報資	五元	二元六角	二角五分
上海郵費	二角四分	一角二分	一分
上海轉寄內地郵費	一元二角	六角	五分
各外埠郵費	一元四角四分	七角二分	六分
四川、雲南、陝西、貴州、山西、甘肅等省郵費	二元八角八分	一元四角四分	一角二分

日本各地及日郵已通之中國各口岸每冊一仙

廣告價目表

洋裝一頁	十元
洋裝半頁	六元

惠登廣告至少以半頁起算刊資先惠論前加倍欲登長年半年者價當面議從減

編輯兼發行者　馮紫珊
印刷者　陳侶笙
發行所　橫濱山下町百六十番　新民叢報社
上海發行所　四馬路老巡捕房對面　新民叢報支店
印刷所　新民叢報活版部

美國佛蘭斯士專遜 新著
中國 梁啓勳仲策 程斗北高 翻譯

血史

原名 世界著名暗殺案

洋裝精本 定價一圓

暗殺非文明舉動也而在政治界往往生絕大之影響其影響之良否姑勿論至其爲一種偉大怪異之動力則歷史上所明示也此書爲**美國史學大家專遜氏最新之著作**以癸卯年新出版專取歷史上重要之暗殺案上自**希臘羅馬**下逮二**十世紀凡三十一人**人爲一小傳敘其被刺之原因被刺之事實及被刺後之結果凡所敘述皆死一人而影響及於全國或及於全世界者蓋此書實可作**一種之正史讀**也而其敘述之法則以半小說體行之故趣味濃深比正史尤爲動人實廿世紀一名著也初出未及一歲**重版已逾十次**東方各國未有譯本**梁程二君留學芝加高大學**以暑假之暇特以**沈博絕麗之筆譯成之**託本局印刷今用洋裝美本印成以快先覩全書共**十餘萬言**並揷影像廿餘幅**現已出書**

新刊書籍目錄

飲冰室主人著

分類精校 **飲冰室文集**

已出書

廣智書局編譯部編纂

師範中學 **世界地理教科參考書**

已出書

師範中學 **世界地理教科書**

不日出版

廣智書局編譯部編輯

丙午年 **自治日記**

洋裝精本 定價五角

日本吉田寅次遺著 中國飲冰室主人節鈔

松陰文抄

已出書

黃梨洲先生原著 飲冰室主人節鈔

節本 **明儒學案**

定價一元五角

東莞方慶周譯述 我佛山人演義

電術奇談

定價五角五分

說部腋

定價二角半

偵探案彙刻

定價二角

發行所 上海廣智書局 橫濱新民社

論著一

開明專制論（續第七十三號）

飲冰

第五章　述開明專制之前例

專制而爲開明。開明而能專制。則其國家機關之行動。極自由。極迅速。而影響於國利民福者極大。亞里士多德目之爲理想的政體。而以置諸立憲政體之上。非無故也。今考中外各國行開明專制時。類多能得良結果。試表列之。

中國之部

專制者	國名	重要事實	結果
管子	齊	分士農工商使皆執定業—作內政寄軍令民盡爲兵—釐正地方制度以嚴格督率五鄉五屬—獎厲鹽政鐵政及其他工藝—用圓敏的外交手段	北攘山戎中存邢衛南屈荊楚稱霸中原齊冠帶衣履天下富强至於威宜

子產	鄭	鋤强忮之貴族—制刑書—褚民衣冠伍民田疇—專養外交人才	以久亂之國民安其居以至弱小之國當列强之衝能自衛不失國權
王句踐	越	以法律奬厲早婚增長民數—大講求殖產興業以增國富—令舉國皆爲兵	以已亡之國能崛起復仇雪恥稱霸中原
武靈王	趙	令全國皆變胡服—令全國皆習騎射—兼重水戰	滅林胡樓煩中山入胡中闢地千里使趙列於七雄
商君	秦	以英斷變一切法—廢井田開阡陌奬厲農墾—使舉國皆兵定戰功賜級爵之制—行連坐之法使民五家相保—信賞必罰行法不避貴近	使僻處西戎之秦養成軍國民資格一躍而稱雄於中原歷數遂成大一統之業
諸葛亮	蜀漢	嚴刑峻法以肅綱紀—奬厲民業以理財政—舉全國之力以飭軍實—延攬人才訓練後輩以佐治	以崎嶇之蜀最後起能與中原江表頡頏成鼎足之業
王猛	苻秦	編纂法典—奬厲民業—振興文學—整飭軍備	立於擾亂糜爛之旋渦中能建一强大文明之帝國
王安石	宋	設制置條例司爲立法部以別於行政部—注重理財行青苗均輸諸制—注重練兵行保甲保馬諸制—注重興學欲正人心風俗—改正徭役之法以蘇民困	以旋被反對黨破壞又用人不善故結果無甚可稱然猶開河湟振國威家給人足稱盛代焉

（附注）凡開明專制之政。大率起於外競相逼。非此不足以自存。故吾中國惟列國並立時代常見之。若大一統時代。則絕無僅有。抑在古代交通機關不備。治大國甚難。列國並立時代。幅員稍狹。故得厲行專制。而運用自如。大一統時代。鞭長不及。雖有專制之名。而無其實。若漢文帝若唐太宗不可謂非有開明的精神。但其政治之現象與其謂之專制。毋甯謂之放任也。則地勢使之然也。荊公之失敗。毋亦以此歟。

外國之部

專制者	國名	年代	重要事實	結果
Lycurgvs 來喀瓦士 執政官	斯巴達	紀元前 8·0—820	制定法律—以養成軍國民為國是—驗兒童體格其虛弱者置諸死—人民七歲以後即離家入營—三十歲以外始許結婚—紬文學—戒奢靡—行鐵錢—女子亦受尚武教育	以極少之斯巴達人能統御多數之平民奴隸—且用之四征八討—握希臘半島之霸權
Eaesar 該撒 執政官	羅馬	紀元前 49—44	勦滅反對黨—奪元老院政權—釐訂法典—獎厲文學—大興工藝—採用埃及曆法	被刺未竟其志—然自此以往羅馬版圖日益擴張文化彬彬稱黃金時代
Richelieu 李梭羅 宰相	法蘭西	1610—1643	摧抑國內新教徒以防英國勢力之侵入—擴張海陸軍—殺高等法院之權苟反抗其政策者不論門閥高下皆處嚴刑以鋤貴族勢力—獎厲文藝大興學校	以蕞爾新造之法蘭西能鞏固其國權立千年不拔之基

Colfert 巴哥 相宰大	法蘭西	1661—1683	相路易第十四大張君權－大裁冗官－輕減租稅－行保護關稅政策－重稅入口稅－獎厲國內工商業－興商船會社－謀殖民於東方	在職十年後國庫歲入二倍於前－凡與四大戰大振國威－擴殖民地於東西印度－握地中海沿岸商權－法國極盛時代
Oliver Eromwell 爾威林克 大統領	英吉利	1642—1660	率鐵騎革王政－以兵力破壞議會－確定新教徒勢力於國中－頒航海條例以奪荷蘭海運事業－行保護政策獎厲內國工商	以展轉反動力確定英國憲法－使英人知工商業爲立國之本
Peter, the Yreat 大彼得 皇帝	俄羅斯	1682—1725	摧滅宗教長官及近衛軍之勢力以鞏固王權－親游西歐各國輸入物質學獎厲國中工藝－改定服制－令全國人皆剃髭－採用太陽曆－修道路開運河－徧立小學校－行强迫教育－實行郵便貨幣制度－開礦山－設商館	俄久輒異族崎嶇窮北自帝以後一躍而厠於歐洲文明國之列至今赫然握全世界之牛耳
Friedrich 1 第一列特力腓 王	普魯士	1713—1740	注全力改革軍制－增常備軍至八萬三千人－別選長人隊爲近衛軍－淘汰冗員－厲行普通教育－獎厲農工商業－以上下勤儉爲國是	以蕞爾普處沍寒偏北之地經王之鍛鍊國富兵强貽謀於其子遂成大業
Friedrich 2 第二列特力腓 王	普魯士	1740—1786	承父業益擴張軍備－改良司法事務使司法權獨立－廢刑訊－編纂法典－大獎厲殖產興業－大整運河－設製鐵所製鹽所－獎厲農業－以軍隊督率之－獎厲文學美術－終歲巡行國中監督大小政務	興所謂「七年戰爭」者破强奧及其聯合軍大擴普國版圖一躍而儕於諸强之列又經獎厲以後學術大昌至今德國之武事文學皆稱世界第一實王啓之

Maria 馬利亞女王	奧大利	1741—1780	見敗於普效其法改軍制｜獎厲殖產高農民之位置｜注意貴族教育｜更新裁判制度｜廢奴隸｜苦心整理財政恢復國力之彫敝	雖挫敗之後不數年而恢復元氣使奧大利依然爲歐洲中原之雄國
Nopoleon I 拿破崙第一皇帝	法蘭西	1799—1815	承大革命擾亂之後以兵力破壞議會任執政官遂稱皇帝｜編拿破崙法典爲世界最完備之成文法｜改地方制度革民選地方官之制改由中央政府任命｜大獎厲國民教育通國徧設小學校及法律醫學工藝等專門學校｜築道路開運河修港灣	使彫敝之法國忽變爲歐洲之共主｜雖失敗之後其法典精神磅礴於全世界｜其內政改革爲歐洲各國模範
Bismarck 俾士麥宰相	普魯士	1861—1890	初爲十字新聞黨反對自由主義｜不經議會許諾而與奧開戰｜制定種種法律以收中央集權之實｜以嚴辣手段處置教徒｜頒新聞紙條例｜收鐵道爲國有｜增各種租稅｜裁抑社會黨厲行保護稅｜注重殖民政策	百年來統一不就之德國忽成一大帝國｜破奧破法握歐洲牛耳｜軍制學術實業皆爲世界第一｜伸勢力於各方面殖民地徧五洲

(附注)腓力特列第二。拿破侖第一。實爲開明專制之模範。欲識開明專制之定義。則一人之行事。最能爲正確的說明也。俾士麥時代已有憲法。但其精神全屬開明專制。故列於此表。

第六章　論適用開明專制之國與適用開明專制之時

然則開明專制政體與非專制政體究孰優。曰、是難言也。以主觀論則非專制之優於專制似可一言而決以客觀論則決之不若是之易易也昔達爾文說生物學之公例曰優勝劣敗。而斯賓塞易以適者生存。意若曰適焉者雖劣亦優不適焉者雖優亦劣也故吾輩論事毋惟優是求而惟適是求

（附注）主觀者從吾心之理想而下斷定者也客觀者從事實之對象而下斷定者也。主觀者如欲判斷一事物之良否。則必用正式之演繹論理法以推論之。先懸一標準曰。「凡事物之含有某種性質者良也。」（大前提）次乃舉特殊之事實曰。「此事物實含有某種性質者也。」（小前提）終乃下斷定曰。「故此事物良也。」（斷案）若此者似無以為難也。雖然欲知此論之為正確與否。則先當察其所懸之標準正確與否。若使一切事物含有某種性質者。皆無不良也。則其斷案誠正確也。使其中尚有除外例焉。（即間有含某種性質而仍不良者。）而貿然下斷案曰。「以此事物含有某種性質故謂之良。」則安知此事物不適在除外例之中也。故曰不正確也。如吾欲持「非專制優於專制」之論。則必先懸一標準曰。「凡以國民公意立法制者。必能增進國利民福者也。」此標準若正確。則其結論必正確。而此標準正確與否。固未易言。南美各國。非以國民公意立法制者乎。其國利民福何如也。又如普與奧將宣戰時。普之議會。全體一致以反對俾士麥之政策。非所謂國民公意者乎。其於增進國利民福。孰與俾士麥之政策若也。若是乎此標準者。既已發見若干之除外例。其必非絕對的正確也明甚。而我遽貿然下此斷案曰非專制優於專制。甯得曰非武

斷耶。故僅憑主觀而欲得正確之推論實屬不可能之業也。若麥加比里、若波丹、若霍布士、等以主觀的研究法而論定專制之爲優。若洛克、若盧梭、若邊沁、等以主觀的研究法而論定專制政體之爲劣。雖各持之有故。言之成理。要之皆武斷也。何也。優劣者絕非可以主觀而論定者也。聞者疑吾言乎。請更廣其例。如云。

「明月者悅人心目者也。」此判斷可爲正確乎。彼勞人思婦對之而涕矣。彼穿窬之盜且嫉之如讐矣。然則「悅人心目」云者。不過我之主觀云然耳。彼勞人思婦自有彼之主觀焉。彼穿窬之盜又自有彼之主觀焉。而彼之主觀各各與我之主觀相矛盾。彼以彼之主觀而推論我。固不可也。我以我之主觀而推論彼。亦烏見其可。蘇詩曰。耕田欲雨刈欲晴。來者順風去者怨。此語殆可以發明此眞理而無餘矣。故以客觀的方面論。則天下事物確無所謂優劣者。以主觀的方面論。則可强區別之曰。若此者吾認爲優。若此者吾認爲劣而已。優劣者吾所認也。若以主觀推及於客觀而指定之曰。此事物優而彼事物劣也。此大過也。（如明月無所謂優劣。以吾方賞心樂事也。吾認爲優。雖認爲優。不得謂明月優也。以吾欲爲穿窬之盜也。吾認爲劣。雖認爲劣。不得謂明月劣也。他事物皆然。）莊生曰。『民食芻豢。麋鹿食薦。蝍且甘帶。鴟鴉嗜鼠。四者孰知正味。』此言美惡無定形。非玩世之言。實眞理也。斯賓塞所以以「適者生存」易「優勝劣敗」者。誠以優劣本無定形。故勝敗亦無常格。其易之也。避武斷也。

（又）十八世紀之學界與十九世紀之學界。有一絕異之趨勢焉。不可不察也。即十八世紀偏畸於主觀的。研究十九世紀。則羣趨於客觀的研究是也。主觀的研究者。謂眞理存於吾心。客觀的研究者。謂眞理存於事物之自身。謂眞理存於吾心。則憑吾意力之自由。可以發見所謂「自然法」者而應用之。以改良社會國家。謂眞理存於事物之自身者。則知事物所以成長發達之理由。一皆備於其內部。自然而然。非可強致。夫使其內部本無此物。而欲強坿益之。是斷鶴膝而續鳧脛也。使其內部雖有此物。然未至發達之期。而強欲躐等而發達之。是揠苗而助之長也。彼盧梭民約之論。無論應用之於何國。而無不失敗者。以國家本無此物也。不過盧梭等數人主觀的理想。以爲應有此種類之國家而已。而考諸歷史上。未之前聞也。故彼等欲以此精神。改造國家。其立意就令極善。無奈與國家自身內部之構造。先相矛盾。終不可得而致也。如欲人飛行於空中。其立意就令極善。無奈與人身內部之構造。先相矛盾。終不可得而致也。至若洛克孟德斯鳩邊沁諸賢之自由說。或用諸甲國而大效。用諸乙國而不效。同一國也。或用諸甲時代而大效。用諸乙時代而不效。則以國家本有此物。而自然之發達。或至其期。或未至其期也。如人身內部本有可以自由行動之性質。而未成年者。以自由行動之故。或反生患害也。夫或本無此物而欲強附益之。或未達其期而強欲躐等焉。皆所謂不適也。然則吾今者有一政論於此。而欲驗國家果有能容此政論之性質與否。既有之矣。而已達其期與否。於何知之。則非以客觀的研究。不能知之。客觀的研究何。即歷史的研究是也。十九世紀之言政法學者。皆築其理論於歷史的土臺之上。此其所以異於十八世紀也。

然則最適於用開明專制者。果何等之國家。何等之時代乎。請以次論之。

(一)**國家初成立時最適用**　國家初成立之時。其所以組成國家之各分子。尚未爲確

實之結合非用開明專制以收束之則將有分裂之患由小國家合併以成大國家者亦然

(二)國家當貴族橫恣階級軋轢時最適用　貴族橫恣階級軋轢則妨國權之統一瀆法制之神聖非有開明專制以統屬之則國家將魚爛而亡也

(三)國家久經不完全的專制時最適用　不完全的專制等於無制所謂無意識的放任也夫人民未有不由强制而能得秩序者（說詳第一章附注）久爲無意識的放任則人民未解秩序爲何物驟予以自由易陷於無秩序其不可者一也不甯惟是久爲無意識的放任則人民對於國家之關係必甚淺薄關係既淺薄則其視對於國家之義務不以爲重驟予以自由恐仍前弊其不可者二也不甯惟是人民對於國家之關係既甚淺薄則其於國家大小政務必未嘗有直接的閱歷豈惟直接雖間接亦罕焉豈惟閱歷雖討論亦罕焉驟予以參政權其判斷易生誤其處置易失當其不可者三也故以開明專制鍛鍊之最宜

(四)國家久經野蠻專制時最適用　久經野蠻專制則其社會自由行動之範圍甚狹

小且不正確以狹小故故人民常向極小的方面以營私利而心目中不復知有公利公益以不正確故故人民動以險詐卑劣之手段侵害他人以此民德萬不能遽有享受自由之資格且其對於國家之關係亦與久慣無意識之放任者同彼之二弊此皆有之故以開明專制矯正之最宜

（五）國家新經破壞後最適用　一國新經破壞之後則其人民必甚囂塵上各階級間各團體間各地方間各箇人間其利害皆起種種衝突互相軋轢其現狀與國家未成立以前正相等於斯時也欲求各階級各團體各地方各箇人能以自力相調和以恢復秩序勢固不能故非用開明專制以整齊嚴肅之國且亡

此適用開明專制之時代也。無論何國。於此諸時代。必曾經其一或曾經其二三。故世界諸名國中。必曾經一度開明專制或曾經二三度開明專制。至其專制時代之久暫則又視其國家之特質何如更舉其例。

（一）民智幼稚之國宜久用開明專制　如教幼稚園生徒。比諸教中學校生徒。干涉之時日。必加長也。

（二）幅員太大之國宜久用開明專制　否則難統一之於中央政府懼其生鄉土的界限雖各自發達而或與全體之發達相矛盾也

（三）種族繁多之國宜久用開明專制　否則各種族將自急其利害而緩國家之利害不能得正當之國民公意徒生紛擾甚乃致分裂也此等國家必先融化種族乃可弛專制

此三者皆除外例也。若普通國家則必經過開明專制時代。而此時代不必太長且不能太長經過之後即進於立憲此國家進步之順序也若經過之後而復退於野蠻專制則必生革命革命之後再經一度開明專制乃進於立憲故開明專制者實立憲之過渡也立憲之預備也

今請徵各國歷史以實吾言。

一英國　其經開明專制時甚短。且非純粹的。盖緣撒遜盎格魯族初建七王國時。第八世紀以僻在海島。不受羅馬干涉。得保其自治習慣。及八二八年。而王權確定。自爾以來此兩權常爲駢進的發達。互相節制。互相調和。以次有「大憲章」有「權利請願」

等之出現。致受立憲祖國之名譽。故不經開明專制之一階級而獲成其間若克林威爾時代。固不足爲輕重於英國也。若英可謂除外例也。

一美國 絕未經開明專制者也。彼蓋承受英民之性質也。亦一除外例也。

一法國 中世之末。西班牙荷蘭握歐洲中原霸權。未幾而法人代之。法之所以能勃興者。有若亨利第四之君主。有若李梭羅、馬沙運、Magerine 哥巴之宰相。其用開明專制者殆六七十年也。（一六二四年至一六六七年）然路易十四晚年。復返於野蠻專制。嗣主益返於不完全專制。遂釀出空前絕後大革命。革命之後。殆如無政府。然故再經拿破侖之十年開明專制裁抑而鍛鍊之。而憲法乃漸確立也。

一普國 普魯士初起。原根據布蘭丁堡。其地不及我一小縣。窮北冱寒。無足齒者。至十五世紀。始漸與普魯士合併。其幅員猶吾大縣也。前此爲侯國。一七〇一年稱王。諸鄰猶以夜郎笑之。及腓力特列第一。腓力特列第二以七十年之力（一七一三年至一七八六年）行開明專制。遂挫強奧。懾英法。一躍而問德意志帝國之鼎。蓋腓力特列殂落後。子孫猶守其遺策者數十年。迨至一八四九年。始發布憲法。未幾而帝業成矣。今世諸名國中惟普行開明專制最久。自一七八六年以後至一八四九年以前仍可謂之開明專制蓋襲腓力特列之遺策也而此族蓋駸駸有全世界主人翁之資格矣。

一德國 德意志新帝國之主權。全在普國。故德國之精神。實承受普國之精神也。然新造以來。鐵血宰相之政治。名爲立憲。實變相之開明專制耳。

一俄國 俄自經蒙古族蹂躪以後。雖復光復。元氣彫殘。迨大彼得一度開明專制。遂驤首於中原。以迄今日。其所以久不能脫專制之域者。以幅員太大。種族太棼。不專制而帝國或將瓦解也。自大彼得後。野蠻專制頻仍。至最近世。復漸進於開明專制。

一日本 日本自明治元年至明治二十二年。皆開明專制時代也。蓋由合併諸藩以成一帝國。等於新建國也。

(附注)羅馬當版圖未盛時行共和制。其後乃返於開明專制。蓋幅員既廣。交通未便。不得不然也。然羅馬以再返於野蠻專制而亡。

(又)意大利自羅馬解紐後。其南部之自由都市。即已發達。頗有與英國相類者。故意未嘗經開明專制時代。然自新建帝國後。實不可不爲一度之開明專制。惜加富爾無俾士麥之壽。故者意與德之國勢。遂不可同年而語也。

（又）奧大利當普之新興時幾瀕滅亡幸馬利亞女皇及佐士弗第二行開明專制數十年始不失雄國之位置然奧之國內其種族最混雜實不宜於立憲故立憲之後反日就衰微然時勢又迫之使不得不立憲此奧之所以難爲國也惟俄亦然今不避冗沓述日本小野塚博士之言以證之

（附）小野塚喜平次氏著『論奧國立憲制之運用與民族之複雜』（見法學協會雜誌）

（前略）奧國自一八四八年發布憲法一八五一年廢止之一八六七年奧匈合併再興立憲制於今四十年矣而其國民果有運用立憲制之能力否乎非吾之所敢言也議會與政府衝突世界上凡立憲國莫不皆然未足以爲病雖然亦視其所以衝突者何如耳若兩者始終以衝突相繼續曾無休時此必非立憲之本意也而奧國數十年來之政況實政府與議會未嘗爲一日之調和也議會之紛擾喧囂亦各國所不免雖然若奧之議會不惟紛擾喧囂而已嫚罵譏謗無所不至甚至繼以格鬥議長禁之不得藉警察之力始能回復院內秩序此奧國下議院所數見不鮮者而他國所未嘗聞也其黨派混雜若何乃爲多數若何乃爲少數其勢每不定故多數與少數常相反目議會從未嘗有正當之秩序彼此以互相妨害 Obstruktion 爲唯一之手段又不徒中央議會 Reichsrath 爲然耳各省議會 Landtag 亦然故雖復分中央之權於地方亦不足以救此弊更就政府與議會之關係言之彼政府非必以議會多數之贊成爲後援也屢以地方特殊之小利益啗各地方之代議士以是操縱議員議員亦甘受之毫不顧議

院之威嚴又往往借皇帝之威望以行干涉議員以各顧其私不相團結也則亦受其干涉惟命是從政府頻年奏請發布『緊急勅令』（按緊急勅令之解釋詳次章附注）以代法律且處分豫算其反於立憲制之常軌者不一而足雖然此非獨政府之罪也而議會亦有罪焉若其遠因乃在國民自身之間今欲語之殆難徧舉如國民教育之普及程度甚低此其一也然猶非其最大者也最大之原因則在小政黨之分立今據一千九百年之調查。（案原文有一詳表列各黨派議員總數及其選舉人總數與職業等今避繁不詳述）則奧國下議院議員總數四百二十五人除無所屬者十七人之外共分爲十八黨派。其最大黨僅得六十一人其最小黨乃至得六人五人四人分裂之狀至於如此實天下所稀聞也。（中略）而推原其故實因民族之複雜考現在奧國國民（專指隸國籍者其外國居留民不計）所用之言語凡九大種而各種所占人數略相埒。（案原文有一表詳列某種言語所占人口之比較及其每年增加率之比較今略之）而此等言語各別之人又錯綜分居於各地方（案原文有一表詳列某省用甲種語者若干乙種語者若干今略之）以此之故其感情勢不能一致。其利害勢不能調和以致黨派分裂不可紀極。夫大政黨對立英美之憲政所以能完善也小政黨分裂即國民不適立憲程度之表徵也。奧國立憲之前途亦危哉（下略）

案此專就奧國一國立言似與本題無關。然甚可以證明適與不適之理。不適者雖優亦劣如奧國之憲政其明證也。

（未完）

論著二

上海領事裁判及會審制度（續第七十三號）

希白

第三節　領事裁判與會審公廨之權限

本節云權限者。指彼領事裁判與我會審公廨相爭之權限也。夫欲明其相爭之權限。殆不得不明其各別之權限。然我會審公廨。從彼之領事裁判及租借地之結果而生者也。故不明彼之權限。則我之權限終無由審。又既明彼之權限。而凡出彼權限範圍外者。斯即我之權限也。二者表裡相生。正反互見。故余今敘述本節之始。而先說明其領事裁判之權限。

領事裁判之權限。若以簡單言之。大別爲三。

（一）兩造皆彼國人之案件。

（二）我國人爲原告彼國人爲被告之案件。

(三)第三國彼我外其他之國即第三國人爲原告彼國人爲被告之案件例如法人告英人則案歸英領事審

凡此三者自天津和約以後我與諸國締結條約無不專定一欵或兩欵聲明以歸諸彼領事裁判權限事非關涉及我我無庸過問之者也然若

(四)彼國人爲原告我國人爲被告之案件

則我用我法我治我人當然屬我之司法管轄權就理論上言之我非彼等屬國我自治其國內人民之主權在彼等抑何能干預然則此會審公廨胡自設立哉余初尋其故不可得得毋亦出於英約之第十六欵歟余查該欵末語有云「兩國交涉事件均當會同公平審斷以昭允當」以此「會同」兩字爲會審公廨設立之根据據漢文原約殆其然也雖然余憾未見英文原約然余獨見東亞同文會編輯有題云東亞關係特種條約彙纂者凡關中日韓三國間之要緊條約靡不網羅之以是天津和約之全文彼亦有登載而自注明本英人布爾則著支那史者則布氏原著據英約也同文會輯本據布氏是從英文以轉譯和文也故余輩雖未讀英文原約然得此庶幾當之顧彼譯十六欵末語之文義者對照吾漢文文義則全相反也余用是益疑焉玆摘錄其

原文。并附漢譯。使閲者一覽足証吾漢文原約之訛也。如是不待余費詞而自解矣。

原文（分三項）

英國臣民ニ對シ刑法上ノ罪ヲ犯シタル清國臣民ハ清國法律ニ從ヒ清國官吏ニヨリテ逮捕處罰セラルヘシ（第一項）

清國ニ於テ罪ヲ犯シタル英國臣民ハ大不列顛國ノ法律ニ從ヒ領事又ハ其ノ事ニ權利ヲ有スル他ノ官吏ニヨリテ尋問處罰セラルヘシ（第二項）

裁判ハ雙方共ニ公平無私ニ行ハルヘシ（第三項）

漢譯（直譯）

清國臣民、對於英國臣民、犯刑法上之罪者、當遵清國法律、由清國官吏逮捕處罰、

英國臣民、在清國犯罪者、當遵大不列顛國法律、由領事或當事有權之他種官吏、尋問處罰、

裁判、則雙方共當公平無私、

由此觀之。其第一項則視吾漢文原約所謂「中國人欺凌擾害英民、皆由中國地方官自行懲辦」相類也。第二項又視吾漢文原約所謂「英國人民有犯事者、皆由英官查辦」相類也。（彼云「領事或當事有權之他種官吏。」即如煙臺會議條款第二端第二項追加解釋之意、原約無差。漢譯有誤、已辯明在前節）此二項位置從有先後顛倒之嫌。而詞旨實無絲毫之謬。惟第三項彼謂「裁判則雙方共當公平無私」者而我謂「兩國交涉事件。必須會同公平審斷以昭允當」彼曰「雙方」我曰「會同」斯文字解釋之間則僢馳若萬里矣夫日人謂雙方者猶言兩面言在英之方面審判對我國犯罪者當公平無私而在我之方面審判對英人犯罪者亦當公平無私示兩面均不偏縱之意而其間之此疆彼界權限釐然實未嘗使混同之也故雙方者其本於各之一方嚴守獨立而會同則失獨立之性質爲合併之性質矣二者之意味成正反對又弗待智者始解之也獨奈何我昔日之謬充繙譯者誤會至此遂使兩字之差鑄成九鼎之錯創造此病民辱國之會審公廨夫何異於飲酖以求絕抱石而自溺歟此關於會審公廨之來歷其曖昧不明者一。

雖然誤則誤矣然而世人有曰。將錯就錯。夫使訂立會審制度之始。果能實踐條約。將如漢文原約云云。兩國交涉事件。均須會同公平審斷。以昭允當。是接於前二項。（一）英國民人、有犯事者、皆由英官查辦、（二）中國人欺凌擾害英民者、皆由中國地方官自行懲辦、爲雙銜之文字以論理解釋之則不論英人犯事或我人凌害英人同在此會審公廨爲審斷斯正約文之所示也抑奚爲同治七年洋涇濱會審章程之頒布。其第一欵僅見謂「華民控告華民洋商控告華民在此審斷」者夫華民控告華民此兩造皆我國人即我之屬人主權其支配力固足及之如是奚須定之於會審章程定之於會審章程則不啻經彼之承認而後我得執行之矣按會審章程、當日雖由總署設定、然經各國使臣承認者、豈非自貶其國於半主權之類乎。今且勿論。其但曰洋商控告華民而不曰華民控告洋商則又何故也夫約文所許甘違約以求容不知當局者是何肺肝而乃至悖謬愈甚也於是今日之會審公廨爲僅得訊洋人原告華民被告之案件耳華民原告洋人被告之案件我不得過問矣此關於會審章程之訂立其無知自戾者二。

余閱會審章程第一欵曰。「遴委同知一員。專住洋涇濱。管理各國租界內錢債鬥毆竊盜詞訟等案件。」又「立一公館。」（下畧）則此管理之委員受理之公館純全出於我國主權所任命所建設其所以爾爾者則以租界事繁而又有第二欵所謂「案涉洋人則須會同領事審問」者以上海一縣尹不能兼治於是特命有司特設公署以分治之此析疆增吏之意也故雖有與領事會審之場合而非其主要目的乃其從屬目的全文之精神可窺見也如是曷不取名曰承審而取名曰會審雖謂有條約之羈絆然履其實可矣奚必襲其名此關於會審名義之稱謂其支離不正者三

租界用會審矣而內地初不聞有會審迄光緒二年煙臺會議條欵承威妥瑪之要求敘於該條欵第二端第二項有云「凡遇內地各省地方或通商口岸有關係英人命盜案件議由英國大臣派員前往該處觀審」（按此「觀審」二字。「東亞關係特種條約彙纂」又僅譯「調查」二字。調查與觀審。意味截然。閱者自知。此亦我漢文原約誤會之一。今不暇細論。）夫觀審在日人謂之立合裁判是祇有據事辯論之權而並無執法判斷之權如美續約第四欵所述（前畧）「原告之官員於審定時可以前往觀審應以觀審之禮相待（中畧）如欲添傳證見或查訊駁訊案中作證之人可以再行傳訊倘（中畧）以爲辦理不公亦可逐細辯論」此正純粹之觀審權限也若夫會審在日人又曰混合裁判（其詳解見下節）是彼此均爲裁判官之一員又彼此各有判決（斷案）權之一分子彼兩者不能混而爲一明也乃據該項結末之言獨云「此即天津條約第十六欵所載會同兩字之本意者」一如是豈不謬據「會同」爲觀審之適解至又混觀審爲會審貶內地爲租界乎今日之內地州縣衙門每逢折獄動爲外力所左右以致主權日削寃慘橫生者未始非若輩階之厲矣言念至此益令人憤悒難鳴者也此關於會審權力之擴充其濫用無制者四

嗚呼往事已矣而今日所貴保守者即會審章程中所規定之權限而已查會審章程共有十欵然如第四第九欵則全屬我內部之規定與對外權限純無關係者今畧之其餘諸欵亦復或則複沓或則雜亂甚至條理蔑盡究詰良難者余頃事解釋擬爲另立編纂之法惟求貫澈立法者用意則不沾泥於各條文而以融會變化出之冀爲便閱者諸君之參考也其條目凡七

(一)兩造華人案件由華員專斷不許領事或洋官列席陪審

兩造華人案件質之於法律適用上不問依據屬人主義(其兩造爲華人)或屬地主義(其搆訟地爲上海)我之統治權力均支配及之此與在內地州縣衙門起訴(起訴者謂提起訴訟也)者無以異固

可不定之會審章程。前既言之矣。但既設定。又當視為會審章程中之主要點。查外國訴訟法有除斥裁判官之例。除斥者。謂據於法律。該裁判官不當行其職務也。若反言之。即曰該裁判官無審此事之權也。外國制度。除斥裁判官雖有種種原因。以屬別之問題。茲不具論。然挈其大要。則因某種案情為某裁判官所不合與聞者。於是乎行其除斥。其除斥有由當事者請求（當事者指原被告兩方而言但請求則不限定會合兩方其各一方均可為之者此請求即名曰「忌避」）而他裁判官判定之者。又有不由當事者之請求。而他裁判官自行判定者。若既判定後。則該裁判官遂被除斥。對於本案無權審理。故如彼華人互控案件。則章程所明示。而不與洋官與聞者也。於時我承審委員。雖無原被告之稟請。而例得援据章程。由明除斥。使該洋官莫由干預焉。斯為合法。去臘之黎黃氏案。正坐我歷日委員漠視章程。顢頇敷衍。事不嚴辨。主權所在。輒假手於外人。乃一度先例之開。而洋官据為息壤。習非成是。馴若相忘。變本加厲。恣其無理。不圖致釀此大變。凡事皆然。君子是以懷履霜之懼矣。自今以往。喪而復得。我當局者。其果有慎重保存之思否歟。

（二）華人被告案件華員得據中國法律及慣例審訊管押定案

本條云華人被告案件者指洋商控告華民之案件而言。若華人互控案件。則前條所論。查原章程第一欵曰「照中國常例審訊並准其將華民刑訊管押及發落枷杖以下罪名」又第七欵曰「華民犯罪即由該委員核明重輕照例辦理」前欵似屬於民事商事因承上文有錢債交易案件之語。後欵似屬於刑事雖强爲附會然約言之則規定我委員審訊管押定案之三權也此包括華人互控案件例當適用第以華人互控案件既歸委員全權辦理斯不待述茲惟關於洋商控告華民案件又以細別三者論之

(甲) 審訊權

據天津和約第十六欵曰「中國人欺凌擾害英民者皆由地方官自行懲辦」則委員本有審訊之全權然既以誤於欵末「會同審斷」是以章程之設立其第二欵遂曰「凡遇案件牽涉洋人必應到案者須領事會同委員審問或派洋官會審」則今日華民加害洋民之案其必須領事或洋官會審無疑於是我之審訊權殆剝其半雖然該第一欵明謂「照中國常例審訊」則所據之法律慣例謂非我之法律慣例爲不可也此着眼點一

(乙) 管押權

斯亦見章程第一欵「照中國常例(中畧)准將華民(中畧)管押」然則管押之權屬之我委員完全無缺此不容有異論者乃自移押女犯事起此權又被侵削之夫彼工務局擅發法令爲此失當之處分即控之於行政訴訟固責無可辭就令下手之巡捕未奉司法官之命令僅據行政官之意思而自由措置若在外國鮮不爲刑法上之犯罪盖外國司法警察不遵守法定之程式規則而妄監禁人者則坐之以重禁錮之罰盖其罪名與云「私人之犯「擅監禁罪」者同一性質者也(如我之會審章程即可稱曰規則)彼領事暨工務局豈能以隻手掩盡天下耳目而謂曰皆不識不知乎嗣經此次爭回而吾人益當猛省矣此其着眼點二

(丙) 定案權

前引和約十六欵曰「由中國地方官自行懲辦」懲辦之意義雖包甚廣然不外執法律爲懲辦之也夫中國官員所遵守者即中國之法律是以會審章程第一欵又曰「照中國常例」云云第七欵又曰「核明重輕照例辦理」云云然則審訊

之權雖容彼之洋官置喙然至於定案則斷不容彼參酌別國法律以爲厖雜之者也故要言之則凡會審公廨有權審理之事件皆適用我國法而無許混入他國法是以會審公廨之性質就於此點有與特種（特別之種類）之混合裁判不可同論者於第四節當及之。此其着眼點三

（三）會審公廨所需員役由委員自行招募

此章程第八欵所定也。可見我裁判所內部之組織全授權於委員雖下至書差人等非委員自募不能擅入乃自前年西歷四月以來彼工務局派二名之巡捕入於我廨於是奪我之員役自募權因而彼欲置犯於西牢乃得爲所欲爲肆無忌憚兼釀成此次毆人辱官之案則後此之專橫實基於前此我委員之失察不拒絕之矣夫以彼之行政權力。而妄干涉及於他人之司法權律諸文明憲政主義諒彼猶有慚色也目下不知其已撤回否。如其未撤且勿等閑付之來日大難後禍未已願三致意也

（四）華犯逃至租界由委員選差逕提不用洋局巡捕

此章程第五欵所定也。按公廨之差役即等諸司法警察也我之司法警察奉我委員令狀（令狀即票也）即有拘提人犯之權我之對於租界其地主權實未喪失故何須請問洋局倚洋局之巡捕以爲輔援此正合理之點然苟前派入公廨之巡捕未去則此權亦終不能保故本條與前條。又有密切之關係也。

（五）華民爲外國服役及受傭於洋人者倘遇涉訟經委員照會領事立當交出

此章程第三欵所定也。近時國際法規其在公使館已無庇護罪人之權而何論領事不過經由照會聽其交出弗能擅往捕拿是尊重其領事至與公使有同一之特權矣又況前云公使館。乃指最狹義之公使衙門內而言而本欵有云。「洋人延請之華民。」則兼及於洋行及洋人家屋而論是種種皆由彼有裁判權之結果而我之屈辱已至萬分矣晚近不肖洋傭狐假虎威自殘同類數見不鮮此權即應確保否則良民之受毒愈不堪矣

（六）無領事管束之洋人如遇涉訟或犯罪由委員自行審斷又酌擬罪名呈報上海道核定

此章程第六第七欵所定也。其第六欵。似關於民事案件。第七欵。似關於刑事案件。然第六欵云「不服所斷。准赴上海道及領事官爲控告復審」此即第二審而第七欵祇云「詳報上海道核定」又無第二審之明文要言之則凡無領事管束之洋人者即依我國法審理判決（雖關於私法事件。有時參用其本國法者。然此屬國際私法之範圍。其主權仍在我。若就刑法方面。則斷所不許。）是也。所謂無領事管束之洋人者固有三種。（一）爲無國籍之人民即其來歷不明不知隸於何國籍貫者也（二）爲無條約國之人民即其所隸之國未經與我締結條約者也（三）爲有條約而未設領事國之人民其國雖曾與我訂約許設領事又或因最惠國條欵（解見前節）可設領事而實際上未派領事駐劄者也三者均足當其解釋查舊日西洋各國所行於日本之領事裁判其無籍與無條約國之人民爲被告之塲合仍讓還日本官員審理然據秋山博士言則謂有名無實常併歸領事之手而已。今我會審章程。設定此條。不可云不得當。且在彼日本者僅曰無國籍及無條約國之人民而已而我并可及於有條約而未設領事國之人民則其範圍較之應廣矣惟章程如此。不知事實上又我果有其權否乎恐如日本則晝餅焉已矣。

(七)誣告案件不問出自洋人或華人經委員訊明後即當由委員將誣告之人嚴行罰辦但其罰章要與領事會同酌定送道核准

此章程第十欵所定也其本文云「委員審斷案件倘有原告控砌訴詞誣控本人者無論華洋一經訊明即由該委員將誣告之家照章嚴行罰辦其罰辦章程即先由該委員會同領事官酌定一面送道核准總期華洋一律不得稍有偏袒以昭公允」據於本文如云「無論華洋」四字其接續前語不知何所指定若指本人歟若指原告人歟大有疑點照文義解釋則應指本人從而被訊控之本人不問籍隸華洋均受同一之保護其用意如此然據論理解釋則章程第一欵明云「洋商控告華人案件」不云「華人控告洋商案件」於此可見會審委員之有權受理者祇限於洋人爲原告華人爲被告之案情假令原被告皆洋人又或華人爲原告洋人爲被告者即應歸領事裁判赴領事衙門遞禀然則會審公廨何至見有洋人被人誣控之事乎故敢斷定其指原告人而言也查外國罰誣告罪與罰僞證罪同因其誣告之案情輕重而分別論之以罪倘被誣告者已受刑時更將其刑反坐吾國刑律

亦不乏反坐之條與此同意今會審章程云「嚴行罰辦」雖其罰辦之細則臨時酌定。不可詳知。然但有此欵遇洋商誣告華民案件我華民得所保障此不但於公益方面維持絕大即於主權方面亦影響不細也差强人意無如此者。

以上七端。余以為會審章程設立之精神盡於斯矣。能守章程即是能保權限雖然。我之會審權限從彼之領事裁判結果而生者也然而我之利益與彼之利益兩面相反我喪失一分則彼獲得一分我減縮一分則彼累漲一分弱國之競存也以外交為唯一武器外交無過雖不能進不至愈退假令蹙陸豈惟愈退旦夕可就亡矣居恆思之未嘗不悁悁然憂也

本節剛成。而正月五日上海時報郵到。載有新訂章程十二欵。為吾外部與英使商定者余全般論之。則謀彼之利益多。而謀我之利益少。此贅疣也。不但贅疣而且愈形讓步新不如舊又見一度之失敗也今於其無特別影響之諸欵。且暫闕焉而但剌取其第六七兩欵。有關對外權限者。而評論之。

第六欵　公堂監獄應按上海衞生章程改良准由工部局衞生官隨時查看

按公堂監獄我所設並只有發落華犯幷無發落洋犯其改良固是我之責任正是我之主權凡權力與責任相俟而成有權力自然負責任有責任便足見權力今吾國獄制。慘酷無理。甯惟上海。何地不應改良。但我自改良我可以創設章程而何須依據他人以爲藍本今觀本條有「應」之文字是强制命令之詞夫顯見除按上海衛生章程外我別無可用他法以改良之矣倘有謂此非辱權將藉令彼增訂一條曰「會審公廨審理案件應按英律」而亦不得云辱權矣矧其下更曰。「准由工部局衛生官隨時查看。」是明認彼以立於監督之地位然則改良之主權純屬之彼豈猶曰我之云乎故瞥睹此條。惟就公益方面論之。雖似不云無補。然就主權方面按之蓋見剝落愈多矣夫曷不云乎。「公堂監獄應仿文明各國獄制改良」似此即云甚善又奚必多着兩語而成此蠢拙之文字耶抑監獄之道從未聞僅注重衛生一端而已足者況上海之衛生章程又豈云天下至善將無復與倫比者歟自有此條吾他日云獄制革新將有比上海之衛生章程駕而益上者亦不能按他法以設施之矣夫號曰章程。乃法律之一種。大凡法律文字。何其圓渾巧妙。使板滯膠固。足信其法不可行。如本條云云者將尋之世界列國法規豈見有類此者乎或曰。此條必英使所主張。蓋新訂之章程。爲從開審談判之結果而致者也。彼既有是要求。余實不能不强爲將順。嗚呼。將順已矣而國就亡矣前此之迭次將順豈猶以爲未足又思益以一次之將順乎況就此事談判論。德維門不撤。木突生未去。含尤忍詬。吾民之惋慨萬分也。豈袞袞諸公。獨以爲已滿足也耶。

第七欵　公堂所出傳拘各票關係各國官商所用員役須由各國該領事簽字蓋印。

按本欵、應根据於原章之第三欵而出。其第三欵云。「凡爲外國服役、及洋人延請之華民」者。乃當於本欵「員役」兩字。然則所謂員役者若質言之殆無過買辦通事細崽之屬而已夫買辦通事細崽皆華民也據天津和約十六欵曰。華民犯罪由華官查辦。查辦之意義所包甚廣若傳拘若審訊若定案若處刑莫不概括其中皆我華官有全權者也然則彼雖爲買辦通事細崽非能因有特別資格致與一般之平民辦法差異不過因其服役於洋人常駐洋人房屋若洋人房屋則彼有領事裁判權之結果爲我法權不及之地故原章第三欵乃曰照會領事由領事交出正是委曲求全之意屈辱已極旋光緒元年七月總理衙門咨行南洋各處謂「日後洋行行夥買辦涉訟案件應着赴地方衙門呈控由中國官員查辦領事不得過問」夫以預防流弊起見申明條約至再至三猶不得云疏畧乃不料今有此欵而區區殘缺之權利亦一旦拋棄之矣其曰「會審公廨所出傳拘各票關係各國官商所用員役須由領事簽字蓋印」是即此票無異與領事同發之矣假令領事不簽字蓋印而我委員之票爲無效其人不得逮案裁判不可實行然則彼領事權力其實更足控制我委員權力也夫在外國訴訟法有權發付令狀之人（令狀即傳拘票也）即是有權審理本案之人蓋皆裁判所之裁判官爲之也今既認彼領事有權發票抑不啻認其有權審理吾恐自玆以往會審公廨審理華人之權限亦將盡失而條約上保留之涓滴權利亦並付諸烏有矣靜焉思之能無憤慨

以上三欵余所見爲最不當者也此他若爲設辯護之制（第八第九欵）行公開之法（第二欵）棄實用地方風俗慣例（第十欵）等非無一二可喜之點然此特屬我內部制度之改革與對外權限絕然無關斯非本問題之所及論者也惟最末第十二欵云「上開各條未議定

之先。仍按舊章辦理。」則似乎規定新舊兩章之效力蓋謂新章施行而舊章廢止也。然新章之施行期既未見。舊章之廢止期亦未見。吾不知此爲草案歟。抑已批準歟局外無從懸揣。然設令果擬施行新章廢止舊章則余甚爲舊章惜之也蓋舊章雖滅裂支離然全般精神猶能回顧天津條約主權觀念尙未盡去余甚取之也至於新章則反乎舊章之規定若管押權員役自募權租界提犯權專辦誣告權審理無領事管束洋人權等此五項重要者悉漠視而棄却之反爲設定第六七兩欵余遂不審當局者所操何意也吁、某吏有言曰。今日之中國。非昔日之中國。余壯其言然余恆患今日之當局者不逮此言

（此節已完）

譯述

國家原論（日本小野塚博士著）

飲冰

法學博士小野塚喜平次日本第一流之政治學者也新游學歐洲歸任東京帝國大學政治學講座其所著政治學大綱根據現世最新最確之學說而以極嚴整之論法演述之實可稱斯學第一良著此論即其書中之第二編也

政治學大綱留學界曾有譯本余未之見惟同人多云有不慊之處故慫恿余別譯之

原著文簡義賅恐讀者或難領會故量余學力所能及時或加以解釋又或鄙見所感時亦加以引申其解原文者加一（注）字其引申鄙見者加一（案）字惟皆以小字附一段之末不攙雜原文

所用術語不欲妄易其難解者亦爲加注

原著凡以三編組織而成第一編緒論第二編國家原論第三編政策原論今先譯此編　譯者識

第一章　國家之性質

第一節 關於國家之性質諸學說

國家者。宇宙現象之一也。宇宙現象語其究極。不過淵源於人類之心界。無絕對客觀的存者。（注一）故欲語國家性質。而毫不參入主觀的分子。實學理上不可能之業也。雖然。疇昔學者。往往以國家爲超然於人類心理作用之外。成一獨立之現象。此種學說。今總名之曰客觀的國家說。其他則名之曰主觀的國家說。（注二） 彼諸說固非截然各不相容。但就彼所認爲重要之點。以區別之而已。故有一人而兼祖兩說者。亦無足怪。

（注一）宇宙現象淵源於人類之心界。此原著緒論中所說明也。其大略曰。『人類之所謂宇宙。果能離人類之思想而爲絕對的存在乎。（與人類思想相緣而始存在則謂之相對的存在）此問題實無論何人。而皆不敢武斷者也。夫宇宙者。人類所認之宇宙也。人類由知覺以得印象。蓄積所得印象。而聯想之。則概念生焉。以概念之紀集。而見有所謂宇宙者存。故欲研究宇宙萬有之象。及溯其本原。則所研究者。實不過外界之與人類精神相緣者耳。而此外界別有其本體與否。則非人類之智識所能及也。』此其理甚精深奧妙。若欲闡發。則累萬言不能盡。此屬於哲學範圍。且勿具徵。若槩括其大意。則佛經所謂「三界唯心。萬法唯識」盡之矣。蓋言宇宙一切事物。其眞有眞無不可知。不過我見之爲有。故有耳。若無我則一切現象或竟不可得見是與。

我相緣也。相緣故不能爲絕對的存在。而祇能爲相對的存在也。國家亦宇宙現象之一。故國家亦不能爲絕對的存在也。

(注二)主觀的者。憑吾心之理想而研究也。客觀的者。就事物之本體而研究也。據前所言。則凡百現象。皆不能有絕對的本體者存。然則凡百學問。亦不能有絕對之客觀的研究明矣。而人類社會之現象。比諸自然界之現象。愈加茫漠。故益不能純任客觀也。

第一欵 客觀的國家說

其重要者四。曰事實說。曰狀態說。曰分子說。曰自然的有機體說。

第一 事實說

其言曰。國家者。現存之事實也。申言之。則國家者。非由心界而生。而實現於吾目前之一現象。雖欲疑而無所容疑者也。晚近學者。主持此說者頗多。雖然。不過斷言其爲事實而已。而不能言其爲何種類之事實。物理的乎。心理的乎。將心物合幷的乎。含有物質的觀念乎。抑含有事態的觀念乎。此諸問題。不能剖答。故欲以此說明國家之性質。無有是處。

第二 狀態說

自然法派(注一)之論國家。多主狀態說。屢以種種之形式表示之。而其所表者。常不能獨立而與他說相連。其言曰。國家者。狀態也。統治之狀態也。蓋自然法派以國家爲國民的狀態而與自然的狀態相對者也(注二)康德亦取此說。其言曰。國民中各箇人相互關係之狀態。謂之國民的狀態。國民全體與其分子關係之狀態。謂之國家(注三)

以國家爲統治關係說。亦狀態說之一變形也。

持狀態說者。究其極則舉國家而分爲共存的斷續的無量數之統治關係也(注四)於是乎國家之統一觀念與國家之永續觀念。不可得表見。夫所謂統一。此無量數關係之一物。(注五)不過假吾人結集的思想而始生。非能離吾人而獨立。無待言也。而持狀態說者。棄置此結集所必要之點而不問。故其說不完。無有是處。

(注一)自然法派者。一派之學者。主張人類循自然之狀態而有自然之原理者也。此派當十七世紀之下半迄十八世紀之末。爲全盛時代。虎哥、霍布士、斯賓挪莎、洛克、盧梭、皆派中之鉅子也。

(注二)此派謂國家由人爲之力以搆成。即所謂民約也。未相約以建國家之前。謂之自然的狀態。既相約建國家以後。謂之國民的狀態。

(注三)謂一國中么匿與么匿關係之狀態。爲國民的狀態。么匿與拓都關係之狀態。爲國家的狀態。

(注四)自然法派之論。謂衆人相約而成國家。其意即謂國家非爲積極的存在。而爲消極的存在也。因衆人合意而始有國家。故爲共同的人相嬗代謝。則衆人之意亦相嬗代謝。故爲斷續的並時而有多人。故橫數之。而有無量數之統治機關。積年而有多人之代嬗。故豎數之。而又有無量數之統治機關也。是使國家缺統一之觀念。且缺永續之觀念也。

(注五)此物即指國家。

第三　分子說

分子說者。舉搆成國家各分子之一。而指爲國家者也。國家之分子。曰土地。曰人民。曰統治者。此三者皆屬顯而易見之象。論者認其一爲國家之最大要素。而遂至與國家之本質混視也。其別有三。

(甲)　土地說

歐洲中世。視領土爲君主世襲之財產。與古代希臘羅馬之國家觀念。正相反對。希臘羅馬。重人輕土。認人之團體爲國家。中世反之。認土地爲國家。國家觀念之重心點既變動。故由市府國家變爲領土國家(注一)謂土地之廣狹。與政權之消長。有大關係焉。

此歷史所明示也。此說也。視土地過重。其誤謬甚易見。

(注二)至今西人猶稱公民爲 Citizen 市民之義也。蓋沿希臘之舊。希臘純爲市府政治。羅馬則不然。羅馬解紐以後。而歐洲又生出許多市府政治。

(乙)人民說

以國家與構成國家之人類視爲同一。其理若甚順而易明。故爲最古之一學說。自希臘人即以之爲根本觀念。下逮中世。和者尙多。降及近世。而有力之民權說且以爲根據。彼主張「國家機關構成權」一派之學說(注一)謂國權之作用。本在人民。國家機關之權限分配。當由民出。是皆以人民說爲論證者也。

(注一)洛克盧梭等不必論。即孟德斯鳩亦屬此派也。故有三權鼎立之說。

此說之缺點。在以國民與無數之箇人混而爲一。夫國民者。指多數有統一的思想之人類也。故必能結合多數。以成唯一之組織。始得受此稱。此組織何自而成。必憑依一法理焉。可以縮多數之意思而使歸於一者。故所謂國民意思者。非一一之自然意思乃表示多數自然意思於法理上之一法定意思也。而由多數之意思。遂能自然產出唯一之意思乎恐非心理上所許也且使有少數之意思與多數之意思相矛盾彼此對峙則舍法理更何道以解釋之(注一)故此說之蔽亦由偏重國家之一分子而蔑其他也

(注一)此段先論國家意思之不可不統一然由何道以使之統一決非能由自然而致而必賴於法定也持民權說者謂多數之意思即國家意思然使多數而箇箇孤立則是複體而非單體也謬於統一之義若謂合多數即成唯一則由複體以產出單體物理上容或有之心理上則決不許也且多數者亦多云爾非全數之謂也世固未有全數之意思而悉同一者苟有少數戾於多數則彼少數之意思不被排斥於國家意思以外乎彼少數者非國家乎非構成國民之一分子乎故此說無論如何不能完滿也此本段之大意也

(丙)統治者說(注二)

(注二)「統治者」者統治國家之人也如君主之類是也曷為不言君主說而言「統治者說」統治者不專限於君主也

有混統治者與政府與國家之三物而一之者則「統治者說」其當之矣以統治之人有實見之軀殼而易於名狀也故直指之為具體的國家坐此之故而謂國家之所以現於實際者惟在此統治者而已而人民土地皆其統治之目的物也此說也古今學

譯述

者多或祖之而彼祖此說者且自稱曰以此論國家而國家始現於實故吾之說現實的也(注一)雖然謂統治者即國家而統治者不過一「自然人」耳夫如是則國家之生命必且斷續而不相屬(注二)若欲辯護此說則不可不別假一制度爲使箇人之生命雖變絕而國家之生命不隨而變絕質言之則必設抽象的統治者以繼承一定之地位而視之爲唯一之統治者然後可(注三)此而曰現實則與彼之民權說所謂多數之意思即唯一之意思者何以異也(注四)

(注一)此說在上古中古最占勢力固不待言即十九世紀之下半紀亦尚有倡之者如德人哈爾黎、沙狄爾、託河、命等皆著名法家而祖此說者也

(注二)自然人者法家所用語對於法人而言也法人者法律上所認爲人格而自然人則尋常一般之人類也國家本屬於法人之種類統治者之箇人則屬於自然人之種類法人可以歷百千年而不死自然人則爲生理上所限制無長生久視之理若謂統治者之箇人即國家然則統治者死亡之時國家之生命豈不隨之而俱絕乎是不通之論也

(注三)具體與抽象爲相對用語具體者英文之Concrete也抽象者英文之Abstract也其義如其文具體者本體具足也抽象者抽出其現象而與本體相離者也以我國家名者流通用之語示其例如堅白石三字

「石」具體的也實指一物也「堅」、「白」抽象的也指一物之屬性而可離其物以立言也如本文所謂具體的統治者則實指此統治之人也抽象的統治者則謂此人有統治之屬性今抽出此屬性以立言也前者所重在「者」字後者所重在「統治」字二者顯然有別。

（注四）如前所難則持「統治者說」之根據既破苟欲回護之不可不變其說曰所謂「統治者」非具體的而抽象的也然具體與抽象既已異物然則有一物於此吾曰此物白石也及爲人所難而不勝則曰以其白故。故謂之白石可乎夫白與白石固顯然爲二物焉矣夫統治與統治者亦顯然爲二物焉矣。

故統治者說用之於抽象的以說明國家之實質則無大效而反使法理上之抽象的統治者與事實上之具體的統治者易生混淆使世界而僅有專制君主國則此說尚或可存若以語於近世國家之現象則去之遠矣且就令在專制君主國亦止能謂立法行政之最高機關在君主耳謂君主與國家同一物固論理學上所不能許也夫統治本爲國家一要素論國家則不能忽視統治者此何待言而直以之爲國家則無有是處。

今請括分子說之三種而總評之夫既欲以學理明國家之性質則不可不舉普通國家公共之性質以立言若僅取特別之國家舉其偶有之現象而推論於一般國家是

大不可也。土地也。人民也。統治者也。此三者。其在國家。如鼎之足。不能缺一。僅用其一而欲以組織國家。此大過也。而持分子說者。皆誤認一部以爲全部者也。夫言語所以表示事物。社會愈進化。則事物愈複雜。而言語亦愈增多。非得已也。今者各文明國所謂「國家」之一語。與彼「統治者」「國民」「國土」諸語。咸獨立而並行。乃無端而欲相即之。（注二）其毋乃自樂於退化也歟。

（注二）謂國民即國家。國家即國民。乃至謂國土即國家。統治者即國家。皆所謂相即也。

第四　自然的有機體說

以國家爲有機體。古今學者多賛之。然其說亦各有異同。今大別之爲二。一曰自然的有機體說。二曰心理的有機體說。自然的有機體說。謂國家爲自然科學中有機體之一種。其與搆成國家之箇人。各自獨立。而被支配於自然法則之一物體也。亦有雖認國家爲有心理的性質。然總謂國家之形相。純與自然的有機體相同。國家實人類中之至大者也。此種學說。皆屬於自然有機體說之一派也。其蔽也。視兩者類似之點過重。乃至有以研究尋常有機物之結果。直推而比附之於國家。以生出種種奇論者。今不暇一一舉駁之。

第二款 主觀的國家說

主觀的國家說。亦非純不任客觀的研究也。雖然其於國家現象與自然現象之差別。深留意焉。而以國家歸於人類之心理作用者也。其有力之說凡三。曰心理的有機體說。曰團體說。曰人格說。

第一 心理的有機體說

此說比諸自然的有機體說。稍重主觀。其所論不至如彼之走於極端。此派中雖亦持說各有異同。要之以國家與自然界生物稍異其性質。故往往於有機體之上冠以心理的、道德的、合同的、高等的、不完全的、等語。其言曰。曩昔學者以國家爲箇人之集合體。由箇人之性質以說國家。誤也。國家實自始即爲統一的之物。當由國家以解釋箇人。又曰。國家非如器械然。可以由人任意製作之變更之者也。其所以以國家列入有機體之論據。諸家亦微有異同。如云物質的元素與精神的元素相結合也。全體之分科也。各部之獨立及協同也。先自內部發育。然後成長以達於外部也。若此者皆舉國家與其他有機體一一比較之又其細胞組織機關等一皆據解剖學上生理學上生物學上心理學上種種公式以相對照此其論據之要點也。（注二）其論頗有理趣近世學者。大率皆贊同焉。雖然。此說也。亦有未敢盡附和者。次節更詳辨之。

（注一）國家有機體說。發源甚古。若希臘古哲柏拉圖。以人身喩國家是也。雖然。其說不光大。自法國大革命以後。自然法派之民約說大失價值。其反動力遂產出有機體說。十九世紀初元。西埃、靈華格、拿輩已倡之。其後黎阿福郎治等、更謂國家純然與自然界諸有機體同物。即本文所稱自然的有機體說是也。及伯倫知理與始冠以精神的有機體道德的有機體諸形容詞。以與自然的有機體示區別。即本文所稱心理的有機體說是也。此派實以伯氏爲鉅子。今因原文簡略。恐讀者未晰。故撮述伯氏學說一斑。以供參考。

伯氏曰。十八世紀以來之學者。以國民爲社會。以國家爲積人而成。如集阿屯以成物體。似矣。而未得其眞也。夫徒抹五彩。不得謂之圖畫。徒堆瓦石。不得謂之宮室。徒集脈絡與血輪。不得謂之人類。惟國亦然。國也者。非徒聚人民之謂也。亦有其意志焉。亦有其行爲焉。故曰有機體。試即國家與尋常有機物相類之點而比較之。（一）精神與形體相聯合。（二）全體支官。各有其固有之性質及其生活職掌。（指政府各機關及議會）（三）聯結肢官以構成一全體。（指憲法）（四）先自內部發育。然後長成以達於外部。（指國家之沿革）此其大概也。其他尙有種種新奇之論。如以國家代表男性。以敎會代表女性。又列擧人體十六種機關。以與國家之機關對照。今摘舉其三。

Mäunlicher Geist (精神) = Regimeut (政府)

Verstand (理會力) = Rath (議會)

Gedächtniss + Gerüdi (紀念+名聲) = Inneres + Auseres (內治+外交)

Sprasche (言語) = Herscher (統治者)

伯氏學說。其大體段固極有價值。然如此類。未免好行小慧。失諸穿鑿。故小野塚氏不取之也。

第二　團體說

團體說。謂國家者人類之繼續的結合。即所謂共同團體也。此說實自遠古傳來。不得謂之新說。惟古代所研究者。注意於團體之目的。而團體本身之性質構造。莫或省焉。中世之團體說與近世之自然法說。雖皆指國家爲社會的團體。但其論據偏於法理的。而於歷史的社會的不甚厝心。輓近學者。於國家本體之外。更以歷史的社會的爲左證。於是團體說乃大光。

其在最近代。助長團體說之發達者。則志爾奇氏也。志氏之意見。雖非盡無可議。若其研究組合現象。學識邃遠。能證明國家存立於法律以外之理。眞可謂有價值之言已。

據其說則國家者以强固的組織與永續的目的所結合之團體而與箇人有區別之一體也而其體之所以成立所以繼續實多數之箇人爲之（注一）

（注一）志爾奇氏 Otto Gierke 現今德國柏林大學總長世界第一流之法學家也著有人類團體本質論 Das Mesen fer menschlichen Nerbande 以極高尚之哲理極精密之論理解釋人類團體所以成立之由他日更當介紹其梗概於我學界

此說也於國家與箇人之關係國家機關與國家全部及一部之關係與夫國家之永續性等皆能一一說明之於國家自然的發生變遷與人爲的助長改造皆可以解釋之而不相矛盾故以團體觀念爲國家觀念之第一義誠哉其然矣雖然團體云者謂多數人類以共同結合力所集之一體也如此則「社會」一語已足表明此意義而有餘而言社會則國與羣之關係益易見且研究社會所得之結果直可利用之以說明國家觀念故與其謂之團體毋甯謂之社會至其屬於何等之社會乎則次節更畢其詞

第三 人格說

人格者。謂法律上之人格。即法人之義也。（注一）公法學者。往往主此說。認國家爲有法律上之人格。在私法上爲權利之主體。在公法上爲統治之主體。此說所以異於「統治者說」者。彼直以統治之箇人爲國家。此則謂國家爲主觀的人格而國家與箇人之統治者未可併爲一談也。（注二）此說就法理論一方面。其價値若何。且勿具論。今惟以政治學之資格論其當否。

（注一）人格者有人類之資格也。復分兩種。一曰自然人。卽生理上之人格也。二曰法人。卽法律上之人格也。

（注二）統治者一自然人也。純乎客觀者也。國家爲法人則必附益以主觀的分子。乃能搆成之。

夫字國家以法人。謂國家有法律上主體之人格云爾。據法家言則一切人格皆由法律所認定（注二）不問其爲自然人與否。皆以人視之。法人云者。便於與自然人示區別而已。非以其爲法人之故。遂能舉自然人所實含有之性質而悉有之也（注二）故無論自然人無論國家其以何因緣而稱爲人格。此法學所證明也。然法學所證明之範圍止於此而已。其他固非所問。故無論自然人無論國家皆當於法學以外更爲種種科學上之研究（注三）法人之觀念非絕對的而關係的也（注四）直推之以釋政

治學上之國家安見其可

(注一)人格緣法律而始生。法律以前無人格。人格者法律之所創造也。法人之人格有然。自然人之人格亦有然。法律以前之人類。可謂爲事實上之人。而不可謂爲人格也。

(注二)法人與自然人相異之點甚多。如就其發生之原論之。自然人當未有法律以前。既已成爲事實上之人。即客觀的單位之一實質也。法人則當未有法律以前。毫不見其存在也。就其內容性質論之。自然人生理上所有種種之機能。法人非全有之。自然人爲生理所限。壽命一定。法人則可以不老不死。凡此之類。不可枚舉。

(注三)故兩者之同爲人格。可以法學證明之。至其爲若何之人格。則法學所不過問也。如欲知自然人爲若何之人格。則不可不別求諸生理學及心理學。明其體幹之組織。機能之作用。然後所謂自然人者具有何等之性質。可得而見也。所謂法學以外更爲種種之研究也。若僅曰此人有人格也。謂之知法則可。謂之知人則未也。今方欲討論國家之性質。而答以國家者人格也。是得爲知國家矣乎。

(注四)自然人之觀念。可謂之絕對的觀念。蓋劃然爲一客觀的具體。不必與他體相緣也。法人之觀念。則自法理上說明而始可得見。明藉法理之關係。故非絕對的也。

故使人格說而能於法理論以外更得論證。吾固樂贊之。何也。凡解釋複雜之現象。苟能以簡單之定義說明之。最可貴也。其奈法律以外。更無可以證明國家爲人格之事實。不啻惟是。此說與有機體說等。其論國家也。皆提挈統一之本體過重。而視組織之之分子(卽箇人)過輕。其不免於流弊也明矣。況如伯倫知理所倡之人格說。非舉一切國家而可適用之時。又或國家以外之團體。亦適用焉。故欲以此說明國家之性質。無有是處。

(此節已完此章未完)

譯述

批評一

歐洲最近政局（摩洛哥問題）

飲冰

摩洛哥會議

歐洲久沈靜之國際政局。至今春益多事。初法人與英班協商、得摩洛哥保護權。而德人忽起撓之。於是有開列國會議之事。其始末略見前號記載門

會場在西班牙屬之阿治布拉。開議期爲陽歷一月十六日、會議要案略如下。

一、財政改革之事先改革稅關。革除官吏中飽。惟此事與法國銀行有關涉。因摩借法債以稅關作抵也。故法銀行據稅關徵收權。

一、設立中央銀行事其權限大略協定。惟摩王非借新公債。無從辦此。

一、改正出入口稅率增加輸入稅、輕減輸出稅、
一、外國人遵依馬特里舊約照納租稅（案）就此可見前此外國人不納稅也
一、不許兵器入口不論土人歐洲人。一概嚴禁。歐洲諸國。亦各嚴禁私售私運。
一、界約摩與法。摩與班。皆重新畫定界約。
一、全國皆設警察以保內外人生命財產之安全。

今所爭議不決者。警察權問題也。摩洛哥秩序久紊。其政府無自行警察權之實力。列國所公認也。故法國以保護在摩之法人爲名。欲行警察權於其全國。而在此等野蠻國之警察。與在文明國之警察頗異。往往須大用武力。故警察與陸軍殆有異名同實之觀。法人得此權。是仍不啻得摩洛哥保護權也。於是德人大抗之。主張以此權分委諸列國。不得以一國專焉。今爲此一點。爭論甚劇。兩國破裂之機。間不容髮。

德國之動因

德國何故悍然凌壓法國。若是之甚乎。據西報所論。其動因約有數端。

其一　自德法戰後。故相俾士麥政策。常欲墜法於九淵。使不得復與列强齒。此盡人

所同知也。及今帝即位。頗變此策。思與法接近以釋前嫌。顧法人不應之。其外部大臣狄爾加士。反與各國結種種密約。破壞德奧意同盟，且聯英法之交。使德人陷於孤立。至是今帝始悟失計。復採俾公政略，故此事之發源實在掃蕩狄爾加士之政策危法國之地位也。

其二　德人當十九世紀之末。頗不以地中海問題爲意。惟利用之以爲操縱外交之一手段。故以條尼斯啗法國，欲以離法意之交，卒利用此事件及羅馬問題。使意人投入三角同盟。迨一八九六年。意與阿比斯尼搆戰，英人旁觀焉。德人亦以三角同盟之範圍不及地中海。靳與援助。自是意始轉而與法親。假條尼斯問題以買其懽心。承認法國在條之主權。一八九九年。復承認法國在摩洛哥優越權，及一九〇四年。英國認之未幾西班牙認之。於是法國在北非洲之政略。得意已極。此皆狄爾加士之成功也惟狄氏藐德國太甚。若此間事。不容彼有發言權者。德人銜之亦固其所

其三　德久思逞於法，惟俄法同盟與德奧意同盟對峙。保均勢之局。德人有所憚不敢發。及去年旅順之陷。奉天之敗。德人覷俄之疲敝。不復能爲法援也。故急起直追欲

乘此一大挫法鋒是以及此

其四 德國自十年以來注全力於東亞。思根據膠州以侵略我。而其所倚爲狠狽者。則俄也。俄既大敗。日英同盟新約成。眈眈逐逐之野心。忽生一阻力。於是其殖民政策不得不轉其鋒於他方。失東隅而收桑榆。故一洩之於摩洛哥也

其五 俄人敗後。俄之波蘭人。忽恢復勢力。其影響遂及於德奧之波蘭人。咸思排德。奧國內之波蘭人。主張聯合英法以抗德。而土耳其亦隨之。故德國更不可示威於一國以回復權勢。

坐此諸因。故德人沖天驚人之手段。遂非得已。

列國之態度

此次會議。前此一八八〇年馬特里會議有關係之各國。除丹麥外。皆列席。爲德法則衝突之主動力也。其餘各國態度大略如下。

一英國 法人在摩之保護權。本英國首認之。故英人苟有可以爲法援者。無不盡力。此意中事也。雖然。其能否賭兵力以助法。是非所敢言。去年十月七日法國巴黎瑪丹新聞忽有記事一段云『法國若受德國

之攻擊則英國即行艦隊動員令占領奇羅運河以十萬陸兵戍梭黎蘇彼阿斯坦地方此英政府與法政府所訂口約也若德人欲得正式的文書則英亦所不辭云云』瑪丹者法國最有力之報也其記事言論夙爲重於世界德人見此其報館直攻擊英國不遺餘力而英報亦與之舌戰倫敦泰晤士云『瑪丹所記其爲事實與否屬於別問題雖然德國若以不法行爲攻擊法國則我英政府必能得國民的同情以拯鄰國之難無可疑也』自此兩大報館有此等論全歐震動儼然若不可終日既而英政府對於德政府聲明絕無此事人心稍安然兩國內情如何究秘莫能明也

二西班牙　近與法國甚親厚且已認法之保護權。或當袒法。雖然彼固夙懷野心於摩洛哥者。或亦乘鷸蚌以收漁人之利也。

三意大利　其地位最困難。既先與法國有協約。而又與德爲同盟。不知何袒而可。今者其外務大臣威那士達侯。爲本會議長。素以老練之外交家聞。不識何以善其後也。

四比利時　比以工商立國。法人既宣言開放摩洛哥門戶。則比當無間然。且法素助比得種種權利於中國。比人所深感也。故當袒法。

五美國　摩洛哥與各國通商訂約。實由美國首導之。故苟能於商業上實行開放門戶機會均等主義。則美人當無異議。至境上警察權等事。非所欲過問也。

六俄羅斯　俄國新聞。皆言當以全力助法。同盟國固應如是。

七摩洛哥　摩洛哥參列使臣莫黎氏。其手段亦有不可侮者。彼最初不爲何等之提案。惟要求有參加會議之權利而已。開會之始。彼所宣言者有三。其一云。使臣無承認列國所議改革案之權利。有此權者惟國王耳。其二云。若會議案不侵及摩國領土主權者。使臣可奏報國王。其三云。列國中有一國獨施行改革案者。嚴拒絕之。盖皆受德人之指嗾也。

結果及影響

此會議今方在紛紜轇轕中。兩强相持不下。其結果甚難言。要之法國數年來苦心經營之所得。一旦盡歸泡影。殆非所甘。且德之凌侮已甚。法人讓步復讓步。終不得當。其或出於一戰。亦意計中事。惟各國皆互有攻守同盟之約牽。一髮而全身爲動。戰固非易言。然則法人竟以屈辱終耶。誰能知之。

德之所以注全力於此問題者。其原因雖有數端。而最主要者。則彼之殖民政策。不能逞於東亞。乃轉而向於北非也。若法人而以屈辱終也。則彼不能逞於北非者。或又將轉而向於東亞。則雲南廣西間。其多事矣。德之根據在山東。爲英日同盟力所束縛。此數年內。殆無展驥足之餘地。法之根據在安南。其進取也。在腹地。日本勢力鞭長莫及

英國獨力或未足以制之且其所用者隱謀以種種猾詐手段植根蒂爲抑非武力所能遏也嗚呼銅山西崩洛鐘東應甯得曰對岸火災云爾

批評一

對于陳烈士蹈海之感歎

佛蘇

陳烈士中國血性男子也。幼孤苦。未克事詩書。年稍長。腦境開。不假師友。力苦學數年。文行卓茂。後拾閱新學中書報殘紙。慨然欲任天下事。迨肄業該省求實學堂。屢邀名師贊賞。拔送來東。自是而烈士之偉論孤懷。後先播爲書報。淚血和流。其價值自有定評。無容贅述。客歲益苦攻各國大實學家大哲理家之著論。曉然各國國體政體之構造。世界政策心理之潮流。中國現在未來之究竟。歛激烈于深沈範衝突于秩序。倏飛突一進化階級。有識者樂觀厥後。嗚呼。烈士之靈魂。胡一旦竟脫離于軀殼外耶。可勝慟哉。

嘗按其心理渡瀉之正象。可分爲三時期。自入該省學堂。爲其心理滋養時期。自東渡留學。爲其心理發達時期。自客春以來。爲其心理結構時期。夫其滋養時期之志行文章對于外部無發表。姑勿論其發達時期。特激進倡破壞姿勢崢嶸不可侵其所以爲社會所歡迎者在此。爲政府所屏斥者亦在此。吁窺其一斑妄加褒貶陋已究之烈士一生之志行文章集大成于其結搆時期譬之山然邱壑縱橫不過爲其結穴之過脉。譬之木然花葉披紛不過爲其結果之醲漬。一坵一壑詎足見山嶽之雄奇耶。一花一葉詎足見菓品之穠美耶。此今日對于陳烈士之蹈海所以不能無感歎爲然其集大成于結搆時期何以徵之。蓋有客春之要求救亡意見書暨此度之絕命詞可徵也。試將此兩書中之內容物摘證而闡明之。

(一)對于政府有正當要求之條件也。

客春所發佈之要求救亡意見書。其中「對外之條件三。一曰勿以土地割讓于外人也。二曰勿以人民委棄于外人也。三曰勿以主權倒授于外人也。對內之條件四。一曰當實行變法。二曰當早定國是。三曰當予地方以自治之權。四曰當許人民以自由著述言論集會之權。」按以上所要求對外之條件。皆世界立國之三要素也。所要求對內之條件。皆各國憲法中之要素也。秩序具備。權義對當。此各國民黨對於政府要求之慣例。亦即中國今日民族所必當要求之事實也。倘無以上對外之條件。而徒曰革命革命。恐民黨對於政府未曾宣戰。而中國已亡矣。何也。蓋土地人民主權三要素。若不能保存。即無所謂國故也。倘無以上對內之條件。而徒曰革命革命。恐一切希望。終成泡影。何也。蓋不實行變法。不早定國是。則全國擾擾紛離。茫無秩序。機關不能行動。教育不能振興。若不予地方以自治之權。則人民安得有權利思想。有建設能力。若不許人民以自由著述言論集會之權。則國民目的安能暢發。輿論安能指揮。再簡單言之。使無對外之條件。則天下安有國力不能禦外而國內能起革命軍哉。「近來頗有倡先革命而後排外之說。自一方面觀之。未必非杜絕亂萌之一法。但外患尚未深入時。則此言是也。否則政府絕對壓制。在野人才絕不錄用。則亦鋌而走險耳。若外患已深入。而國內兵力不足以一逞。且政府亦甚有轉危爲安之機。人才亦皆有展布之勢。而猶曰必能革命而後能排外。則文不對題矣。後患寧可思議耶。暹再當將此問題引證發明」。使無對內之條件。則天下安有民黨不佔一勢力而能顛覆政府哉。此中原理。至顯亦至深。一讀西洋歷史。自能事事會晤也。倡革命者。如終身祇欲與會匪競功角技。蹂躪社會。貶損目的。則亦已矣。若猶欲堂堂正正。豎國民旗幟。爲權利之競爭。則非憑條件要求政府外。豈有他道哉。故烈士意見書中有云。「各國國民之對于政府也。必先提出要求之條件。要求而不得。然後有示威之舉動。吾等躐等以爲之。則政府不知吾等意向所在。縱擲數人之頭顱。亦不過等諸無意識之作爲。」此烈士不注重暴動而欲以條件要求政府之心得處也。對于二十世紀之時勢。豈不當用此新方法哉。乃當日多數人。誤會要求救亡。爲擁戴政府。爲主張立憲。排之不遺餘力。不亦謬哉。夫民黨未成交戰主體。不能不擁戴政府與夫中國今日之不能不主張立憲。係別問題。姑勿論。然烈士要求之內容。係權利上之要求。且係民黨片務（猶言半面）權利之要求。詎得謂爲完全立憲有壓制民黨之點耶。況各國人民對于國家所應享之權利。莫不規定於憲法中。又詎得因痛惡立憲二字。即並其中一切權利而亦卸卻之耶。但其意見書中所欲要求對外對內之條件。範圍廣泛。非確有一事實可以見效。且非一時口舌所能建功。使政府易以空言卸責。則雖要求。亦與未要求等耳。然其中所謂地方自治。所謂著述言論集會之自由等件。爲國民之唯一生活。仍爲萬不能不要求之條件。使有人能單獨提出要求（其他種種爲國民所應享之權利。亦可倣此。）又能如烈士之抱志眞實。安見其無影響耶。至若要求不遂。則另有解釋問題之法。（詳於下段文中）然總不能謂不應有此要求也。使不然。烈士素主張急進者。素富于理想者。何以忽變遷心理。甘受他人唾罵耶。

（二）知以暴烈手段爲最後之示威舉動也。

意見書中有云。若警告而不聽。則吾儕自有繼續之行爲。又云。虎頭蛇尾。吾必求所以不爲蛇尾者。又云若政府必欲以吾儕致之外人。則政府乃吾儕致死之所。按以上所言皆係以暴烈手段。爲要求不遂之後援也。夫各國民黨。對于政府之要求。倘被壓制。無不出此同一之手段。俄國虛無黨。其尤著者也。觀其自一八七七年以來。暴動之方針一變。羣趨注於政權競爭之一途。對于政府。常有種種之要求。或要求開代議院。或要求大赦國事犯。或要求出版言論集會演說等等自由權。倘其政府不承認其要求。則處處藥彈暴裂。出鬼入神。聖彼得堡一帶地方。時時血肉狼藉。其技術如何神妙耶。其膽力如何雄厚耶。倘虛無黨濫用其暴烈手段。而不先要求以條件。則其方法終無一目的物之可附麗矣。烈士之用心亦如此也。夫國若不須用暴烈手段則大幸大幸。若必欲用之則事前宜指定一事實以爲要求之把握不膚廓不汎濫而後政府可就此一事以應其要求事後宜碻定一人宣佈罪狀不遷怒不波及而後政府有所警懼。蓋各國政府之所以專橫者所以置國事于度外者。無非爲保全權位計也。倘民黨一旦能以和平要求爲先鋒。以暴烈手段爲後勁。則其保全權位之心又不敵其保全生命之心安得絕不承認民黨之要求哉若不指定一事則必以糢糊影響之事。或無絕大關係之事而亦施以暴烈手段也。若不碻定一人則必不分首從或輾轉株連而皆施以暴烈手段也。換言之若不指定一事。必毫無效果若不碻定一人必震動全局。如此則雖犧牲多數人生命。無當也。不過使政府不敢顯與民黨宣戰。人人恐怖而已。甚或其中之嚴厲者。因此而豫備種種之正當防衞使民黨間接受其束縛其中之怯懦者。或以後模稜粉飾保全祿位其中之黠猾者。或以後矯情干譽希博輿論之歡不敢有嚴正執行之權力此等現象。殆將來所不免者。其阻礙前途。又何如耶。其尤當注意者尚有一事蓋凡民黨既甘心拋棄生命以與之相搏擊者。必其人稍有才力稍有建設稍得權勢者也且當其輿論憤切之時期必其人擔負絕大職務之時期者也倘暴烈手段。緩急輕重用之稍有未慎。則其職權。或後來竟無人能勝繼續之任。其所辦之事。或竟中止。或竟廢止焉。直接間接。禍害無窮。能不臨事而懼好謀而成哉夫以一二當道之死生。一二事之成敗。關係國家之存亡者。其比例甚多。無容縷述。救國者決不可使國家自我而亡保種者。決不可使種族自我而滅排斥政府者決不可使無政府之慘象自我而開倘其人對於民黨一方面。或不甚浹洽。而對于國家全體。或甚能建設。則不獨不當銜之。且當傾心相向。何也。我之目的。原救國者也。彼能救國。即係代表我之目的。則我目的之達。自無形而有形。自間接而直接也。又如其人一事一時。或甚忤輿論。而其過去或功罪足以相抵。或未來甚可希望。均不可冒然一擊也夫俄國虛無黨之與政府交惡。至今日如彼慘酷者。皆彼此始意所不及料亦皆彼此所不得已之事耳其始也。虛無黨鼓吹書報。不過欲稍殺君主之專制。俄政府捕戮志士。不過欲解散民黨之機關。迨其後再接再厲騎虎勢成有兩不能相下之處倘政府之壓力。稍減一分。則其貴族官吏將無一人能保全其肢體。而民黨之積憤一洩必釀成一無政府之實況。倘民黨之抵力。稍減一分。則其黨中人。將悉被慘戮。而君主之專橫勢力。益將圓滿無限。互相鉗制互相防衛互相恐怖政治問題一變而爲仇殺問題非一方面之幸一方面之不幸也倘他國民黨徒艷羨其事迹。而亦欲步趨之。姑無論其國體國勢之鞏固不如俄。政治界之活動。外交界之敏銳不如俄。且各個人之生命。亦不當如此濫棄也。至若畏政府與俄國同一專制。竊謂此不足慮。俄政府此度之劣敗。國勢垂危。豈他國政府。不鑒其覆轍。而猶必冥頑不靈以生命殉意氣激成虛無黨之禍耶又豈不知其國內殺機已動壓力漲一分抵力亦即漲一分耶嗟乎陳烈士有云。「可和平則和平。當激烈則激烈。一出于公而不雜以一毫之私。」（見救亡意見書）又云「鄙人之革命。必出以極迂拙之手段。不可有一毫取巧之心。」又云。「必事事至萬不得已而後爲之。無所利焉。（絕命詞）以上諸語。一筆一墨一淚一血願我國人保守弗忘也。縱必不得已而有用暴烈手段之時。事先宜心地光明則質天地鬼神而無愧臨事宜精察得失則遇刀鋸鼎鑊而不驚無私憤無成見無戾氣無躁心則暴烈手段之用也。乃爲聖賢豪傑一時處變殺身成仁之大作用也否則爲奸民也。亂臣賊子也。無政府之暴徒也。

不爲聖賢。便爲禽獸。曾文正此語。不異專爲此事而發。願志士服膺此極寶貴極純粹之鐵血主義。使之不受一毫汚辱一毫缺憾則前途幸甚。

(三)知無學不能救國。不主張急進也。

絶命書中有云。「人皆刻苦問學以救祖國。即十年二十年之後。未始不可轉危爲安。」又云「堅忍奉公力學愛國。」又云「刻苦問學。徐以養成實力。丕興國家。」此係知無學不能救國之標徵也。又云「凡作一事。須遠矚百年。不可徒任一時之感觸。而一切不顧一閧之政策。萬不宜于中國矣。如有問題。須計全局。勿輕于發難。」此係不主張急進之標徵也。竊按以上所云。皆以求學與救國二事相提並論。未聞稍有緩急輕重之分。此誠知行合一。體用兼備之學說也。乃今日一派人之思想言論。則與此適成一正反比例。時時欲救國。而時時不求學。甚或鄙求學者爲腐敗。爲個人主義。意若謂惟建設時須學問。若破壞時則不須學問也。殊不思中國何以必須救國。豈非因中國人絶無教育。以致國將亡耶。何以必須我輩少年救國。豈非因我輩可以求學。有優勝前人之智識耶。若今日無學無才而可以救國也。則急功近名之士。何時蔑有。中國危急。何以至如此之積重難返耶。故今日非學理純粹之人決不能有治功卓著之一日也。以對于內部而論。其政治上之意義範圍實質形式。及一切機關之搆造連絡作用之支配分合。精奧溥博凡生人腦力所能想到之處即爲其學理所必當研究之處亦即爲其條件所必當規定之處倘稍有一罅漏則主權之行動受無窮之障礙而國家安全。人民福利。即不能保持矣。以對于外界而論。如欲收回權利非改正條約不可欲改正條約非編纂法典不可欲編纂法典非養成法律人才不可不然則無論外人決不至承認其權利收回之說。即能收回而無人才可以履行職務。亦必收之于此仍失之于彼甚或法律枉施動生出國際風潮又須豫備賠償物矣故中國之所以主權不保者。非徒屈于各國之強權。實皆因自國無甚精通世界學理之人以致此也。甚或以私法誤爲公法。契約誤爲條約命令誤爲法律內政誤爲外交一入舞臺無不立仆。日前覆轍可爲龜鑑矣試再舉中國社會上之事實觀之夫新學濫觴不過數年。試問日前之科學中人。所謂研求舊學名諜士林者。至今日之智識。能與新學界中人對等耶。即其所謂名師鉅儒。高據講席。其門生後學布滿數省者。至今日或建一議。或著一論。即授人笑柄。若謂其舊學與新學之作用有異同耶。然其本質上之學理。固無異者也。此無他。當日政學分爲兩途。故其所學者不能實用也。今之視昔。亦猶後之視今。據此理以推之。並可知中國五六年後。如一人無一科學之可以切實施用者。則不獨對于國家權利上不能佔一勢力。即對于個人生活上亦不能不淪于劣敗之數。此可斷言者。故今日宜及時求學焉。倘年過三十以後。姑無論對於前途有種種應盡之義務。無暇以餘力旁及科學。即個人腦力以後亦逐漸減縮。日異一日矣。雖然。我輩生于過渡時期中。幼年時未曾受豫備教育。一切學科。今日不能完全研究。此固理與勢之所必然者也。倘能有一二單獨學科之專長。亦足以應現社會之施用。若必日夜苦攻。以生命殉學問。亦可以不必矣。

竊按以右所論之三則。皆係抉出烈士近來心理變遷之大綱。而更推論之。其一切細目從略。讀者亦可以恍然于烈士近來之學識之意志有所借鏡矣。若他人之爲烈士作傳記者。大都引證其鼓吹革命主張激烈之一派事實。充篇幅之內容。而于其近來變遷之心理。概置不錄。其別有用心。固可嘉諒。但烈士近來之心理。沉毅堅卓深入學理尤爲現社會之製劑毋謂趨于平淡不能受輿論之歡迎且傳記者務精神逼肖使生氣髣髴行間若隨筆墨範圍之廣狹以出入其性質則死者一生之事實心理皆不啻專爲攝管者增其潤色之顏料也吁無怪往古人品至千載下猶忠奸無定評徒爲史筆所指揮命令也毋怪歐美各國之學說至中國即斵喪其本眞徒爲譯筆所指揮命令也作者今日故不憚將烈士前後三時期之心理而殫述之且其所參入之緒論只係確從烈士心理上之直線之正象而發揮光大之絕無誣罔失眞之處他人自能窺悉底蘊也且自此論發明後倘再有爲烈士作傳記者亦可更循此軌線而進行其策勵社會之功爲何如不然則烈士所編撰之書報久已飛佈又何煩今日之搖筆耶饒舌耶雖然作者尙對于中國二方面有間接之用意焉

(一)執政者當知勵精圖治　夫陳烈士者非當道所逮捕者乎今固不待逮捕而已慷慨赴死矣執政者亦當知憂國志士之激烈實因日夜悲憫過切思想憒亂肝腸鬱結故一時不免有矯枉過正之弊非出于名譽心祿位心破壞心也不然何以一旦決死

不顧哉且當知世界各立憲共和國事事憑法典所規定人人遵法制爲範圍雖君主亦不敢自由行動而尚不免民黨之衝突況中國廣土衆民甲于世界外則競爭日逼內則秩序蕩然卑汚羸弱者盤踞要津暴恣黠猾者舞弄典憲而謂國家可相安無事乎而謂主張激烈者爲無病呻吟乎悲夫悲夫中國今日殺機橫矣亂氛兆矣人人有與政府決死之心烈士之死也尤足以爲其導火線後來再接再厲不可思議昔拿破崙曰數葉反對之報紙勝于千百之銃鎗愚謂一志士之決死勝於千萬之銃鎗也法蘭西之革命虛無黨之慘殺皆其政府不知沉幾審變有以激成之耳其始也不過一二志士之抵抗浸假而勢力普及于全國其始也民黨屢被捕戮浸假而君主官吏日遭死傷毋謂潢池弄兵可高枕無憂也倘能力扶紀綱調和民氣昏耄者退避賢路幹實者拔選羣才推誠佈公黜華崇實無徒翎頂揚揚拜跪蹌蹌以置國難于度外則中國不難轉危爲安矣民氣自日消于範圍中矣

（二）愛國者當知感觀激勵　夫烈士淹死之原因非爲日本文部省所發佈之規程也絕命詞中有云「愼毋誤會其意謂鄙人爲取締規則而死」夫既非爲規則而死然何

以偏偵留學生抵抗規則風潮急激之時而蹈海耶。此無他。其有決死之志。不自今日始耳。日前之論箸。如某書某書。何一不足犯政府之誅戮哉。而烈士固不畏也。即就事實而論。某年欲起事某省。非有決死之志乎。且正偵拘籤四出之時。而忽欲北上要求救亡。又非有決死之志乎。其餘于酬酢言論之間。皆無時無事不露其決死之志。特今日及抵抗規程之事。觸發其積憤耳。且其最傷心之處。在日本某報「放縱卑劣」一語。如此則更非觸發于抵抗規程之原動力而死。乃係觸發于抵抗規程之反動力而死也。乃他人誤會其用意。故對于烈士之死也。或有不甚表同情者。或有妄引為同調者。究之皆未熟察烈士平昔之性情也。蓋其性情有優點有缺點。其優點為何。(一)志行堅苦(二)理想敏銳(三)實行勇樸其缺點為何。(一)純任悲觀(二)偏尙獨裁(三)誘于熱度試逐次證明之。蓋烈士平日之用心。無一時不本於血忱。絕不摸稜脂韋。尤絕不慼樂聲華。此所謂志行堅苦也。未嘗專攻法律。而法理甚明。未嘗實驗政治。而政見甚透。且其籌中國對內對外之策。皆吻合國家實質構成之原理。及世界學者共同演繹之學理。此所謂理想敏銳也。即知即行。毫無觀望。例如欲皷吹輿論。即發行書報。欲秘密運動即親自內渡欲要求救亡。則宣佈條件（按此舉雖消滅。然係阻于事理非阻于心理）此所謂實行勇樸也。其情狀終日如怨如慕其言論終日如泣如訴不曾見有眉目清爽之時其絕命詞有云「無在而不是悲觀。未見有樂觀者存」此語最足以爲其性情之活動寫眞此所謂純任悲觀也。凡事冥思苦索不曾與他人有精詳研究之事此所謂偏尚獨裁也。靜想時理解甚精若遇事時即不能制裁熱度例如既明云會黨不能成事。又云可偏用。既明言取締規則問題。可了則了。又云。宜全體一致始終貫徹。既明云將來自處。遇有可死之機會而死之。而又不能待至將來之機會而今日即死之。（按烈士平日之性情。原皆如此。非徒憑其絕命詞立論。）此所謂誘于熱度也。合觀以上諸節。其優點。足以令人有所振興其缺點。足以令人有所歛抑蓋中國人近來其能實行展布。寬猛得宜者固多。然此外則約有兩派心理。均不免各持一偏一則或過慮成敗而不敢任事一則或絕不慮成敗而濫于任事一則或遇事冷眼旁觀一則或遇事熱心代表一則或空談性理一則或專騖功名括言之。一則爲全憑消極作用一則爲全憑積極作用也。竊謂全憑消極作用者。觀察烈士之優點。當知振興全憑積極作用者。觀察烈士之缺點。當知歛抑。且絕命詞中有云。「諸君而欲及鄙人也。則毋忘今日所言」又云「苟可以達救國之目的。其行事不必與鄙人合」苟能竊取此兩義。則善不善皆我師也。不然。則烈士之自淹奚爲耶。絕命時、血書數千言。又奚爲耶。

按此文旣標其題曰「對于陳烈士蹈海之感歎」則作者原居于主動之地位。而有自由評論自由取決之資格者也。蓋非爲彼作傳記。故引事不求其詳。惟採其適用于此文之性質者。而臚舉之。其餘烈士之優點甚多。無暇枚舉。而以不穿鑿附會爲斷。閱者諒之。

（完）

記載一

過去一年間世界大事記（續第七十三號）

飲冰

第三　墺匈帝國之變兆

歷史補述　奧大利匈牙利。自一八六七年。成所謂「物合國」者。（與瑞典那威同性質）於今三十餘年。兩國政府之權。常爲自由黨所握。自由黨者專以擁護兩國之連合爲主義者也。而匈國之在野黨即所謂獨立黨者。常抱持離奧分立之主義。三十餘年。殆如一日。

匈國政府黨之失敗　匈國首相伯爵的士亞。常以强硬態度臨反對之獨立黨。前年秋（一九〇三年）布議事新章。以强迫之力使通過於議會。獨立黨睹此謂政府承維也納之授意。欲犧牲匈國之利益以從奧國之利益也。於是抗爭鼎沸。議會秩序幾爲蕩然去年（一九〇四年）一月四日政府不得已解散議會以訴諸國民豈知選舉塲裏形勢大變以噶蘇士（路易噶蘇士之子其父爲提倡匈牙利獨立之偉人本報曾爲作傳）所率之獨立黨爲中堅而國民黨舊敎黨和之爲連衡之勢以抗政府選舉之結果政府黨僅得百五十一票反對黨得二百四十二票（內獨立黨百五十九其餘各黨八十三）於是的氏內閣總辭職

國王行幸匈都　獨立黨平昔所主張則舉凡軍事上經濟上一切政務皆離奥而自立是實舉兩國聯合之根本而破壞之也故政府黨失敗後維也納人心皇懼安得拉士者匈之名將也素袒政府今次選舉舉其黨以附和在野黨政府是以失利至是斡旋於奥匈兩京之間思有所盡力二月中旬噶蘇士詣維也納謁王議不協王命安得拉士組織新內閣辭不就三月十九日王如布拉彼斯得（匈都）再以命安氏安氏者反對黨中之平和派也其政綱與獨立黨非全相容卒不就王固知非噶蘇士不足以饜人望而憚噶氏得政則奥匈分離現於實際也不得已仍命前相的氏攝相四月五日嗒然歸奥京

獨立黨政綱五事　王行後二日（四月七日）噶蘇士在議院提議廢止昨秋政府所

頒議事新章。以百二票之大多數可決。同日選委員二十一人。草上奏案。十三日。案成。提出於議會。舊例奏議皆稱「皇帝及國王陛下」。至是改稱國王陛下。示不喜聯合也。奏中列政綱五事(一)實行責任內閣之制。必其在議會占多數之黨。乃得任政府。(二)改正選舉法議院法(三)行政權須用之公正。以確保國民政治上之自由。(四)改良經濟社會。匈國於經濟上爲完全獨立。設獨立之稅關等。(五)匈牙利設獨立之軍隊。其所用語言及徽章。皆別定之。奏末極言爲匈牙利圖利民福起見。不得已有此要求。王如拒絕之。或躊躇不決。答焉則前途之危。有不忍言者。

●●●●「不黨內閣」 五月十一日。上奏案以大多數決議。致諸奧京。而國王不肯俯從。匈議會亦不肯退讓。至是的士亞署任內閣。既以責備之不能堪。復退其職。國王與安得拉士等數次交涉。竟無成議。欲再求後任於政黨中。料無可望。乃於六月十九日。命陸軍中將菲治巴利組織「不黨內閣」。「不黨內閣」者以不屬於政黨之人任內閣也日本稱爲「超然內閣」謂超然立於政黨以外也 六月廿一日。新首相率閣員以臨議會。議會大譁。噶蘇士揚言曰。新內閣蔑視政黨。宜勿認之。即自由黨故相的氏所率之黨亦謂無議會多數之後援。不得立於政府。於是噶蘇士之提議。殆以全會一致可決之。國王詔命停會。（各國議會開會中例得以國王之勅停會若干日）不聽。討論日不暇給。議員般菲氏。提議匈國所應納之聯合國公費。暫行停止。更以議會之命。命各地方官。暫時勿得收徵租稅召集兵役。此提議以大多數通過於「那威萬歲」聲中。（當時那威獨立之機已熟）上議院亦與之作桴鼓應。決議不認新內閣。新內閣辭職。王不許。

不黨政府之失敗 九月十二日。菲治巴利內閣遂辭職。而其辭職之原因。不在與匈議會之衝突。而在與奧政府之衝突。是一奇也。初菲氏既組織「不黨內閣」。全議會之聯合反對起。菲氏乃為應變的政略。擬實行普通選舉制。（普通選舉者凡成年之國民皆有選舉權不設制限也）蓋依匈牙利現行之選舉制。則全國千七百萬人中。有選舉權者僅九十萬。菲氏以為議會之極端反對派。非必出於全國人民之公意也。故欲出此政策以撓之。此政策者。匈人所大喜也。而奧政府懼匈既行普通選舉。則奧人必踵其後。為同一之要求。於奧政界。將生變動。乃極力反對之。九月十日。開「奧匈執政官會議」於維也納。奧匈帝親臨。卒乃匈內閣總辭職。許之。使暫署以待後命。

國王與民黨協商 菲氏暫署政府。國王旋與反對黨領袖噶蘇士等私相協商。九月二十三日噶氏等如維也納謁王於王宮。王乞彼等變其政綱。(一)撤去軍事上問題。(二)勿牽涉軍政外交。以搖動奧匈聯合之基礎。(三)其他兩國交涉諸問題。由兩國協定之。(四)關於豫算徵兵之常規。及軍事上所需餉項。請毋阻撓。噶氏等既退。以不能奉詔辭焉王再命停會。議院大譁。

「不黨內閣」再建　在野多數黨既辭不受職。王益窘。十月十六日。命菲治巴利再復職且許其實行普通選舉制。二十二日。聯合反對黨更開種種集會以攻擂新政府。而新政府大標政綱。謂以擁護憲法為目的。特採普通選舉制。凡匈牙利男子年及二十四歲能識字讀書者。皆有選舉權。其關於軍事上。則以憲法上匈牙利王之特權許匈國軍隊用匈國通行之摩的約語云云。歐洲各國報館。皆以此政綱為匈牙利政治史上一新紀元。未知匈人能躊躇滿志焉否也。

結論　當去年五六月間瑞那分離之議既熟。奧匈關係亦儳焉若不可終日而終不至大決裂者。雖由奧之退讓抑匈人亦自知當中原列強之衝苟內訌甚其將有乘之者也。抑匈人自金牛憲章發布以來即具有自治之實力。史家謂次於英國而能適用

立憲政治者莫匈人若也故以堅忍之民意爲穩重之要求數十年來著著進步其終得最後之勝利宜耳

第四　法國政教分離案

問題之來歷　歐洲自宗教改革以來羅馬舊教勢力日就衰弱及前世紀末意大利聯合王國成教皇權力掃地以盡所恃爲奧援者餘一法國而已法當拿破侖第一時代將利用教力以行政策上之操縱故與教皇彼阿第七結約其繼續期限訂以百年及今日而約期將滿此政教分離之議所由起也

動議之通過　共和黨主張政教分離多歷年所前內閣首相喀謨布氏曾將法案提出議會未獲可決至一九〇四年（去年）一月下旬首相以他種原因辭職大藏大臣盧威繼之襲前內閣之政策二月十日新首相在議院演說謂羅馬教會之態度有迫國家使不得不與彼分離之勢復將前案提出動議贊成者三百四十三反對者百八十九遂通過

決議● 自茲以往。在下議院大加討議。爲激烈之辨爭。凡五十回。直至七月三日採決。贊成者多於反對者百有八票。遂決議。蓋對於原案有所修正。稍寬大云。十一月下旬上院亦決議。大約認羅馬教會爲一種教育團體。與他種教育團體有同一之權利義務云。此法案以今年一月一日施行。

結論● 自中世以來羅馬教會勢力蟠據政界之中樞炙手可熱矣降及近世宗教革命起殺人流血以億兆計十八世紀以後稍熄而餘氛猶未沫豈所謂百足之蟲至死不僵者耶直至法國政教分離然後全局乃告終蓋亘五六百年矣茲事雖若小然實全世界歷史上一大結束也抑此事亦有影響於吾中國者東方舊教徒保護權德法二國恒迭爲消長法爭則德讓法退則德進此三十年來歷史所明示土耳其及小亞細亞之外交政局可覆按也其在我國亦有然今後法人之於教務將袖手矣德人其必與之代興吾懼夫吾國之教案將益多事也

第五　美國與中美南美諸國

大勢及歷史　世界大勢駸駸有趨於統一之機而所以爲統一之具者一曰併吞一曰聯合要之弱小之國不復能立於今後之宇內而二十世紀末擧全世界將僅餘大國五六焉此史家鑑往知來而可以預決者也此趨勢於歐有然於亞有然而南北美之新大陸尤著美國者新大陸之主人翁也今將語美國之政略請先述全美諸國關係之歷史。

美國伸權力於全美實門羅主義導其源門羅主義者當門羅任大統領時法人恃神聖同盟之後援欲侵畧墨西哥門羅乃宣言曰亞美利加者亞美利加人之亞美利加也自玆以往此宣言幾成爲國際上一種法例歐洲各國斂手不敢與諸美爲難而全美聯合之議亦漸起一八二六年以委內瑞拉人所提倡開聯合會議於巴拿馬而美國智利巴西皆不至議遂不集一八四五年波兒喀爲大統領公言曰合美洲諸國而爲一此吾美國之義務也其後一八八三年拉丁民族諸國復開聯合會議於委內瑞拉之京城亦不得要領一八八九年至一八九〇年美國大統領提倡開聯合會議於美京華盛頓諸國咸集乃決議開縱貫鐵道及設仲裁裁判議亦不就僅以公議設南

北美國勢調查會於美京。一九〇一年至一九〇二年。復開聯合會議於墨西哥。縱貫鐵道。決議施行。仲裁裁判。則主强制。而美國政府自爲裁判長。列國未晝諾。期以後五年再議之。此過去歷史之大概也。

大統領之敎書　美國現任大統領盧斯福。絕世英物。常主張以戰鬥爲平和之保障。此盡人所能知也。前年十二月。被選續任。故事大統領就職。必下敎於國中。盧氏敎書之末節云。『吾輩所最希望者。鄰邦之秩序與繁榮也。苟其人民爲適當之行動。不論何國。吾美對之。皆樂表友情。決不於其社會上政治上各事件。有所干涉。若其有暴行蠻擧。則文明國所不能容也。即吾西大陸亦安能逃此文明之干涉。吾美國以奉行門羅主義。故苟有危及全美之秩序者。吾將行吾之國際警察權 International Police Power 云云』蓋盧氏藉口於門羅主義。恬然以西大陸之警察官自居也。其野心如見矣。

美國與巴拿馬　一九〇三年十一月。巴拿馬離哥倫比亞而自立。新建一共和國。而美國首承認之。巴之獨立。美實陰主焉。此世界所同認也。乃巴人本無建設共和政治之能力。立國未一年。內亂紛起。益授美以干涉之口實。一九〇四年十月下旬。巴國在野黨擁陸軍總司令官科爾達爲首領以謀革命。巴首相乞援於美公使。美政府遂致書亂黨脅之且派軍艦三艘入巴拿馬灣示威焉。亂黨遂斂息。美公使旋命巴人將全國陸軍解散。巴人戢戢受命今所存者士官三名兵卒二十名而已。一九〇五年正月。美國陸軍大臣塔虎巡視巴拿馬。巴人不論何黨皆熱心歡迎。塔氏演說曰。吾美國不欲諸君革命。諸君而好革命也。則美國以維持秩序之大義。不得有私於諸君矣。其言殆有旁若無人之概。巴人唯唯而已。於是巴拿馬於事實上既變爲美國之保護國。

美國與委內瑞拉　委內瑞拉與各國紛擾事件。已亘年餘。至去年正月。美國發最後之通牒於委政府。謂此後若對於外國人不履行義務。美國將以武力相干涉。旋遣軍艦數艘示威。寖以無事。

美國與散得米哥　散得米哥 San Domingo 者。西印度羣島中一小共和國向未著聞於世界者也。去年春美國忽與結協約監督其財政權。於是大駭舉世之視聽。散得米哥島國也。與哈的國同居一島。而哈國占三分之一。散國占三分之二。其島廣袤約三萬英方里。西印度羣島中第二大島也。自巴拿馬運河既開。由歐洲及美國東部至運河實以此島爲要衝。故自今以後。其軍略上之價值頓增。此國自一八六五年離西班牙獨立迄今僅四十年。而大小革命凡五十餘次。終日紛爭。迄無甯歲。以故租稅無所出。財政瀕於危。所積公債至三千五百萬美金。其債權國。則美英法德比意班也。而美最多。法次之。美政府藉口於門羅主義。謂恐歐洲各國之干涉也。乃猝起而自當干涉之任。以一月二十日與散政府結協約。握其財權。並整頓其內政。後元老院責政府之專擅。而大統領盧斯福謂爲西大陸平和計。不得不爾。元老卒亦許之。約遂成。

東洋海軍新根據地　八九月間。美國有經營海軍新根據地於奇士加島Kiska之說。該島在阿拉士加之南端。阿拉士加者。北太平洋一新開地。而美國聯邦政府之領土也。其事尚未發表。不知所經營如何。若其成。則美國在東方之兵力。又增倍蓰矣。

結論　號稱愛平和厭侵略之美國。近十年間政略一變。立於正反對之地位。稍明時局者。所能知矣。南美中美諸國。終必有歸其卵翼之一日。特需時耳。嗚呼。自今以往。非有廣土衆民之國。安足以立於天地。抑彼拉丁民族之國於新大陸者。無可以建設共和政治之資格。而妄希美名。日相喋血。其亦有以召之矣。

記載二

乙巳年中國大事畧表

新政

◎政務處奏准各衙門會議要政章程以二月初一日實行

◎端方奏陳立憲大綱

◎袁世凱周馥張之洞奏請於十二年後改行立憲

◎准奉天省試行地方自治

◎袁樹勛札上海紳董設總工程局籌辦地方自治

◎欽派澤公端方戴鴻慈李盛鐸尙其亨出洋考察政治

◎命政務處王大臣設考察政治館

官制

◎裁江淮巡撫改淮揚鎭總兵爲江北提督

◎以盛京五部侍郎事務改歸盛京將軍管理

◎裁廣東巡撫

◎裁巡視五城及街道各御史

◎裁奉天府府尹兼巡撫事

◎裁奉天府府丞改爲東三省學政

◎設巡警部

◎設學部

財政

◎商部請整頓錢法

◎順天府府尹奏設公估局

◎貴州巡撫林紹年奏准開鑄銅元

◎江蘇鑄當五大錢旋停

◎直隸禁南省銅元進口

◎各省銅元局歸戶部經理

◎戶部造幣廠開工

◎湖北停鑄一兩重銀幣

◎戶部派陳宗嬀調查各省銅元局利獘

◎戶部奏准停鑄當十大錢改鑄一文制錢

◎戶部借匯豐銀行一百萬磅

◎湘粵鄂三省合借英國香港政府英金一百萬磅以贖粵漢鐵路

◎湖北借英欵一百萬兩以辦自來水

◎再借比利時一千二百萬佛郎以充蘆漢鐵路經費

◎直隸募公債四百八十萬兩

兵政

◎鐵良回京覆命奏陳江蘇等省營伍情形除鄂督張之洞獨蒙嘉奬其餘各省督撫均受嚴飭

◎江南製造局改定辦法

◎練兵處定考試武備學生章程

◎練兵處奏定軍服章程

◎練兵處咨行各省通飭各屬籌辦武備小學堂

◎練兵處通咨各省一律改用小口毛瑟鎗

◎周馥命兵備處始設軍樂隊北洋練電信隊

◎練兵處奏定陸軍各官品級

◎兵部奏停武職捐例練兵處舉辦貴胄學堂

◎北洋練軍在保定大操

◎諭令王公大臣深求兵學廢引見人員持弓之制

路政

◎潮汕鐵路歸商部主持

◎福公司道澤鐵路歸併蘆漢鐵路

◎滬甯鐵路開築

◎京張鐵路開築

◎京漢鐵路全線開通

◎向美國合興公司贖回粵漢鐵路

◎張振勳籌辦廣廈鐵路

◎粵商集股自築新甯鐵路

◎與英國訂約分築廣九鐵路

◎正大汴洛道清各鐵路歸併京漢辦理

◎派趙爾豐爲川漢鐵路督辦
◎諭令商部袁世凱督飭盛宣懷認眞整頓蘆漢鐵路
◎商部奏訂江西鐵路章程
◎以張之洞爲粵漢鐵路督辦
◎命張之洞梁誠岑春煊辦理粵漢鐵路
◎派李經方爲安徽鐵路總辦
◎派湯壽潛爲浙江鐵路總辦
◎命唐紹儀會辦京漢鐵路
◎命唐紹儀督辦滬甯鐵路
◎命周馥陸元鼎設法購回滬甯鐵路
◎派陳寶箴爲福建鐵路總辦

外交

◎在上海開議中德商約未成
◎德國兵艦擅至海州外連島測量水路並遣水兵登岸插旗
◎上海公共租界工部局擅將案犯違章改押西牢並派印捕看守會審公堂
◎與英國訂定緬甸電線續約
◎俄國兵艦逃至上海
◎日俄和成以滿洲號等被扣俄艦交還俄國
◎與各國新訂交付庚子賠款合同
◎與各國改訂開濬黃浦江章程歸中國自行辦理
◎德國將膠州稅關及山東各郵局交還中國管理
◎與美國磋商禁工續約全國相戒不用美貨以爲抵制
◎廢美國合興公司粵漢鐵路合約
◎中日訂定條約
◎與俄國議約未成
◎中國加入海牙萬國平和會命陸徵祥臨時預議
◎以旅順大連灣照俄國期限租與日本
◎華官與西官爭上海會審公堂押權

商務

◎丁振鐸奏准雲南省城開作商埠

文藝一

紅葉閣鳳仙女史譯述

美人手

第三十七回　密商量囚車夜起解　補鋪敍鐵路巧移尸

前節暫且按下不題。今先說美治阿士。自從被荷理別夫大尉捕押。閉在一室。計期已有整個多月。照前書所述。初時着實審問過幾回。迨後便沒了消息。如今他這條苦命兒。是生是死。尚還在這屋裡。抑或送了到西伯利亞。這樁事。除了荷理別夫同他屋裡的手下。再沒有人知道。就是連我這個做書人。此時也不大明白。今且慢慢對看官們敍述起來。却說那一天荷理別夫大尉。坐在書房。那假扮武喇伊的軍曹友夫侍着。密密的商議。荷理別夫道。美治阿士那廝近來怎意思呀。軍曹友夫道。一些兒沒轉機。祗是納着頭天天睡。荷理別夫道。他沒說怎的嗎。軍曹友夫道。一言不發。差不多有十天了。問他覺得怎的。祗是不倣保。荷理別夫道。不是病嗎。軍曹友夫道。形神倒不覺得怎的。

想不過是橫了心。拚了念頭。這樣人。眞是鐵石的心腸呢。荷理別夫冷笑道。那裡算是鐵石心腸。祇稱得個頑固罷咧。他打的主意。想是候外間來搭救呢。旣沒法處治他。惟有攛他到西伯利亞便是了。軍曹友夫道。那廝的脾性也奇。旣是知情。應該早招供了。怎麼死不肯招。寧願跑到西伯利亞那麼苦的地方捱命呢。荷理別夫道。那不算奇。須知他招了供。那虛無黨徒。是容不過他的。你不聞得虛無黨的苛法嗎。凡有同黨人洩漏了黨裡點兒的風聲。不是抽舌根。就是挖眼睛。他怎的不怕。怎敢承認。軍曹友夫道。或者那廝。諒我們未必眞送他到西伯利亞。也未可定。荷理別夫道。可不是麼。這裡法蘭西的國法。是個自由政體。這裡的人享慣了自由權利。那裡曉得專制政府的聲威。他看輕了。以爲我政府沒奈他何。且慢待我。把個利害他們看。這三百名流散的虛無黨徒。將來終須落在我手。我是親受本國大皇帝的欽命。恩賜異數金牌。專辦此事。咊、這廝算得甚麼事。我吩咐你速速打點囚車。預備聽用。少間再提他一審。若仍不供認。今夜就要起解。你留意侍候着。啊。軍曹友夫聽說。恭恭謹謹的荅應着。再又問道。照此看來。那廝決沒有不知情的道理。但萬一提他再審。他依然閉着口。總不荅。那便怎處治呢。荷理別夫道。這也難料。要之荅與不荅。這鐵箱子他是一定知情。軍曹友夫道。那厮若是虛無黨中人不應該露不出半點爪牙這容易就被我們拿住況且虛無黨員聚匿法國已成了勢又何必孤身一人再跑向美國去呢荷理別夫道。你須知那厮實非純然的虛無黨員第一件。他是法國人未必肯捨身去替俄國做革命的事我諒他必是受了美人圈套虛無黨員中最可恨是這一輩子賊婆娘經我眼底已見過三人皆非常妖艷他全恃這美人局愚騙那些男子就像玩弄小兒一般計至今我國家派遣偵探虛無黨的人員不知凡幾次都墮在這一輩美人手裡這一輩沒羞恥的婦人不論怎的事也做得來有時扮作侍兒在那些酒樓伎館厮混有時化作貴夫人借甚麼高樓大厦做騙局有時又變作弄把實的有時又裝做叫化的種種手段令人不可思議故始終奈不得他何美治阿士。就是上這個弔子了。軍曹友夫道。他與圖理舍譽的女兒。不是有了婚約的嗎。情既有所屬。還受別婦人的弔子麼。荷理別夫道。雖有婚約但圖理舍譽。不認他爲壻。要擠他到遠處去。他就是聞行主要調他去埃及。故而變了心。想他以前。必受托過多次。他爲着霞那。不曾答應。恰好有這個機會。那美人就趁勢擱掇他。又允盡力助他旅費。這窮漢怎的不起念。這五千元匯票。不分明在他手裡麼。這顯然就是憑據了。軍曹友夫道。這五千元匯票。他說是甚麼不知姓名的人送給他。究竟在他袋裡搜出這封書子。是怎來頭的呢、荷理別夫道這書子算得甚麼證據。焉有還人家這麼鉅的欵項。連名兒也不署一個。你說世間有這等事體的麼、軍曹友夫道。據此看來。那斷一定是受虛無黨員的主使了。但這輩賊婆娘。怎法子擺佈他呢、荷理別夫道。對付這一班美人黨。最是費手。他黨員中以這輩婦人爲最得力。這件鐵箱子。是他全黨人最注意最着急的。因爲箱子裏放着兩副公文。一是捕縛這逆黨的訓令。一是照會法政府的報告書。其中開列着那這黨人的年貌。最爲他們所忌。故出此美人局。籠絡美治阿士。替他出手。軍曹友夫道。這事卑職也密訪過。那美人黨同美治阿士來往的痕迹。總查不出。照我看來。似乎沒有會過面的。就是同銀行最親信的丸田夫人。也不聞得有交搭事件。荷理別夫道。他同丸田夫人交搭與否。於這事有何關。丸田夫人與虛無黨實在兩不相涉。雖然他的俠氣令人可疑。始初我也是這麼想。三年以前我未同他交際。曾密派人偵伺他。覺他於政治上幷沒有干係的。軍曹友夫道。

照卑職的鄙意。與其把他押解西伯利亞無寧把他釋放還好怎解呢把他釋放他幸脫了虎口滿心歡喜定不留意那時我這裡派人躡着他的蹤他終必要找同夥的人無難藉此跟出個綫來這豈不是欲擒故縱的法子麼荷理別夫道。他有同夥兒。不是顯然見了憑據麼。你不記得那天夜裡。搭着繩梯子。跑上圍墻去那狗子嗎。軍曹友夫道。那却不是。先也曾稟白過。那是銀行守門的小厮助摩祖。那厮於那天卑職騙美治阿士到門時。推着他在街上頑耍。瞥眼見了美治阿士。狠有點驚怪的意思。想孩子們心好奇到了夜間不知向何處借得梯子來跑到圍墻上卑職當時以爲是他們黨員急找了一根長竿打了他落來後來細認纔知到是那厮卑職恐怕被巡警瞧見費手急把他舁到鐵路邊放着待火車把他壓死滅迹不料火車未到以前不知被誰拖了去迨後久不見以爲他已死了那天無意中推着原來他轉好了傷口也都平復了惟是腦筋鈍了知覺把前事都忘了。竟像個傻子呢荷理別夫道。既有知覺祇怕漸漸就要靈活過來前事未必終久忘得了這也不必管他我們辦我們的事是要緊把這枝節的話頭提翻了半天殊屬無謂此刻宜速提美治阿士審問若再不招認今晚決意發送他去西伯利亞你急配置押送的車輛來俟候啊說罷、軍曹友夫領命去了。荷理別夫自商量道。今番提問美治阿士用甚麼話可以刺中他要害呢午上我見圖理舍譽聞他說霞那給伊古那的婚期已經擇定先前題起霞那美治阿士心裡像得狠苦諒祇有這件事或可動他心竅做不得待我把這婚期的事給他個信兒激他一個死去活來若仍强嘴那就再沒法了。正沈吟着忽門房的侍役進來恭着腰禀道現在外間來了這位客人說要求見說着、遞上一張名片荷理別夫接着一看詫異道。哼、他來找我爲甚事呢遂吩咐侍役道。請他到客廳上坐着。我就出來。未知這來客是誰。且待下回分解。

第三十八回　莽男兒登門肆要挾　狡大尉鬥嘴起喧嘩

却說來客不是別人原來是瑪琪拖亞。荷理別夫大尉既打發侍役去後。默自想道。我與他雖然認得幷沒甚的交情。不過在圖理舍譽宅子會過三幾面而已。他今忽來見訪究竟爲着何事。莫非圖理舍譽差他來麼。再又想道、適纔吩咐軍曹友夫。預備發送美治阿士的囚事。此事須愼密。勿觸着外人眼裡。不如速速會他一會。發付了他。好辦自家的事要緊。想罷。遂匆匆踱出客廳。見了瑪琪拖亞。滿臉堆着笑容。搶前爲禮。說道。啊喲、今天甚的好風兒把大駕吹來兄弟一向忙碌雖在令親府中會過幾面尚未得機會親炙領教心裡實在思慕得狠呢。瑪琪拖亞并不爲禮。岸然答道。無事不登三寶殿我來并非別的正爲有事而來。荷理別夫錯愕道。莫非令親有甚說話來麼。霞那小姐可好啊聞說他吉期已擇定日間成婚各事都預備齊了嗎。荷理別夫。祇以爲圖理舍譽本人之事。并未想到別的。故而滿口客氣話。故作殷勤。瑪琪拖亞見說。帶着幾分討厭的臉色。說道。我并不爲這等事。我別有事故找你。荷理別夫疑惑道。別有事故麼。我以朋情推度。以爲令親有事見商。既是不然。然則究因何事呀。瑪琪拖亞猝然道。我且問你美治阿士現在何處請速明白回我。荷理別夫見問。臉色并不少動不慌不忙荅道。你說甚的啊把頭略側作散思狀道。美治阿士……。又作記憶之狀道。哦、就是令親圖理舍譽的書記麼那人在銀行裡會過兩面但沒有交過談聞說近來辭職已不在銀行了究竟那裡去呢。瑪琪拖亞作色道。還詐作不知麼。你所做的事我一概都知道了。荷理別夫道。知道怎的事。瑪琪拖亞道。你存寄銀行的鐵箱子。被人家所盜。你疑是美治阿士的所爲。可是嗎。荷理別夫道。不錯。我是失了鐵箱子這件事祇有我同令親圖理舍譽又管賬伊古那三人知道此外幷沒人知我曾與令親約過勿許揚洩怎麼你也知道那就奇了瑪琪拖亞道。算甚麼奇你做事焉能瞞我你以爲不報警察任意施你手段就沒人知囉嗎荷理別夫道。你究竟沒知這事的底裡我不願報警察是有個原故因爲這犯罪的事件鬧起來於我聲名狠不便。我不得不要顧惜身名故寧可自已一人慢慢的暗中查訪兼且這箱子裡幷非甚麼値錢的東西不過是我家系譜及家傳要件等物這個盜我箱子的人必非尋常竊犯其中必有意同我作對借此令我過不去的我心裡狠明白又何必亂自疑人故我自捱着了這樁事惟有一意忍耐希冀勿把我的存據毀滅望其留着點兒的蹤影不意候到而今仍無着落看來再也沒指望了美治阿士當時辭出貴行我也畧留過點心初聞他去了比勒達尼亞的地方（在法蘭西東北境）後來又聞他跑回巴黎此後就沒了消息諒他已旅行出外國去了。老兄此刻何故訪他呢莫非令親圖理舍譽君有甚所聞要商量通我一個信麼說着、拿起一口雪茄烟。將要取火就吸。瑪琪拖亞道。有何商量我來祇有一事問你美治阿士你現把他怎安置荷理別夫急把雪茄放下。作色道。老兄這話從何而來幸虧令親是我的知交不然老兄今天就要討個沒趣我有甚麼安置美治阿士我不爲你言料他已到外國去嗎照我所知祇有剛纔這番說話此外就恕怪我不荅了瑪琪拖亞道。你還强辯。還欺我不知道麼。一月之前美治阿士坐着馬車到你府中是我親眼見的荷理別夫作疑訝狀道。一月之前……那麼是未去外國以前之事了你既跟着他車子走怎麼不跑上前拉他問個明白呢瑪琪拖亞道。我雖不曾覿面根究他要之我確見他進你屋裡不特進去連那馬車兒回頭他也再不出來了荷理別夫道。你別混說。瑪琪拖亞道。我不混說。是你嘴强。荷理別夫道。美治阿士到我家幹甚麼。我與他沒交情。就是辭行。也未必及我這裡。瑪琪拖亞道。那裡是他自已來。分明是你擺佈委人騙他來罷嘞荷理別夫道。啊喲。照你所說然則美治阿士是我的權力拘解他來了你想想白天裡在貴國的地方我有這大的權力麼你倒看得我太重了。瑪琪拖亞道。你也不用掩飾美治阿士在你屋裡。我是確知道的。就是現時不在此屋裡他的下落也祇有問你知道荷理別夫冷笑道。想是你認錯了。瑪琪拖亞道。斷沒有錯。荷理別夫道沒蹤影的事硬來苦纏論理、應該即刻拒絕念你是圖理舍譽君的令甥也須看看佛面雖不致下逐客令然無理白揑之事恕不奉答了瑪琪拖亞憤然道、你縱無禮我也不怕我今天定要救出美治阿士來若你不認我就叫警察來搜荷理別夫聞說警察二字不由得心頭火發喝道。狠大的膽子到我的屋子亂說話我要容恕你也不能了滾出去罷

瑪琪拖亞被逐。不得不跕起來道。好好別悔別悔荷理別夫道。已打定主意隨你來罷

瑪琪拖亞道。明日叫見證人來與你決個死敵荷理別夫道。使得。只管來說着二人憤憤。荷理別夫一轉身便入瑪琪拖亞大踏步便出。未知將來如何了結。且聽下回分解。

飲冰室詩話

飲冰

有自署菊隱者。以其友山陽曹民父感舊述懷六十均見寄。蓋丙午上元後一日旅日京作云。余讀之蓋卓然作者之林矣。亟錄以諗同好。詩云。『西風思故鄉。滄海八千路。去國九十日。流光一以誤。志大學不足。時窮日已暮。開軒看明月。清輝滿庭戶。年年此元宵。月與我如故。焉知今在斯。照我廿三度。擁爐坐沈思。寒灰久埋箸。感歎憶童時。由來心力富。讀書異羣兒。往往邀時譽。頗聞大人言。此子資殊趣。善儲羽毛豐。健翮當遠翥。爾時方幼稚。意氣高馳馭。無歡亦足娛。欣欣自悅豫。癸巳我十齡。始傚爲章句。荏苒甲乙間。俗文紛營騖。丙丁新火明。舊夢稍已悟。翻覆戊己事。新舊乃交惡。庚子獎頑民。迷惑令人懼。我時杜里門。朋輩如雲聚。春風載酒游。秋雨分題賦。尋常歡會時。衆人寡思慮而我獨幽憂。侘傺多愁緒。良辰未嘗樂。佳節都枉負。前途何茫茫。所屆未知處。橫流何滔滔。欲泊不得住。淹留逮壬寅。投冠出門去。春江三月花。枝枝浥曉露。所嗟湖海大。落魄渺小杜。倦遊復歸來。癸卯再之滬。言從老子游。謂湘伯馬師日與新知晤。震旦諸同學中間一入吳。偶爲十日駐。寒山夜聞鐘。孤帆隔江渡。前年始南行。山水遘幽遇。盈盈青溪波。蕭蕭白門樹。奈何大都中。賢豪亦有數。高材只舌人。名士多傖父。世濁孰能清。吾亦行吾素。世夢孰能狂。吾將挾吾具。眼高力不勝。實至名乃副。勉之愛國心。首貴識時務。東鄰乞新火。末光願依附。黑闇期盡驅。文明燦然著。溯從浮海來。煙波曠四顧。遙遙是何山。旭日籠朝霧。扶桑鳴天鷄。蓬島泛輕鷺。觸眼新山河。歸夢陡驚寤。輾轉更歲華。家書極盼佇。小館雪壓簷。竟日飛濃絮。歲寒迫風霜。警我心彌怖。誰能共膽肝。憂樂均相護。昔昔我猶人。牙牙初學語。晨興理吾書。入學還就傅。惜陰如惜金。進德如進步。去冬誤荒嬉。往事那可訴。少年實無謀。徒逞血氣怒。倡言拂衣歸。聯袂互分付。毋乃空貽譏。智不若臭乳。因知智遠人。爲學重根據。區區小子心。綿綿尺書布。

民父復有今別離四章。蓋擬人境廬也。人境原作曾見本報詩成。以質陳義甯。伯嚴義甯曰。絕作不可再有。雖工亦可不存。遂自擺棄其稿。菊隱從他報撿以見寄。誦一過。理想氣格。儼然人境也。今人境逝矣。此詩不可不傳。乃錄之。「西鄰有歸人新自西洋至昨來畀錦囊署名諗君寄解囊欣相看雜然陳百戲百戲亦尋常就中有奇器既非蠟丸書陳篋訝緘秘取置鏡臺前頗與君顏類儼具傀儡形微嫌豐彩異端坐澹無言索索寡生氣離心久成灰那有惜別淚持以示嬌兒嬌兒不解事呼爺乃弗應牽衣詰三四道是刻燭成撫視亦何濟對此恨轉生作俑誰階厲使妾增煩憂人反爲物累徒以供摩挲不如竟捐棄」憶君臨別時言駕滄海航海水深難測不及離情長聞君惜分手念妾心神傷望洋每興歎涕泗常淋浪妾自君之出懶起梳新妝門前祓除水來自大西洋此水不可盥中有淚雙行妾淚與君俱流入洋中央燠日蒸爲雨滴到君衣裳相思淚合并兩地徒淒涼安得鐵綫橋萬里成津梁」大陸太無情誤煞小兒女明月本團體恨被地輪阴輪轉一周天相隔不相覿況君更遠行思之倍酸楚對月獨徘徊有誰親笑語月圓得幾回地圓自終古缺陷有情天那見媧皇補放眼覽千秋遺憾滿寰宇地或悲陸沈月不常三五但識團欒歡譆知別離苦聚散本靡常成毀何足數人生幾良宵何時共居處願學費長房縮地與月距光明無缺點普照神州土」君名震環球蹤跡徧五洲自與君離別一日如三秋不識君行止安用通書郵今晨讀朝報色喜忘憂愁知君去非澳游歷及美歐倫敦暫棲息紐約逍遙游家山未恝置海島時勾留及時且行樂人生貴自由感君不忘妾愛戀形詩謳中外競傳誦報紙稱殊尤遠聞汽笛聲疑是君歸舟。

菊隱復寄民父二律其一爲「除夕與同郡諸子醵飲」『江海迢迢別里門。一年事去倍銷魂。殘冬異國驚風雪短夜鄉朋聚酒尊人爲時窮感遲暮。獨嗟歲晚戀黃昏相憐今夕思歸夢空繞家山弟幾邨』其二爲「元日又雪」『元日春聲不復聞。西風小館雪繽紛。數樓臨水成珠闕千樹隔山封白雲忽憶家園初有信。最難海外合吾羣。三年佳節客中負到此羈愁更十分。』

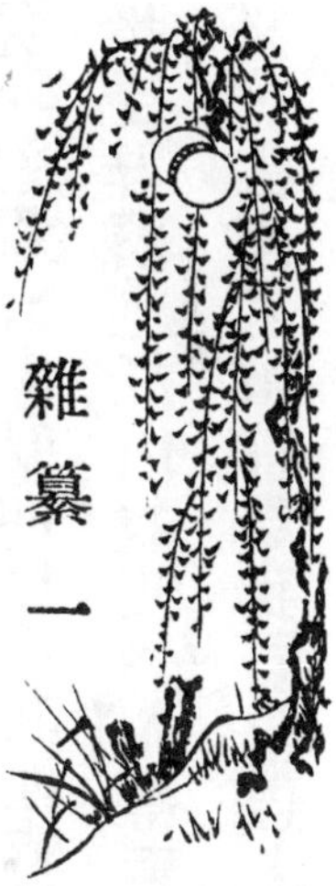

雲南來書

雲南無靠子稽首頓首謹致書于四百兆同胞祖叔兄弟公覽。敬啓者茲雲南主權盡失。邊防蕩露。變出非常。亡在不測。無靠子不得不爲我同胞拭泣告之。若幸而我同胞信之。則匪惟大局之幸。亦同胞之幸也。若不幸而我同胞不信。則無靠子今日之致書。即與我同胞辭別之書也。雲南遠在邊疆。地瘠民愚。素與中土聲息不通。近日危亡之情形。諒爲同胞所不能想見。總督丁振鐸之誤國。諒爲同胞所不深知。而法人圖謀之陰隱。又恐我同胞及各國政治家所不能揣測于萬一也。謀之維何。其心至毒。其計至巧。爲之也隱。入之也深。既經營我鐵路。復攫掘我鑛產。醫院既設。郵政局踵之。通司學堂既開。民政廳將繼之矣。既暗許以用紙幣于沿路一帶。復任其購買迤南之糧米。種種利權之要算。皆以丁振鐸爲虎倀。或就地決議。或由外部。丁振鐸皆陰爲臂助。故鑛則許之以七府。鐵路許成以兩年。路上逃亡。則代知照隣省以招徠之。民政廳政府不許。則敢向外務部請示辦理之。此外媚事法人之醜態。擢髮難數。以故養成今日之大患。然大局失敗至于此極。尤姦心不悛。圖彼區區之賄路。以聽他人之驅遣。受他人之買弄。至使法人。帶刀橫行。淫凶無比。修路土工。恣肆凌虐。沿途居民。任意騷擾。房不貸租。公然寓住。穀苗在田。縱馬奔吃。眦睚鄉民。捶擊黃老。甚而摟抱婦女。道傍淫辱。因之迤南一帶。民心搖動。亂匪嘯歌。柴桂米珠。民無固志。稍有蠢動。吾恐遺殃不淺。法經營我雲南也。如東三省。狎弄我人民也。如安南人。公然謀雲南爲彼之屬地。竟敢言中國不足彼瓜分。嗟呼。丁振鐸一人。欲拱手將我雲南送之他人。我雲南遂無一人出而抗拒乎。雲南既無內官將此事達之政府。廿二省中究無一人鳴不平。惜乎皆頑政府之命官也。只知量缺之肥瘠與否。不問人之賢與不賢。如地果肥。則不妨命以才幹之臣。然非謀治安起見。不過爲守家奴而已。至其地方稍瘠。則庸子俗夫之流。皆堪封圻之選。奴顏婢膝之猢。悉受屏藩之託。以故使外人得乘其襲也。玆請將丁振鐸數年來誤國之歷史。及法人謀我雲南之陰符。爲我同胞告之。光緒廿一年。法鑛進士羅極來調查雲南全省鑛務後紆道由桂黔進京運動廿二年有卑蘭者隨帶三圈官一人測繪師二人勘尋路線廿四年有鐵路總辦盧雅工部尚書吉理默隨帶大小武員廿五人力爲行裝潛繪雲南全省地形（後以泥範數百）及鐵路改道線就地訂中國出地法國敷設之議廿五年印度支那總督手執所繪圖本四馬單人十五日由越到滇演出迅雷疾風之手段與雲貴總督檢押俟後即有四圈官柯里雅入滇購馬以充安南馬隊遂有圖滇之心矣此人將城內古寺名圓通者改爲馬廐蹂躪不堪滇民憤極乃將此寺打破以洩其恥於是彼知民可激而怒也益反行其計藉爲開釁之媒領事武員佩刀橫行睥睨道左謀意益疾其爲也膽益大有四圈官波容及速將購馬二千餘匹送越訓練領事方蘇雅欲以內陷外攻之計直吞我滇强運軍火二百餘馱直入內城以至上下驚亂丁振鐸畏外交之辣手也。日惟建醮祈禳。毫無建白。至釀成焚敎之案。全城罷市。烟氣滔天。丁振鐸倉皇失所。惟有抱頭哭泣。使無藩司李經羲折衝其間。勢不立成大變不止。乃丁振鐸當未焚敎也。不知思患預防。既焚敎也。又無才交涉。使法人出以決裂。將在滇法人。文武兵士二百餘人。全數調回。而回者尚未出我滇境安南馬砲精兵二千餘名遂溯紅河而上逼我滇之老街矣斯時也、藩司李經羲稍知大體。越俎調集全省舊將商酌戰備、然丁振鐸鼠形萬狀。寸衷無主。後得拳匪之事。法以爭先攻我北京。乃將此兵調集天津。雲南斯時。亡亦毫髮矣。庸臣誤國。豈淺鮮哉。然丁振鐸此次受驚已劇。心膽俱裂。於是臣才不及李經羲萬萬。願將巡撫讓賢。一種庸愚之摺。乞憐西后。應動改調廣西。幸而夙願已償。而全滇之民以爲此後或有好官也。乃到桂未久。游匪暴動。而丁振鐸心貪才短。鐘鼎思長。起而四顧。缺之適中而少事者。以無如我滇。於是覬覦雲貴總督之志。遂飛揚于面。一要即獲也。孰知廿三省何地無事。善辦事者自然無事。庸人何嘗無事。乃到滇未久。法鐵路總辦以數十萬金錮臭排制其心以要求中法合辦及代彼購地之約。庸人無識。受人圈套。遂慨然許之。忍哉一人之私囊則溢矣。我滇命脈。危如飛絲。然此事猶屬人所共曉。可痛恨而思齕其肉者。莫如將我七府礦地以之授人。授之不足。猶指揮雲南全省礦務唐爲引虎之線。巨商同慶豐爲轉輸之輩。引狼入室。殺豕喂獸。莫此爲甚。以滇土地不過十四府而已。七府既去。只餘半耳。而心猶未饜。法築路也。准三處興工。以野蠻手段遷民之墳。拆民之屋。塡塞民之溝澮。沿路一帶人不聊生窮民遍野乃激成臨安周雲祥野蠻拒外之變於是法人乘機加罪有辭。限一月不肅清。法代肅清之警告到滇。手足張狂。新亭無策。督撫交泣。遲之又久。乃出以未練之師。烏合之衆。持數千新械門數百在網窮寇。彈不合鎗。連戰敗北。至萬不得已以開花鉋轟毀城垣。全城父老。慮殃及池魚也。乃甘言將周匪誘出。於是擒賊非勇。殺民則勇。周境居民。草薙禽獮。靡有孑遺。房屋灰燼。火烟不絕者數日。如緬店西庄堡及左近村舍所得馬匹。絡繹不絕。有牝馬在前乳駒在後者道衢上之露布告捷。日逢數次。賚功之朝。濫加勳爵。煙癖酒色之儕。齊加紅頂。家伏山游之輩。咸膺花翎。是非謬妄。賞罰無倫。莫斯爲最。而近日外交猶出人意表。賤工下役。若是洋人。一切接見無不鳴砲洞門。養成喧賓奪主之勢。頑梗工人。鞭撻首縣。指揮武弁。洋差一到。馬叫人喧。是以在滇法人。橫行無忌。凶獺無恥。估騙工人。毆踏市儈。如挖路一丈。只算八尺。購麵百斤。給價折半。顏色不遜。立受奇侮。其間含冤莫訴。氣逆胸塡者。不知凡幾。奴隸官吏。只知一己。民之困苦。毫不介心。且從而爲厲。以故沿路工人。尸骸暴露。蹣跚谷野。春夏之日。野狗。即豺也肥澤行路之人。望而心寒。各省工人。聞風不前。乃丁振鐸反粉飾有詞。知照兩廣總督。謂鐵路工章法人自願改良。嗚呼。我滇自古爲南方雄國。數百里鐵道。自不能修，逆人修之。乃恐修之不速。亡之不急。反從而助之。果何心哉。且法人近患工之不多也。驅逐南人男男女女三二十萬於迤南一帶。以趨速成。然不加約束。盜刼擄掠。無所不爲。乃糗糧不足。反命蒙自大商刮收迤南之米五千餘石。以至米價驟漲。至百斤須銀十五元。寇糧不足。毀國資之。天理何存。屠種媚外。此之謂也。嗟嗟。滇乎滇乎。法吞於南。英蹲於西。滇越之路。二年即成。滇緬鐵路。已至騰越。英欲取滇。有鞭長莫及之勢。取最易者，莫如法人。法之安南。與滇犬牙相錯。無大山絕壑之險。今後復有此路。以爲導亡之引線。若掩其不備。安南砲兵。晝可直達省會。省會一失。全滇瓦解。救援未集。而後敵已麕至矣，當是之時。兩廣川黔。壤地相接。法既動兵。有騎虎之勢。不能暫止。自不能不捲席以至順圖隣省。各國侵略派者。豈能望而甘心。則保全派見我十三省已就分裂之緒，勢不能不循瓜分之原議。此法人謀我之陰隱也。陰隱謀人。取之也易。得之也穩。俄取東三省。英取西藏。其近事也。遠之則緬甸安南。小則廣西雲南之甌脫地。無不皆然。今法亦善用其術。不以顯以隱。何則。顯而易見者。各有備範。勝負必決之于戰爭。惟出以陰謀。使庸昏者防不知防備無從備殆至銅駝荆棘。玉甌沙石之日。其不悞者豈少也哉。今法熱揣我滇。僻在邊壤。政府之耳目所不及曉。各國之採訪所不及到。且地接而便。民弱而愚。乘此風氣未開之際。如老鼠盜食。速恐天明。故亟亟皇皇。以修此路。嗟呼。雲南者。雲南人之雲南。亦我廿三省毗連之雲南。政府既欲養此庸官。速亡之以抵償滿洲之恥。而我各省同胞。亦究不思舐糠及米。切肉連床乎。雲南人既弱而如處女。愚如村嫗。豈數千萬人之中。竟無一人以挽回大局乎。豈竟無一人以取賣國臣之頭顱。以戒天下後世乎。嗟夫。蒼山傾倒。昆池播覆。慘雨泣風。懸于眉睫。此鄙人所以痛心也。無如政府毫不思數十年失敗之根由。大抵不防于禍隱之日。而防于禍發之時。不挽于可爲之際。而挽于敗壞之秋。其將亡未亡也。君民上下。毫不動心。及禍發轟烈。欲忍而不能忍之會。欲棄而不能棄之時。則雖竭海內之財。含恥乞讟。亦所不計。如東三省西藏之事。其彰彰也。烏知雲南非東三省西藏之比。雲南者。廿三省之一部分也。各國發動力之捩也。若朝也滅亡。外之瓜分。內之革命。必悉演也。斯時之革命。一曹必疾首痛心。不滅政府不止。瓜分之分與不分。要在我國民與各國直接之外交。及直接之戰爭。定其局。若政府能于此時有警惕。治雲南以可靠之人。急繕守禦之具。則大局幸甚。國民亦幸甚。若必使雲南如東三省。以取一時之樂。則差矣。不見東三省乎。東三省未亡之先。卒不忍去一無用之增祺也。今則不能不代之以有用之趙爾巽。使東三省未亡之先。設官命吏。不問缺之肥瘠。只問地之安危。東三省早治以趙爾巽。不且化干戈于無形乎。惜昏頑政府不早爲之計也。而今猶以一庸愚無恥怯懦寡氣之丁振鐸。以遺害我雲南。是誠何心哉。用以質諸廿三省之同胞。

雜纂二

倡設警監學校緣起

中國苦乏才久矣。然疇昔乏才之感。不過理想。自今以往。乃將益徵諸事實。何謂事實。如最近四五年間。學校教員缺乏之聲。洋洋盈耳矣。最近一二年間。鐵路職員缺乏之聲。又洋洋盈耳矣。夫彼兩種人之缺乏。不自今也。而惟今茲乃感覺之。何也。前者未知教育普及之為急。而今始知之。前此未認利權回收之必要。而今乃認之。既一著手於事實。則最大之障礙。尤然橫於其前者。即人才缺乏之一問題是也。此問題不得解決。則所謂事實者。倏忽復歸於理想。而不能成立。中國近年百事之多不舉。或舉矣而不能善其後。大率坐是。夫中國今日應辦之事。非僅一學校也。非僅一鐵路也。以比例推之。則知無論何種方面。苟一著手於事實。其感此最大之障礙。莫不皆然。先事而排除此障礙。是即從事實成立之不二法門也。

中國今日所當急者不一端。而警察與監獄。其急中之急也。夫行政機關不整備。雖有良法美意。而必不能有効力。警察者。實防止國家公共之危害。直接維持安寧秩序。而均限保障人民自由之行政行為也。故警察者庶政之母也。近一二年。此義已漸為國中識者所同認。於是各省稍注意警務。中央政府。且有警部之設。而學識經驗。足以任此者。已寥寥乏人。欲圖普及。戛戛難矣。且警察之性質與教育異。以不解教育學理之人。從事教育。其結果不過障害國民將來之發達。蹉跎歲月。而猶可冀改良。以不解警察學理之人。從事警察。其結果將有不惟不能保障人。

民之自由而反蹂躪之。不惟不能維持國家之秩序。而反擾亂之。所謂未能操刀而使割。傷實多焉。何以故。以警察者直接干涉人民之行為故。故政府當道。而未知警察之為急務。吾輩之學警察。固不容緩。政府當道。而既知警察之為急務。吾輩之學警察。愈益不容緩也。

監獄學之視警察學。其輕重若有間。以警察跨有行政司法之性質。在政治機關中最佔優勢之勢力。監獄僅司法部中一收束機關而已。二者相提並論。似稍失當。雖然、以中國今日國情論之。其重要之點。實有不能軒輕者。今日最可痛之國恥。莫如各國行領事裁判權於吾域內。領事裁判權之存在。即我國不齒於文明國之表徵也。即我國不能與諸國立於對等地位之符驗也。故近世愛國之士。莫不以收回此權為當務之急。而此權之能否收回。則以吾國之法律。與夫施行法律之機關。能否保護外國人之性命。財產。使之安全。及其處分。能否行於正當。合於人道。以為斷。彼日本人二十年前。處心積慮。以謀撤領事裁判權。而首汲汲注意於警察監獄也。凡以使外國人無所藉口。而此目的乃能達也。警察機關備然後。行政權可以不旁落。監獄制度完然後司法權可以不外流也。夫監獄者。所以使立法部所頒訂之律典。得實施之結構。而裁判官所判決之案牘。免偏畸之。反響也。中國而欲回復國權。以與萬國立於對等之他位也。固以釐訂法典為其根本。而改良監獄抑又枝葉中最重要之點。彼日本殆前事之師也。

以上略陳警監二學。與現今時局關係之切要。若其關於國家全體之元氣。與國民將來之發達者。今不及具述。要之此二學者。實與教育實業等同為今日刻不容緩之學科。可斷言也。同人有鑒於此。乃謀與日本之大政法家。且久在當局有學識有經驗之人士。共組織一警監學校。分永久速成兩班。斟酌中國今日亟當實施之要項。與中國學徒所能消受之程度。務臻美善。以覬厥成。將以養成事實上的人才。毋徒彷徨於理想。以誤國家之進步。是亦三年蓄艾之微志也。是爲啓。

滑鐵盧古戰塲之新客來書

（前略）觀貴報前所刊之「貴州民族之調查」「張博望鄭和」等大遊歷家傳記。中國民族之考據等著。闡發祖國文明。實大有裨于新學界。捧讀之下。不勝欣佩之至。弟每欲遞函質疑。奈學校功課太繁。未暇通信。今西節無事。特將愚見謹貢貴報。

（一）西人自尊。凡史記上著名之事。無不自居爲白種之文明。觀哥崙布發見美洲之事可知也。夫哥崙布發見美洲之前。美洲非無人也。則哥崙布之前。已有發見者也。歐洲考據家。竟將此事抹煞。是不能無疑者也。

偶繙史書。見貞觀十四年（即西六百四十年）三月流鬼國入貢。傳注云。流鬼國在北海之北。去長安萬五千里。重三譯而至。可知當時美洲已有人跡矣。亞美已交通矣。然此一事。不足據也。又前前月美報言墨西哥城附近（火山旁）發見地城。內有中國古跡。是吾國古時之殖民已至美洲矣。再試驗紅人頭腦。雖因地而異。然猶不失亞洲人本來面目。以鄙意斷之。則美洲實爲我國人發見于哥崙布抵岸之前。歐洲各大考據家。發明此事者甚少。蓋其瞞昧他人文明之性使然也。若使實記其事。則必于史記上。又大改面目矣。若顏色人種世界地理等說。大都類此。由是觀之。則世界文明。必非發生於西亞。而實發生于中亞也。明矣。蓋西亞人種。爲白色也。

(二)予近世文明上大有影響者。非所謂印刷、火藥、羅盤、三大發明耶。此三大發明。實原于我國。比國學者多主持此說。若德法學家。多加以？疑號。其說多有可駁者。考馬可波羅氏之入中國也。居數十年。未必未見此物。今考其年代。則自千二百五十六年迄千三百二十三年。歐洲摸造此物。而命爲發明家者如左。

(一)火藥 英人 Roger Bacon 1214-1249

(二)印刷 和人 Laurent Coster 1370-1440

德人 Putteuleg a, 1430

Schoeffer 1425-1502

(三)羅盤 義人 Flauio Pioja 14世紀

由是觀之。則此物發見于歐洲之時。自十四紀迄十六紀。當是時也。亞歐交通可據者三事。

一 馬可波羅遊曆中國也。

二 中國遊曆新至天方國及回教徒侵入西歐也。

三 匈奴蒙古等族侵入東歐也。

則此物實自亞洲輸入歐洲也可無疑義矣。(下略)

新編樂府

卷壹既刊
卷貳近刊將成

定價 日洋參角伍分
函購 另需日洋肆分

中華自古重於音樂、而其進步曾爲四海欽仰、所以稱禮樂之邦者、夫豈偶然也哉、雖然、輓近唯存古式之俗曲而已、蓋黃帝所作之律呂、在幾千載之昔、固有陰陽調和、鳳凰囀吟之妙、然至於後代、世變風移、僅留鄭聲、聊無裨益于風敎者、洵屬新學界之闕如、是以頻年、於直隸優級師範學堂、既有創興音樂敎育之擧、前聘日本音樂名師近森出來治先生、專執敎鞭、其成績頗稱顯著矣、故擬譜成歌曲、普及于敎育界、夫中土禮樂之復古、亦當屈指而待也乎、是書即係近森樂師悉心所著之樂譜、內載歌曲二十有七、如其歌詞曲節、次序整然、自簡入繁、自易入難、嗚呼、中土新興之音樂、既放曙光矣、苟奉職于新敎育者、宜購一本、置諸座右、朝夕演唱、恍然自會、雅趣津津、必覺萬慮皆空、足養身心、且爲振興新樂、宜傳之于各學子弟、庶幾發揚音樂之美、以全新學效果、中日原有輔車相依之誼、更不堪切盼之至焉、特佈、

發行所 設在日本東京市京橋區竹川町十三番地 合資會社 共益商社樂器店啓

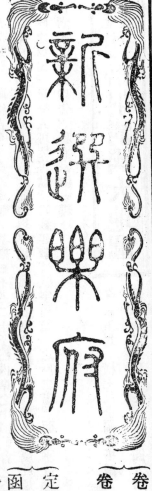

休寧程家檉先生纂著　日本伊藤繁延先生案圖

中國歷史教育畫

外附漢文說明書一冊全部二十頁已經出版定價金五圓

闡一國之精神。有如堅石。有如煉鋏。別無他道。世莫不稱曰國民教育。然其爲國民教育之利器者。則非歷史一科不爲功。中國歷史。浩如煙海。興亡之故。固不難藉教科書以傳之。而國民之眞精神。縱懸河之口。其無圖畫以相輔助。則終莫由而顯也。休寧程韶蓀先生。其經史之學。夙已蜚譽於禹域。自弱冠而負笈吾邦。前歲畢業於大學。其在東京。實留學生之最久者。以應敝局之請。爲著是圖。聯絡古今。貫串倫類。其數雖不過二十。然內準之中國社會之心理。外以合泰西教育之方法。由其精博之心胸。而出以卓越之識見者也。至其描畫神情。幾於頰上三毫。躍躍若活。呼之欲出。足令人可哭可歌。起慕起敬。誠宇內第一之歷史畫。而心平教育者之不可不先睹爲快者矣。特此廣告。務宜家備一編。

講堂教授……漢譯

暗射清國大地圖

◉縱五尺　橫七尺全幅大掛圖

◉石版加彩色　定價金參圓五拾錢

發行所　日本東京市京橋區弓町　三松堂書局

四

三松堂編輯局編纂（新出）

講堂教授漢譯暗射世界大地圖

◉縱五尺　橫七尺全一枚大揭圖
◉石印着色　定價金參圓五十錢

三松堂編輯局編纂（新出）

教科適用最新漢譯五大洲分圖

◉石版加彩色　定價金壹圓七十錢

日本吉田晉先生新著（新出）

漢譯世界大地圖

◉石版加彩色　定價金壹圓貳拾錢

三松堂編輯局編纂

支那帝國十八省分圖

◉石版加彩色　定價金六十五錢

三松堂編輯局編纂

清國練習用白地圖

◉學堂用全十四張　定價金四拾錢

三松堂編輯局編纂

最新漢譯滿洲全圖

◉石版加彩色　定價金四拾錢

發行所　日本東京京橋弓町　三松堂書局

清國上海　科學儀器館　文明書局　◉有正書局　◉教育館

此墨不須磨工。以筆沾水濃淡自如。且墨質純良永無腐敗之患。即置夏冬時令亦無融凍等慮。光彩燦然。遠勝唐墨。美麗。輕便。於行旅中最爲相宜。價廉物美。足爲文人之至寶也。即以水溶解亦可適用。如官衙畫家大小學校銀行等。猶爲不可少之品本舖開設多年馳名已久。教育品展覽會內曾

大日本登録商標

二十世紀

最大發明

田口精爾謹製

開明墨

得優賞。中國朝鮮緬甸等處亦屢蒙光顧。惟需覽標本請賜郵費壹角二分。即以墨一個呈閱。不誤。其他文具種類太多。恕不悉錄。故特另紙詳載標本。

日本東京京橋區南傳馬町一丁目七番地

開明墨製造元　合資會社　田口商會

七

新民叢報

明治三十一年十二月二十七日（第三種郵便物認可）（每月二回發行）

第肆年第參號

（原第七十五號）

光緒三十二年二月一日　明治三十九年二月二十三日

一〇一五二

新民叢報第肆年第參號目錄（原第七十五號）

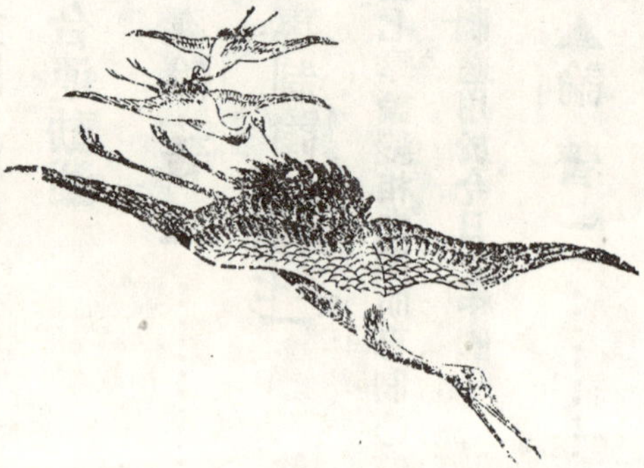

報資及郵費價目表

	全年廿四冊	半年十二冊	零售
報資	五元	二元六角	二角五分
上海郵費	二角四分	一角二分	一分
上海轉寄內地郵費	一元二角	六角	五分
各外埠郵費	一元四角四分	七角二分	六分
四川、雲南、陝西、貴州、山西、甘肅等省郵費	二元八角八分	一元四角四分	二角二分

日本各地及日郵已通之中國各口岸每冊一仙

廣告價目表

洋裝一頁	洋裝半頁
十元	六元

惠登廣告至少以半頁起算刊資先惠論前加倍欲登長年半年者價當面議從減

編輯兼發行者　馮紫珊
印刷者　陳侶笙
發行所　橫濱山下町百六十番　新民叢報社
上海發行所　四馬路老巡捕房對面　新民叢報支店
印刷所　新民叢報活版部

看！
看!!
看!!!

學界用 丙午年 自治日記

此日記爲本局同人編輯擷取先正名言至論凡數百條按日刊入并附「中國面積人口統計」「中國面積人口統計省別」「中國政府歲出歲入統計」「中國國債負擔年計」「中國商務遞年比較」「各國政體及面積人口」「中國郵政章程及價目」「中國電報章程」「廿三省往來華文電報每字價目」「電報新編」「大東大北公司電報章程及價目」「航路船期」「留學日本東京費用說畧」「日本東京各學校一覽」等表凡十數種一一詳載無遺都爲五百餘葉用布皮金字釘成洋裝一厚冊特取價從廉以供留學諸君之用每冊

定價五角

總發行所 上海 廣智書局

代售處 上海各書坊 橫濱新民社 東京中國書林

新刊書籍目錄

（飲冰室主人著）
（分類精校）飲冰室文集（已出書）

（廣智書局編譯部編纂）
（師範中學）世界地理教科參考書（已出書）

（師範中學）世界地理教科書（不日出版）

（廣智書局編譯部編輯）
（丙午年）自治日記（洋裝精本定價五角）

（日本吉田寅次遺著　中國飲冰室主人節鈔）
（松陰文抄）（已出書）

（黃梨洲先生原著　飲冰室主人節鈔）
（節本）明儒學案（定價一元五角）

（東莞方慶周譯述　我佛山人演義）
（電術奇談）（定價五角五分）

（說部腋）（定價二角半）

（偵探案彙刻）（定價二角）

（我佛山人著）
（二十年目睹之怪現狀）（甲卷）定價四角

發行所　上海廣智書局　橫濱新民社

橫濱大同 神戶同文 長崎時中 三校聯合運動圖

論著一

開明專制論（續第七十四號）

飲冰

本論於原定目錄外復加入一章故變其次第。　著者識

第七章　論變相之開明專制

吾前述專制與非專制之異點。不過就理論上言之耳。若就事實上則天下古今一切國家未嘗有絕對的專制者（注）亦未嘗有絕對的非專制者今請論變相之開明專制。

（注）無論若何專制之國。其統治者權力之一部分。總不免受宗教習慣等之限制。故曰無絕對的專制者。若夫無絕對的非專制者。則本章所論之主點也。

近世專制政治之消滅。蓋十七八世紀所謂自然法一派之學者。最有功焉。而就中尤健全而久占實力者。則孟德斯鳩之三權鼎立說也。孟氏此說。原以反抗專制爲精神。

所反抗者不徒君主專制而已凡一切專制皆反抗之故不惟不許一人總攬大權並不許一機關總攬大權立憲大義實自茲出雖輓近學者其所以糾正孟氏者不可僂數要之各國憲法之精神未有不本於是此則盡人所同認者也（注）

（注）現今歐美各國憲法除英國爲不文法且其制度爲孟氏學說所本不計外若美國憲法則純用孟氏學說豪釐不敢有忒人所共知矣自餘各國雖小有異同而其精神莫不本之蓋各國立憲之意無不由欲脫專制羈絆而來而所謂脫專制羈絆者非僅限制君主權力之謂歐洲上古及中世未嘗無民主無國會而不能視之與近世之新政體同科者雖不必爲一人之專橫而總不免一機關之專橫也必如孟氏之說然後可謂之完全的非專制而百餘年來各國人民所以不惜以無量血購憲法者其所希望之政體實在孟氏所營畫之政體也

今司法權且勿論若夫立法行政二權則必如孟氏之理想劃然分異不稍侵軼然後可謂之完全的非專制國明甚也近世諸立憲國莫不楬櫫此精神以自別於專制然試問有一國焉能實行此精神者乎吾聞諸日本穗積博士謂立憲制下有三大政治曰大權政治曰議院內閣政治曰議院政治而總不能盡免於專制今述其說而疏通證明之（注）

（注）法學協會雜誌第二十四卷第一號有法學博士穗積八束著「立憲制下ノ三大政治」一篇。穗積派學說。鄙人素不服膺。但此篇有足相發明者。故引之而仍間下糾正。

穗積氏曰。大權政治者。大權歸於元首。不特以爲行政之首長。且以爲立法之中樞。如日本及德意志列國中之一部是也。議會不過爲立法豫算之諮詢府。其權力有一定之限制。以憲法之明文域之。其明文所列舉以外。則藉口於無反對之禁止。任意奔逸而靡所閑。彼議會絕非有能據現在權限以擴張將來權限之自由也（注一）議會雖參與立法。而非立法者。裁可之權。名實皆在君主（注二）議會反抗。固不能制定法律。然可以發代法律之命令。故實質上立法之自由。以議會之力。非能爲絕對的沮遏也。（注三）　法律雖必經議會協贊然制定。一切法規。非屬議會之特權。惟號稱「法律」之一種公式。待彼議決耳。「法律」未占領之區域。可以大權作用任意頒法規。以制限人身之自由。故「獨立命令」之大權。「代法律命令」之大權。得肆行之而無憚（注四）議會雖累歲不開會。而於政治之進行無傷也。（注五）　協贊豫算。亦議會一重要之特權也。雖然。豫算否決。政府可以施行前年度之豫算。（注六）又政府認爲不得已之時。可以爲豫算外之支出（注七）若租稅則以法律定之不以豫算之成立爲收稅之基礎故豫算否決毫無損於國家之收入（注八）故議會雖連年否決豫算然以大權自由行動於憲法明文未嘗觸背也故議會者實不過浴大權之恩享有立法顧問豫算顧問之名譽而已

（注一）日本憲法之精神議會純行動於天皇大權之下章章不可掩也其法文第五條至十六條皆規定天皇之大權（內第五至第九條屬於立法範圍）然國權之行用决不止於此數也若有在此諸條之外而憲法全文未嘗明指其所屬者當屬於誰氏乎若不屬天皇則必屬議會然議會之權限則憲法固明明規定斷無於規定外更擴其權之口實也而天皇則第四條有總攬統治權之明文故當然屬於天皇無可疑也若如比利時憲法第二十五條云「一切權力由國民出」第七十八條云「國王除憲法法律所規定之權利外無他權力」則憲法條文規定以外之一切權當然屬於議會矣而日本則正與之相反也一八六二年九月三十日普相俾士麥在國會演說云『凡君主之大權除新憲法所明示限制者以外其餘則依然無限也與憲法未施行以前無異』即是此意。

（注二）凡立憲君主國其法律裁可權無不在君主然如英國則二百年來從未有議會議定法律而君主拒絕不予裁可者蓋實不能自由虛擁其名而已日本則議會之力不足以脅天皇故穗積氏謂名實並歸

也然吾以爲此不過事實上之結果非法律上之結果若以法律論則英皇曷嘗無拒絕裁可之權利也若以事實論則即日本現時拒絕裁可之事亦甚希蓋議會雖有提出法律案之權然大率建議政府轉由政府提出者多故天皇大率同意也惟若有剛愎之主不肯裁可則亦可以自由而不得謂之違憲耳

(注三)所謂代法律之命令者即緊急勅令日本憲法第八條所規定也與法律有同一之効力惟當議會閉會時遇有緊急乃得發之至次期議會開會時則提出以求議會之承諾若不承諾則失其効力固非絕無限制也

(注四)近世法家言有形式的法律有實質的法律形式的法律者以一定之形式而布之者也故時或實非法律而有法律之名(如各國多有以豫算爲法律者是也)實質的法律者不必依此一定之形式而布之者也故時或名非法律而有法律之實日本於形式的法律名曰「法律」必須經議會協贊於實質的法律則「法律」之外尚有「命令」天皇得自發之或命人發之憲法第九條所規定者是也亦稱「獨立命令」(命令復有多種其可稱實質的法律者惟緊急勅令及獨立命令耳)憲法第九條云『天皇ハ法律ヲ執行スル爲ニ又ハ公共ノ安甯秩序ヲ保持シ及臣民ノ幸福ヲ增進スル爲ニ必要ナル命令ヲ發シ又ハ發セシム但シ命令ヲ以テ法律ヲ變更スルコト得ズ』其言執行法律此命曰執行命令乃命令中之別一種不必論其以下所規定則獨立命令之性質也曰保持安甯秩序曰增進臣民幸福前者若云警察行政後者若云助長行政悉納入此中(故獨立命令或又云行政命令)而得以獨立命令發布之其範圍

之廣當不俟言然如穗積氏謂得任意制限人身之自由者其言誠未免過當。夫推氏之意。寧非指警察令乎。寧非適用前文之第一句乎。然而彼憲法第二章規定臣民之自由權者明謂受法律之保障（或學者即稱憲法第二章二十二條至二十九條之規定爲法律上之警察權。此法律之範圍即非獨立命令之範圍。獨立命令祇能於法律不干涉之範圍而自由活動不聞可以無視法律者也。本條但書之規定即是此意。如彼云云豈不悖反此規定而憲法第二章之保障遂得任意踏破之乎。余不知其可也。但此問題在日本學者間尙無定論。或云事實上警察之必要手段有不必依據法律者。或又云出於法律之默示委任者。爲此說者其殆即穗積氏之流派歟。

（注五）議會累歲不開會雖於政治之進行無傷。然彼憲法第四十一條云帝國議會每年開之。天皇不得違憲而不召集。故氏之言不過極端言之矣。

（注六）豫算不成立則施行前年度豫算。此日本憲法第七十一條所規定也。此是日憲精密於他國之點。他國憲法皆無此條。故當豫算否決時。全國機關皆蒙其影響。

（注七）政府可以爲豫算外之支出。此日本憲法第六十四條所規定也。條末復云後日須求帝國議會之承諾。則亦非絕無限制者。但議會不承諾則如何。憲法無明文。此又限制之中仍無限制者也。

（注八）歐洲各國多有以租稅列入豫算者。惟日本則憲法第六十二條云新課租稅及變更稅率以法律定之。第六十三條云現行租稅未經以法律更改者依舊徵之。故日本之豫算實不啻專監督歲出而已。

又曰輔弼元首之國務大臣其進退任免悉屬於大權之自由此大權政治之綱領也故政府非對於議會而負責任乃對於天皇而負責任日本有然德國有然事權歸於一尊議會受成而已(注)

(注)此穗積氏最偏僻之見也日本憲法第五十五條云『國務各大臣ハ天皇ヲ輔弼シ其ノ責ニ任ス』凡法文皆圓活而有伸縮力可容受種種解釋故此條爲日本法學界最大之爭點蓋原文但云任其責耳不言對於何人而任其責此當時制定憲法案之人用心最黠之處也穗積一派主張大權政治者遂謂爲對於天皇而任其責雖然各國憲法大率以君主無責任與國務大臣負責任之語相連屬成條明以君主無責任之故不得不以大臣負之以濟其窮此實憲法之保障而立憲政治最要之神髓也日本制定憲法所以立此條者其意甯非在是不然一切百官何莫非對於君主而負責任且對於長官而負責任而何必別以國務大臣任責一語著諸憲法耶且議會對於政府有質問之權有上奏彈劾之權是明能監視其責任也但進退任免全由天皇自由此異於英國者然英國不過習慣而成耳或他日日本之習慣同於英國亦未可知惟剛愎之主則誠可以不恤人言而此權不致爲議會所搖動也故曰草法案者黠甚也

一八八一年一月八日德皇忽下詔云朕實有斷自朕衷則總持庶政之權此權雖在憲法上有所限制然未曾廢絕朕於一切政務據憲法成典以宰相副署行之雖然權力者朕固有之權力也宰相不過奉行朕

意而已或疑以宰相負責之故舉政權而悉付之此朕所決不許也云云論者皆謂當時宰相俾士麥受議院掊擊身無完膚故借此詔以自爲護符此殆實情然俾公所以能久於其位致造成德國今日之地位者亦莫非此精神有以庇之不然其偉大之政策安能繼續數十年也後此俾公退位仍因與新皇不相能非議會能退之故德國實至今保持此精神者也

又曰議院內閣政治者行政權在政府大臣大臣對於議院而連帶負其責任者也此制英國創之歐洲各國多踵效之而能用之不敝者始終惟一英國行議院內閣政治者元首不自有其政策內閣之政策而已內閣亦不能自有其政策多數政黨之政策而已故議院內閣政治者政黨政治也而政黨之性質又恒非其黨員各自有其政策也其大多數乃墮明絀聰以聽首領之指揮故政黨政治實黨魁之獨裁專制也議院之多數黨黨魁即內閣之總理大臣政權名爲在議院實則在內閣也議院直內閣之傀儡而已故在大權政治之國大臣假君主之名以行專制在議院內閣政治之國大臣假議院之名以行專制余昔侍羅賓先生講席先生卒然曰立憲政治者大臣專制政治也吾今益有味乎其言（注）

（注）英國有兩大政黨。其勢力常相消長於議院。占多數者即入而組織內閣。若在職中而黨勢忽蹙。敵黨獲多數。則排之而代興。議院勢力。多數黨所占也。政府勢力。又議院多數黨所占也。故政府勢力與議院勢力合爲一體。常不相離。政府即議院。議院即政府也。夫政府爲執行機關。議院爲監督機關。國家所以必設此兩機關者。原出於三權鼎立之意。凡以防一機關之專橫也。兩機關合一矣。則何能妨之與有。故大臣對於議院而負責任。本英國所發明。而立憲政治第一要素也。乃至今則虛存其名而已。何也。議院以多數取決者也。而現在政府之職者。必其議院有多數袒之者也。彼無論若何專橫。彼少數黨欲問其責。雖發議彈。有效乎。故議院中所謂內閣信任之投票（即以票數之多寡。決政府爲國民所信任與否之意也）在他國有行之而英國反久廢不用也。故曰黨魁之獨裁專制也

穗積氏尙有論他國仿效英制何以收效不能如英之故。以無關本章論旨。略之。

以上述穗積氏說竟。彼尙有論議院政治一項。述美國政治之流弊。以與本章論旨稍相遠。略焉。

如穗積氏言。則立憲政治之本旨。原以三權分立爲精神。苟不儞儞。其遂不免於一機關之專制也。而終無一國焉能實行何也。政權之欲趨於一。如水之就下。然其性則然也。或執行機關壓伏監督機關。或監督機關壓伏執行機關（注二）而遂不免於變相

之專制特其所以異於曩昔之專制者則亦曰開明而已又所以異於純粹之開明專制者彼可以忽復即於野蠻此則長保開明而無他變耳而政權之性之必趨於一如水就下者則又何也國家者有機體也（注二）既爲有機體則不得不循生物之公例以競生存於優勝劣敗之林而內部結合之強固優勝之一要具也對外行動之敏活又優勝之一要具也一貫目的之持久又優勝之一要具也其外界之競爭愈益烈則其希望此優勝要具者愈益殷而專焉者得此要具也校易不專焉者得此要具也校難夫是以趨專若鶩也今後之天下將餘數箇之大有機體角勝負焉語曰歷史如轉輪其變速之所屆吾烏從而測之

（注二）孟氏以政府爲行政機關議會爲立法機關實不當也立法之權非能專屬議會議會亦非徒以立法爲盡職近世學者多以執行機關監督機關分命之得其性矣

（注二）國家有機體說近世學者多指其闕點然不能盡廢也今爲行文取譬之便襲用之

第八章　論開明專制適用於今日之中國

本章論綱凡三一曰中國今日萬不能行共和立憲制之理由二曰中國今日尚未能

行君主立憲制之理由三曰中國今日當以開明專制爲立憲制之豫備前二排妄後一顯眞。

一　中國今日萬不能行共和立憲制之理由

中國今日。固號稱專制君主國也。於此而欲易以共和立憲制則必先以革命然革命決非能得共和而反以得專制此其理德人波倫哈克之說最能爲確實的證明吾昔譯之今不避駢枝再一述焉。

波氏曰。共和國者於人民之上別無獨立之國權者也故調和各種利害之責任不得不還求之於人民自己之中必無使甲之利害能强壓乙之利害而諸種之關係常克相互平等而自保其權衡若此者惟彼盎格魯撒遜人種富於自治性質常肯裁抑黨見以伸公益以故能行之而綽綽有餘。若夫數百年卵翼於專制政體之人民既乏自治之習慣又不識團體之公益惟知持箇人主義以各營其私其在此等之國破此權衡也最易。既破之後而欲人民以自力調和平復之必不可得之數也其究極也社會險象層見疊出民無甯歲終不得不舉其政治上之自由更委諸一人之手而自帖耳復爲其奴隷此則民主專制政體之所由生也因習慣而得共和政體者常安因革命而得共和政體者常危。請言其理。夫既以革命之力一掃古來相傳之國憲。取國家最高之目的。而置諸人民之仔肩矣。而承此太暴動之後。以激烈之黨爭。四分五裂之人民而欲。

使之保持社會勢力之平衡。此又必不可得之數也。於斯時也。其勢力最猖獗者。即彼鼓吹革命率先破壞之一團也。而此黨派。大率屬於無資產之下等社會。其所舉措往往不利於上流。作始猶簡。將畢乃鉅。其力既無所限制。自必日走於極端。而遂取滅亡。彼曷為而致滅亡。夫既已自紊歷史上之權利。自傷政權之神聖。一旦得志。而欲以我新獲之權利。造成歷史的之根柢、雖百般擁護。未有能濟者也。於是乎社會階級之爭奪。遂相互迭起、而靡有窮。

爭奪之極。其得最後之勝利者。則彼從夢中驚起之富豪階級也、然彼等雖勝利而已厭政權。何也。當彼之時。其握政權者常危殆也。彼等欲得政治上之權利。不過以保其生命財產之安全云爾。其既得之也、則必孳孳然復自營其生計。不惜出無量之代價以購求平和、而社會擾亂疲敝之已極。非更有獨立強大之主權。則終不能以奠定。故君權思想之復活。實剝復之道所必至也。然歷史上之國家既已覆滅、今欲使一姓再興重復其舊。則其結果更釀百弊、欲別擁新主。而無一人可認其固有之權利、即勉戴之以行君主議院制度。終覺其主權微弱。不足以拯沈痾瘡痍之社會也、於是乎民主專制政體應運生焉、若此者。於古代之羅馬見之。於近世之法蘭西見之。

民主專制政體之所由起。必其始焉有一非常之豪傑。先假軍隊之力。以攬收一國實權。然此際之新主治者。必非以此單純之實力而能為功也。而自顧己所有之權利。以比諸他國神聖不可侵犯之君主。而覺其淺薄無根柢也。於是不得不求法律上之名義、即國民普通投票之選舉是也。彼篡奪者。既已於實際掌握國權。必盡全力以求得選，而當此全社會渴望救濟之頃，萬衆之視線咸集於彼之一身，故常以可驚之大多數歡迎此篡奪者，而芸芸億衆不惜舉其血淚所易得之自由，一旦而委諸其手，又事所必至，理所固然也。何也？彼時之國民，固己厭自由如腐鼠，畏自由如蛇蝎也。

此篡奪者之名，無論爲大統領、爲帝王，而其實必出於專制。彼時之民，亦或強自虛飾，謂我並非以本身之權利盡讓於此一人，而所定憲法，亦常置所謂國民代議院，謂以此相限制也，而實則此等議院，其權能遠在立憲君主國議院之下。何也？君主國議院代表民意者也，君而拂議院，是拂民也。此等議院，則與彼新主權者同受權於民，而一則受之於各小部分，一則受之於最大多數，故彼新主權者，常得行長官之強權，不啻惟是議院所恃以與彼對抗者，憲法明文之保障耳。而彼自以國民驕子之資格，可以隨時提出憲法改正案，不經議會而直求協贊於國民，權利之伸縮，悉聽其自由。故民主專制政體之議院，伴食之議院也，其議院之自由，則貓口之鼠之自由也。

君主專制國，其諸臣對於國民無責任，惟對于君主有責任。君主立憲國，君主無責任，惟政府大臣對於國民而代負責任。民主專制國不然，惟新主權之民主，對于國民而負責任，他皆無之。雖然，所謂責任者，亦憲法上一空文耳。夫既已以永續世襲之最高權委託之於彼，此後而欲糾問其責任，則亦惟視其力所能及，更破壞此憲法，而移置其主權耳。質而言之，則舍再革命外無他途也。要之，此專制民主猶在，而欲與彼立憲君主政體之國民與純粹共和政體之國民享同等自由之幸福，勢固不能，波氏之說。就論理的方面觀之。其壁壘之森嚴也如此。就歷史的方面觀之、其左證之確鑿也如彼。雖有蘇張之舌。吾信其決不能難也。故持革命論者。如其毋假共和立憲之美名以爲護符。簡易直捷以號於衆曰吾欲爲劉邦吾欲爲朱元璋則吾猶壯其志服其胆而嘉其主義之可以一貫也而必曰共和焉共和焉苟非欺人必其未嘗學問者也。夫即欲爲劉邦朱元璋。則又何足諱者。亦視其力能致焉否耳（能致與否。一在自力。一在他力。他力者則當還問諸社會。審中國今後社會能許容劉邦朱元璋出現與否。）苟能致焉則或能緣此而得純良之開明專制。甯非中國之福。而必曰共和焉共和焉。吾信其持之不能成理也。無已則其爲曹操劉裕乎。揖讓於中央。而社會全體之秩序不破。則無有如波氏所云云者。如其欲共和則或可以達於共和。顧吾信今之未必有其人也。即有其人焉。則與其共和不如君主立憲。與其君主立憲。又不如開明專制。

抑吾聞持革命論者固有詞矣。曰、「君權民權之轉捩。其樞機所在。爲革命之際。先定兵權與民權之關係。蓋其時用兵貴有專權。而民權諸事草創。資格未粹。使不相侵而務相維。兵權漲一度。則民權亦漲一度。逮乎事定。解兵權以授民權。天下晏如矣。定此關係。厥惟約法。革命之始。必立軍政府。此軍政府既有兵事專權。復秉政權。譬如既定一縣。則軍政府與人民相約。凡軍政府對于人民之權利義務。人民對于軍政府之權利義務。其犖犖大者。悉規定之。軍政府發令組織地方行政官廳。遣吏治之。而人民組織地方議會。其議會非遽若今共和國之議會也。第監視軍政府之果循約法與否。是其重職。他日既定乙縣。則甲縣與之相聯。而共守此約法。復定丙縣。則甲乙縣又與丙縣相聯。而共守約法。推之各省各府亦如是。使國民而背約法。則軍政府可以强制。使軍政府而背約法。則所得之地咸相聯合。不負當履行之義務。而不認軍政府之權利。如是則革命之始。根本未定。寇氛至强。雖至愚者不內自戕也。洎乎功成。則十八省議會盾乎其後。軍政府即欲專擅。其道無由。而發難以來。國民瘁力於地方自治。其繕性操心之日已久。有以陶冶其成共和國民之資格。一旦根本約法。以爲憲法。民權立憲政體。有磐石之安。無漂搖之慮矣。」（節錄某報述某氏之言）　此其言若辯。若其諸前提果悉爲正確者。則其斷案亦當爲正確。顧吾試一一詰之。彼首難革命者。其果能有此優美高尚之人格。汲汲於民事乎。若非其人。則一切成反對之結果矣。而論者必曰吾所希望者。

謂有此人也。且予甯能輕量天下士。今讓一步。如論者言。果有此人矣。然事非一人所能集也。必有佐命者。佐命者果皆能有此優美高尚之人格乎。皆能以此人之心爲心乎。吾見其百人千人而不得一也。即論者亦言狂放躁進之士。不知革命而言革命。罪不容於誅。是論者亦認有此等人也。而此等人或其於首難以前有大勳勞於煽動者也。首難以後。能毋與共事乎。若與共事。萬一彼破我約法以淩踏吾民。奈何。有一於此。則軍政府之信用遂墜也。論者謂根本未定。雖至愚者不內自戕。恐彼輩之愚或有非論者測料所及也。且論者如專語道德上責任。謂革命軍人及其所遣之吏。皆神聖焉。而必不肯自犯約法。斯其說差完耳。若語利害上比較。而曰軍政府雖欲自犯約法。恐緣此失其已有之權利。故有所憚而不敢爾爾。而此憚心。即人民權利之保障。此欺人之言也。夫人民所有區區之權利。出自軍政府之殊恩。非自初有所挾而使軍政府不得不予我者也。軍政府欲奪回之。隨時可以奪回之。此波氏所謂猫口之鼠之權利也。人民所恃以抵抗。唯一之武器。毋過不納租稅。即論者所謂不負當履行之義務也。而軍政府屯一小隊以督收。其何術以不應。彼英國一六四二年之役。人民苟非有國會軍以盾其後其亦安能不任其誅求也若謂軍政府不肯悖初心則此一念誠足爲保障矣若曰不敢內自戕則此非所謂自戕也何也此不足以損軍政府而壞其成功也我國數千年革命家孰非如是而敗者自敗成者自成矣故欲完論者之說則非人人皆有道德責任心不可而革命黨員能如此耶是吾之所疑也而論者必曰若有此種不道德之人吾決不與共事或既共事而干軍紀者吾可與衆棄之今復讓一步如論者言與衆棄之矣一二人誠易易若多數將若之何可勝誅乎且人才得毋不給乎而論者必曰吾黨率皆優美高尙之人敗類決不至多數有一二焉懲以警百其他中材畏此簡書雖欲干甯敢也今復讓一步如論者言人才如林悉神聖矣若是乎主觀方面既已圓滿無遺憾然尙有客觀方面所謂客觀方面者非指舊政府也吾中國歷史上慣例凡有一有力之革命軍起其勢既能披靡一省以上者則必有多數之革命軍蠭起而響應於他方此當爲論者所能知也能保他之革命軍皆服從於我軍政府爲同一之組織乎使其手段與我反對而其勢優勝於我則將若何此未可援華盛頓以爲例謂祇有唯一之革命軍而他無之也華盛頓受十三省政府之委任非

可與起草澤者同年而語也。而論者必曰。是殆無之。若有之則今何故不起。今不起是不能起也。蓋非如吾黨之人才衆多布置周密者。以云起談何容易。是必待我之起。奔走來同已耳。吾以爲此非篤論。無陳涉李密而秦隋晏然。一涉一密起而百涉百密繼。不得謂前無有者後即無有也。且兵志曰。毋恃不來。恃有以待之。夫安得以「殆無」云云逃難也。論者將曰。吾以大義曉之。當相從、不從奈何。伐之耶。是生第二敵也。不伐之耶。養其勢將不可撲滅。益生第二敵。而論者必曰。吾始無伐之。我厚於民。民必歸我。彼將自滅。且彼中若無豪傑耶。其勢必不能張。彼中若有豪傑耶。豈有不表同情於我軍政府之共和主義者、其偏裨且將捧其元以輸我矣。若猶跳梁一方。則待我倒中央政府後。繫豕於其牢耳。吾以爲此亦未必然也。民無力者也。苟彼軍勢盛。雖欲歸我。其安可得。故民可無論。彼無豪傑則勢不張。固也。然豪傑不必皆聖賢。彼以邦璋主義。攀龍鱗附鳳翼者集焉。亦何嘗不可以得豪傑之死力。論者將曰。此非今世之豪傑。不適將不能生存。雖然。亦安知今世之豪傑。不有與吾同一頑固。謂中國萬不能共和立憲。惟當用開明專制者。思戴一劉邦朱元璋以期實行。孰爲適。孰爲不適。未可知也。今又連讓數步如論者言。必無他革命軍起矣。即起。喻以大義而能從矣。不從。劣敗而淘汰矣。於是乎舍舊政府外更無第二敵。雖然。尚有他之客觀一方面焉人民是也人民果最初而能安軍政府之政耶政府新建百事需財而況方在用軍其所取於民者必奢無待言也我國民義務觀念素未發達軍政府語之曰汝其忍一時苦痛以易無量幸福無量幸福在將來彼未之見一時苦痛在今日固已切膚也若最初不肯受軍政府之約法奈何受矣而背之奈何論者必曰。吾政府有强制力。强制之程度奈何薄則狎而不懲厚則憚而滋怨於彼時也軍政府所遣之吏有一焉稍任血氣而所行强制或出於原約權利義務之範圍外者則約遂破而軍政府之信用遂墜此事勢相逼無論何人不能謂其必無者也故吾謂甯學前代之野蠻革命所過鹵掠猶可以給軍實而成大業逆取而順守焉事定與之休息民亦司空見慣不能無受若自始而與言權利焉義務焉導以半明半昧之識想及政府有不給勢將行動於所約權義範圍以外吾見其滋自困也而論者必曰。子何敢侮蠛我國民。我以仁義之師。拯諸水火。而且吾常有辯才之士焉。集所治而敎誨之。義務觀念。可驟生也。況吾黨孔僅劉晏之才。車載斗量。

能以間接稅或其他方法整理財政使吾民不感苦痛也夫當戎馬倥偬交通梗塞商業頹敝之際其果能得多數之間接稅與否吾蓋疑之抑吾聞論者一派所主張於民族主義國民主義以外尚有所謂民生主義者撫拾布魯東仙士門麥喀等架空理想之唾餘欲奪富人所有以均諸貧民即其機關報所標六主義之一云「土地國有」者是也夫以歐美貧富極懸絕之社會故此主義常足以煽下流若其終不可以現於實際即現矣而非千數百年以內所能致此世界學者之公論非吾一人私言也論者所戴之首領其或偶涉西史偶踐西土見夫各國煽動家利用此主義而常有效也羨西子之顰而自捧心焉吾不知其將來之軍政府與其將來之領土內人民所約法者如何度此主義亦其一也而土地國有之單獨稅即軍政府莫大之財源而恃以給軍實與民治者也信如是也吾竊以爲誤矣昔洪秀全所以致敗者不一端而最失計者莫如政治革命與宗教革命並行曾胡諸公所以死抗半亦宗教之觀念驅之如舟行逆風而張兩帆一之已甚兩則更安能勝也故雖有表同情於其甲主義者若乙主義則不得不相敵敵之所以滋多也而敵其乙主義者又多屬於上流社會之人故立於

必敗之地也今論者得毋亦欲張兩帆乎政治革命與社會革命並行（並種族革命而三帆矣）信如是也則吾信其與甲縣約法之後而乙丙諸縣雖如晚明之揚州嘉定而不能下也苟能下焉則必乙丙等縣之游蕩無賴子乃至乞丐罪囚之類豔羨富民之財產可以均占利用新政府之主義而屠上流社會之族豬上流社會之室而挾此功以來降也信如是也則與其歡迎此神靈之革命家毋甯歡迎李自成張獻忠之爲愈也且其所謂地方議會者若何組織乎普通選舉耶制限選舉耶若行彼所謂民生主義吾知其議會議員必皆爲家無儋石目不識丁者而已以此簧鼓莠民景從者豈患不衆但不知議會果復成何議會而政府果復成何政府也夫彼所戴之首領。吾固嘗識之矣。彼所持三大主義。固嘗與吾言之矣。吾叩其何以以社會革命同時並行。彼曰緩則無及也。大革命後。四萬萬人必殘其半。少亦殘其三之一。積屍滿地。榛莽成林。十餘年後。大難創平。田土之無主者十而七八。夫是以能一舉而收之。余所以必主張大流血者。誠以非此不足以達此目的也。吾當時聞其言。惡其不仁。且憫其不智。而彼今猶楬櫫此義以號於天下。明目張胆以欺學識幼稚之人。即論者當亦親灸之而與聞其政策之所存矣。而獨怪其昔之所以語我者曰四萬萬人死亡過半後此主義最利於實行今之所以語論者曰軍政府衘得一縣即立一縣之地方議會其已變前說耶即所謂民生主義所謂社會革命者固大張於其機關報中其未變前說耶吾不識此兩現象何以能相容也嗚呼豈憔悴之未極甯滅亡之不亟其忍更以此至劇烈至危險之藥以毒之而速其死也故吾於他端可以讓步焉若此一端則寸毫不能讓也非吾之不讓而論者斷無從自完其說也而論者或曰吾別有良法。組織地方議會使民說服。非汝淺識所知。若是則吾更讓一步如論者言地方議會成矣。洎乎功成十八省議會盾其後矣。而自發難以暨止戈。遂能陶冶成其共和國民之資格乎。此眞非一言所能盡也。嘗察社會之進步恒在平和時代此徵諸中外歷史而可信者也而戰亂亦時有助長進步者蓋社會以惰力充塞無道以振之經一度戰亂後或能滌淤血而生新血焉如論者所謂革命與教育同功其言固含有一面眞理吾不能抹煞也社會惰力之理。論者未嘗言及。吾所言其即論者之意與否不可知。吾意則謂戰亂足以助進步者。惟此一端而已。顧同一戰亂其能生良結果或生惡結果則視主治者所以救濟之手段何如與夫國外之他力所以相加者何如不能謂戰亂必助長進步。

故曰一面眞理也然此一面眞理猶有界說謂戰亂助長進步者進步之機雖或與戰亂同時發生而進步之效必在戰亂經過後良久良久而乃可見故以外形論之仍得曰社會之進步恒在平和時代也所以然者何也凡人必先於生命之安全得確實保證然後乃能營心目於他事次則勞力所入足以飽煖其軀而卵翼其孥然後乃克進而謀優美之生活次則本羣之人其生命財產之現象能與我得同樣之安適然後秩序生而相與駢進若戰亂時則此三者皆不易見也如論者言徇一縣則興一縣之自治。無論主治者未必皆賢不能以法制爲彼平和之保障也即皆賢矣皆能矣而能保敵軍之不來侵乎此生命之不確實者一能保亂民之不竄入滋擾乎此生命之不確實者二雖侵者擾者軍政府能防禦撲滅之然民固日懷鬼胎不能即安此亦無如何者也生命且不確實他更無論矣即漸就奠定此兩者皆不足患而其壯丁大率服兵役義務餘老弱以居守則農工業必荒落風塵澒洞干戈滿地九州豺虎交通道絕則商業必彫敝而新政府以有限之領土負莫大之軍資不取諸民將焉取之竭澤而漁良亦難已玄黃之馬而負以重而致諸遠庸能堪乎故民之所入恒不能有餘於自養又勢所必至也比戶彫殘相濡以沫之不給而與之言權利義務言秩序規律言地方公益言國家大計其安能入也論者試平心思之此現象其果戰亂中必至之符否也若是乎吾以爲雖有軍政府之勸導以設立地方議會此議會終不過與前此一鄉局公所等必無補於民權思想之漲進而能力更無論也而論者或曰。吾有超羣絕倫之政治家。能使戰亂中一如平和時。由種種方面以助長其發達。吾以爲既命曰人。則度量相越不遠。苟非帝實相之。則人力斷不能致也。論者又云。「求所以濬國民之愛情者。自心理以言。則爲教育。自事實以言。則爲革命。」革命與濬國民愛情兩者。於論理學上有何聯鎖。願論者有以語我來。則又復讓一步。如論者言能致矣。則吾將與之計其時日。論者不云乎。陶冶成共和國民之資格也。吾不知所謂資格者以何爲標準。諒南美中美。一邱之貉。必非所望也。然則其必北美合衆國。次亦法蘭西。論者其亦思合衆國之共和國民資格養成之者幾何歲月乎受之於英者數百年兌父母之懷而爲獨立生活者又數百年也新英倫諸州當十七世紀而已儼成一政府之形也當獨立軍起時而十三省既早有憲法有政府有議會也夫是以一脫英軛舉而措之若法蘭西則自十字軍以前即有所謂地方評議會者直至大革命時代未嘗中斷然猶演此慘劇七十年中政體六變至今其能成共和國民資格與否猶未能信之論者如曰不必有共和國民資格而何以成共和國也或曰中國人生而有共和國民資格無待養也則吾靡從難焉如曰養也則試問自揭竿以迄洗甲歷年幾何吾以爲今後之中國不容有三年以上之戰亂有之則國必亡矣今讓數步五年耶十年耶二十年耶極矣以十年二十年之學力而謂可以與他人學數百年者有同一之成績吾不知其誰欺也而謂軍政府雖欲專擅其道無由吾又不知其誰欺也吾頗聞論者所戴之首領嘗揚言於衆曰『中國可以一蹴而至共和不必由君主立憲以進於共和如鐵路之汽車始極粗惡繼漸改良中國而修鐵路也將用其最初粗惡之汽車乎抑用其最近改良之汽車乎』嘻何來此異言也夫謂國家非由君主立憲以進於共和立憲可也兩者原不相蒙也若乃鐵路汽車之喻則眞聞所未聞也夫所謂良也惡也本屬抽象的觀念非具體的觀念語政體之良惡而離夫「人」與「地」與「時」三者而漫然曰孰爲良孰爲惡此夢囈之言也故達爾文言優勝劣敗而斯賓塞易以適者生存誠以主觀的良惡無定形而必麗之於客觀的適不適以爲斷也故彼以君主立憲爲粗惡以共和爲改良

其前提已極不正確。今讓一步。如彼言。共和果良於君主立憲矣。然果如彼言。我欲改良即改良之。如改惡汽車爲良汽車之易易乎。國家有機體也。信如彼言。則何不曰他樹已綴實。此樹可以毋綻花而穫果也。何不曰人子已有室。我子可以未髫齔而爲之娶也。如曰有機體說。太蔑人演。不足以例國家。則國家者。人類心理的集合體也。宜無以爲難也。信如彼言。則何不曰世界既有詩古文辭。吾可以毋學識字造句而能爲李太白韓昌黎也。則何不曰世界既有比例開方。吾可以毋學加減乘除而能爲梅宣城李壬叔也。夫十七八世紀學者迷於空華。醉於噩夢。謂國家如一器械。爲吾欲製則製之。欲改則改之。吾憑吾心之規矩。以正其方圓斯足矣。近今數十年。好學深思之士。遠鑑歷史。近徵事實。然後知其事非若是之易易。蘄拾級而升焉。「國家器械說」之銷匿聲跡。盖亦久矣。而豈圖彼人乃摭棄置之唾餘。復贅以不倫之取譬。（彼演說語尚有云。各國發明機器者。皆積數十百年。始能成一物。仿而造之者。歲月之功已足。此正是最膚淺之「國家器械說」不知物質現象與心理現象之差別者也。）敢公然演說於號稱文明社會之學界。而學界中以之爲蝦而自爲之水母者。且若干焉。在彼人固目無餘子。欺人太甚。而我文明社會之程度。抑一何可哀也。夫彼人則吾何必與爲難。但其說既足以愚弄一部分之人。其所說者。又如促人登樓而不以梯也。吾恐其隕而墜者紛紛也。夫安得不一辨也。吾今絮絮千言。皆駁「發難以來陶冶成共和國民資格」一語。論者其可以心折乎。而論者或將曰。所謂共和國民資格者。不必程度若彼其高也。但成一雛形焉。遂以建一共和政府。使民躬其事。有錦而學製焉。夫亦愈知治矣。吾今則爲最後之讓步。姑以雛形而建共和政府矣。但所建設者爲何種類之共和政府。論者及其所戴之首領。亦曾計及否耶。世界共和立憲國數十。其性質決非同一。且有絕相反者。中美南美可勿論。其最有名而可供模範者。宜無若美、法、瑞士三國。三國政體。其相同之點固多。其相異之點。抑亦不少。今勿語他事。惟語其中央政府。又非能詳語也。惟語其略。瑞士純粹之共和制也。其立法部代議制與直接制並行。（代議立法制者。國民選舉議員以組成議院。而議院行立法權也。現今歐美各國所行是也。直接立法制者。人民各自有立法權也。古代希臘各邦中世各自由市所行是也。瑞士每人口二萬舉議員一人以組織代議院。通常法律於此採決焉。而其憲法第八十九條云。凡重要之法律。須行全國普通投票以取決。此則直接制也。法律之爲通常爲重要。於何定之。則有公民權者三萬人連署認爲重要。斯有重要之資格。必付諸直接取決矣。）其行政部非如他國之有一首長。惟置行政委員會委員七人。而其委員長於國際上代表瑞士。（他國所認爲瑞士大統領者。即此委員長也。與其他共和國大統領。性質絕異。）行政委員純立於立法部之下。（立法部以上下兩院搆成。上院代表各聯邦。下院代表人民。）受之法部指揮。自餘各行政官。有由立法部任命者。有由人民直接選舉者。此其大略也。美國憲法。採絕對的三權鼎立之制。立法部行政部之人。決不許相雜。以元老院代議院組織立法部。而行政部則大統領爲之首長。其國務大臣。則大統領之高等官。其位置與尋常官吏同。而與其餘立憲國之國務大臣異。大臣對於議會不負責任。惟大統領對於國民負責任。大統領及大臣皆不能列席於議會。故立法部與行政部常缺聯絡。而其憲法所規定行政部之權限甚狹。行政首長及其官屬不能提出法律案於立法部。（大統領惟於兩院所議決之法案。有拒不署名之權。不署名則不爲法律。雖然。當其拒之也。將案付兩院再議。若有三分之二贊成。則不得再拒。）故行政首長有所懷抱之政策。不能自行之。惟密授意於立法部。求其提議而行。行政首長又無解散議會之權。（議會亦無令行政首長辭職之權。）故立法部常可以制行政部之死命。而行政部不得不仰其鼻息。立法部內有委員會四十八種之多。行政實權。殆全歸其手。故學者或稱美國政治爲委員會政治。此其大略也。法國又與美國異。置大統領。名爲行政部首長。而又稱國家元首。無責任。（美國大統領。絕對的負責任。可受審判。與常人無異。）有停止議會解散議會之權。其下置國務大臣。名爲大統領任命。實則進退之權。全在立法部。國務大臣對於議會。絕對的負責任。初受職必先發布政綱。其政綱經議會多數認可則就職否則或大臣辭職或解散議會。就職以後每遇一問題議會對於國務大臣所發表之政策。隨時起質問隨時行信任投票信任投票一旦以多數否決則或辭職或解散亦如之。國務大臣得以立法部議員爲之其非議員者亦得列席於議會。此其大略也。綜以上三國之異點則行政首長爲一人爲多人一也。行政部爲立法部之委任機關抑離立法部而獨立二也。行政部首長能否有解散停止立法部之權三也。能否以一人而兼奉職於立法行政兩部四也。國務大臣是否隱於行政首長責任之下抑別對於立法部而自負責任申言之則立法部能否有迫令國務大臣辭職之權五也。行政部能否直接提出意見於立法部六也。行政首長是否適用元首無責任之通例七也。以上七端不過舉其犖犖大者其他爲一國特有萬不能行於他國者。勿舉之。（如瑞士之直接立法制）今論者自言建共和政府則於此種種歧異且反對之成例中。將何所擇而何所從耶。此吾所亟欲聞也。論者其或不屑與吾言耶。夫既以能破壞能建設自命。則其所謂建設者殆必有成竹在胸。雖不爲吾一人言之。毋亦當發表之於國中。待輿論之評判而廣收同情也。就吾之末學謭識。從種種方面推續之若美國行政部立法部同受委任於國民職權不相侵越而任期復有一定行政部不能令立法部解散立法部不能使行政部辭職則更迭不至頻繁而政治得永續性是其所長也然此當視其行政部權限範圍廣狹何如範圍太狹則一切被束縛於立法部之意見不能自由以行其政策範圍太廣則將濫用其職權無所限制而反於共和政治之本意夫所謂廣其範圍者何也如彼立憲君主國有所謂緊急命令獨立命令之大權者是已然此只能行諸君主國不能行諸如美國之共和國其故何由君主國有責任大臣之制議會對於政府可隨時就政治上法律上糾其責任而退其職故不得以自恣若如美國制則大統領一任四年而國務大臣又大統領私屬之官吏耳倘憲法上許其有發命令之權則其所發命令就法律方面雖可以監督之（如不得以命令變更法律）而就政治方面無術以監督之議會不能有因政治上過失而付大統領於裁判之權也（美國大審院有審判大統領之權。審判有罪。可退其職。然非謂政治上之過失。亦得以爲刑事犯罪以司法權糾問之者也。）如是則彼於在職期限中可以爲所欲爲如法國大革命時代之十二行政委員是也中國若於新革命後而採此制以立憲法則其慘劇或將甚於法國而行之久而敝亦益甚然則倣純粹之美國制以憲法限定行政首長之職權其憲法無明文者一切不得專擅如是則大統領勢將變爲立法部之奴隸苟非伺兩院之眼波雖有賢才不能行其志夫向者東京留學生設總會館墨守孟氏三權鼎立之意而執行部幹事常被束縛於評議部議員此雖小劇亦一般鑒也於斯時也苟立法部與行政部生衝突則國事將無一能辦何也無立乎其上以調和之判斷之者也故雖以美國之老於共和而迄今已不得不變成議會專制勢使然矣夫兩部之常有衝突無論何國不能免也而程度幼稚之國爲尤甚我國今日若革命而行共和制則其議會中人非頑固之老輩則一知半解之新進也於此行政首長而不得人耶則與之俱斂行政首長而得人耶則因衝突而束手以終其任期耳故純粹之美國制若爲國家永遠計固萬不可採以其戾於主權不可分之原理也此世界學者能說明之者也若爲中國革命後新造計則尤不可採此吾鑑於我國民現在之程度而敢決言之者也然則其學法國乎法國有一無責任之大統領立於兩部之上能有彈力性以爲之調和故國務大臣對於議會而負責任議會可要求大統領退大臣之職大臣亦可要求大統領解散議會而或退職或解散惟大

統領所欲故可以使行政部之在職者常得立法部多數之贊同不至如美國之相持而莫能下此其所長也然一度解散議會之後苟再選舉而議員仍要求大臣退職則大統領遂不得不屈於議會此共和制之性質使然也（英國亦有此習慣。然英不過習慣耳。法則不得不爾。蓋君主與共和根本的差異也。）夫議會既有進退國務大臣之權則其結果之良否不可不還求諸議會之自身英法兩國其國務大臣與議會之關係表面略相似也而英國之結果常良法國之結果常惡英則一內閣或亘十年二十年其政策常持久而一貫法則自第三共和以來未有亘二年不易內閣者或乃一年而更迭數四焉英則國務大臣常指導議會法則伺議會之顰笑惟謹不惜降志辱身以求容故論者比諸古代之橫議政治 Government by mass meeting 而法人中改正憲法之論且日盛也此何以故其原因實存於議會之自身而其最高之原因則又存於國民之自身質而言之則法國國民未有運用此種政治之能力而已故其制度雖稍優於美國而其成績反在美國下也綜美法瑞三國。其異點雖有多端而有一大同者焉曰**議院政治**（政權全在議院謂之議院政治）是也瑞則憲法上事實上皆爲議院政治無論矣美則憲法上不許爲議院政治法則憲法上可以不爲議院政治而事實上固皆已爲議院政治共和之性質使然也君主立憲國其憲法上皆可以不爲議院政治而事實上有爲議院政治者（如英國）有不爲議院政治者（如德國日本）共和國則無論其憲法如何而必出於此一途性質上根本之差異使然也共和立憲國既終必歸於議院政治吾於是得一前提焉曰、**凡國民有可以行議院政治之能力者即其有可以爲共和國民之資格者也**夫議院政治之美其誰不豔羨焉然如德國如日本其間非無卓拔之政治家與明達之學者而不肯主張此最美之政治者何也內自審其民而知時有所未可也凡議院政治恒以議院之多助寡助黜陟政府故議院大多數人有批判政治得失之常識此第一要件也夫使普國而爲議院政治則當普奧將宣戰時俾士麥已不得不辭職而後此之德意志帝國何從湧現也語曰非常之原黎民懼焉又曰凡民可與樂成難與慮始故大經世家萬里之志百年之計常未必爲流俗之所喻反是而野心薄倖者流常能投合一般淺識者之感情以煽動而弋一時非常之廣譽苟其藉多數而即可以篡政柄焉此羅拔士比、馬拉、所以涸巴黎之血而奇亞尼所以以一無賴子而覆加鉢寬尼之憲法也以吾今日之中國而欲行議院政治乎吾固言之矣非頑固之老輩則一知半解之新進也此非吾敢爲輕薄之言實則平心論之其程度不過如是也苟老輩者多數爲則復八股之議案可以通過也苟新進多數爲則盡阬滿洲人之議案可以通過也而政府若否認其議案則頃刻不能安其位而彼之首領且將代之而實行之也夫今之北京政府以羣耄當艱鉅。人人謂中國前途危險。不可思議。而不知今易以議院政治其險亦猶是而或乃更甚也謂余不信試觀去年東京罷學事件與上海罷市事件何如矣又議院政治既恒以議院之多助寡助黜陟政府而多寡之數與黨派有密切關係故有發達完備之政黨其第二要件也日本小野塚博士論政黨發達之條件有七。(一)政治上之大原動力舍政黨以外他無所存(二)僅有二大政黨(三)二大政黨由歷史上發達而來基礎鞏固(四)政治才悉網羅於二大政黨中(五)二大政黨。之意見皆極穩和且二黨略有共通之基礎(六)二大黨皆有訓練富於責任觀念(七)二大政黨所認爲內閣交迭問題以相爭者必屬於重要事件今請略詮其義、夫使政黨以外尚有他種之政治上大原動力則雖非被敵黨所攻而自黨常或不足以擁護自黨之政府夫此種原動力非必其出於議院也（如日本之藩閥是）於是議院政治之基礎不固若乃必貴乎二大政黨者何也夫奕者舉棋不定不勝其耦況乃政治上計畫爲國家前途大計者舉一事也或期其效於數年或期其效於數十年必久任而後盡其才而五日京兆必無良績此中外之通義矣政治交迭頻數其非國家之福也明甚然在大權政治之國則得君專者可以行政久而議院政治其權既在多數故惟能常保多數者爲久任又事理之易明者也欲常保多數其道何由曰、當常恃自力而無恃他力何謂他力如一院中有若干黨地醜德齊無論何黨皆不足以制多數吾於此而欲得政權也則與就中二三黨密相提携焉或借一問題以刺激餘黨之感情使忽表同情於我則吾本不得多數者有此外助而驟成多數矣於是吾黨遂入而受政雖然此策也我能用之人亦能用之我所密相提携之黨其分子之結合本不鞏固一旦可以崩潰而別與他黨提携而我能借一問題以刺激餘黨使爲我援者人亦能借一問題以刺激餘黨使爲我敵不轉瞬復成少數而政柄不能不解矣故在小黨派林立之國其議院所謂多數少數者一歲之間恒三盈而三虛而政府亦變置如奕棋故執政者不得不伺人色笑或乃至枉其政策以求容其黠者則嗾羣黨相鬩而自收漁人利已耳法之現象殆若是矣故其民厭議院政治如鯁在喉也英則不然國中惟有兩大政黨勢力恒足以相頡頏自餘小黨一二其細已甚舉足左右不足爲輕重故常能以自力制確實之多數而基礎不至動搖而甲黨既得政其乙黨之在野者惟立於監督之地位苟非遇極重要事件則不起野心而爭交迭故政府黨既不敢自恣而亦不至常自危得以實行其所懷抱以福國家也然此惟英美兩國能有之而他國皆不能何也。則小野塚氏所舉第三四五六項實盎格魯撒遜人種之特長而所以有此特長者則第三項尤要焉蓋歷史上發達使然也彼其浴立憲之澤者已數百年而自餘諸國學其步者乃不過一卅紀內或且不滿半世紀也由此觀之此資格之養成其難也如此使如論者所戴首領之言曰。既有良汽車。吾不必用粗惡之汽車也則知有良汽車者豈惟足下而德國日本必以粗惡者自安其愚何可及也而法國之乘良汽車者何如矣而中美南美諸國之乘良汽車者又何如矣夫非議院政治者又非政府對於議會而不負責任之謂也議會爲監督機關立於補助地位而非爲指揮機關立於主動地位則既已得人而任政府其人固不敢自恣而亦不至常自危苟國民程度未能誕育完美之政黨如英國者則惟此乃適惟此乃能生存也而還視我中國則何如矣人亦有言今之中國無三人以上之團體無能支一年之黨派雖今後或者少進乎然亦僅矣憲法既布則無論爲君主爲共和而政黨必句出萌達於彼時也試想我議院黨派之情狀何如矣今世界號稱政黨最多者莫如奧大利其占席於議院者凡十八黨議員總數四百二十五人中其最大黨不過占六十人其最小黨乃至占四人天下稱奇焉若我國而開議院也議院而有五百人也吾敢信其黨數必過百而最大黨所占無過二三十而一黨得一人者乃最多也經開明專制訓練後十年。乃開議院。可不至有此。若今即革命 革命後召集議院。此現象必不能免也。於此而用爲監督補助機關使其習而漸進焉猶利多而弊少若用爲指揮主動機關以左右政府苟其採法國制則浹旬之間內閣可以更迭十次苟其採美國制則將今日出一政策焉命大統領執行明日出一正反對之政策焉又命大統領執行否則相持而一事不能辦一律不能頒也信如是也吾不知政府復成何政府而國家復成何國家也吾於是復得一前提曰**今日中國國民未有可以行議院政治之力者也能**吾於是敢毅然下一斷案曰**故今日中國國民非有可以爲共和國民之資格者也今日中國政治非可採用共和立憲制者也**論者謂事定功成即解兵柄而建共和政府夫誠欲建共和政府則非事定功成而即解兵柄固不可也不然則爲克林威爾也既解兵柄頒憲法則雖舊軍政府之首領復被舉爲行政首長而亦必須行動於新憲法權限之內不然則違憲也大逆不道也而此新憲法者無論採美國採法國採瑞士而其議院政治皆足以苦行政首長行政首長引身而退耶高則高矣而坐視國民塗炭將釀第二次革命功不足以償其罪也從而干涉之耶則又違憲也大逆不道也然則其所定憲法廣行政部之權限認議會爲補助機關耶則大反共和之精神用之一時雖或有利然憲法者比較的有固定之性質者也非可以輕爲變置者也既號共和國而以反於共

和精神之憲法予之。使根本動搖。貽患無窮。功又不足以償其罪也。故吾爲革命後建設共和政府者計。百轉迴腸。而終不得所以處之之道。論者其何以教我耶。吾之此論。謹守論理。嚴據歷史。未敢有一言憑臆見任意氣也。論者所戴首領。其不知此理而爲此言耶。則吾勸其學成乃語天下事。其明知此理而爲此言耶。則是欺四萬萬人皆無目也。抑吾今茲對於論者之說。固已連讓十餘步。乃達此最後之結論矣。使前所讓者。有一非如論者言。則不必達於最後一問題。而論者之說。固既可以拉雜摧燒之。即使前所讓者皆如論者言。苟不能解此最後一問題。則論者之說。猶當拉雜摧燒之。

（附注）某報有一文。題曰「論中國宜改創共和政體」者。其大端在駁鄙人前譯波倫哈克之說。其言曰。『欲解決此問題。當有三前提第一、能力果絕對不可回復乎。抑尚可以回復乎。第二、回復之時期能以至短之期限回復之乎。抑必須長久之歲月乎。第三、回復之後。即能復有完全之權利乎』。彼其所以解此三問題者。凡數千言。若甚辯者。然吾以爲彼之第三問題之解決。吾所絕對的承認者也。雖然。必其第一第二前提既已正確。然後第三前提有可言。否則第三前提無辨論之價值也。今案其所以解釋第一前提者。曰『天下事惟無者不易使之有。有者斷難使之消滅』。此二語又吾所願承認者也。然惟承認之。正可以彼之矛。陷彼之盾。蓋此二語。不足以證實彼說。而反足以證實我說也。何則。惟本已有而今暫無者乃可云回復若本無而今欲使之有者則發生之謂也非回復之謂也夫就性質上言之謂吾國民將來有可爲共和國民之能力則吾無以難焉若就事實上言之而謂吾國民前此既已有爲共和國民之能力此則吾雖極敬愛吾國民而萬不敢作此語以自欺者也蓋語本來之性質則既名之曰人類自有人類之普通性既有其普通性則必可以相學而能相肖以此言之豈惟吾國民能爲共和凡圓顱方趾者未有終不能爲共和者也然此發生之云非回復之云也更精密言之則本能有而疇昔尚未有者可以使之發生本能有且疇昔已有而忽以他故偶無者可以使之回復故能使中國國民發生共和資格與否是可以成一問題也而此問題解答甚易易吾敢一言斷之曰能也而發生期限之長短則屬於別問題若夫能使中國國民回復共和資格與否是不可以成一問題也譬如一常人於此而曰此其人能發生其膂力使若賁獲否此可以成一問題若曰此其人能回復其膂力使若賁獲否是不可以成一問題也然則吾國民之共和資格其本能有之雖不佞論若其在疇昔已有之耶抑尚未有之耶是先不可以不論定也若鄙人則認其前此未嘗有者也論者謂「當鴻昧初起文明未開之際吾民族已能嶄然見頭角能力之偉大可想」雖然以此能力即爲其已能建設共和之據吾未見其確也不然則如印度埃及巴比倫敘利亞波斯諸族其嶄然現頭角也豈不甚早然謂彼已能建設共和政治得乎論者又摭引一二現象謂吾國民自治團體之組織有可驚者以證吾民已能自治姑無論吾國今日所謂地方自治其性質及其方法與當世法治國所謂地方自治者截然殊科也抑尤當知地方自治與中央共和其性質又自有不同蓋中央共和最高主權

在國民。（最高主權在國家。而國民即代國家行使主權者。故亦可謂之在國民。）此外幷無他機關焉超然於國民自身之上者。則調和其利害衝突也甚難。地方自治則別有掌握最高主權之中央政府以臨其上。則調和其利害衝突也較易。故能爲中央共和者。必能爲地方自治。而能爲地方自治者。未必能爲中央共和。夫法國之有地方評議會。蓋自十字軍以前矣。而直至十八九世紀。猶不能有完全之共和國民資格。則又何也。一言蔽之。則其已能行議院多數政治者。其已有共和國民之資格者也。而吾國民前此未嘗能行議院多數政治。故吾認吾國民前此實未嘗有共和國民之資格者也。既未有焉。則今所研究者。爲能否發生之問題。而非能否回復之問題也。夫發生問題。則吾固絕對的承認其必能矣。何也。苟未進爲人類之下等動物。其能否吾不敢決言。既名之曰人。則未有不能至者也。於是則當入於論者所舉之第二前提。即遲速問題也。而此前提已不得不稍易其詞。當云「能以至短之期限發生之乎。抑必須長久之歲月乎」。必以發生易回復。然後乃可成問題也。論者謂期限可以至短。吾謂長短者比較之詞也。云至短則所謂「至」者。殆無復比較之可言。無論如何。而皆有語病。今且勿摭拾字句計較小節。而其論之最有力者。則曰『歐美積數百年始克致之者。日本以四十年追及之。而我輩亦可以同比例求之也。』曰『以教育爲例。未成年與成年者不同。教育成年者。可採特別速成法。縮短十餘年爲二三年。其程度亦略相等。不能謂已經開化之國民。其進步之速度。與未曾開化者同一濡滯也。』據彼所言。則其所謂至短者。殆如日本之四十年也。而其所設譬亦確含一面眞理。吾所願承認也。於斯所當辨別者。則又在其所希望程度之高下若何。與所施教法之優劣若何。夫曰雖速可成。吾靡以爲難也。然速成之程度。必有一消極的界限。如肄速成政法者。謂其能得有政法學之一般常識。吾敢言也。謂其必能與法學大博士有同一之學力。吾信其不能也。夫共和政治。則法學大博士之學力之類也。故謂以特別速成法。使一般人民能立於國家之監督補助機關的地位而完其責。此吾所敢言也。若謂以特別速成法。使一般人民遽能立於國家之指揮主動機關的地位而完其責。此吾所不敢言也。雖然。使其法果良。則雖不可以驟至。猶未嘗不可以較速。而良不良之間。則所最當審也。日本以四十年之學力。遂有今日。抑亦思日本此四十年中所行者何事乎。彼蓋由純粹的開明專制。漸移於變相的開明專制也。以日本爲例。則益知開明專制者。最良之速成教法也。使日本不用開明專制。而於顚覆幕府後。即行共和政治。而謂其能有今日乎。必不能矣。又謂彼當尊王討幕論蜩唐沸羹之時代。即能於冥冥中養成共和國民之資格乎。必不能矣。夫既以共和爲政綱。則必其破壞後第一次之建設。而即行共和也。吾以爲必建設以後。然後可以實行速成教法。教法既行。然後成不成速不速之問題乃有可言。今之持革命共和論者。則謂未教而可以成也。是不得以速成學科爲喻也。故欲完論者之說。必謂當革命軍騷擾時代。即爲速成就學時代。然後可。質言之。則謂暴動即教育也。然暴動果足以代教育乎。以暴動爲速成共和之階梯。是得爲善良之速成教法乎。吾有以知其必不然矣。故論者之說。斷不足以難吾說也。」

又此論文之末段云。『吾儕既認定此主義。以爲欲救中國。惟有興民權改民主。而入手之方。則先以開明專制以爲興民權改民主之預備。最初之手段則革命也。』此其說較諸前論者所述某氏之說爲稍完善。如此則工夫分三級。其第一級則革命。其第二級則開明專制。其第三級乃共和立憲也。非如某氏謂革命與共和同時成功。一解兵柄。而共和遂有磐石之安也。若夫暴動革命後。適於行開明專制乎。且能行開明專制乎。此又不可不審也。夫革命後行開明專制。將以君主之資格行之乎。抑將以大統領（或執政官護民官等名義）之資格行之乎。若以君主之資格行之。則當最初革命軍發難時。不可不先標君主之旗幟。若最初以共和號於衆。及功成而易以君主。則必不爲舉國所承認。而其業且潰。若最初標君主之旗幟。是又與前代革命者爲一丘之貉。其業又必不可得就。然則此事殆不必論。既最初標共和之旗幟矣。夫未有無憲法而能爲共和者。而開明專制則必其未有憲法（如胅力特列）或有憲法之名義而無其實質者也（如拿破侖）吾試爲革命後不立君主而欲行開明專制者計之。將發布憲法耶。抑不發布憲法耶。若不發布憲法。則國家機關之權力將以何者爲淵源。而共和新政府何從存立耶。若發布憲法。則此種共和制憲法萬不能由大統領欽定。苟若此者。是大反於共和精神矣。然由人民公定之憲法。果復許政府行開明專制否耶。是吾所不能無疑也。即讓一步。謂於彼時以大統領之權力行變相的開明專制。則不外仍繼續軍政。暫勿施行民政。質言之。則與凡立憲國之發布戒嚴令時無以異也。顧以吾度之。今日中國即欲建設一與日本普魯士同程度之立憲政治。已非二十年不能爲功（說詳次段）若欲建設一與英國美國同程。

度之立憲政治則其所需期限更倍蓰亦可推見矣如論者之說。以革命爲第一級，以開明專制爲第二級。以共和爲第三級。然則其第二級經過之時日不可不甚長而戒嚴令政治。（即軍政）繼續至二十年以外。是得爲政體矣乎況乎戒嚴令政治最束縛人民自由而足使人民自治力萎縮憔悴者也。若行戒嚴令的開明專制。是果能緣是以養成國民共和資格乎吾恐不惟不能長養之且斵喪之耳而既建設共和立憲政府後。復欲行開明專制則舍軍政。（戒嚴令）外更有何道乎吾苦不得其途也又況乎即欲行完備之戒嚴令政治又非行政機關已大設備，不能爲功。而新共和政府初立後吾恐其並此正當之戒嚴令政治而無從設施也。故吾以爲開明專制者決非新經破壞後所能行也惟中央政府以固有之權力循序漸進以實行之。其庶可致。若新經破壞後。則欲專制者勢不可不假强大之武力。以擁護其未定之地位故舍立君。主以外。實無可以得之之理由否則行武人專制政治而已而此二者之危險皆不可思議論者其亦有見於此否耶。吾謂暴動革命後之開明專制。必須經一度極棼擾極慘酷之結果如法國之恐怖時代者及人心既倦之後有如拿破崙者出焉。然後開明專制。乃可期耳。然此果爲國家之福耶抑國家之禍耶。願愛國之士。平心察之。

某報凡發刊兩號。而其文殆無不自相矛盾。如此文與前述某氏之說。即其極矛盾者也。（一謂軍事倥偬中。即可以養成共和國民資格。一謂須經一度開明專制然後養成。其矛盾一也。一謂倒中央政府後即解兵柄。一謂建設後仍行軍政。其矛盾二也。）而兩說者皆脆而易破之論理。今持乙說者。其人既已辭此說聞矣。彼繼續主持某報之人。能並代彼賜答辯否耶。

吾今請更以一言。忠告於論者及其所戴首領乃至其黨派之人士。曰、公等言革命耶。其勿並張種族革命政治革命社會革命之三帆。公等欲言社會革命也。則姑言之以自娛。能更發明新學理。補麥喀所不逮。以待數百年後文明社會之採擇。亦一奇功也。若乃欲以野蠻之力殺四萬萬人之半。奪其田而有之。則匪特人道不應有此豺性。即社會主義之先輩。亦不聞有此學說。麥喀謂田主及資本家皆盜也。今以此手段取之。則國家其無乃先盜矣乎。人之言土地國有者。謂漸以收之。仍有所以爲償。而識者猶笑爲烏託邦之論。顧未聞有謂宜竟紾之臂而奪之者也。此自別問題。非本論所宜及。惟公等欲以之與普通之革命論並提。利用此以博一般下等社會之同情。冀賭徒光棍大盜小偸乞丐流氓獄囚之悉爲我用。懼赤眉黃巾之不滋蔓而復從而煽之。其必無成而徒荼毒一方。固無論也。即充公等之所望。成矣。取中央政府而代之矣。而其結果則正如波倫哈克之說。謂最初握權者。爲無資產之下等社會。而此後反動復反動。皆當循波氏所述之軌道而行。其最後能出一偉大之專制。民主耶。則人民雖不得自由而秩序猶可以恢復國猶可以不亡若無其人耶則國遂永墜九淵矣即有其人焉或出現稍遲而外力已侵入而蟠其中央無復容其出現之餘地則國亦億劫不可復矣故雖以匕首揕吾胸吾猶必大聲疾呼曰敢有言以社會革命（即土地國有制）與他種革命同時並行者其人即黃帝之逆子中國之罪人也雖與四萬萬人共誅之可也。復次公等欲言種族革命也。則請昌言之。且實力預備之。公等既持復仇主義。而曰國可亡仇不可不復。吾哀其志而壯其氣也。雖然。公等切勿更言政治革命夫政治革命者革專制而爲立憲云爾君主立憲耶則倏公等破秦滅項繫彭醢韓歸豐沛歌大風之時言之未晚共和立憲耶則請先將波倫哈克學說及此數紙中狂夫之言一一遵論理據歷史推現象以賜答辯（答辯本章。固所歡迎。若欲駁開明專制論者。則請俟全文出版。乃賜教言。否則恐枉筆墨也。）若不能答辯或答辯不自完其說或摭拾一二字句典故之間以相詆譏及支出題外遁詞逃難而不能解結要害者則請自今以往還倡公等之復仇主義無爲更牽入政治問題作繭自縛也。復次公等欲言政治革命也。則今日之中國望公等如望歲也如欲爲政治革命也。則暫勿問今之高踞中央者爲誰何翼其左右者爲誰何吾友也不加親吾仇也不加怒吾惟懸一政治之鵠焉得此則止不得勿休有時對於彼幾諫焉如子之於其父母有時對於彼督責焉如父母之於其子然此猶言而已若其實行則對於彼而要索焉如債權者之於債務者不得則盡吾力所能及加相當之懲罰以使之警此各國爲政治革命者之成例也然要索必當量彼所能以予我者夫然後所要索爲不虛懲罰必當告以我索汝某事夫既先語汝而汝不我應故懲汝以警汝及汝之儕輩使今後毋復爾爾夫然後所懲罰爲有效如誨孩童焉授以業量其腦力所能受者而責以答案一度不答再度不答而威以夏楚焉若其必不能作答者責之至死猶之無益也若突然扑之而不示以所犯何業甚者以擊蒙爲出氣或快心之具則彼雖日受百鞭而亦不知改蓋不知何改而可也夫語滿洲人曰爾其還我河山此責彼以所必不能應者也並未嘗提出條件以告之曰我所欲者如此如此汝所當行者如此如此而徒日日唾罵不共戴天而已時或狙一二渺不相屬之人則就令彼欲釋我怒亦不知何塗之從而可也不甯惟是我徒持單獨主義謂必去彼而已其目前失政吾不暇與言亦不屑與言待吾去彼而失政隨之去矣甚或謂彼之失政吾之利也吾何爲而匡

正彼乃吾之去彼渺未可期而彼先以吾不暇言不屑言之故反得卸其責任而我將來之幸福已不知斷送幾許矣不甯惟是彼知我之所欲得於彼者必非其所能應也而舍此以外又無足以饜吾欲也則困獸猶鬥而況於人我排彼以言彼排我以實勝負未決而漁人笑於其旁矣凡此皆欲爲政治革命而不以其道是以及此自今以往其果有眞愛國者乎相率而爲正當的政治革命焉則中國其或有瘳也夫此固又別問題非本論所宜及也吾下筆不能自休而遂逸其軌也吾更爲二語以結本段曰

欲爲種族革命者宜主專制而勿主共和

欲爲政治革命者宜以要求而勿以暴動

（本章未完）

（附錄）本論補注參觀第一號本論

第一章第一段之下補注

（補注）若將本論所謂制者。示其正確之概念。則當云。『制者何人類共同生活繼續的團體發表其權力於形式。以規定團體自身機關及其團體員之行動者也』蓋本論所謂制。即法制之意。而法制實與國家相待。故言制殆不能離國家也。但人類當未形成國家以前。亦未嘗無所謂社會之制裁力者。惟既成國家以後。始有一定之形式。變爲强制組織耳。然則就吾國文「制」之一字以立說。又必遡前以及於社會所以有制裁力之故。然後其義乃完。本章所論。如言「以强制爲調和競爭助長競爭之具」云云。皆以明社會所以不得不進爲國家之埋。故所謂人類共同生活繼續的團體者。即國家之實質也。而發表其權力於形式。亦惟國家能然也。而所發表形式。凡以規定團體自身機關（即國家自身機關）及其團體員（即人民）之行動者也。其正確之概念實如此。但此概念文義太賾。恐讀者不易解。故從行文之便。如原文云云耳。

第二章第四段下補注

（補注）就文義上以嚴格的論之。則舉凡過去現在之國家。無一焉能指爲絕對的專制國者。亦無一焉能指爲絕對的非專制國者。故吾之此分類。似仍不正確。蓋「專制」二字。乃吾國文。吾國文實苦不足以盡說明社會界之新現象。無如何也。然論埋學有所謂「不容間位律」。「不容間位律」者。謂凡百事物。無中立性。既謂之甲。則不得復謂之非甲。既謂之非甲。則不得復謂之甲。是其義也。然則既謂之專制。則不得復謂之非專制。既謂之非專制。則不得復謂之專制。是此分類仍正確也。所最當謹者。則定「專制」二字之界說而已。以嚴格論之。則必如孟德斯鳩之三權分立論。無一機關得專橫。夫乃可謂之純粹的非專制。然孟氏此論至今各國未有能實行者。故以嚴格論之。謂往古來今諸國尚未有一焉爲純粹的非專制可也。然吾此分類雖於事實上若不能概括現今國家。然理論上仍無以易之。若易之而以立憲與專制分類。則愈不正確。何也。雖立憲國仍莫不爲變相的專制。欲求一絕對純粹的非專制之立憲國終不可得也。蓋以嚴格論之。則立憲與專制。尚未足爲對待的名詞也。又若易之而以立憲非立憲分類。則愈不正確。何也。立憲國之形式性質各各不同。以嚴格論之。則凡法治國皆可謂之立憲。蓋但使既以形式規定國家機關之行動。而遵此形式以行。則謂之爲廣義的立憲焉亦可也。要之專制也。立憲也。皆吾國之文辭。非別下解釋。不能定其概念均之難得正確。則毋甯用專制非專制之尤愈也。

第四章第二段下補注

(補注)既言以所專制之客體的利益爲標準。謂之開明專制。而復折其客體爲二。曰國家。曰人民。認國家爲客體。似近於「統治者說」與近世學者所示國家之概念相戾。但此文所論者專制耳。在專制之國家。則其主客之形固如是也。

論著二

上海領事裁判及會審制度（續第七十四號）

希白

第四節　論會審制度之現在及將來

如前節所述。則會審公廨。與彼領事裁判。相爭之權限。略可見矣。既說明其權限。玆更論定其性質。

會審公廨者。一種之特別組織。求諸各國。罕見其前例者也。（日本居留地未廢以前於居留地中亦未聞有設立特別之會審公廨以處理居留地內事件）雖然於名義上有一極相似者焉。曰混合裁判是也。於是有謂會審即混合裁判者。夫混合裁判者。亡國之產物也苟吾國而有混合裁判則吾國已亡也吾國雖無混合裁判而有近於混合裁判之嫌疑是吾國有瀕於亡之道不可以不自惕也抑吾國雖有近於混合裁判之嫌疑而尙無完全之混合裁判是吾國雖瀕於亡而猶可救又不可以不自厲而所以救之者更須臾不容緩也吾草本論其著眼點實在是今。請先論會審制度與混合裁判之異同次乃及拯救之所當急。

夫會審之名。（會審公廨名義之不正論見前節）與混合裁判極相類也。若解觀審爲立合裁判。則解會審爲混合裁判。又勢不得不然。然混合裁判之語源出於歐文之 Mixed Tribunal Tribunaux Mixtes 日人尙有他譯曰混成裁判。曰混合國際裁判。曰國際裁判。其名雖繁而義則一。高橋博士下混合裁判所之定義曰。『以裁判所所在國之裁判官及由外國人選出之裁判官而爲組織之裁判所』然則上海之會審公廨。從表面上觀之。誠一種之特別組織也。彼其有外國人入焉爲裁判官。按諸本定義。似無相差之點。然而其實殆大不然。故既不能與內地州縣衙門之領事觀審制度（立合裁判）同論。尤不能以完全之混合裁判所併爲一談。此所以成爲一難解決之問題也。余今且參考列國混合裁判所制度。以求其精密之比較。

世界列邦現有混合裁判所之存在者。計爲七國。一土耳其。二埃及。三緬甸。四沙摩亞。Samoa 五克列德。Crete 六婆羅洲。Borneo 除克列德制度。無可考見外。其他五國制度。請以順序而詳之。

(一)土耳其混合裁判所制度

西洋之領事裁判權。侵入於東方者。以土耳其爲嚆矢。蓋自十六世紀中葉已實行之矣。然其時彼之領事裁判權。爲劃出處分違警罪（違警罪者違犯警察規則之罪也乃刑法上之最輕罪）一部。以屬於土耳其人及歐羅巴人之會同裁判。各舉半數之裁判官。斯即開混合裁判之始基也。乃迄一千八百四十七年。而正式之混合裁判所設立。其制度概如左。

甲　歐人與土耳其人之商業上爭訟。則在君士但丁堡之「第一審商事裁判所」及「第二審商事裁判所」。爲判理兩審之裁判所。均置歐人二名爲裁判官。

乙　其他關於民事刑事。（限於違警罪者）則除君士但丁堡外。各大都會均另建有混合裁判所。其裁判官各委相當之數。

(二)埃及混合裁判所制度

埃及之混合裁判所與列國特別不同。此爲最發達而完全者。余且以理由歷史制度三端析而論之。

設立之理由　復二。(一)在歐人方面。自十九世紀而後。領事裁判權之並立於埃國者。凡十六七國。然而國異其法。裁判手續均不相謀。徵特歐人與埃人間發生之訟案。因二國法律不同。屢起衝突。即歐人與歐人間發生之訟案。而因各所屬國之法律不同。亦屢起衝突。故有同一案件。訟於甲國裁判所雖勝。訟於乙國裁判所則敗。又有一案而數人爲被告之時。其被告之人分屬數國。則爲原告者無由起共同訴訟。而先要訟於甲裁判所。復要訟於乙裁判所丙裁判所丁裁判所。然而甲與乙之判斷不同。乙與丙之判斷不同。丙丁與甲乙之判斷又不同。矛盾糾紛。卒至無所折衷。而遂止。至欲求爲覆審。則其覆審之裁判所。莫不各置於本國國內。以是萬里奔馳。恒不易達其目的。此就民事事件而論。其不便已然。更論刑事。不外與民事同病。而且每逮一人。每辦一案。則指使埃及之警察官爲之。然而該警察官者。無埃及政府權力之統攝而惟受諸領事官之命令命令愈多牴觸愈繁事愈不可辦此在歐人方面。其種種困難情形。足以爲混合裁判之動因者一也。(二)在埃人方面。遭領事裁判權之蹴踏已寃憤交盈怨怒叢積觀一八六七年。埃及外務大臣巴沙之上奏。謂僅四年間埃及政府因與歐人涉訟爲畏其威迫買其懽心累賠墊七千二百萬佛郞之金錢而此金錢悉以充領事囊槖其各領事類皆破廉鮮恥賄賂公行動則容縱己國人民任意霸奪埃人財產戕害埃人生命姦淫强掠無所不爲迨訟之於領事則領事不惟置若罔聞而且別加問題以向政府索賠飽其慾壑是以歐人之寓埃者每逢犯罪其本人則操不受罰之券而領事反藉開網利之門坐是寃獄如山憤泉沸地嗚呼僇民之無告痛孰有甚於此者矣我國民讀此。不知其有感動於中否乎。此在埃人方面。其種種憔悴情形。並足爲混合裁判之動因者又一也。

設立之沿革

合前兩方面或則困難或則憔悴而均達至極端之境於時埃及之混合裁判。眞可謂時機早熟。大有呼之欲出勢矣。其始事也。即由前之外務大臣。建議於副王。（埃及爲土耳其屬國故其王稱副王）由副王提出與各國公使交涉。請撤去現存之領事裁判。代之以歐人及埃人組成之混合裁判所。其裁判所立於領事暨埃及國權之下。王爲是發議。首得英法美意俄奥比德意志聯邦之諸國贊成之。以一八六九年十月二十八日。開國際委員會於開羅。第一次議此事。尋一八七三年復開於君士但丁堡第二次議此事。爰制定新法案。其法案則全成諸歐人委員之手。埃官不惟不諳。而且不與聞。惟美其名曰埃及法典。此法典中而埃及之混合裁判所搆成法有焉。民法有焉。商法有焉。海商法民事及商事訴訟法刑法及刑事訴訟法等均有焉。本法之效力。則固歐羅巴人與埃及人均一律受治者也。已而一八七四年十一月十一日。法埃協商。法國先承認此法案。而英德俄奥意美葡萄牙西班牙丹墨荷蘭比利時瑞典那威等凡十四國繼之。埃王遂以一八七五年十月十八日須發此制度。定爲明年一八七六年正月一日施行。雖然。初次條約其期限僅以試辦五年而止。五年期滿。埃之國內法律次第改良。則斯可以撤銷也。乃不料滿期而埃之弗變如故。於是諸國又續約焉。展限二年。埃仍無以應也。卒往列國會議。旋以一八九九年改訂新約。變此制度爲長期接續。故埃之設立混合裁判所也。迄今垂三十年。然其間之波折。則固已經多度矣。嗚呼。物必自腐。然後蟲生焉。觀於埃可以惕矣。

設立之制度　其制度則設兩審級管理。第一審級者。凡三所。一設於亞力山大。一設於開羅。三設於伊斯媒鋍。每所任七名之裁判官。中曰名爲歐人。三名爲埃人。審判之時。則以五名會審。（合議裁判）歐人三名。埃人二名。惟裁判長則限以歐人爲之。關於商業訴訟。添選歐埃商人各一名。到場參議。其第二審級。卽所謂控訴院。控訴院僅建一所。在亞力山大。中爲十一名之裁判官。又歐人七名。埃人五名。審判亦合議制。用歐人五名。埃人三名。其裁判長。以歐人爲之。各級裁判官之補授。則名義上讓之埃王。然其實屬於歐人部分。俱由本國政府保荐。埃王畫諾而已。至其審理事件之權限。則概如左。

（甲）民事

（子）埃及國內不動產之訟案。及關係不動產權利相爭之訟案。

（丑）歐人與埃人相爭之訟案。

(乙)刑事

(子)違警罪案。

(丑)犯本裁判所及裁判官之重罪輕罪案。

(寅)抗拒本裁判所執行判決之重罪輕罪案。

(卯)本裁判所裁判官因公犯罪之案。

右民事第二項。其範圍甚廣。所謂歐人與埃人相爭之訟案者。即使歐人控告埃及副王或政府之案件。將亦於此爲審理之。則其權限之膨脹。不俟言也。不甯惟是。余考一八八一年。各國嘗開第三次國際委員會。謀擴張刑事權限。此會之提議。經英國承認之。然而遷延達於四年。迄無就緒。終至休會。於今猶未畢其功者也。由此觀之。則埃及之混合裁判。實最完全之混合裁判也。微特前舉之土國。不能與之比。即後列之三國。亦非當同論也。故國際法學者。每說混合裁判。必舉埃及以爲榜樣。雖李師德之分類。（一土耳其。二埃及。三沙摩亞）與皮噶之分類。（一緬甸。二埃及。三婆羅洲。）二子不同。然其標準於埃及則一也。故余今之述混合裁判。亦當模範二子。以埃及之混合裁判所設定其前提。夫如是諸國制度，乃得比較而論。而吾之會審公廨性質。亦得烘託而明也。故余獨於埃及裁判所。則不憚詳說之。

且夫埃之不國亦已甚矣其初彼君若相之意見豈非欲以混合裁判所易其領事裁判權乎以爲既有混合裁判所則將無領事裁判權乎疾領事裁判權之已甚然後想望混合裁判所乃混合裁判所則既如願相償設立經數十載矣然而領事裁判權則迄於今玆猶未去之也彼其疇昔未建混合裁判所。則歐埃人間相互之訴訟。而歐人爲被告者裁判權一歸領事。自既建後。則將此權劃分於混合裁判所而其本國人民間之訴訟。及歐羅巴人中甲國人民與乙國人民之訴訟。如英人爲原告法人爲被告則歸法國領事裁判法人爲原告英人爲被告則歸英國領事裁判其權限仍歸領事裁判。然則領事裁判權之行使於埃者不過緣混合裁判之設立而稍有伸縮曷嘗因混合裁判之設立而遂見消滅也除前二者及混合裁判所所有之權限而外。其爲純粹的兩造皆埃人者。夫然後歸諸埃及之國內裁判。削也滋甚。所餘庸有幾乎未有混合裁判所。則前舉之民事兩項。其被告屬埃人者。應歸埃國審理之。違警罪亦應歸埃國審理之。自有而後。此權更被吞幷矣。故云埃之主權。削也滋甚。且彼之混合裁判所。雖云隸埃及國權之下。其裁判官雖云由埃王銓補。然不過名義上而已。名者實之賓。實之不副。名奚吝焉。歐人之黠。率類此矣。夫法典之起草則歐人也而埃人莫或與聞是埃之立法權盡喪也裁判所之所長爲歐人埃雖有列席者直伴食耳是埃之司法權盡喪也歐人之裁判官各由本國政府推薦而埃王不過一奉行文書之曹掾是埃之用人行政權又盡喪也如是而猶命曰埃及之混合裁判所亦不過名從主人之義云爾嗚呼合九州。鑄大錯。非埃之君相尸其咎而誰尸之。彼以領事裁判之辱國病民而思所以易之。不知其所易者辱國病民殆有甚焉。就辱國而論。則前之諸義既可盡見若論其病民。此又無難推定者也。夫法典制自歐人則其立法精神必求合於歐而不求合於埃。適於歐之社會而不適於埃之社會此其必病埃人者一也裁判長用歐人而裁判官又歐人占多數彼埃人之並列法曹者一既阨於少數二苦於不解他人所定之法律三則以畏人之客媚外之習遇事委縮不言可知雖有智者計無能爲權限之保持其愚者則忝服羅馬之方冠高坐堂皇直等於木偶遇歐埃人民互訴事件彼歐人者必左袒同胞而虐異族人之情也如是則公平之裁判甯可望耶吾恐今日無形之寃獄痛苦之呻吟其視前之被虐於領事者亦唯與阿之相去耳此其必病埃人者二也夫前此之病經彭一沙奏藉其言以爲提案已得表白於天下天下之人容有哀其無告者彼歐美學者猶或筆之於書引爲己國文明之玷乃自茲以往咸信其制度改革法律安全裁判公正則如彼嵬嵬黔首縱復塡平恨棧耐盡寃霜亦孰聞之而孰知之者吾聞俄人馬丁斯之言曰此混合裁判所有大利益於埃及能匡正埃及權利保護之秩序顯莫大之功勞者嗚呼歐人一般言論大率類是矣而埃及乃益坐是永沈九淵而無復蘇之時矣由是觀之則領事裁判與混合裁判甯復有得失比較之可言吾見其曾靡錙銖之得而徒增丈尋之失焉耳悲夫舍身餧虎割臂飼鷹身臂有盡時而鷹虎無饜期一弱處羣雄之間我謹其壘人猶思侵我弛其維而彼安有不愈恣也是以謀國者無遠到之眼光而徇片時之利害則利之未覩而害已累形萬方一概夫甯獨一埃及而已

夫彼除領事裁判混合裁判之外其裁判權之留存於國內者已幾於十不得一矣。而此區區至微之國內裁判權且緣有混合裁判所而並移諸歐人之手此又不可不察也。蓋自一八七六年。設混合裁判所。一八七九年。英法二國結聯保埃及之約。一八八四年。埃及國內民法法典成。準據拿破崙法典。其時法系出於法國。受法國主導者也。浸假遭馬顛之叛。而英國單獨出兵。代平內亂。恢復王權。乃擯逐法人。使獨立於已權力之下。已而謀變更法國法系。引用已國人爲埃及司法顧問官。侵入英國制度。尋又改舊日所用之法國式合議裁判。爲單獨裁判。又設巡迴裁判之制。又於控訴院置一名之英國顧問官。埃人之裁判官。悉屬於其監督之下。最近一八九九年。乃以英國官吏任檢事總長。於是埃之國內司法權。盡握諸英人掌中。而今日埃之實際上爲英保護國矣。夫埃之亡。雖有種種原因。以屬別之問題。不能詳論。然就此一種。則過去之歷史。層級累折。班班可尋。使埃無混合裁判所。則法人未必遽能侵入法國法制（蓋混合裁判所之法律。已純採法國法系者也。）法未嘗侵入法國法制。則英又無須急謀以已國制度代之。乃自甲手段起而乙手段。尋進丙之睨。其旁者。益逐逐以最終之手段。進上下不二十年間。而三千四百餘哩世界唯一之尼羅大河。已盡爲盎格魯撒遜人之飲馬水矣。試一聯想焉。謂混合裁判所非亡埃之一原因。得乎。夫埃之國體。本非完全之一獨立國。久變爲土耳其地理上之名詞。然自譔罕默德亞梨奮起後。得列國之保證而得進爲半獨立國之資格。觀於其保證條約之內容。則埃之內部主權。全歸諸副王所有。故名義上雖納貢土耳其。然實際上。則副王能獨立無制者也。以是司法權即屬於內部主權。雖土耳其。尚未嘗干預之。乃不料未亡於土而卒亡於英譔罕默德亞梨之雄心今安在也。余侍中村博士講席。博士論至混合裁判所。忽躍而起曰。混合裁判所者。亡國之特徵也。余當時故駭其言。乃徵諸埃及歷史。則博士之言。信非偶然也。余迯至埃及而腦筋震盪。意緒搖觸。不自禁其言之長。然尚幸閱者諸君。勿遽厭聞之也。余之所以不憚詳言者。蓋與末段之文字。有互相發明者也。

(三) 緬甸混合裁判所制度

緬甸之地理。位於印度支那。而政治上則直隷於印度總督之下。蓋純全一英之屬地也。而猶有混合裁判制度存焉。是亦異聞矣。今據披噶氏說。謂緬之混合裁判所者。則關於英人與緬人間之民事訴訟案件。特編成英官與緬之土官混合而裁判之者也。至兩造英人間之案件。則英官單獨裁判。殆不俟論。夫如土埃之例。則混合裁判恒與領事裁判相緣、緬既爲英之屬土。則事實上已無領事。已撤回領事裁判權。然獨有混合裁判焉、甯非咄咄怪事。雖然。法律者準乎人之心理。甲社會之心理與乙社會之心理不同。故甲地之法。不能移置於乙地。以是恆採其本地方之風俗慣例以充之。然熟知風俗慣例者。尤莫如土著之人。是以裁判官亦復參用土人。然後得實行其便民之道。彼夫英之對於殖民地政署。固如斯者也。即其在印度本部。高級裁判。雖司法與行政分離。然最下級之裁判所。(輕事裁判所)仍以普通之下級行政官兼之。時更有委諸村吏者。若此。則亦印之土人自爲裁判之也。安知其在於緬而用混合裁判。雜用緬人爲裁判官者。不本此意也耶。況其裁判之權限。明云祇有民事已也。夫民事則莫非箇人之身分權利關係。於地方慣例所關尤切也。若刑事。則無聞焉。可以知矣。此雖余之臆說。不審有無誤解。尚待世人評隲之也。然據拔氏之說、則僅有前文之簡單數語。高橋博士所著之平時國際法。亦見採用。而均未說明其理由。於此正滋疑悶者也。然則緬之混合裁判。其權限益狹。單及民事而刑事不及之不惟非埃之比而尤非土之比者也。

(四)沙摩亞混合裁判所制度

沙摩亞者。大洋洲中之一島國。位於南緯十四度。西經百七十二度之間者也。其地當澳美二洲要衝。由澳至檀香山暨北美諸港者所必經之航路。以是其地商船往來甚繁。而貿易亦殷盛。惟全握諸英德二國公司之手。其政治上國王擁虛名。而實權則英德美三國領事有之。當於一八八九年六月十四日。英德美三國柏林會議之結果。設混合裁判所。又名高等裁判所。適用英國法。其裁判官則由三國公選。限以歐人。爲之三國意見有不合之時。則委諸瑞典王代行其任命。此沿革之大概也。

其裁判所審判之權限如左。

(甲)關於沙摩亞之土地所有權。及所有權之訴訟事件。

(乙)關於前項以外之民事訴訟事件。

(子)土人與外人間訴訟。

(丑)異國之外人間訴訟。

(丙)關於刑事事件。

(子)土人加害外人所犯之輕罪重罪。

(丑)不屬於領事裁判權管轄之外人行犯之輕罪重罪。

故沙之混合裁判。其權限之廣。徵特過於埃及遠甚。即過於土耳其。亦遠甚。查土耳其國法。關於國內不動產之爭訟。不論其所有者。爲本國人爲外國人。均於土之法廷裁判之。以是土雖與外人以土地所有權。然而訴訟上則受本國法律之羈束。故於土權方面挽救實多。日本梅博士嘗論之。以爲中國亦當取法者也。惟沙之不動產訴訟。則已移其權於混合裁判所。此正與埃及同。又其他權限。亦有足相對者。故惟埃與沙。可相提並論也。但沙更有特異之點。其裁判官非由土人與外人組成。是即反於前舉之高橋博士所下之定義。又名義上非隸諸沙之主權之下。又不由沙王任命。又僅有一名之裁判官爲單獨裁判。不爲合議裁判。是從埃之方面反觀之。又似比較的彼善於此矣。夫非合議裁判。而爲單獨裁判。乃名曰混合裁判。世人或不免致疑。然而所謂混合裁判者。非計其內部之組織也。而因其非一國專立之裁判所乃爲數國共立之裁判所是以稱之曰混合裁判彼高橋氏所下之定義又限定以土人及外人組成之然此適出其定義範圍之外則氏之說容有未完全者也以上論沙之混合裁判所然而沙尙有領事裁判權沙之領事裁判權則與在土埃者無以異也大凡有混合裁判所之國其領事裁判權則必被割分一部除割分於混合裁判所權限之外一切乃領事保有之也而其受混合裁判所之本國亦以除混合裁判所及領事裁判權兩權限而外彼其賸餘然後國內裁判權力得及之此於土有然於埃有然於沙又有然惟緬則主權已易宗社已墟獨不能同論焉耳

（五）婆羅洲混合裁判所制度

婆羅洲者馬來羣島中之最大島此世界第三大島也跨於北緯七度南緯四度之中央自十六世紀以來爲歐人發見已而經易數主迄其末葉則荷蘭人終占有之尋爲英人所奪未幾英又棄焉旋於一千八百八十八年再占其北部故除北部歸於英領其全島五分之三至今猶爲荷領先占之荷蘭人種統治之者也其地亦有混合裁判所焉則與英人共組成之而其制度有特別者非諸國比也

甲 審理婆羅洲人與英人間之民刑訴訟案件。

乙 審理英人與英人相互間之民刑訴訟案件。

丙 審理英人與第三國人間之民刑訴訟案件。

丁 其裁判所適用之法律。爲婆羅洲國之慣習法。

戊 其判決之執行。則屬於婆羅洲國內統治者之主權。

觀於甲點。雖非特別。蓋混合裁判所之原則爲然。斯可闕焉不論也。言夫乙點。則在有領事裁判權之國者。莫不以屬於領事之裁判權。如土、如埃、如沙皆是也。言夫丙點。則惟沙之一國同之。而土與埃無規定者。是仍未從領事裁判權割分也。況就論於沙。其民事第三項。信同之矣。然刑事第二項。其意僅指無領事管束之外人言之。非一般之外人能並及之也。是又不全同也。然則婆羅洲獨有此制度。是顯見其與領事裁判權不並立者矣。他國之混合裁判所則不過割分領事裁判一部之權。而此則將其全部之權。悉歸併之。是已有混合裁判所將無所容其領事裁判權者也。申言之。則領事裁判權終至於消滅者也。此其混合裁判所之權限。所以成爲積極的者也。此婆羅洲一國之制。故非他國所能頡頏者也。

合五國制度比較論之。章章明甚矣。吾更請以數言結論其性質。

(一)從其組織方面觀察之則惟沙摩亞爲特別其他四國皆以土人與外人聯合構成。

(二)從其權限方面觀察之則消極如緬甸積極如婆羅洲雖不可同年而語若其有權審理內外人相訴事件則一也。

(三)從其適用法律之方面觀察之則埃及爲名義上之本國法婆羅洲爲實際上之本國法而沙摩亞則名義上實際上均非本國法者也。

(四)從其任命裁判官之方面觀察之則埃及名義上爲本國主權沙摩亞則名義上實際上均外國主權者也。

(五)就裁判長所屬之國籍言之則埃及與沙摩亞均指定爲外國人而其他之國則未有明文也。

以上所舉。雖小節各有異同。然其間固自有共通之點一焉。而此共通之點。即混合裁判之特質也。

曷爲其共通之點曰。

該裁判所爲內外國共組織之常設機關該裁判員爲內外人共搆成之常設委員。凡該裁判所有權受理之事件悉爲該裁判員有權合議審理之事件者是也。

故有同於此點者則爲混合裁判。有格於此點者則非混合裁判。是我會審公廨之性質。不難因是斷定之者也。

夫我會審公廨。亦爲常設機關。然雖常設機關而非與外國共組織之固我特立也（其說見第三節）則一不諧也。我會審公廨。亦有常設之委員。然而常設委員祇限於華員方面若彼之陪席領事則惟遇工務局會提案件早堂來値押不得謂常設也則二不諧也。會審章程第一條。所定受理案件之範圍則甚寬。（參觀章程前段）然而第二條。則云無洋人在內者則領事毋庸干預。是本公廨有權受理之事件非悉爲總數裁判官有權審理之事件又彰彰明甚也。則三不諧也。然則會審公廨。豈得云完全之混合裁判乎。雖然。而至有類似混合裁判之點者。則第二條之章程。其所規定不當也。其原文如下。

凡遇案件牽涉洋人。必應到案者。必須領事官會同委員審問。或派洋官會審。若案情只係中國人。並無洋人在內。即聽中國委員自行訊斷。各國領事官毋庸干預。據此條文若從文義解釋之。則「若」字以下。應云後段。如同「但書」日本法文。其後段。常有用但字者。此名爲但書。漢文若但云字。其意亦相彷彿。之規定也。故前段則有類原則。而後段則有類例外。似乎與洋官會審者。爲普通之原則。而華官單獨審判者。乃特別之例外也。使我會審公廨殆至鄰於混合裁判之性質者。正此條也。設不爾爾而易原則爲例外。易例外爲原則。以華官單獨審判華人案件爲原則。規定在前。以洋官會審交涉案件爲例外。規定在後。則純然一國內裁判也。應云。「凡案情只係中國人。並無洋人在內者。由中國委員自行訊斷。各國領事官。毋庸干預。若案件牽涉洋人必應到案者。則須領事官會同審問。或派洋官會審。」如此則免近於混合裁判之嫌疑矣。於特別塲合。縱內地州縣衙門。亦不乏之。其辦法相同也。於是乎則不至發生類似混合裁判之爭點也。彼昏不知。顛倒若此。吾烏從而責之。

雖然。本條不能據文義解釋也。凡解釋法律之方法。除文義解釋而外。尚有所謂論理解釋者。且論理解釋中。又分種種。曰限制解釋。曰擴張解釋。曰補正解釋。曰寬大解釋。曰嚴酷解釋。本條則適用補正解釋者也。補正解釋者。不拘拘於文面上意義。可以變更補正。求適乎法律眞髓之謂所以匡立法者之不逮者也。故本條若從補正解釋則全文之精神具可考見其關於國內裁判事項之規定多而關於國際裁判事項之規定少也然則其主目的爲國內裁判其從目的乃國際裁判也故會審章程之內容雖有本條類似混合裁判然而僅其一部未及其全體也而遽稱之曰混合裁判所安見其可。無已其稱之曰不完全之混合裁判所乎。雖然。即就其類似混合裁判之一部分而論。猶有特點五焉。請更端論之。

(一)管轄之區域祇及於租界內也

各國之混合裁判。其管轄區域通於全國。(埃及之第一審。雖各有其管轄區域。然第二審。則通於全國。)範圍之寬。不待論也。而我會審公廨因有章程第一條云限於各國租界內則「各國租界」云者即示其管轄區域之範圍也其特點一。

(二)裁判所所長用我國人也

凡裁判所所長對於陪席判員有種種之特權。譬如陪席判員欲有發問非請諸裁判所長不可。此即其一端也。我會審公廨於兩國會審之時以何人爲裁判長則我承審委員實當之也。如彼埃及其裁判長之地位已被奪於歐人。是以埃之陪席判事猶伴食焉者。此非能與我同論也。其特點二。

(三) 實際上適用我國法律也。

前於第三節所論。徵引既明。而茲不憚複述云。即第一條所云「照中國常例」。又第七條所云「照例」者是也。此亦不與埃及同。惟婆羅洲庶相類似。其特點三。

(四) 判決之執行屬我主權也。

何謂判決執行。其義繁多。不能殫述。然而舉例以論。則如刑事審判。經裁判官判決後。應犯何罪。應處何種之刑。即以其刑而加諸犯人之身。是謂判決之執行也。如該章程第一條所云「發落」兩字。實含有判決執行之意。其在外國國內裁判所。則判決之權與判決執行之權。兩權分掌。不可混同。惟我訴訟制度既未備。故該條文遂以承審委員兼之。斯可見判決執行權屬之我也。此爲婆羅洲一國同此權限者。其特點四。

(五) 無審理重罪之權也。

土埃沙三國之混合裁判，均有審理重罪之權。而我會審公廨無之。如章程第四條，『華人犯案重大，或至死罪，或至軍流徒罪以上。（中略）仍由上海縣審斷詳辦。倘有命案，亦歸上海縣相驗，委員不得擅專』云云。於此可見是會審之範圍愈狹，而國內審判之範圍愈寬也。此我之利也。其特點五。

夫以我會審制度，比諸混合裁判，不過微有類似之點。其不完全甚矣。然即以類似之部分內而論，猶有五特點，是又不完全中之更不完全者也。故今日之會審公廨，未能以與混合裁判齊論也。雖然，倘一變相，至爲完全之混合裁判，所爲則埃及覆轍。且將及我。吾每念及此，而不禁汗出股慄，憂從中來，而不能斷絕焉。嗚呼，履霜堅冰至。不先事而豫防之，其遷流或不知所屆。吾之所以草此論，其注目正在此而已。

凡天下事有同一之原因者，恆能生同一之結果。吾前者言埃及，所以建設混合裁判者有二理由焉。而還觀吾中國今日之情勢，則有正與彼同者。此眞我國民所不可不懼而坊救之法，益一日不能緩也。今比而論之。

第一之理由　所謂就外國方面者。現今各國在中國之領事裁判制度，猶紊亂紛歧。

散無友紀。權限之爭議屢見。判例之衝突恆聞。其困難之狀況。與昔之在埃及者。不相上下也。故學者間持改革論者數見不鮮。無國無之。如馬丁斯氏。其殆最著者也。抑不惟領事裁判而已。即會審公廨之制度亦有囂然訟其不備者。據勒德氏佈告曰。上海之會審制度缺點凡三。(1)成文法編纂之功未成。而除刑法外他無法律。故斷事僅依條理。(2)判例保存之方法不備。而諸國陪審判員動輒蔑視先例效力。故慣例又歷久而不萌芽。(案)判例保存方法昨見新章某條已謀及之 (3)各裁判官皆乏法字的修養。又拙於用法手段。時下新奇之斷案。余嘗見一斷案曰。「此事情節支離。礙難審理。着兩造自行了結。以免纏訟可也」云云。以上則勒德氏之言也。雖然。如第三事。或不免有言之過甚。或非近日所見。而為已往之陳迹。抑未可定。然而覘於此點。足知會審制度之不滿足於外人也。審矣。再考近年來苗涅克國際法學會之決議。提出混合裁判手續」之新法案。其法案如下。

參加註釋 在東洋諸國享有領事裁判權之各國政府。應為協議規定所屬國民間或相互被保護者間。(注)被保護者、疑即指「保護民」之屬與純粹之國民相對而言、之混合裁判訴訟手續。

東洋人民參加之混合訴訟（注）（參加者、於原被告之外以第三者加入於訟訴之謂也。）則與土廷極東諸國（注）極東諸國即包含中國在內）摩洛哥等所訂諸條約。其約內條款。均各有效力。

其祇關同盟國中之一國人民或一國被保護者之訴訟。不適用本協約。

第一　總則

第一條　裁判所之構成。不可不酌用確定慣習及地方上必要事項。

第二條　本裁判所除同盟國人民外。無管理之權限。

第二　特別規定

一　裁判所之構成

第三條　有第一審裁判所之權限者。爲被告所屬之領事裁判所。若被告有數人。則任從原告選擇於中而定其一。其他被告所屬領事。應將被告交出。兼有赴堂辯論之權。

此原則。因事在訴訟法上。應歸特別裁判所權限者。（注）（例如軍人犯罪。則當開軍法會議。此即所謂特別裁判所之權限也。）受例外之適用。

第四條　在現行領事裁判之東洋各國。設立控訴裁判所。（注）（即第二審之裁判所、）稱控訴院。其控訴院之構成如左。

同盟各國政府各選任熟習法律官吏。或領事裁判官一員。爲駐劄委員。

控訴院管轄內之各總領事。由該委員札委。
各國政府公同選任一員之控訴院裁判官。

二 第一審裁判所之訴訟手續

第五條 第一審裁判所之訴訟手續。依各本國之法律所定。

第六條 原告所屬領事有赴堂辯論之權。

三 控訴院之裁判手續

第七條 經第一審裁判所決定之事。得於此爲控訴。
控訴之期間。於判決確定後。以滿四十日爲限。但路程遙遠。應准猶豫者。其猶豫期間。不算入之。

第八條 控訴狀(注)(猶言呈也)應記載其理由(注)(在日本訴訟法手續控訴狀不須記載理由者、然歐西諸國、如德意志訴訟法、即要記載理由、此從西國法系爲然也、)
控訴狀。經控訴人所屬領事之手送致於被控訴人。

第九條 控訴院之訴訟手續。以盟約國間之特別會議定之。

四 判決之執行

第十條 第一審裁判所判決之執行。歸於其受宣告之一方當事者。其所屬本國領事。或他種官憲之權限。

第十一條 控訴院判決之執行。歸於其受宣告之一方當事者。其所屬本國領事或他種官憲之權限。

據此法案則又一變相的混合裁判所也蓋通常之混合裁判所離領事裁判而獨立此則以領事裁判作第一審而置控訴院作第二審則類乎領事裁判之混合裁判也又通常之混合裁判所以內外國之組成。而此則僅各外國之聯合。抑類乎各領事裁判主働國之連帶責任。而與受働國截然無干。然其實大不然夫彼不云乎曰、東洋國民參加之混合訴訟准照各約條欵認爲有效也。夫以目前而論。此制度未發生吾國。似可不論。然苟一旦遂發生焉則例如英其固有天津和約十六欵之根據也依此根據而値內外相涉事起之時在彼方面鮮不要吾人之加入是遂促我墮入於彼之盤渦中也然從我方面觀之則如此制度者雖見爲變相的混合裁判所其與通常之混合裁判所又固兩無所擇也吁火線伏地遇引即燃此前途最危險之事也余以爲有埃及之第一理由者在此。

第二之理由　所謂在吾國方面者自領事裁判侵入以來。曾否有濫用其權。而吾民遭其蹂躪。此吾民均熟知之。抑更有身受之。無待余煩言矣。余前論埃及種種之慘劇。計稍有人心者讀之。無不髮指眥裂。是領事裁判權之禍人至甚。較然共見矣。然余猶未及論暹羅、未及論摩洛哥。試與一談暹羅摩洛哥二國之現象。則尤其動魄而驚心者也。今世有所稱保護民者。極盛於暹保護民者何其解釋上則事實的國民非法律的國民之謂也。曷云事實的國民非法律的國民。蓋事實上雖受新國保護與新國之國民無二致。然而法律上未除舊國國籍入於新國國籍者也。(案)任於暹羅之保護民者。以吾國人爲最多。彼英法領事之駐暹者。恆以收羅保護民爲政策。於是保護民均得脫暹政府權力而隸於英法領事之裁判權。則暹人之受侮於正當之英法國民者已不待言而更滋以一層保護民之蹂躪也。故其間若狡黠者。惟有藉庇於外以求存。或竟歸化之。及其既歸化。則又爲外國歸化人之一分子。斯時不但爲保護民之所不敢犯而已。反得依倚外力以淩其一般未歸化之人也。於是乎蒙其害者則暹之全社會矣。而領事不啻爲犯罪之教唆者矣。兇徒之隱庇者矣。噫嘻。誰爲爲之而至於此。其禍豈復減於埃也乎。於摩洛哥亦猶然也。今試揭此現象。以反映諸吾國。其視諸彼也有同病否歟。吾國雖未見保護民之出現。然而所謂教民者。大都其屬性也。彼教民者抑曷嘗爲外國人耶。不過因有保教條約之結果。幸浴其餘惠。而事實上乃全不能治之以本國法。大凡民教相爭之案。即是不平等之案也。故民之苦教既甚。而官之苦教爲尤甚。噫。奚苦之也。

苦其有領事裁判權之盾其後也。故以吾人之心理推之。其嫉視領事裁判權也。已不啻如蛇蠍如虎狼也。所以爲有埃及之第二理由存在者又以此。

夫以吾前者所論彼埃及之所以有混合裁判者。由外國人與埃及人之兩方面。皆不滿足於領事裁判。而思所以易之。合雙方兩種異性質之希望。而產出一事實焉。即所謂以兩原因生一結果者也。而吾中國者。彼兩原因皆具備焉。則此一結果之相迫而來。正所謂月暈將風。礎潤知雨。夫安得不深懼也。而况彼兩者之外。更有第三之理由焉。則法典之編纂未成。裁判官之人才缺乏。既患無法。繼患有法而無人能爲運用。則將不免興借材異地之歎。抱因人成事之思。於斯時也。則混合裁判所之組織。其或偶中於吾民之心理焉。未可知耳。夫以日本維新初年。汲汲欲拒回領事裁判權。而其方針所趨。升沈榮瘁。固已間不容髮。(1)如明治四年岩倉具視之提案。(2)如明治十九年井上馨之提案。(3)如明治廿一年大隈重信之提案。此三度提案。均嘗醉夢於混合裁判制度。然而幸皆不成。大隈坐是失一足焉。迄今日本人思之。猶汗流浹背也。使其若成。則今之日本。早爲埃及之續矣。尚安望隆隆崛起以躋於歐西大國之林也。夫以日本維新以降。才士如鯽。國不可謂無人焉耳。然猶幾入於坎陷者屢焉。豈非以厭苦領事裁判權之既久苟有可以脫此軛者靡不望若雲霓而於他方面之利害則以有所蔽而不易見也彼埃及之致此者其心理亦猶是耳嗚呼千金之堤潰以蟻穴作始猶簡將畢乃鉅亡國之道不一端恒合種種原因相搆而助成故善謀國者雖在毫髮不可不致謹焉而況乎其重且大有如此也願我同胞精讀埃及史而猛然省焉精讀日本史而猛然省焉則兩者之間其必知所擇也雖然人之恒情徇目前之利害易慮久遠之大計難有流俗之常識多而爲學問之知識少故一事之蔽一事之苟而誤蒼生亡宗社者比比然矣夫不苟矣而猶或有蔽而況乎蔽與苟併者則盲人瞎馬夜半深池甯足以喻其險也即以吾國前事論之其屢度之失敗豈不以此耶其甘以領事裁判權讓諸他人則亦曰徇目前利害偷一日之安云爾而今日之備嘗痛苦者既若是矣迄今稍有知識者既莫不認領事裁判之病民辱國而思有以爲易故今後數年間吾國民之對此問題與埃及巴沙上奏之時代與日本岩倉具視提案之時代正極相同而吾國之或雪前恥或重後艱皆將於此焉定之若一失足則此後之事非復吾所忍言也吾請重爲言曰**混合裁判者亡國之特徵也**彼埃及蓋不啻提吾耳而相示也其爲酖也其爲醴也其爲紫也其爲朱也願我同胞蚤熟察而有以自處

爲而不然者苟且漫視輕率嘗試一旦眩紫以爲朱飮酖以爲醴則吾同胞自願爲埃及夫復奚言古人有言智者見未然吾同胞其有見於此乎則千萬頌禱頌禱千萬曰、

其毋使有完全混合裁判所之制度設置於我國其毋使有外國人爲我之裁判官

然則今尙無完全混合裁判所。今尙無純粹之外國裁判官。我但保持此現狀。遂可自安乎曰、惡惡可混合裁判所者領事裁判權變遷伸縮之結果苟領事裁判權久而不廢則在在可以爲釀出混合裁判之原因而事勢所迫或且欲避而不能避者有焉矣然則充類之義至盡雖謂領事裁判權爲亡國之特徵焉可也故拒回領事裁判權之議擧國有心人既漸知之。而吾謂此議之當急者其理由抑更有在也然則吾欲竟此志其道何由曰、**第一有文明完備之法典第二有能運用此法典之法官**尙有此二物則完全之混合裁判可永不發生而固有之領事裁判其消滅之期亦將不遠也嗚呼居今日而言救國事孰有亟於此者耶事孰有亟於此者耶嗚呼我當局其念之我國民其念之

（全論完結）

譯述一

國家原論（日本小野塚博士原著）（續第七十四號）

飲冰

第一章之續

第二節　關於國家性質之研究

本節欲明示國家性質。進而求得國家之定義。有先當研究者三事。一曰國家與實在。二曰國家與有機體。三曰國家與社會。

研究伊始。先置一言曰國家性質之觀念是也。凡觀念祇能有一。不能有二（注一）國家之觀念亦然通諸國所表於實際諸現象中求得其公共之原素而舉其特別獨有之點與其他自然的現象社會的現象相異者建設一觀念此即國家性質之觀念也。（注二）申言之。則合過去現在所有之國家有緣吾心理的作用而浮出於吾腦際之一影象名之曰國家觀念（注三）此觀念若有二則除去其一誤謬即生（注四）疇昔學者之研究社會的諸學科也。（注五）每貴理想而賤事實。於是乎國家觀念乃有二。其一則理想的抽象的觀念其他則實際的具體的觀念也雖近今鉅子。猶或不免此蔽良可慨歎吾非謂理想的國家性質之不可以研究也雖然理想者各人之希望也以希望條件加入國家實在性質之中甯有當邪（注六）

（注一）觀念者英文之 Idia 德文之 Idee 也如是如是斯謂之人所謂觀念也。不能曰如此謂之人如彼亦謂之人故曰只能有一不能有二二則非觀念矣。

（注二）對於一事物而欲得正確之觀念其道何由則（一）當遍觀其同種同類之事物求得其共有性而（二）其所舉共有性又必爲他種類事物所無而此種類事物所特有者如云「人也者有理性之動物也」斯可謂極正確之觀念也何也凡屬人類無不有理性故有理性云者可謂人類之共有性也人類以外更無他種有理性之動物故有理性云者又可謂人類之特有性也。（人類以外如上帝也鬼神也其有理性與否。是非吾人知識所能及可勿論即使彼有理性而亦不足以破此觀念何也彼既非動物也故謂「人者有理性者也」或不正確謂「人者有理性之動物也」則極正確矣）若云「人也者性善者也」則不正確何也。以吾所經驗人類中明有性不善者則「善」不足爲共有性也（言性惡亦然）又若云人也者能羣之能動物也則亦不正確何也以吾所經驗即蜂即蟻亦皆能羣匪直人耳則「羣」不足爲特有性也欲求正確觀念必以此兩者爲標準故國家觀念（一）必須爲諸國所同具者（二）須爲其他自然的現象（如普通之有機體）及社會的現象（如箇人及非國家的團體）所無而國家所特有者然則求得之豈易易耶。

（注三）觀念者實際所經驗之事物既去之後逾時復遇同一之經驗與前所經驗者相結合而留一影象於吾心目中者也故非根於過去現在則觀念不成立。

（注四）觀念必須一若有多數之觀念苟其不相矛盾而有系屬者固可結合而爲一則仍一而非二也如「人者有理性之動物也」「有理性」一觀念「動物」一觀念然此兩觀念不相矛盾而有系屬故能合成一新觀念如云「中國人者亞洲中有理性之動物也」可也蓋合三觀念成一觀念也又云「孔子者古代亞洲中有理性之動物也」可也蓋合四觀念成一觀念也若云「人有性善有性不善」則不可兩觀念矛盾不能合爲一也就性善一觀念按之則彼性惡者人歟非人歟不能斷就性惡一觀念按之亦然故曰除去其一誤謬即生也又若云「人也者能言且能羣之動物也」亦不可兩觀念不相系屬（言不屬於羣之系羣不屬於言之系）不能合爲一也有能言不能羣之動物於此可謂之人矣乎不能斷能羣不能言之動物亦然故曰除去其一誤謬即生也

（注五）社會的諸學科對自然界的諸學科而言自然界的諸學科如物理學生理學人類學等皆是社會的諸學科如生計學倫理學法學政治學等皆是。

（注六）如盧梭民約說後儒以其繆於歷史上事實難之康德爲之辨曰事實上雖無此種性質之國家理

想上應有此種之國家也。似此者無論其理想若何高尙。總不能以加入國家觀念之中以其僅屬於希望的也。如云攝生之道日進。人壽可至數百。此其希望之能至與否且勿論。要之不能立一觀念曰人也者。數百歲之動物也。或曰數百歲之有理性動物也。

第一款 國家與實在

或曰。國家者。與自然學之目的物(注一)等。爲獨立之一體而實在者也。或曰。不然。國家者由思想構成。學問上假定之物也。此兩說絕不能相容。而語國家者最初所起之問題也。欲釋此問題。當先明「實在」之界說。次乃及國家與「實在」之關係。

(注一)自然學者謂自然界諸學科。即研究自然界現象之各種科學也。目的物者。凡研究學問必以一事物爲目的而研究之。如生物學以植物動物爲目的物。人類學以人身爲目的物也。凡自然學之目的物。皆實有其體者。

第一 實在

實在與想像。對其事物。非徒虛懸焉麗吾腦際。而若或有之云爾。以吾之心理作用。見其立於吾以外。比較的成一客觀的獨立相。而於時間空間占位置焉。若是者。謂之實在。

獨體物之實在。夫人能知之集體物之實在。則其根據有可言焉。集體物者。以常識所謂獨體物（注一）爲么匿而集之以成拓都者也。凡集體無論爲物質爲現象（注二）其所以集而成體也。必有一理由焉。能概括其諸么匿而約之於一者。所謂統一之基礎也。此基礎有二。一曰結合原因上之統一。其各么匿以同一原因之作用相結合者是也。二曰共同目的上之統一。其么匿之多數以若干之共同目的（注三）相結合者是也。故僅以外形上共存繼續之有無斷獨立實在之有無。非正鵠也。國家者。集體現象也。而結合原因上之統一。於國家實在論最有關係焉。今縷言之。

（注一）以科學的智識嚴格論之。其在化學方面則可稱獨體者惟原素 Elements 耳。除原素外。皆合二以上而成之集體也。其在物理學方面則可稱獨體者惟原子 Atom 耳。除原子外。皆合多數而成之集體也。然則雖謂自然學之目的物無一非集體物焉可也。若尋常所稱則一樹也。一馬也。一人也。一地球也。乃至人工所製造之一物也。皆謂之獨體。此言常識者。就通稱以別於科學的也。

（注二）集體不必專屬物質。現象亦有之。物質有形的集體也。現象無形的集體也。雖無形。不得謂之非實在。前文所謂比較的成一客觀的獨立相。謂現象也。

（注三）此目的不必么匿之全體而皆同也。多數而已。么匿之多數。又非必一切之目的而皆同也。若干而已。

試舉自然界之實例以明之。彼一切無機物。緣物理的化學的諸力而生結合。即所謂結合原因上之統一也。若夫動植等有機物。其結合原因。果僅在物理的化學的範圍內。如今者科學家所考徵乎。抑更有一種特別之生活力。為我輩所未能考徵或終不可得考徵者乎。是未可知。要之其本身必有一原因焉。為各幺匿結合之媒介。然後其拓都乃能為獨立之實在相。無可疑也。集體之幺匿。雖恒相接相屬。然此非其所以能獨立而成實在相也。固有積若干幺匿相接相屬而不能指其拓都為獨立實在相者。如雜累土石。雖至成陵。不為集體。彼其所以能不潰散者。其原因不在土石自身。乃地球之吸力運於其外耳。反是如彼天體。各幺匿之相距離。不可以道理計。而不害為一集體成獨立之實在相焉。則天體自身有原因存也。

普通觀念。大抵認其拓都體為一獨立實在相者。同時亦並認其幺匿體為一獨立實在相。似未精確。蓋兩者恒以其一為主。其他則或為其分子而屬於其下。或為其集團而踞於其上。僅為相關係的實在相而已。（注一）雖然。此觀念不足精確之程度稍不足耳。未可云全誤也。認拓都么匿各爲獨立實在相其在思想上雖同時不得兩立。然非謂實在相絕對的限於其一。不能以命其他也。同一物也。以所觀察方面之差別。而甲見爲多數獨立實在相之一集團。乙見爲一獨立實在相之多數分子者有焉矣。而甲乙所見非不相容。兩者皆持之有故。且皆言之成理也。(注二)徒以種種原因。(原注云例如物質的密接)故驟觀焉。或僅見其拓都。或僅見其么匿。而直覺的認爲獨立實相。至其他之實相。則再思熟察焉而始見之耳。(注三)

(注一)拓都與么匿爲關係的存立。而恒以其一爲主。以其他爲從。如一軍隊容多數兵士。軍隊之拓都體，主也。而兵士之么匿體。不過爲其分子而從焉。如多數商店結一公所。(如糖業公所錢業公所茶絲業公所等)商店之么匿體主也。而公所之拓都體。不過爲其集團而從焉。又如一房屋容多數瓦椽。多數房屋成一閭巷。房屋對於瓦椽。拓都體也。而主也。瓦椽從而已矣。其對於閭巷。么匿體也。而亦主也。閭巷從而已矣。

(注二)主從非不可互相易。如美國四十五省。省各有政府。復有一聯邦政府。其各省政府。么匿體也。其聯邦政府。拓都體也。謂各省政府爲主而聯邦政府不過其集團可也。謂聯邦政府爲主而各省政府不過其分子亦可也。特視各人所觀察何如耳。兩者皆可通。且兩者皆正確也。

（注三）此等關係的實相最易認其一而遺其他。如乍覩一樹。吾只見其拓都體認爲唯一之實相而不知其非有多種原素之么匿體。則此樹決不能滋長而彼原素亦實相也。又如乍覩一軍艦吾只見其么匿體認爲唯一之實相而不知非有艦隊之拓都體。則此艦決不能立功而彼艦隊亦實相也。「直覺的」者英文之 Intuitive 謂眼耳鼻舌身所受之現象直接而感覺之者也。

第二　國家現象之分析

欲知國家之性質。不可不先取國家現象中之客觀的事實爲盡人所同認者而論之。即其所發表於人類間一定之活動是也。申言之則人類以相互意思之關係所發活動（注一）有一定之形式以相並相續者是也。領土者人類活動之場也。苟將「國家的人類」（注二）之觀念除去。則所餘者惟地球上一部分之土地耳。無復領土。故國家之爲物。離人類而不能搆成者也。國家中可以直覺之物體惟二。曰領土。曰人類。其不可以直覺者一焉。則人類之作用是已。此作用非物理的而心理的也。夫此作用固未嘗不由物理的原因而生。此作用亦未嘗不產物理的結果。雖然所謂國家的現象之人類作用。非直接爲物理的而常爲心理的。至易明也。然則國家之最大要素亦曰人類之心理的集合現象而已。故謂國家爲立於人類以外之一種自然的現象者。其於根本觀念。已刺謬矣。(注三)國家既爲多數人類之現象。則其現象亦自多數。顧何以能約此多數現象。使歸於一。以稱國家。又必有其統一之基礎存。則結合原因上之統一。與共同目的上之統一。必居其一。或兼有其二也。

(注一)活動者。譯英文之 Activity 名詞也。即指其活動相也。此活動相不專指行爲。乃兼行爲與意思言之。意思則所謂動機也。

(注二)國家的人類。謂人類之已構成國家者也。即國民之意。

(注三)此指有機體說也。

第三 決論

國家各分子。恒有共同目的。以相持續。即以此證國家爲獨立實在相。亦未始不可。雖然國家目的安在。言人人殊。此種論辨。與國家實在論無關。今暫置之。惟論國家有結合原因上統一之理。

國家現象。以人類爲主動。人類者。自然科學上所明認爲實在者也。惟人與人之間。未嘗為物質的密接。故就此點論之。與其謂人類為國家之分子。毋甯謂國家為人類之集團。雖然集體之能否為實在相。不以其分子之密接與否為斷。而以其結合力存於各分子本身與否為斷。故苟能確指國家所以成立之故。有一定之原因存於人類。則國家能獨立而成實相之要素。於是乎具。夫所以能集人成國者。有一最大原因焉。則人類之共同性是也。論此性之起原者。其說雖不一。然凡能建國之人類。莫不有此。此不惟古今學者所公認。即徵諸現在事實。其左證固無量已。即間有少數人偶於一時一地。演出反對之現象。此不過有特別原因起焉。適與此普通性質為反對之方向。偶障其本性。使不發現耳。不得遂以此證共同性之不存也。（注一）若是乎以此一端而國家之為一獨立實在相。已無所容難矣。既認國家為獨立實在相。則其構成之之箇人。勢不得不認為分子。（原注云拓都與么匿之獨立實在相。同時不得兩立。）雖然就箇人方面觀察之。則謂國家不過人類之集團。別無客觀的獨立。亦未始不可。此兩種觀察法。自古迄今。恒對峙不相下。豈惟古今。吾恐更盡來劫。亦終不獲一致也。（原注云。觀察之所以差別。則學者思想之方向。與研究之起點。各有差別。是其原因也。此原因。則雖未來永劫。終不能究。）

（注一）國民共同性。最難磨滅。亦如箇人之特性焉。性素怯者。遇急難時。爲自衛計。或生奇勇。移時而怯性復見矣。性素忍者。聞仁人言。或發慈悲。移時而忍性復現矣。皆所謂有特別原因爲反對之方向者也。如法國民之共同性。不善自治。雖大革命起者與其本性絕相反。不旋踵而帝制興焉。即繼以數次革命。然至今爲中央集權制如故也。此最足以證共同性者也。故以政治家自命者。不可不深察此性。

吾謂此兩種觀察。各有眞理。而皆不免走於極端。吾命其名。一曰國家主義。亦稱國家本位說。一曰箇人主義。又稱箇人本位說。（案）要之任主一說。而於國家之有獨立實在相。不足爲病也。至於此實相。與自然學目的物所謂集體之實相。爲同爲異。此未能斷定。抑亦政治學範圍中終不可得斷定者也。蓋彼則物質的實相也。而此則心理的實相也。物質的實相與心理的實相爲同爲異。則非人智之所能及也。

（案）著者尚有調和此兩主義之說。見次編。

第二款　國家與有機體

國家一有機體。此近世論國家者最盛行之一說也。大抵以有機體爲前提。以生出種種決論。但或其決論雖正當。而前提與決論之連鎖。每不適於論理。又或連鎖與決論。

咸無間然。而前提非由直覺。須委曲加以論證。夫論理學公例。苟前提非有完全根據。則論礎必至動搖。此不可不審也。欲斷國家爲有機體與否。則有機體之觀念先不可不分明。世固有驟視焉若夫婦之愚可以與知。細按焉雖聖人亦有所不能盡者。如有機體之觀念。亦其一也。有機體之特徵。在生活。曷爲能生活。曰有生活力。何謂生活力則不可思議也。蓋生活之本質。今未有能言之者。且恐終無有能言之者。則亦僅據其盎睟於外者爲區別之鵠云爾。吾今所欲研究者。國家性質與有機體之異同耳。且無暇縷述自然學上之有機體論以增支蔓。惟遵捷徑以達本文。

生活分爲二。一潛伏生活。二發現生活。二者復各分爲二。一植物生活。二動物生活。自然發達之現象。凡生物中所共有性也。分科的組織。分業的協同。(注一)則生物中大多數(原注云除最下等生物)所共有性也。若智覺若意思。則惟高等動物始見之。持國家爲有機體之說者。以國家與高等動物類似者多。乃直認爲有機體之一種。其意蓋以示別於器械的集合云爾。歐美人稱有機體一語。原與器械之觀念相對待。夫以自然界諸學之進步。他日或竟能發明有機之爲物。亦不過一種複雜的器械組織焉。是未可知。然在今日則器械云者謂由人製作以供人利用之物也若國家之爲物則國家自身以外無有能製作之能利用之者故謂國家異於器械誠至言也雖然以欲證其異於器械故而必假有機體一語以冠之其毋乃蛇足也且所謂國家與高等動物相類似者吾固不能謂其全無但其相差別者亦不尠焉今條舉之

(注一)凡有機體必爲分科的組織如人之一身五官四支臟府血輪各有所司不相侵軼是也又必有分業的協同如五官四支臟府血輪交相爲養交相爲用是也

(一)么匿獨立之範圍　凡有機體其愈高等者其各么匿獨立之範圍愈狹劃然定主從之關係若國家則論者所稱爲最高有機體也愈趨文明而其么匿之箇人獨立範圍乃愈趨廣原注云活動、移轉、及智情意之發達(注一)

(注一)下等動物其各么匿或離本體而可以獨立如蚯蚓斷其半而所餘半體猶蠕蠕然是也若人則爲其一官而可以致死故曰愈高等者其么匿獨立之範圍愈狹也國家不然野蠻時代箇人往往失其自由愈文明而民權乃愈發達如今世各國莫不采地方自治制以與中央集權制相輔英美號稱最文明即其地方自治制最圓滿者也

(二)發生成長消滅之狀態(注一)

（注二）有機體之發生純任天然國家則天然人事參半此其發生狀態之異也有機體之發育各有定期未屆其期莫能强焉既屆其期則亦莫能禦國家進步雖亦有不可躐之階級然可以人力助長之使一階級所歷之期大加減縮若委任運亦可以涉千歲而無寸進非若人之七八歲而齒必齔十四五而必通人道也此其成長狀態之異也人壽不逾百年而國得良治千載未艾此其消滅狀態之異也

（三）么匿間隔多少及對於外界明確之程度（注一）

（注一）凡有機體其搆成之之各么匿恒相密接國家則不然有機體劃然成一軀殼與他軀殼顯相離異國家於此種程度不如彼之明確國家之外界有二其一則包含於其中之各人其行動有爲國家所不干涉者故箇人爲國家之么匿同時亦爲社會之么匿是曰社會的外界其二則對峙於其外之各國是曰國際的外界國際的外界之程度雖稍易明社會的外界之程度則非倉卒所能辨也

（四）物質法則與心理法則支配之程度（注一）

（注一）有機體爲物質的實在相故受支配於物質法則國家爲心理的實在相故受支配於心理法則受支配于物質法則故其結搆自受生而已定受支配於心理法則故其機關須運人事以組織之組織完善者則指揮如神組織拙劣者或全失其駕馭之力

（五）客觀的存在之程度（注一）

（注一）現象不能全離主觀固也然比較的有程度之差焉如草木禽獸雖無人焉彼固自在彼確有客觀的存在也國家不然離人無國又不徒有人而已即有人焉而其人無國家觀念則猶之無國也如彼圖騰社會之部民是也故國家雖非無客觀的存在然其程度甚微矣何也國家者人類伋之而始有不伋之而遂無也

彼持有機體論者於此等差別非必其盡無見也見之而欲回護前說故加種種形容詞於有機體一語以上以示國家之特徵雖然既謂之有機體矣則必其於有機體之性質既已具備而所加形容詞不過於諸有機體通性之外而更舉其特性以示別於他種有機體焉斯可耳乃若前所述五者固有機體之通性也而國家缺焉則無論加何種形容詞而終不能以厠諸有機體之列此論理學之嚴例不容或干者也（注二）又有命國家爲不完全之有機體者其意固稍周而用語明陷於矛盾彼固欲將有機體一語狹其內包而擴其外延（注二）小至種子細菌中通哺乳動物大極國家人羣悉納諸一名詞之中是亦一種之世界觀也雖然似此則已非復普通生物學上所謂有機體是直取有機體一語而別命以新義云爾夫概括多數事物而約以一觀念可

也一名詞而大小兩義雜用焉則治科學者所當勉避也學者苟能慎審焉。明國家與普通有機體之異同。勿徒夸張其類似之點。則時或借用此語以佐說明之具。亦安見其不可。或乃軼學理之軌道取普通有機體之現象直推以論國家而於國家特有之現象爲普通有機體所無者反漏略焉則其所失甯細故也且徒命國家曰有機體而已則普通有機體之特徵所謂「自然發達」之一觀念久銘篆於我輩腦際驟聞此名詞而此觀念緣而生焉則於箇人之意思行動其足導國家之進步以絕大影響者或反蔑焉而不以爲意其毋乃以學說毒天下矣乎（注三）況乎欲研究國家之機關與組織。則有機體一語。殊不足爲輕重也。吾所以雖袒國家非器械之說。而於國家即有機體之說。終未敢苟同也。

（注二）凡科學用語。於種類之系屬最當分明。如云「人也者有理性之動物也」。動物之通性人皆備之。雖直曰「人也者動物也」。決無以爲難也。加「有理性」一形容詞所以示其旣全有動物通性之外而復有此特性。以別其爲此一類之動物云爾。又如云「中國人者亞洲中之有理性動物也」。亦復如是。動物之通性。中國人皆備之。有理性動物之通性。中國人亦皆備之。加「亞洲」一形容詞。所以示其於旣全有彼兩種通性之外而復有此特性也若云「上帝者有理性之動物也」則決不可上帝之果有理性與否姑勿論而動物之通性上帝皆不備之則無論加何種形容詞而卒非論理學所許也謂國家爲某種的某種的之有機體者得毋類是

(注二)內包外延者亦論理學上用語也凡事物其外延愈廣者其內包愈狹其內包愈廣者其外延愈狹如人與動物相比較人之外延狹於動物蓋人以外尙有他種動物也其內包則廣於動物動物所有之性質人皆有之而復於共有之通性外別加入其獨有之特性也

(注三)有機體之流弊以此點爲最蓋普通之有機體皆受物理學上因果律之支配有必至之符而非人力所能强易即所謂自然發達者是也學者驟聞有機體之說直以此觀念推之於國家觀念以爲國家之自然發達亦若是則已耳則有甘爲天演之奴隸而蔑棄人演之自由悉委心以聽其遷移幾何不爲中國舊說言氣數者助之燄也昔列子曾論力與命消長之理夫普通有機體之發達命爲之也國家之發達則力爲之也是烏可以併爲一談也

(本節未完)

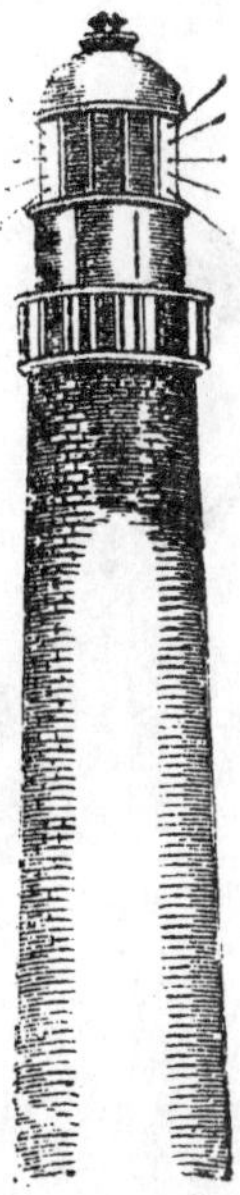

化學沿革史（日本理學博士藤井鄉三原著）

紅溪生

第一章　自古代至鍊金術初期

思想趨勢古今不同大抵遠古之人其思想屬於創造的而後之人屬於因依的惟其創也故所主常在於虛惟其因也故所重常在於實惟其虛也故所研究之學理多有合於理論而不合於事實者惟其實也故能綱紀萬有而物莫能遁此古今思想之大別也故喜虛輕實可爲遠古全思想界之代表而亦當時科學之常態也用是之故有已知之眞理爲此續繹法湮沒不彰者往往有之吾人讀史至此不禁爲古人抱無窮之憾也自亞里士多德元素說出科學乃始萌芽是說也其勢力實亘千數百年此千數百年中凡所以解決宇宙間一切現象靡不視爲準繩焉讀亞氏書及西阿夫拉、

的阿士克來之著述。則知當日之理想爲何如矣。的氏者有名之物理學家。嘗從年遠征蒐集甚富。其爲當時一大學者。自不容疑。的氏葢稍知重實者矣。

物體者果由何物以構造乎。其組織宇宙者果爲何元素乎。此一問題。實大費古人頭腦。而其學說。又實支配全中世紀化學思想界。其關係非淺尠也。元素主義雖創自亞里士多德。然前乎此者。則有安德別氏已言之。故希臘哲學家。皆據其所標元素爲組成宇宙之本。至六世紀時。德盧氏以水爲元素之本。海拉克里士以火爲元素之本。亞拿西尼以空氣爲世界各物質之根源。此等學說。其影響之及於化學者尚不甚大。惟五世紀時德摩克里士所創之微分子說。於元素說中實爲進步。德氏以爲凡百物質皆由此原子（即微分子）以組成之是也。然以今所研究者證之。則大異其性。葢德氏之說。以宇宙間雖萬彙不齊。而原子則皆同於一物質。所以有差異者。不過因原子之形狀及大小而生者耳。原子之一分一合。遂演成世界中無窮之變化。此說自表面觀之。似與今日理想脗合。實則無一毫相同之點也。

紀元前四百四十年。英柏古兒以地水火空氣爲世界之本原。亞里士多德更進一解謂此四元素實由同一之物質以生所異者惟性質耳而此性質之所以不同者乃由人之感觸而起如寒暖燥濕者。四元素中各分有者也。空氣有暖濕而無寒燥。水有寒濕。地有寒燥。火有暖燥。是也。此皆不屬於物之本體也故以是推及萬彙皆可互相變化是自然之理也如水與空氣。皆具濕性。熱之則水之寒性。爲空氣之暖性所變。故由水中可得空氣。此其證也。由亞氏之說則於一金屬中從而得他金屬亦與空氣水爲同理矣故亞氏說出而鍊金術亦興。決不足怪也亞氏且以前四元素爲不足意中。尚有第五之元素。亞氏以爲此元素者非物質性瀰漫宇宙間無隙不入。云至中世紀時。遂有欲變此想像之元素爲物質者蓋使學者殫無量之精力也

古人實驗化學之智識。謂爲全無。不爲過也。其所知者。皆偶然得之。而不見其有研究之功也。古代文明國中。以埃及爲最富於化學智識。且能利用之。其敏悟實有足驚者。冶金學也。合金也。染料也。製造玻璃也。製造防腐劑也。製藥學之法也。其進步皆能利用化學而與今日之應用化學無絲毫之殊也。惜哉其止於是耳。埃及之文明。傳播於腓尼西亞及希臘。在希臘遂大進步。後乃移於羅馬。

希臘時代。頗爲發達。雖然。亦多屬於偶然者。其因研究而得之結果。蓋無一焉。夫以希臘好學深思之士。如是其多。又承埃及燦爛之學術。所以爲實學之資料者。至宏富。而不能從事於實際之研究者。其原因實由於當時之學理。皆演繹的。而非實際的也。由是觀之。亞里士多德之說。支配希臘各時代。其勢力之大。爲何如乎。故雖有重要之發明家。而姓氏若存若亡。遑論其事功矣。此亦大可惜之事也。至亞里士多德之學理。爲當時所最信行者。則亦「同一物質」之說耳。

古代猶太人。所用金屬。既有六種。金、銀、銅、鐵、鉛、錫、是也。是等金屬。猶太人皆能以冶金法得之。至於學說。其所崇拜者。亦一亞里士多德耳。蓋猶太人以爲鑛脈者。即空氣浸潤大地。及深入其中。則鑛質亦從而增長。此實「同一物質」之說也。金之延長性。及非養化性。當時亦已知之。故以金銀爲最貴重之物品。而鍍金法。分鑛法。Amalgamation（用水銀入金銀鑛中分取之法亦名汞和）灰吹法。以水銀鍊金法。皆於布里尼前已能行之。其於製銀法。率皆用鉛。而金銀分離之法。則尚未知也。銅則多用天然產。亦有於孔雀石中。用冶金法以採取者。在歷史以前。用途最廣者也。鐵則發見甚遲。較銅青銅爲後。有以反射爐行製鐵法者。鉛錫亦少用之。而精純與否。尚不能辨。雖然。此二物同發明於古代。而在紀元後一世紀間。羅馬人遂多用之者矣。若夫亞鉛。似已發明。然不見諸歷史。不能詳也。黃銅者。在亞里士多德時代。既有知者。水銀則紀元前三百年西阿夫拉時代。已有言液銀者矣。」

玻璃一物。支那埃及發明最早。以砂及梳打。熔諸火中而製之。在垤別士造之最久。由是傳播於腓尼西亞希臘諸國。而製法以埃及為最善。蓋已能造諸種之着色者也。又梳打、及布打雄、（元素名）多由炭酸壚植物灰中取之。製肥皂牙粉及洗滌物多用之。當時製肥皂法。多用脂膏。和水融之。而德意志及高盧。則用動物脂膏與灰水液是也。」且能造硬輭兩種。至於染料。則埃及腓尼西亞猶太諸國。最為發達。其媒染劑埃及多用明礬。而紫色一種。以腓尼西亞所造者為最美。藍靛則多用之繪事。而用為染料較少。其繪具採百鑛之精英以成之。殆為諸國古代最優美之物也。

由此觀之。當時化學資料。發明者固甚多。能收利用之效者。亦復不少。然論及學理。則所崇拜者。惟一亞里士多德學說之影響果何如乎。

第二章 鍊金術時代

此時代自四世紀起至十六世紀之初期即柏拉奢爾以化學造醫藥之時終按鍊金術濫觴於歷史前其說荒誕不可信緒言已略述之矣。緒言別譯此術盛行於埃及而亞力山大里亞大學尤爲淵藪。當時人視鍊金術殆以爲天之所賜非神之子不能學也。降至七世紀初期亞剌比亞人蹂躪埃及。鍊金術遂爲亞剌比亞人所有。歐洲諸國如法意德等。曾派遣學者。往在西班牙之亞剌比亞大學研究此術。八世紀時遂有傑拔氏出。傑氏事業不僅爲一世贊賞已也。其學說實左右中世紀全體焉。

傑氏時代化學成一大進步者。讀傑氏書自明。就中如水池、火爐等。皆經氏慘淡經營以搆成之。而爲一世人所遵用。又化學中諸法如昇華、濾過、結晶、蒸溜等。亦由氏而起一大革新。其功業之嘖嘖人間。固有非偶然者。雖然以言其事實之成就則如此其高美。以言其理想之發達則有大可哀者。何則。氏以爲金屬者水銀與硫黃之混合物也。金品益上。則水銀之量益增。故欲以銅造成金銀。但於銅中剔去硫黃之成分斯得之矣。鍊金學者固酷嗜單簡之理想。傑氏說一出而歡迎之者不可數計。然欲證明是說之不誣。則非有至貴重之藥石能剔去硫黃者不可。故氏及其門人務竭思殫慮從事於此遂爲製藥學發達之起源。
其在耶蘇教國、亦重此術。十三世紀初期、蘊精氏、(Uinzenz)阿爾必達瑪納氏、(Albertus Magnus)羅嘉倍根氏、(Roger Bacon)亞納達維拉那文氏、(Carnaldus Uillanovanous)列蒙魯力氏、(Raymund Lully)等諸大學者起、皆盛言鍊金說之不虛。而瑪納氏且以砒素、硫黃、水、三者。爲金屬之本。大體甚似傑拔。而傑拔學說本原於亞里士多德。亞氏之說如何左右歐洲之人心、於此可見。自十四世紀至十五世紀之上半期。學者輩出。不如前此之盛。十五世紀下半。乃有盛名之費靈臺者起焉。其名譽實不在傑拔氏列蒙魯力氏之下。費氏最富於實驗的智識。卓然成一大化學家。其所討論之定義。實可爲化學界開一新紀元也。至氏時鍊金術已漸衰歇。然而此期中所謂假定學說。猶足以左右人心。假說之勢力。有足令人驚者。由此觀之。則吾人今日所言。焉知不有如古昔者。後之視今。猶今之視昔。好學深思之士。其可以不加意邪。
在傑拔時代。其實驗方法甚多。如水銀一物。欲精製之。則有煆燒、昇華、傾瀉、熔融、蒸溜、結晶、固定等法。其所用藥劑。則有食鹽、明礬、硫養銅、硼砂、强醋酸、及火是也。傑氏之說。

本以水銀中含有硫黃。若能得妙藥。剔淨之。則貴金屬可得而製也。故氏最留意製藥之事。而別藥劑爲三種。其第一種。能於鹽基金屬中起變化者。其第二種。能使鹽基金屬帶貴金屬之性者。雖然。尙未能得貴金屬也。如欲得之。必也第三種乎。而此第三種之藥名爲哲學者之石。有此石者。事秘不肯聞於人也。當時盛傳欲製此物。必先得噶德利亞蒲里廡（藥名）舉世趨之。狀若顚狂。甚至以龍赤獅綠獅百合黃鵠等。凡世界上所有之植物動物合而劑之。務求得藥。迄無成功。亘全中世紀。爲一大問題焉。魯力氏且言取此貴重之藥石。大如小豆。投諸水銀千安士 Ounce（英國重量名小於磅 Pound）中。則水銀化成赤色粉末。取此粉末一安士。再投諸水銀千安士中。再得赤粉。又再取一安士。投諸水銀一安士中。則得第三種之藥劑。而以此一安士再投諸水銀千安士中。亦能得同樣之哲學石。更以此一安士投諸水銀千安士中所得之金屬。較鑛中採取者爲更美云。其說極奇。當時且有名爲長壽藥者。謂得此藥。當有四百年以上之壽命云。

此即十三世紀以前之說也。至十三世紀以後。則所研究者。復異其趣。蓋對於壽命之目的而知造此哲學者之石。非天助不可。故於敬天事神。益加厚矣。雖然。因此等種種研究之結果應用的化學之智識發達甚著此則最可喜之現象也。此時代中以種種實驗之故理論的方面進步稍闕而工業及製藥之方面進步日增。此實卓越於前期之特徵也。於金屬中則安梯摩尼、蒼鉛、亞鉛、等較前代發見爲多。雖然。採鑛冶金學仍未能完全發達。其方法雖有改良而微尠殊甚。如分金依然用古代之求別里純(Cupellation 灰吹法)法有謂加硝石則結果較良者。此在傑拔時代。固已如是矣。至十五世紀時。以三硫化安梯摩尼鎔之則可精製金品。此亦在費靈臺時用之也。分銀法則布里尼時代已稱完備。金銀分離。則有西綿的純法。又有濕潤法（用硫養）爲馬拉士所發明。而知之最審者。則亞里歌刺(Agricola)之力也。求別里純法及西綿的純法。皆務欲製成多量之金。故天秤之進步極多大有貢獻於化學界也。其他冶金法、與古代無甚差忒。雖然。製銅法。則甚進步。以鐵投硫養銅中。銅爲沈澱法。又有以酸精製銅者。法皆善也。而其尤發達者。則水銀之冶金學也。蓋以當時完全之理論。又有分鑛法。(Amalgomation)皆與水銀有莫大之關係。故其學亦特進也。至磁器玻璃製法無大改良。然其工業之隆盛。則無容疑也。染色亦然。惟在此時代。能以藍靛爲染料。不如前此徒用之繪具。則亦未嘗非進步之一事耳。

藥石則自亞剌伯亞人之手。發達甚大。所用以植物性エキス爲主。其後十七世紀。此法蔓延於西班牙南部意大利及德意志。而至費靈臺開化學製造之基。進步更著矣。雖然化學固有之藥石。其製法進步反少。惟十五世紀末。費靈臺始發明安梯摩尼及水銀之化合物。僅此而已。

此期化合物之智識。較前期頗爲進步。如亞兒加里、酸、無機鹽類之物。發見甚多。梳打、加里、炭酸鹽。皆能區別之。酸有醋酸、硫酸、鹽酸、硝酸等。皆當時所既知者也。苛性 Caustic 一字。的阿士十克里斯氏始用之。亞兒加里 Alkali 字。則見之傑拔氏所用。然皆在此期始詳悉其性狀也。至植物中果含亞兒加里性否。爲當時一大疑問。亦可見其留意於此物矣。硝酸者。以硝石、硫酸銅、明礬三物和之可成。而和硫酸於硝石以製硝酸之法。則費靈臺時始知之。硫酸者。傑拔氏始熱明礬而得之。然不深究其性質。後費靈臺以硫黃火燒硝石。其氣相合。則生硫酸。又混砂於硫酸鐵中。熱之。亦得硫酸。見於費氏之著述。當時以硝酸液鹽酸液相混合。能熔化最堅固之金類。因名爲王水。且謂欲得瑪德利亞蒲里厤者。決不可少之。當時硫酸銅及硫酸鐵之用途甚廣。而其質中之成分。亦略知之。費靈臺以鐵投硫酸中。得硫酸鐵。亦未能明其所以然之故。又鹽化納托里謨、炭酸安摩尼亞、硝酸加里謨、亦多用之。然無所說明。傑拔氏以硝酸加於炭酸加里謨中。遂生硝石。又於結晶硝酸銀之液中加食鹽。則銀沈澱。銅與水銀皆然。至因何理由起此作用。則多未知者矣。研究水銀之智識。亦以此時期爲最富。能考出種種之亞瑪兒近。即汞膏。水銀與他金屬之合金也。西名 Amalgam 及鹽類等甚多。他類金屬亦甚發達。就中費靈臺始唱安梯摩尼非純粹之金屬。更命名爲安梯摩尼之鉛。且著論焉。然當時用安梯摩尼之合金亦甚多。又如砒素砒酸等。皆能審其性質。費靈臺更考出硫酸銅之爐中存有砒素。蓋砒素能變銅成白色。與銀無異。最爲當時化學者之注意也。

研究酸化物之智識。則的阿士士克里斯時代。已有所發明。然以亞剌伯亞人爲最。就中鉛鐵之過酸物。爲當時極意研究之事也。

硫黃一物。則因當時之學說。謂爲金屬之基。故硫化物知之最詳。至有機物。古人知者盖鮮葡萄酒中之酸。雖埃及人已粗知梗概。然入此期後。不覩其有所增益也。惟能考出火酒（舊譯爲醇日名酒精西名 Alcohol）由醱酵而生。此最可喜之事。因此又發明種種之挪斯達焉。（即火酒與酸化合時生此物西名 Ester）若夫樹脂油類。則一無考見。僅醫藥中少用之耳。

以上所述。此期之大要如是矣。而有可注意一事。則此期之化學家僧侶與物理學者。皆從事焉。不如古代之徒委之僧侶之手。且研究之方。亦大異其趣矣。

鍊金術時代。非自賚靈臺後而直消滅也。巴拉寫斯 Paracelsus 方囂蒙德、van Helmont 等仍創水銀製金銀說。而主之最力者。則有黎帕威爾士 Libavius 也。至十六世紀時。亞克里哥拉、Agricola 星納脫、Sennert 安西拉士沙納、Angelus Sala 皆深信此說。惟達克力 Tachenius 獨疑之。然亦未能破之也。降而至於夫羅弟斯敦時。是說仍盛。而古羅巴、Glauber 憨白兒、Homberg 孔給爾、Kunkel 斯達爾、Stahl 波爾兒哈威、Boerhave 等。猶古夢不醒。思金若渴。惟斯達爾晚年。乃始疑之。波氏則到底不悟也。氏盖鍊金學者中最後之一人矣。

自時厥後。稱道此說者。已寥寥如晨星。至十九世紀。則全消滅矣。如此偉大之影響。幾以此術爲國民敎育而當時學士如林從無有一人致疑者則倮拔氏及其門人之力爲多也歷數世紀間民之欲僥倖致富者皆是說之驅之耳。

（未完）

美人手

紅葉閣鳳仙女史譯述

第三十九回　探消息弱女進侯門　問交情癡娃疑俠客

却說瑪琪拖亞去後。荷理別夫進內堂坐着。還是氣憤不平。忽傳喚軍曹友夫進來。厲聲喝問道。友夫。你說帶美治阿士到家裡來。沒人見着。怎風聲能彀漏到瑪琪拖亞耳邊。令那廝來胡鬧嗎。這總是你們辦事不認眞。不留心打探他們黨羽之過。本該要把你記大過一次。此刻既走漏了消息。斷不能還把他放在這裡。你快把車輛預備來聽候。我審明即刻發落。說着便離坐至美治阿士幽閉之室。啓門而入。盡其巧辯之力。多方詰問。多方恐嚇。美治阿十祇是默不一語。詢究他同黨人數。祇是搖首。始終沒一點活動的模樣兒。荷理別夫不覺呆了半晌。也覺自疑起來。想道。莫非我猜錯了。這罪人不是美治阿士麼然則除美治阿士之外又誰是的確的罪人呢心口不住的商量竟自沒了主意如今暫把這邊按下不題、再說次日早上。丸田伯爵府邸門前來了一位少女用黑帕覆着臉他的姿首也不能辨是好是醜惟見他舉止苗條不像是小家人的風範祇見他且前且却既近門前不住的回首四顧若恐有人追躡其蹤跡者既而急急趨進大門直至號房低聲道請問……僅說得兩字又一會兒再道。請問丸田夫人。可在府中麼。我想求見。望爲通傳。號房裡的人。已先看見那女子來路的影兒。也不驚怪。迎着答道。夫人正在養病。今天不見客。請問有甚的貴事呢。那女子道。有點兒事。特地求見。敢煩通傳。說道、圖理舍譽的女兒霞那到來奉候。號房聽說霞那二字。忽然臉色一變。恭身答道。原來是霞那小姐麼。失敬失敬。慌忙下階前導道。請這裡進。遂領至儀門。向內堂侍役交代清楚。內堂侍役。暫請霞那就偏廳少候。持了名片先進內通傳。不一會再出來導了霞那進去。看官、你道霞那因甚求見夫人呢。就是爲着昨天瑪琪掩亞告訴他。說丸田夫人有意要救助美治阿士。料夫人必知美治阿士的下落消息。故特地瞞着他父親。一人跑到夫人這裡來。是時侍役已把霞那導至夫人房中。見夫人臥在牀上。好像大病人似的。見了霞那。畧抬起頭來。說道。請你恕我無禮。昨天本來好了些。因爲要到行裡拜訪姑娘。動了點氣力。今天就覺得不舒服呢。醫生說，今天不許我再見客。雖然醫生說話是要聽的。但我料姑娘今天。必到敝宅。故而吩咐門房。叫他俟候着。今姑娘果然來了。我實在歡慰得很。我爲着那人。有許多說話。正要同姑娘說呢。霞那聽說那人二字。知道就是指美治阿士女孩兒們。究竟是羞答答的。不覺暈紅了臉。低聲答道。夫人貴體不叶。小女子唐突驚擾。實多有罪。小女子此次進見。雖屬初會。但夫人見愛的恩義、久已銘勒肺腑。正不知怎樣纔剖白得這感激的隱衷。夫人道，姑娘。可見着瑪琪拖亞相公囉麼。他可曾把我的心事對姑娘說過沒有呢。照我看來。那人一定是無罪的。我此時正想設法搭救他。姑娘。你且把當日事情的原委告訴我。霞那道。爲的是金庫被盜。失去了一個要重的鐵箱子。夫人道。這事我却知道。也曾聞助摩祖說過。雖未得十分詳細。要之決非美治阿士所爲。如果是美治阿士。應該所盜的是金銀。不應該僅僅盜了這鐵箱子呢。其中諒必有個原故。這個賊盜的用意可有誰推度出點子影兒來嗎。霞那道。聞說鐵箱子之外。還盜了五千元匯票呢。夫人驚道。還有五千元是與鐵箱子同時失却的麼怕不是嗎霞那道。是不錯的。那天被盜之後。管賬的伊古那對家父說。家父把存數經點過果然失却五千元呢夫人聽說。心裡若甚疑惑側着頭想了一回問道、這事也就奇了我總想不出個原因來我請問你自鐵箱被盜那前一夜可聞得有賊入了銀庫甚的也沒有拿匆匆就逃去了嗎霞那道。絕未聞得。夫人道。那就更奇了霞那道。請問夫人。美治阿士。此時還在巴黎麼。夫人道。諒必在必不曾離此巴黎城此時必定落在敵人手裡先前他與姑娘約到公園相會後來失約想必就是那時遭了敵手了現在久無消息想是困在密室連書子也遞不出點風兒來了霞那聽着。心裡又驚又急。問道。這消息夫人怎知道呢夫人道。就是瑪琪拖亞相公對我說的。我想這樁事體宜急設法遲恐又將中變了丸田夫人一番熱腸要救美治阿士算起來那女俠客與那男子本來沒有交情且并沒有會過面爲甚麼這樣的着急呢想看官們由不得要疑心起來了看官們也疑心你說當時那最關切的女子霞那怎能彀不疑心呢却說霞那見夫人一種着急的辭色。不覺動起疑來。想道。莫非夫人也同我心事也鍾愛了美治阿士不成如果是我這點指望又生出個對頭來了心裡一個疑團隨血潮直湧起來禁壓不住不覺開口問道夫人。……美治阿士同夫人交情是很親密的麼夫人見問已明白了他的心事直答道。那裡話來此人我還未會過還沒知到他是怎樣的人不過助摩祖告訴我說姑娘爲此人天天愁着哭着記掛着怪可憐兒故此我想替你設法把他救了出來給還姑娘呢霞那聽說是爲他成全不覺一種感激之情現於顏色那眼胞兒不覺泛出一眶子的歡喜淚撲簌撲簌弔了幾點下來欲知後事如何。且俟下回分解。

文藝

東洋 教育掛圖 無雙

陸軍示教掛圖	自第一輯至第三輯	各一輯五張一組	各一輯金貳圓
海軍示教掛圖	同	同	同
天地現象掛圖	自第一輯至第五輯	各一輯五張一組	各一輯金貳圓
地文學示教圖	自第一輯至第二輯	同	同
世界地理示教圖	自第一輯至第三輯	各一輯七張一組	各一輯金貳圓八十錢
人體生理解剖圖	廿張一組	完結	金八圓
世界人種風俗掛圖	自第一輯至第三輯	各一輯五張一組	各一輯金貳圓半
工業示教掛圖	自第一輯至第三輯	同	同
農業教授用掛圖	拾張一組	完結	各一輯金四圓
家禽家畜正圖	自第一輯至第二輯	各一輯六張一組	各一輯金貳圓半
世界哺乳動物正圖	自第一輯至第四輯	各一輯五張一組	各一輯金壹圓半
植物正圖	自第一輯至第十輯	各一輯五張一組	各一輯金貳圓
喰蟲有感植物正圖	五張一組	全	金貳圓
有毒植物眞圖	五張一組	全	金貳圓
救饑植物正圖	同	同	同
有益鳥眞圖	三張一組		金壹圓半
鳥類正圖	自第一輯至第二輯	各一輯五張一組	各一輯金貳圓
蟲類正圖	自第一輯至第四輯	同	各一輯金貳圓
稻作害蟲驅除法圖	五張一組	完結	金貳圓

農作物病害豫防法圖	五張一組	完結	金貳圓
漁業示教圖	五張一組	完結	金貳圓
養蠶示教圖	八張一組	完結	金參圓
爬蟲類及兩棲動物圖	自第一輯至第二輯	各一輯五張一組	各一輯金貳圓
甲殼類正圖	五張一組		金貳圓
菌蕈類正圖	自第一輯至第二輯	各一輯五張一組	各一輯金貳圓
貝殼類正圖	二張一組		金壹圓
前世界動物圖	三張一組		金八拾五錢
魚類正圖	自第一輯至第二輯	各一輯五張一組	金貳圓
海獸類正圖	五張一組	完結	金貳圓
熱帶植物圖	自第一輯至第三輯	各一輯五張一組	各一輯金貳圓半
人體寄生蟲及黴菌圖	自第一輯至第二輯	各一輯五張一組	各一輯金貳圓
下等動物圖	五張一組		金貳圓
植物解剖掛圖	十張一組		金參圓八拾錢
兒童眼病トラホーム豫防法圖	參張一組		金壹圓貳拾錢
救急治療法掛圖	六張一組		金貳圓
支那歷朝帝王御影	全一張		金八拾錢
兵式柔軟體操圖	全一張		金四拾錢
銃砲古今沿革全圖	二張組		金壹圓四拾錢

鑛石實寫標本圖	全一張		金參圓
世界列國旗章正圖	全一張		金五拾錢
列國帝王軍隊服裝圖	全一張		金七拾錢
世界人種相貌圖	全一張		金七拾錢
世界發明元始家列影	全一張		金七拾錢
古今軍艦沿革圖	全一張		金參拾五錢
貨幣古今沿革圖	全一張		金參拾錢
帝國陸軍服裝圖	二張一組		金貳圓
列國勳章精圖	全一張		金八拾錢
物理學示教掛圖	自第一輯至第二輯	各一輯五張一組	各一輯金壹圓半
博物集覽全圖	三十六張一組		金七圓
萬國貨幣全覽	全二張		金壹圓半

本館製造教育專門著色圖畫。僕蒙帝室寵賞。名聲藉甚。亦技術巧妙。質良價廉。稱東洋無雙。無論日本全國。及朝鮮臺灣。大中小學堂無不採用本館圖畫者。本年更欲拓販路。對門增設新工場。裝置精良大印刷機。準備已成。館運旺盛。特爲中國四方君子貴需。製圖畫目錄大畧如以上。東京造畫館主九拜

一本館畫目錄壹冊。函致有命。不論遠近。卽呈。來函一切要照左記本館所在地。書字無誤

○日本東京市京橋區出雲町壹番地

東京造畫館

●電話新橋七百二十三番

三松堂編輯局編纂（新出）

講堂教授漢譯 暗射世界大地圖

◎縱五尺 横七尺全一枚大掲圖

◎石印着色 定價金參圓五十錢

三松堂編輯局編纂（新出）

教科適用最新漢譯 五大洲分圖

◎石版加彩色 定價金壹圓七十錢

日本 吉田晋先生新著（新出）

漢譯 世界大地圖

◎石版加彩色 定價金壹圓貳拾錢

三松堂編輯局編纂

支那帝國 十八省分圖

◎石版加彩色 定價金六十五錢

三松堂編輯局編纂

清國 練習用白地圖

◎學堂用全十四張 定價金四拾錢

三松堂編輯局編纂

最新漢譯 滿洲全圖

◎石版加彩色 定價金四拾錢

發行所 日本東京京橋弓町 三松堂書局

清國上海 科學儀器館 文明書局 ●有正書局 ●教育館

◉漢文教科必携品廣告◉

（電話新橋三千百七十三番）

東京市內賜顧諸君電話郵便均可照送不誤

日本 小島彥七先生著
支那古今沿革地圖
附沿革地誌
定價金壹圓廿錢

日本 三松堂編輯所編纂
大淸國現勢地圖
新出
彩色入美本
定價金壹圓

日本 高橋屯先生著
漢文人體解剖圖
附漢文解說
定價壹圓五十錢

漢文地球儀
徑二寸五分紙函入定價金三拾錢
◉徑八寸木箱入
定價金三圓五拾錢

日本 水谷延次先生編
漢字両半球地圖
各國旗章及世界高山大川表
定價金二十五錢

日本 三松堂編輯所編纂
大淸國疆域分圖
石版密刻彩色入
定價金五十錢

日本 三松堂編輯所編纂
最近漢文萬國地圖
石版密刻彩色入
定價金五十錢

日本 赤松範靜先生製圖
最新東亞三國地圖
石版密刻
定價金四十錢

日本 三松堂編輯所編纂
淸國明細全圖
石版密刻彩色入
定價金十五錢

日本 三松堂編輯所編纂
大淸國廣東省全圖
定價金壹圓
幅物製美裝
金壹圓五十錢

發行所 東京京橋區弓町 松邑三松堂
上海 科學儀器館 致育館

五

休寧程家檉先生纂著　日本伊藤繁延先生案圖

中國歷史教育畫

外附漢文說明書一冊全部二十頁已經出版定價金五圓

闡一國之精神。有如堅石。有如煉鋏、別無他道。世莫不稱曰國民教育。然其爲國民教育之利器者。則非歷史一科不爲功。中國歷史。浩如煙海。興亡之故。固不難藉教科書以傳之。而國民之眞精神。縱懸河之口、其無圖畫以相輔助。則終莫由而顯也。休寧程韻蓀先生。其經史之學。夙已蜚聲於禹域。自弱冠而負笈吾邦。前歲畢業於大學。其在東京。實留學生之最久者。以應敝局之請。爲著是圖。聯絡古今。貫串倫類　其數雖不過二十。然內準之中國社會之心理。外以合泰西教育之方法。由其精博之心胸。而出以卓越之識見者也。至其描畫神情。幾於頰上三毫。躍躍若活。呼之欲出。足令人可哭可歌。起慕起敬。誠宇內第一之歷史畫。而心乎教育者之不可不先睹爲快者矣。特此廣告。務宜家備一編。

講堂教授……漢譯　**暗射清國大地圖**

◉縱五尺　橫七尺全幅大掛圖

◉石版加彩色　定價金參圓五拾錢

發行所　日本東京市京橋區弓町　三松堂書局

此墨不須磨工。以筆沾水濃淡自如。且墨質純良永無腐敗之患。即置夏冬時令亦無融凍等慮。光彩燦然。遠勝唐墨。美麗。輕便。於行旅中最爲相宜。價廉物美。足爲文人之至寶也。即以水溶解亦可適用。如官衙畫家大小學校銀行等。猶爲不可少之品本舖開設多年馳名已久。教育品展覽會內曾得優賞。中國朝鮮緬甸等處亦屢蒙光顧。惟需覽標本請賜郵費壹角二分。即以墨一個呈閱。不誤。其他文具種類太多。恕不悉錄。故特另紙詳載標本。

二十世紀

大日本登錄商標

最大發明

田口精爾謹製

開明墨

日本東京京橋區南傳馬町一丁目七番地

開明墨製造元

合資會社 田口商會

七

岸田吟香著

最新五彩 萬國輿地分圖 定價一圓五十錢

五彩精密 各國旗章附 坤輿全圖 定價壹円二十錢

大清一統輿地分圖（近出） 定價金三圓

大幅加彩 重訂中外方輿全圖 定價三円五十銭

石印五彩鮮美 說明書付 東西兩半球圖 定價二十五錢

環轉自在 地球儀 定價 徑一尺二寸四圓五十錢 同四寸一圓五十錢 同二寸二十五錢

教科適用 物產一鐵道詳注 滿洲及世界地圖付 大清國最新圖 定價五十錢

石印五彩 精校朝鮮輿地全圖 定價六十錢

發兌所 日本東京京橋區銀座二丁目 樂善堂（電話新橋六一五番） 上海河南路老巡捕房對門 樂善堂分房

橫濱販賣所 西脇商店（橫濱市日之出町三丁六十五番地）

八

康南海先生新著

（再版）

歐洲十一國遊記

（第一編）　洋裝精本　定價一圓

康南海先生近年著述甚少海內外人士識與不識莫不欲一接其言論以爲快此書乃先生去年游歷歐洲所至者凡意大利、瑞士、澳地利、匈牙利、德意志、法蘭西、丹麥、瑞典、比利時、荷蘭、英吉利、十一國隨筆感記於**各國政治教學之本原**精細觀察而以**卓絕之識想評騭之**又以**祖國過去現在之情狀**比較辨晰而**定取法之方針**實救時第一良藥也**其價値**尙遠在**飲冰主人新大陸游記**之上至於與前此尋常紀行之作有若霄壤更無待言本局幸承將原稿見貽速付梓人以公諸世今第一編已印成幷揷圖畫六十餘幅有志之士度無不先覩爲快也

本社緊要廣告

本報今年由總撰述注全力辦理現定稿已至第六號題緊應期出版第四號之論說凡一題而得七十餘葉專發明政治革命之理現付印將成準三月初十前出版凡定閱全年半年者請先將報費郵費付下否則自本號以後暫行停寄祈爲見諒

新民社謹啓

第三種郵便物認可
新民叢報第四年第三號　明治三十九年二月廿三日發行